经济与管理 文献研究

LITERATURE RESEARCH ON ECONOMICS AND MANAGEMENT

（第一辑）

主　编：雷宏振

副主编：张淑惠 苗文龙 谢攀 兰娟丽

经济管理出版社

ECONOMY & MANAGEMENT PUBLISHING HOUSE

图书在版编目（CIP）数据

经济与管理文献研究．第一辑/雷宏振主编．—北京：经济管理出版社，2021.2
ISBN 978－7－5096－7765－0

Ⅰ.①经…　Ⅱ.①雷…　Ⅲ.①经济管理—研究　Ⅳ.①F2

中国版本图书馆 CIP 数据核字（2021）第 030703 号

组稿编辑：魏晨红
责任编辑：魏晨红
责任印制：赵亚荣
责任校对：陈晓霞

出版发行：经济管理出版社
　　　　　（北京市海淀区北蜂窝 8 号中雅大厦 A 座 11 层　100038）
网　　　址：www. E－mp. com. cn
电　　　话：（010）51915602
印　　　刷：唐山玺诚印务有限公司
经　　　销：新华书店
开　　　本：720mm×1000mm/16
印　　　张：19.75
字　　　数：421 千字
版　　　次：2021 年 5 月第 1 版　　2021 年 5 月第 1 次印刷
书　　　号：ISBN 978－7－5096－7765－0
定　　　价：98.00 元

前　言

　　《经济与管理文献研究》是由陕西师范大学国际商学院组织编写的连续性经济与管理类学科学术研究出版物，其宗旨是将本学科领域内面向一些细化方向的已有研究成果进行梳理汇总，以便于给该领域研究者提供借鉴和参考，同时减轻学术文献的搜索量，节省大家的时间。

　　关于这本《经济与管理文献研究》的特点，我们有以下几个方面的期许：

　　首先，希望它能够成为提高学术类研究生和专业硕士研究生学位论文写作质量的良好基石。学位论文写作是一项高门槛的工作，每一步都需要探索才能获得进展，许多初入学术之路又心怀学术梦想的莘莘学子在面临学位论文写作时，往往一筹莫展，"老虎吃天无处下爪"。这本《经济与管理文献研究》可以作为入门的参考，就像一个垫脚石，它通过梳理大家感兴趣的领域中已有的研究，让我们在短时间内面临运用什么样的应用方法、从什么地方开始研究等问题时，有一个实实在在的基础，帮助大家快速定位、找准方向、凝练观点、提出创新性观点。为达到这一目的，我们在组织稿件时，主要面向优秀的研究生学位论文研究与写作中有价值、能够站在经济与管理的学术前沿、创新性强的研究方向和领域；而且考虑到研究生学位论文研究规范的重要性，按照标准的学位论文文献研究规范编排内容，使大家在了解文献综述的同时，习惯于规范性的文献综述方法。

　　其次，希望它能够成为基础研究和现实应用研究的桥梁。每个学科以及它的二级、三级学科方向都有一些关键性的学术文献，这些文献往往是学术思想发展阶段的标志性或突破性的理论和方法，它是研究生开展学术研究必须了解的学科经典。许多大学在硕士研究生入学之初就确定了本学科必读的主要文献，可以称之为"主文献"。对主文献的梳理是硕士研究生和博士研究生的重要桥梁，主文献能够给人以学科方向上的指引，能够增强研究生的"书生气"，是他们成功跨过学术研究理论障碍的桥梁，主文献就像一条学术大道，规范学者前行。在主文献的基础上，学术研究被细化为纷繁复杂的方向，就像主干道到达一个立交桥附近延伸成了无数的细小分支，这就是学科方向文献了，如果说主文献是引导研究生们进入学术盛境的国道和立交桥，那么，不同学术方向的文献就是学术研究的省道和小桥，有了这些大小道路和桥梁的引导，就可以在现有道路的尽头去开辟新的路径，发现新的学术天地。

最后，希望它能够成为经济与管理学术爱好者进行探索的益友。学术研究是一种工作，而人类对未知的探索则是一种本能和修养。我们在日常生活和工作中都离不开探索，探索会带来新的发现和意想不到的收获，既能够满足人们的好奇感，激发人的兴趣，还能够因为找到一种新的解决方案而提升工作效率，从这个角度说，我们的工作和学习生活中需要探索，而广阔的经济与管理世界则是发挥我们智力和才华进行探索的主战场。和其他领域一样，除了专门从事学术研究的工作以外，经济管理活动中结合工作和生活所进行的探索，在大多数情况下并不需要严格按照某种规范和格式进行专业化的研究，但是需要专业化思维的引导。所以，把经济与管理领域内当前人们研究的重要方向、学术观点、应用方法和工具进行一些梳理，呈献给那些热爱探索的朋友，帮助他们更好地结合自己的工作和生活开展研究，这也是一件有意义的事情。

当然，除了以上特征外，我们还希望《经济与管理文献研究》能够在更多的方面发挥作用和价值，让它成为更多热爱学术研究和具有学术精神的人的好朋友。

雷宏振

2020 年 5 月 31 日

目 录

要素市场化与包容性发展

政府治理与公共服务

金融创新与金融风险

企业模式与组织创新

公司治理

要素市场化与包容性发展

平均、效率、公平、共享

——中华人民共和国成立70年按劳分配理论的演进与争论

殷越亚

摘要： 收入分配是民生之源，是改善人民生活水平、实现改革发展成效由人民群众共建共享最根本最直接的途径。在社会主义初级阶段，我国在收入分配领域始终坚持和贯彻马克思主义按劳分配理论，不断地结合中国的具体实际进行探索和创新，赋予其鲜明的中国特色与时代特征。在社会主义初级阶段，我国仍存在着发展不平衡、不充分的矛盾。新中国成立初期，百废待兴，并不具备理论设想中高度发达的资本主义社会所拥有的先进生产力与经济基础，因此在探索建立符合中国国情的收入分配制度过程中不可避免地产生了很多问题。围绕着这些问题，经济学家们进行了深入的探究和激烈的讨论，由此碰撞出了很多有价值的"火花"。本文的以改革开放为界，分别总结了在计划经济时期社会各界围绕着坚持按劳分配还是反对按劳分配这个问题理论成果。并以效率与公平的关系问题与按劳分配和按生产要素分配的关系问题的探究作为两条主线梳理了改革开放四十多年来的收入分配理论的发展脉络。最后，本文对党的十八大以后理论界对解决日益严重的贫富差距问题，推进收入分配原则由"先富论"向共享发展和共同富裕的转变的新思想、新理论进行了论述、展望。

关键词： 按劳分配；效率；公平；资产阶级法权；共享

一、关于马克思按劳分配理论中国化的文献综述

收入分配制度构成了一个社会最基本的经济制度，也是生产资料所有制结构的重要内容和具体形式。因此，收入分配制度和分配结构决定着基本的社会利益关系，也直接影响着社会公共利益关系，是生产关系中的重要环节[1]。因此，收入分配问题是广大人民群众最现实、最直接的利益问题，社会的和谐、稳定、公平、正义很大程度上受其制度设计的科学性所影响。在社会主义初级阶段，我国在收入分配领域始终以马克思主义收入分配理论为指导，不断地结

合中国的具体实际与时代特征推动其中国化、本土化。而马克思社会主义收入分配理论的核心内容是"按劳分配"；关于按劳分配的研究文章较多，但从经济思想史的角度对我国按劳分配理论的发展历程进行梳理总结的文章较少。从笔者掌握的文献看，目前有关中国按劳分配理论研究主要集中在国内，学者们分别从代表人物关于按劳分配言论与著作、特定历史时期对按劳分配理论的讨论、整个历史时期的按劳分配理论演进等角度展开研究。

（一）按劳分配理论演进相关文献综述

在 20 世纪七八十年代按劳分配理论仍是讨论热点时，出现了一批回顾总结性文章。主要围绕着按劳分配理论的相关争议热点以及马克思主义按劳分配理论的形成和发展、收入分配的依据和标准等问题。1978 年，商务印书馆编纂的《按劳分配理论史论集》总结了第三次全国按劳分配座谈会的成果，概括了按劳分配理论的发展历程，引起了较大反响。童沩轼（1979）认为 1958 年以后和1976 年以后这两个时期，围绕着坚持按劳分配还是反对按劳分配这个问题，学术界产生了两次重大路线斗争，并在这两场斗争的推动下，学术界分别出现了关于按劳分配理论讨论的高峰期[2]；黄范章（1979）的《马克思按劳分配学说形成初探》一书，对马克思按劳分配理论的由来和形成过程进行了系统性回顾总结，并对"四人帮"对马克思按劳分配学说的曲解和篡改进行了驳斥和批判。还有学者回顾了中华人民共和国成立三十年以来各个历史时期关于按劳分配理论讨论的主要问题以及主要观点。总结出这三十年来，主要围绕着要不要贯彻按劳分配原则以及如何贯彻按劳分配原则这条主线延展开的（张问敏，1981，1985）[3-5]。随着改革开放的推进，学术界也逐渐开始研究在社会主义市场经济条件下如何发展完善按劳分配理论的问题。《论商品型按劳分配》一书，提出了商品型按劳分配的论断，对全民所有制经济、集体所有制经济、机关事业单位等的劳动报酬制度做出了系统的分析（王克忠，1992）。张道根（1999）的《中国收入分配制度变迁》一书，指出我国的经济体制改革是一项较为典型的切入式收入分配改革；并且我国社会主义经济体制改革的引擎正是收入分配体制改革；认为在社会主义公有制基础之上，存在着由一元的按劳分配方式向多元的分配方式演进的必然趋势，并论证了演进的条件以及多种收入分配方式相互影响、交织的根源和过程。袁恩祯先生在书的序中指出，这本书出版是收入分配研究深化的良好开端[6]。

武汉大学的李楠（2003）的论著《马克思按劳分配理论及其在当代中国的发展》一书以经济史的视角系统地梳理了中华人民共和国 50 多年来中国国有经济、企事业单位工资制度变革，以及农村集体所有制经济推行家庭承包经营、统分结合的经营方式，实行按劳分配形式演变的过程，对如何正确处理好按劳分配与劳动价值论、按生产要素分配、公平和效率三者各自的关系等问题，做出了多方面颇有意义的探讨，针对当前实施的有中国特色的按劳分配制度提出了一些有价值的对策和具体思路，具有重大影响[7-8]。此外，综观中国当代收入分配思想的演变，不难发现每种分配制度的产生都与当时的经济发展之间存在着密切的关系，所以各个时期的理论有各自不同的侧重点。从以生产资料公有制为基础的计划经济体制下的侧重于平均主义的按劳分配到改革开放初期的以按劳分配为主、其他分配方式为辅，再到按要素分配、注重效率兼顾公平，无不与每个时期的经济发展状况和生产关系有密切的联系。因此，这些理论也有其共性，都以指导中国经济体制改革实践为目的。所以，当代中国收入分配理论以及其发展历程具有高度的统一性和连续性。在这种思想基础上，谷红欣（2006）、刘彩虹（2006）从经济思想史的方向出发对中华人民共和国成立以来的按劳分配思想的发展演变进行了系统性的分析，并在此基础上梳理出中国当代按劳分配思想发展的主脉络[9-10]。以几代党的中央领导集体的分配理论和分配政策为线索，杨辉（2009）从改革开放的角度，将马克思主义个人收入分配理论中国化的历史进程划分为两个阶段，分别概括了每一个阶段，研究和讨论了马克思收入分配理论在具体实践中所产生的问题，以及理论界对经典收入分配理论的重大突破和发展。由此得到经验启示：坚持马克思主义个人收入分配理论的精神实质，实事求是，立足国情，与中国实际相联系，处理好效率与公平的关系[11]。从经济史的角度，高志仁[12]的《新中国个体收入分配制度变迁研究》以我国收入分配制度变迁为主线，分析了社会主义按劳分配制度确立的历史背景、理论依据、确立的过程；以及计划经济时期、经济社会转型期及市场经济时期，各个历史时期收入分配制度的基本内涵以及制度变迁的成就、存在的问题等。杨钟馗（2014）的《中国收入分配变迁解读》解读了新中国成立65年的收入分配制度变迁，为学术界研究收入分配制度变迁提供了新视角。魏众、王琼（2019）在其论著中，以经济思想史视角对按劳分配原则中国化的探索历程进行了评述，并概述了马克思政治经济学中国化探索过程中有关按劳分配的两个重要理论争论。第一次关于按劳分配的理论争论，最终确立了按劳分配在社会主义分配中的主体地位。第二次关于按生产要素分配的理论争论，一方面是保证经济的持续稳定增长，另一方面明确了其作为按劳分配原则的一个补充性地位。同时，关于效率与公平是否应当兼顾的理论争论，也体现了从现实出发的中国特色社会主义的阶段性特征。此外还对党的十八大以来理论界对解决日益拉大的贫富差距问题，推进收入分配制度向共建共享发展成果转变的新思路、新理论进行了论述和展望。这是近几年来经济思想史上一部探讨按劳分配问题的难得著作[13]。

也有学者将按劳分配理论的继承、发展和创新作为主线，概述了党的领导人在我国这样一个生产力不发达、各种制度不完善、尚处于社会主义初级阶段的国家，在不同的历史环境和生产条件下，如何正确理解和贯彻按劳分配理论，以及在社会主义市场经济体制建立以后，如何坚持和创新按劳分配的实现形式等问题（彭升、罗雪中、彭栋梁，2006；沈静波、何伟，2011；曹海峰，2011）[14-17]。余金成（2016）叙述了马克思、列宁、毛泽东和邓小平对按劳分配问题的理论论述，即马克思认为，按劳分配对于不同等级的劳动者来说是一种平等的权利，但其实质是不平等的，即所谓的资产阶级法权。有必要发展按需分配制度，通过取消商品货币，阻止按劳分配向按资本分配的转变。列宁强调它同社会主义相一致。毛泽东接受商品货币存在，认为按劳分配必须受到限制。邓小平对社会主义市场经济的选择，找到了市场与政府共同作用的模式，使按劳分配趋向于共同富裕这一目标。总结和梳理这四种不同的解释方法，可以解释马克思主义者探索社会主义建设规律的过程[18]。

2018年、2019年分别是改革开放40年和中华人民共和国成立70周年，理论界针对收入分配理论做了一些总结性回顾。经过40多年的改革，我国收入分配制度改革的主线之一就是正确处理公平与效率的关系。改革开放初期的收入分配改革的核心是提高效率，改革的重点集中在两个方面：一是确立按劳分配为主体、多种分配方式并存的基本分配制度，全面推进各个生产要素参与收入分配；二是实行允许部分地区、部分人先富起来的大政策，使各生产要素的效率得到明显提高，各种创造财富的要素得到充分调动。迈入强起来的时代，面临着人民收入普遍提高，但收入差距扩大、收入分配秩序不规范的问题。要继续深化收入分配制度改革，使收入分配更加合理有序，特别是要按照社会主义共同富裕的要求，更加注重实现公平正义。我们的改革应该从两个方面着手：一是坚持按劳分配，完善按要素分配；二是缩小收入差距，让人民共享发展成果。四十多年来，两个时代的收入分配制度改革是一个整体，体现了公平与效率兼顾与统一，是邓小平理论和习近平中国特色社会主义思想在我国的伟大实践（洪银兴，2018）[19]。此外，王朝明、张海浪、王彦西（2008）主要从收入分配理论的拨乱反正、正本清源，收入分配理论的突破、探新以及收入分配理论的创新与发展三个历史阶段来总结改革开放四十年中国特色社会主义收入分配理论。从社会生产力的发展，以人为本、公平正义，所有制结构的改革，市场经济体制目标模式，解放思想、实事求是等角度对中国特色社会主义收入分配理论予以展望[20]。张宝英在《新中国70年收入分配制度改革回眸与展望》中以收入分配制度改革的演变历程、改革成效、现有困局和趋势展望为主线，从国家经济体制改革的全局视角，阐述我国从单一按劳分配到按劳分配为主体、多种分配方式并存到按劳分配与按生产要素分配相结合的收入分配制度改革历程，并在这一过程中兼顾效率公平和共享发展成果，不断提升人民群众的获得感、幸福感和安全感[21]。张亮（2019）回顾了改革开放以来中国收入分配制度改革的发展历程，总结了改革的主要经验，指出收入分配制度改革就是要紧密结合经济体制改革的逐步推进，始终把如何处理公平与效率的关系作为收入分配制度改革的中心内容，始终以完善按劳分配原则为主线，并结合我国生产建设的实践不断进行探索和完善。针对计划经济时期"大锅饭"所导致的效率低下的问题，国家积极推进收入分配制度改革，推动形成以按劳分配为主体，多种分配方式并存的分配制度，极大地提高了劳动者的积极性和创造性，使广大人民群众的收入水平普遍大幅度提高，有力地推动了扶贫工作的全面开展，贫困人口也大幅度减少。但现阶段中国收入分配领域还面临着收入差距仍处于高位、合理的收入分配格局尚未形成、生产要素分配不合理、劳动收入相对较低、居民社会性流动减少、阶层固化风险加大等问题，需要进一步深化改革，切实解决这些问题。以共享发展理念为指引，使全体人民共享改革发展成果，不断向共同富裕迈进，是改革的根本目标。制度建设的重点就是要完善按要素分配的体制机制，贯彻按劳分配原则，推进收入分配制度更加公平有序的落实。政府要做好收入再分配调节，加快推进基本设施建设和公共服务均等化，缩小城乡居民贫富差距[22]。

（二）按劳分配理论发展历程相关文献综述

在马克思按劳分配理论的历史演进历程的划分方面，学术界有不同的划分方法，早在 1981 年，张问敏、晓亮、练岑等将中华人民共和国成立后对按劳分配理论的讨论划分成四个阶段：从 1949 年中华人民共和国成立到"大跃进"前的 1958 年上半年、从 1958 年到 1966 年"文化大革命"开始、"文化大革命"时期的按劳分配理论讨论的第二次曲折、1977 年到 20 世纪 80 年代按劳分配理论问题讨论会[4-5]。张华东（2010）沿用了这个划分；还有学者认为，马克思按劳分配理论的中国化进程主要划分为三个阶段：第一阶段是计划经济体制下对按劳分配理论的实践与探索；第二阶段是中国经济体制转轨初期（1979～1991 年）按劳分配理论的实践与探索；第三阶段是党的十四大以来马克思按劳分配理论在中国的新发展（李楠，2003；熊玉先，2017）[8,23]。王朝明、张海浪（2018）等沿用了前两个阶段的划分的基础上对第三个阶段进行了细分：党的十四大（1992 年）至十六大召开为收入分配理论的突破与探新阶段；2002 年至今，收入分配理论的不断创新和纵深发展阶段。杨辉（2009）以改革开放为界，将马克思主义个人收入分配理论中国化的历史进程划分为三个主要阶段：一是改革开放前重"公平"的单一按劳分配阶段，二是改革开放后重"效率"的"多元"分配阶段，三是重"效率"与"公平"兼顾的分配阶段[11]。胡爽平（2010）将马克思按劳分配理论中国化的过程分为以下几个时期：1949～1956 年，从多种分配方式向按劳分配集中；1956～1978 年，实行按劳分配与平均主义；1978～1987 年，实行按劳分配与按生产要素分配相结合；1987～1997 年，实行按劳分配与其他分配方式并存的制度；1997～2002 年，实行按劳分配与按生产要素分配相结合；2002～2002 年，实行按生产要素贡献参与分配的制度[24]。还有学者则对中国自改革开放以来的收入分配制度改革历程进行了回顾，并将其分为四个阶段，即打破平均主义推进按劳分配的阶段（1978～1992 年）、打破多种分配方式并存的阶段（1992～2002 年）、打破按劳分配与按生产要素分配相结合的阶段（2002～2012 年）、推动发展成果由人民共享的阶段（2012 年至今）（孙明慧，2017；张亮，2019）[22,25]。

二、按劳分配理论争论问题相关文献综述

1. 资产阶级法权文献综述

谈论计划经济时代的收入分配理论，绕不开"资产阶级法权"这个概念，所谓"资产阶级法权"（后译作资产阶级权利，下同）是计划经济时期的一个重要政治术语，也是"四人帮"集团一系列经济学谬论的核心。计划经济时期实施平均主义分配制度的根本目的，就是要对所谓"孕育资本主义的土壤"的资产阶级法权进行限制（阎瑞雪，2018）[26]。高远戎（2006）认为，1958 年以后历次政治运动的重要思想基础正是对资产阶级法权的批判和限制，使决策层在经济上推行一系列"左"倾错误政策，更是为在政治上发动"文化大革命"提供了思想和理论依据[27]。

资产阶级法权源于马克思在《哥达纲领批判》中提出用于描写社会主义经济特征的一个概念。他认为，在社会主义经济关系和社会关系中，由于实行等量交换的按劳分配原则，因此还存在着类似资本主义社会那种形式上平等而事实上不平等的属于资产阶级性质的法定权利。马克思在《哥达纲领批判》中指出，等量交换看似好像平等，每个劳动者等量劳动换取等量价值，但是由于每个劳动者的个人天赋、成长环境不同等与生俱来的天然特权，导致了劳动者不同等的工作能力，所以"就它的内容来讲，它像一切权利一样是一种不平等的权利"，"这个平等的权利总还是被限制在一个资产阶级的框框里""在这里平等的权利按照原则仍然是资产阶级权利"[28]。而毛泽东将资产阶级法权的概念从政治经济

学拓展到整个意识形态领域，将他所构思的如旧宗法制度、旧思想、旧习惯等"共产主义"中一切不合理事物和现象都归结于"资产阶级残余"。

关于"资产阶级法权"的探讨主要集中在 20 世纪 50 年代末至 80 年代初，21 世纪以来，虽有零零星星的叙述散布于纸间，以回顾性综述为主。关于"资产阶级法权"的探讨围绕着"按劳分配与资产阶级权利的关系"这个问题展开，由此衍生出"在社会主义条件下，要不要贯彻按劳分配原则""是否应该限制按劳分配原则""按劳分配与物质刺激的界限""按劳分配与政治挂帅问题""供给制和工资制之争""计件工资制是否应该存在""按劳分配是不是产生资产阶级和资本主义的经济基础"等问题（童沅轼，1979；张问敏、晓亮、练岑，1981；周后唐，2017）[2,5,29]。对"资产阶级法权"的探讨，是在 1958 年"大跃进"和人民公社化运动的背景下开始的，当时毛泽东提出要消灭资产阶级法权，并亲自发起了这次全国性的大讨论。争论的焦点正是按劳分配与资产阶级法权的关系，以及资产阶级法权残余的性质和表现。由于"大跃进"和人民公社化运动的错误认识和逐步纠正，使讨论得不够深入（高远戎，2006）[27]。1958～1966 年，理论界对按劳分配与资产阶级权利的关系的讨论主要分成三种观点。有些学者认为按劳分配是反映资本主义关系的资产阶级权利，胡绳（1958）与张梦梅（1958）认为，在实行按劳取酬的同时，实际上也承认了资本主义制度下的一些原则，即对事实各异、各不相同的人适用同样的标准，因此，"平等权利"本质违背公平，无法体现平等。比如，熟练的技术工人要比非熟练的技术工人得到更多的报酬、脑力劳动要比体力劳动得到更多的报酬、受过高等教育的人要比未接受过高等教育的人得到更多的报酬，等等。但他们指出，存在于社会主义阶段的"资产阶级式的法权"，即资产阶级法权残余，与资本主义社会中的资产阶级法权有本质区别，是两个社会制度的产物，反映了两个阶级的利益。一方面，我们承认"按劳取酬"的分配原则是"资产阶级法权"的反映；另一方面，我们认为在分配领域当前无法实现"人人都均匀"的平等分配，等价交换这一原则仍然发挥着作用。但是，我们又认为，它与资产阶级"不劳而获"的原则是有本质区别的。尤其是在社会主义阶段，由于社会生产力发展水平的限制，还不能使全体人民学会复杂劳动，都能接受较高的教育；人们的思想还不能完全摆脱旧社会旧思想的残余，共产主义的觉悟也不够高；所以，在这个阶段，保留一定的资产阶级法权是不可避免的[30-31]。与上面两位学者类似，李石泉（1963）态度鲜明地反对按劳分配原则是无产阶级法权这种观点，认为按劳分配既是社会主义原则，又兼具资产阶级法权性质，是社会主义制度下必须遵循的基本分配原则[32]。徐崇温（1962）反对骆耕漠（1962）把社会主义原则和资产阶级法权看成按劳分配的两重属性的观点，指出"不劳动者不得食""等量劳动交换等量产品"的社会主义原则，并没有消灭"不同人按不等量劳动得到等量产品"的资产阶级法权，认为按劳分配原则只有一重属性，仍是原则上的资产阶级法权[33]。但是，关于按劳分配具有资产阶级法权的理论很快被"四人帮"所利用，开始对"实质上不平等"的资产阶级法权的限制与削弱，按劳分配制度受到沉重打击。

有些学者认为按劳分配是不完整的资产阶级权利，薛暮桥（1959）认为社会主义废除了剥削，实行了同工同酬，因而废除了资本主义的假平等，实现了社会主义的真平等。在这一点上，资产阶级式的权利已经不复存在了。但由于多劳多得，少劳少得，复杂劳动比简单劳动报酬要高得多，使劳动者生活水平有差别，在平等的基础上仍有一定程度的不平等，并且按劳取酬是一种形式的劳动同另一种形式的劳动之间的等量交换，"从这方面来说，它还部分地保留了资产阶级形式的权利的剩余"[34]。在此基础上，骆耕漠（1962）进一步提出按劳分配原则具有两重属性，一是有社会主义属性，具有一定的平等性；二是有其不平等性，即从某种意义上讲，也有资产阶级法权，认为按劳分配原则具有无产阶级法权和资产阶级法权的两重异向性质[35]。

还有一些学者认为按劳分配是无产阶级权利。池曦期（1958）认为，按劳取酬制并不具备资产阶级属性，而是具备无产阶级属性，它是劳动人民的意志上升为国家法规，用以维护广大劳动人民的利益。[36]沈志远（1962）同样论述认为人们对按劳分配是资产阶级法权的看法是错误的，而资产阶级法权是资本主义分配关系所体现的，具体表现为按资分配、资本家不劳而获，从而出现一端一无所有，一端无所不有的现象，按劳分配显然是它的对立面[37]。刘庆堂、张玉璞（1963）两位学者在《按劳分配原则是无产阶级法权》一文中指出，按劳分配原则是以社会主义经济基础为基础的、体现了无产阶级和劳动人民的意志的、无产阶级专政国家特有的、全新的、革命的分配制度，它维护的是劳动人民的利益，国家通过该制度对劳动者进行社会监督。社会主义国家通过宪法和有关个人消费的法律对这一制度予以保护。由此，按劳分配原则只有无产阶级的法权这一重属性[38]。

1977~1979年召开的四次按劳分配理论研讨会对资产阶级法权进行理论上的拨乱反正，首先，在译名方面，孙冶方（1977）等认为"资产阶级法权"一词含糊不清且与原意不符，主张改译为"资产阶级权利"[39]。最终，1977年12月12日中央编译局在《人民日报》上发表文章决定将马克思著作中的"资产阶级法权"改译为"资产阶级权利"。

通过学术界长达数年的辨析讨论，意见趋于一致，按劳分配不是资产阶级权利，不是产生资本主义的土壤。还有些学者认为，在生产资料公有制和按劳分配条件下的资产阶级权利，已经与生产资料私有制条件下存在的资产阶级权利不同，应该被看作社会主义性质的权利，与之有密切关系的按劳分配，当然就是社会主义性质的。1978年5月《人民日报》刊发的《贯彻执行按劳分配的社会主义原则》一文指出："只有保卫和实行资产阶级法权，才能很好地贯彻按劳分配……促进生产的发展，从而为向共产主义过渡创造条件。"[40]此文明确了按劳分配制度的社会主义属性，扫清了在全国范围内重新贯彻按劳分配原则意识形态领域方面的阻碍，给持续了长达二十余年之久的理论争论定下了结论。之后，"资产阶级权利"不再成为贯彻按劳分配中的一个问题。

2000年以来，关于资产阶级法权的研究文献较少，康闪金（2015）指出"资产阶级法权"各个时期的含义有所不同，"大跃进"时期全国范围内建立农村人民公社并推行半供给制半工资制，这时破除"资产阶级法权"主要是为其提供理论基础；60年代"资产阶级法权"的概念转化为官僚特权行为的代名词，成为建构"反修防修"理论的思想观念；60年代学术界对"资产阶级法权"的研究主要围绕着商品制度、货币交换和按劳分配等问题展开。通过对"资产阶级法权"的破除和限制，可以看出1958年以来毛泽东所坚持的"社会主义革命"[41]。

2. 在社会主义条件下，要不要贯彻按劳分配原则问题综述

实际上，1958年11月郑州会议以后，中央开始认识到"大跃进"和人民公社化进程中出现的"左"倾错误，对具体的"左"倾错误开始拨乱反正，在当月的武昌会议上，毛泽东提倡"消灭资产阶级法权"，但是未全盘否定按劳分配，对其积极意义进行了肯定。所以，在1958年11月至1959年的讨论中，有些学者提出了按劳分配原则虽然有资产阶级法权的残余，但在社会主义阶段仍然发挥着重要作用，其具有两面性，应正确地引导它在生产劳动中的激励作用，而不是片面的否定。1959年12月至1960年2月，毛泽东学习苏联《政治经济学（教科书）》时肯定了这一提法，即在社会主义制度下，只能依据每一个社会成员在国家经济中劳动的数量和质量，进行个人消费品的分配。他指出生产工人的报酬也不可能相同，应该与其所提供的劳动的数量和质量相一致。与此同时，他反对书中彻底运用按劳分配的经济规律指导生产活动，认为"彻底"一词过于绝对，带来了个人主义的危险。主张反对平均主义的同时，亦要警惕产生个人主义，导致贫富悬殊现象的出现。总之，毛泽东认为，按劳分配是社会主义的，必须坚持按劳分配原则在社会主义公有制经济中的指导地位；按劳分配原则仍然存在资产阶级法权的残余，这是有"弊病"的，必须加以限制，必须通过加强政治思想工作将实行按劳分配与维护国家集体利益有机结合起来。从而防止产生个人主义，不利于社会主义事业的发展；按劳分配原则只是最终实现共产主义的过渡手段，未来的共产主义社会要实行按需分配（周新城，2019）[42]。而在理论

界，主张废除与坚持按劳分配的两种观点针锋相对展开了长达数年的辩论。蒋家俊认为，按劳分配在我国的实践中确实导致了劳动者一定的贫富差距，但是这是在承认劳动者自身存在差别的客观条件下，实行各尽所能、按劳分配的分配制度是平等且合乎情理的，并不能为此否定按劳分配原则[43]。徐崇温（1959）、薛暮桥（1959）、郑玉林（1962）等则认为，必须实行按劳分配的根本原因是，在当前条件下，劳动仅仅被劳动者视为获得生活必需品的手段，通过在消费品分配领域承认不同的个人、企业和生产队之间的差别，并且进行必要的物质利益的鼓励和监督，有利于提高个人劳动积极性和生产率，改善企业和生产队的经营管理，所以按劳分配是必然的[44-45]，"过早地主观地取消按劳分配的分配制度，其结果只能出现农民的粗鄙的平均主义"（李琪，1958）[46]。而主张限制、取消按劳分配制度的学者则认为，按劳取酬的原则是无产阶级在资本主义社会是用来反对那些不劳而获，通过不等价的交换剥削工人的剩余价值的资本家们的武器，革命胜利后，主要是作为斗争的武器，用于对社会闲散人员、消极怠工者、旧社会剥削阶层的改造。"在取消生产资料所有制方面的资产阶级法权以后"，应当以按需分配的供给制取代按劳分配的工资制，从而消灭分配领域的资产阶级法权残余[47]。

3. 按劳分配、政治挂帅、物质利益三者的关系问题综述

在计划经济时期，坚持无产阶级政治挂帅，加强思想政治工作，提高人民的思想觉悟，从而树立共产主义劳动态度，已经成为那个时期的主流思想。学界争论的焦点是如何处理好按劳分配、政治挂帅、物质利益三者的关系[48]。一部分学者认为按劳分配就是资产阶级法权，强调物质刺激动员工人去生产劳动，而不是靠参与社会主义建设的思想觉悟，"本质上就是钞票挂帅"，根本上与资本主义企业中迫使工人提高劳动效率，加大劳动强度的手段没区别[49]，由此提出了"对于按劳取酬"的原则，承认它在相当一段时间内仍存在于社会主义的分配领域，但要逐步限制它、消灭它，不能美化发展它。要特别重视政治挂帅，加强共产主义教育，不断提高人民的思想觉悟和道德素质，不要把重点放在物质激励上[50]。

另一部分学者强调按劳分配与政治挂帅的结合，注重精神鼓励的同时应兼顾物质刺激。如果片面地强调政治挂帅，即使可能在一个时期内把群众的劳动热情激发了起来，但如果没有配套的物质激励制度，如计件工资制、奖金制等，那么，群众的积极性就很难长久地维持下去。政治挂帅的一个重要内容就是坚持完善社会主义分配制度，发挥按劳分配原则的积极作用[32]。并且"按劳分配可以鼓励劳动者积极地参与生产建设，而发展生产正是社会主义建设的最高政治利益"[51]，所以从个人的物质利益出发参与社会生产的发展是按劳分配规律的基本

特征之一。社会主义经济中按劳分配规律的作用，直接决定了社会物质发展水平，"产生了非资本主义制度对劳动者所能有的新的社会刺激"，因此，在社会主义建设时期，"对按劳分配规律运用得越充分，社会主义社会的优越性就越明显"[52]。

4. "文化大革命"时期对按劳分配原则的破坏综述

"文化大革命"时期对按劳分配原则的否定是对1958年下半年对按劳分配批判的更大规模延续和继承，并且两次反复的共同特点，都是针对按劳分配的"资产阶级法权"问题展开的[5]。特别是在1975年，围绕着《哥达纲领批判》发表一百周年，"四人帮"以批判资产阶级法权的名义，重新将张春桥在《人民日报》提出的破除资产阶级思想确立为收入分配领域的主流思想。进而否定按劳分配的社会主义性质，认为按劳分配是滋生资本主义的土壤，推行按劳分配制度必然会导致贫富悬殊、两极分化的现象，进而产生资本主义的雇佣现象，有一部分人在按劳分配的外衣下，无报酬地侵占另一部分人的剩余价值，资本主义和资产阶级社会就在这种基础上迅速发展[53]。分配领域的混乱导致"文革"中造成了平均主义泛滥成灾的恶果，在分配中计件工资和奖励制度被当作"资本主义"属性而被全盘否定，全面实行平均主义的收入分配，削减了劳动者的生产积极性和管理者提高生产效率的主观能动性，导致企业的生产率水平和收入水平低下，社会主义的经济建设遭到严重地破坏，改革开放前期国民经济已经处于崩溃的边缘。

5. 小结

总的来说，计划经济时期关于按劳分配理论的讨论比较多，争论也很多。1977～1978年大讨论按劳分配理论的主要问题，实际上在这一时期已经有了雏形。因为极左思潮的泛滥和张春桥等的鼓动，趁机否定了按劳分配，所以当时讨论的问题不是怎样认识和实行按劳分配，而是按劳分配有无弊病、要不要限制它、要不要取消它，从根本上讲，这是有偏差的[5]。此外，探究计划经济时期我国收入分配制度走向平均主义的深层次原因，不能脱离了当时的历史背景和具体国情，新中国建国初期由于人口多、底子薄、经济基础弱，没有足够的资本积累，再加上以美国为中心的西方资本主义国家对我国进行孤立和封锁，导致无法也不能依靠外部资本流入来推动工业化进程。唯有通过抑制劳动者收入增长，减少私人消费，来提高国家集中的收入份额，保证工业化投资的持续扩张。为此，居民的收入分配只能被限制在满足基本生活需要的按劳分配范围内，收入分配的途径、过程必须由国家集中控制、调节[6]。这就不可避免地损害了劳动者的积极性，为此毛泽东认为解决这一弊端的关键是应当把提高劳动者的社会主义政治觉悟放在第一位，特别强调思想教育和政治挂帅，主张使用精神激励，反对物质刺激。后来，个人收入水平和收入增长极其缓慢，人们之间的收入差距渐趋缩小，收入激励功能逐步弱化，干与不干、干多干少、干轻干重、干好干坏都一个样，使广大劳动群众的生产积极性因此受到严重阻碍，使"出工不出力""搭便车"行为滋长蔓延。从而导致企业生产率水平和收入水平低下。总之，从20世纪50年代末到经济改革开始前，"基本平均略有差别"的平均主义"大锅饭"式的分配在多数情况下是我国收入分配的主要形式。

三、改革开放以后对按劳分配讨论文献综述

（一）效率与公平的关系问题文献综述

效率与公平问题，贯穿于改革开放以来经济建设的整个过程，是改革开放以来按劳分配理论探索历程的一条主线。如程恩富教授（2002）所说的那样"'公平与效率'是人类经济生活中的一对基本矛盾。如同爱情是文学作品永恒的主题一样，公平与效率始终是经济学争论的主题，甚至被称作经济学史上的'哥德巴赫猜想'"[54]。两者孰先孰后、是正相关还是负相关关系、在分配领域如何处理好两者的关系以及相关问题，无论是在理论上还是在实践中，它都已成为一个重大的理论和实践问题，既是难点又是焦点。

有些学者将中华人民共和国成立70年来中国共产党对公平与效率关系问题的探索与实践的发展历程划分时期进行论述，即追求绝对公平，实施平均主义政策（1949～1978年）的时期、追求效率，破除平均主义，鼓励一部分人先富起来（1978～1986年）的时期，王众、于博瀛（2020）认为这两个时期的主要观点是公平与效率矛盾论。该观点认为公平与效率成负相关关系，高效率的实现必然导致不公平，而实现公平必然损害效率，因此，形成了公平优先、效率优先两种社会发展方向，过度追求绝对公平导致了计划经济时期的平均主义弊端[55]。而后者是在1977～1978年四次按劳分配理论研讨会后，特别是在党的十一届三中全会以后，在理论界和政府高层开始承认按劳分配的多种形式，以计件工资、工分、奖金、津贴、奖状等精神鼓励和物质刺激相结合的措施，逐渐在收入分配领域将提高效率放在优先位置，邓小平多次指出社会主义的本质，是解放、发展生产力，消灭剥削，消除两极分化，最终达到共同富裕，而共同富裕则是通过先富带动后富，先鼓励、允许一部分地区和个人依靠合法经营和诚实劳动先富起来，承认差别，合理拉开个人收入差距，这样就能调动劳动者的积极性，提高经济效率，促进生产力的发展[56]，并且，先富根

本目的是激励人民用劳动创造财富，而不是导致贫富两极分化[57]。因此，发展生产力和实现共同富裕是效率与公平关系的具体体现，而要做到共同富裕首先就是要提高效率，没有发展就没有公平可言（王众、于博瀛，2020）[55]。朱金和王微（2012）进一步论述在改革开放初期效率优先的最主要的原因是在苏联解体，西方国家对我国进行大规模经济封锁的历史背景下，国家面临最紧迫的问题就是要提高效率，发展经济，生产力和效率的提高为我国执政的稳定和解决社会矛盾提供物质保障[58]。

经过改革开放8年的经济建设，1986年的国民生产总值、工农业总产值、国家财政收入及城乡居民平均收入，相比较1978年基本上增长了1倍。但这个时期的发展矛盾也很突出，主要表现为：先富论打破了平均主义，强调效率的提高，但是并未做到先富带动后富，忽略对公平的保障，反而使一部分人或部分地区先富起来后，出现了贫富两极分化，东西部区域差距拉大，贪污腐败现象加剧等社会问题，需要重新调整公平与效率的关系，以推进这些问题的解决[55]。从笔者掌握的文献来看，周为民和卢中原（1986）率先提出了效率优先兼顾公平的原则，认为要把效率目标放在首位，在保证最必要的公平程度前提下，最大限度地提高社会经济效率[59]。很快，金碚（1986）等响应了这一说法，进一步提出了"以公平促进效率，以效率实现公平"，而廖进（1987）反对将"效率优先"的原则过早地引入现实经济领域，认为在新旧制度过渡时期，市场功能不完善，制度不健全，各方面的经济关系尚未理顺，价格制度存在严重扭曲，社会分配中出现的收入差距更多地来自机会不平等，在生产到分配领域比较自如地运用计划和市场的调控功能的"有计划的商品经济"的新体制建立之前，应该贯彻有利于新旧制度平稳交替的分配政策中的"效率与公平并重"的原则，以协调效率与公平的关系，使之呈相辅相成的状态，同时他认为应该承认社会成员在收入上的合理差距，避免过大的收入悬殊[60]，而拉大收入分配的差距应是以社会成员心理承受能力为界限，缩小收入分配的差距以是否明显地损害效率的提高为界限，调整社会各阶层之间和各阶层内部成员的收入（南岭，1987）[61]。在此基础上，周天勇（1987）进一步提出了我国个人消费产品的分配应以劳为主，辅之以资、才、智等原则，与货币、市场三者相互辅助。应该贯彻先富论，让一部分人富起来，另外，也要考虑公平问题，以体现社会主义的经济制度。对于初次分配造成的收入差距问题，国家通过与商品经济形式相适应的再分配方式进行调节。这一思想也被贯彻落实到国家政策中，成为了20世纪90年代收入分配的指导方略。1989年10月，党的十三大第一次正式提出了按劳分配为主体，辅以其他分配方式的分配制度，并对非劳动性收入进行了松绑，指出只要合法，就应当允许，而社会主义的分配政策是，贯彻落实先富论，同时防止贫富两极分化，坚持共同富裕，在提高效率的前提下，兼顾公平。再次强调了公平改革发展的原则之一，而效率则是实现公平的有效手段，两者相辅相成且同等重要。90年代初由于国际形势风云变幻，特别是苏联解体对社会主义在全球范围的事业是个沉重的打击，而我国的改革步伐明显放慢，在某些方面甚至出现了暂时的徘徊或倒退迹象（郜志刚，2016）[62]。因此，党的十四大报告明确指出，面对世界上许多国家，尤其是周边邻国和地区的经济水平正在加速提高的时代背景。如果我国经济发展速度落后，社会主义制度的巩固和国家长治久安将面临严重威胁。因此，我们的经济能否加快发展，不仅是一个重大的经济问题，同时也是一个事关全局的重大政治问题（程伟礼、戴雪梅，2009）[63]。落实在收入分配领域主要表现为"以按劳分配为主体，其他分配方式为补充，兼顾效率与公平"。总的来说，"效率与公平孰先孰后，那时还没有明确的思路"[64]。很快，党的十四届三中全会明确提出了"效率优先，兼顾公平"的分配原则，更加突出了效率优先于公平。党的十五大沿用了这一理论。正因如此，中国正迎来一段经济高速增长的时期，其中1992~1995年国民生产总值年均增长率超过10%，甚至高达14.22%，但是该原则的实质是将公平置于效率之后，为效率服务，而且在实施过程中过分地追求高效率，而忽略兼顾公平（魏众、王琼，2019）[13]，通过居民基尼系数可知，1982~1998年基尼系数由0.250上升到0.438，上升了75.20%，平均每年上升4.70%；1998~2008年增长速度虽然放缓，但基尼系数仍由0.438上升到0.491，上升了5.30%。已经超出了国际公认的社会贫富差距0.4的"警戒线"（张彦峰，2019）[65]。贫富差距问题已经开始成为了社会性问题，因此，纪宝成（2008）认为以党的十六大为界，在发展的动力上，开始了从效率优先兼顾公平向提高效率同促进社会公平有机地结合起来转变，2002年11月党的十六大报告提出："初次分配注重效率，发挥市场的作用……再分配注重公平，加强政府对收入分配的调节职能，调节差距过大收入。"这是在对效率优先兼顾公平的原则进行必要的修订。初次分配注重效率，再分配注重公平，实际上在一定程度上重新界定了公平与效率的边界，初次分配和再分配各司其职，将公平与效率放在了同等重要的位置上，使得实施公平的措施更加明确具体（魏众、王琼，2019；王众、于博瀛，2020）[13,55]。2006年10月，党的十六届六中全会更进一步提出，社会和谐基本条件就是社会的公平与正义。2007年10月，党的十七大提出要实现社会的公平正义是这个时期建设中国特色社会主义的重要任务，在初次分配与再分配过程中都要注重公平和效率，特别是在收入分配再调节过程中应当更加注重公平。程言君（2012）认为这预示着或标志着按劳分配制度体系由"效率优先型"开始向"公平高效型"转型，是重大的历史性飞跃，同时他在其论著中对改革开放以来按劳分配理论的三个历史阶段、三次重大变革、两次历史性飞跃和三种历史形态。指出"保障社会公平正义"作为按劳分配制度体系完善原则的第二次战略性调整，标志着公平高效型按劳分配制度体系建构历史新阶段的到来[66]。

（二）按劳分配和按生产要素分配的关系问题

按劳分配理论的探索过程中，另一条主线就是在社会主义市场经济条件下，如何发展按劳分配原则，即按劳分配与生产要素分配的关系问题[13]。随着社会主义市场经济模式的确立，在社会主义市场经济条件下，如何坚持和发展按劳分配原则成为理论界关注的焦点，学术界主要集中在公有制为主体的多种所有制形式及其分配原则之间的关系上，争论的核心是如何看待按生产要素分配的问题。这是改革开放以来，我国出现的关于按劳分配原则的重大理论争论[13]。以经济思想史角度专门研究这个时期的理论演变的文章很少，多是散布各个文献的章节角落。谷书堂和蔡继明于1988年最早提出了按要素分配方式，所谓按要素贡献分配，就是按照各要素对创造社会财富的贡献程度分配报酬，而劳动者按其劳动贡献在全部劳动力要素贡献中所占的份额获得属于自己的收入[67]。之后的争论主要以劳动价值论为理论基础，重点围绕着究竟是劳动还是生产要素创造价值、谁应该参与价值分配、生产要素分配符不符合萨伊的"三位一体公式"进行争论（陈德华，1990；苏星，谷书堂，1992；谷书堂、柳欣，1993；程建华，1995）[68-72]。后来，逐步形成了按生产要素分配的分配原则，即在公有制经济中实行按劳分配，非公有制经济中推行按要素分配，该原则是对按劳分配为主体，多种分配形式并存的分配原则的重要补充。党的十五届五中全会的报告指出，贯彻按劳分配与按生产要素分配相结合，有利于优化资源配置，有利于促进经济社会健康发展。这是我国第一次明确提出实行按劳分配与按生产要素分配相结合的分配原则。在此基础上，党的十七大进一步提出："坚持和完善按劳分配为主体、多种分配方式并存的分配制度，健全劳动、资本、技术、管理等生产要素按贡献参与分配的制度。"

但是，在中国经济这个"蛋糕"做得越来越大的同时，劳动者报酬和居民收入在国民收入中的比重却逐渐下降，有学者撰文指出21世纪的头8年，所占比重总体呈快速下降趋势，2009年以后，随着劳动力供求关系逐渐得到改善，劳动者报酬和居民收入所占的比重开始逐步回升，劳动报酬的增长速度开始加快，虽然取得了不小的成绩，劳动者报酬在2016年达到47.46%，居民收入在2014年达到60.09%，但是仍远落后于发达国家的水平（张亮，2019）[22]。"蛋糕"怎么切的问题日益突出，这些问题有的根源在于固有的经济规律，脱离时代背景，武断地将贫富分化完全归因于市场经济下效率优先兼顾公平、按生产要素分配是不合适的[73]，但如何界定效率优先兼顾公平的前提条件，如何界定每种生产要素的贡献大小，仍然是值得学术界深入研究的难题。

（三）共享发展成果走向共同富裕问题综述

随着改革开放的不断深化，收入差距扩大引起对公平和共同富裕的呼吁，同时全面建成小康社会时间的临近也要求收入分配原则向共享发展和共同富裕转变，理论界开始出现要由"先富论"向"共富论"转变的声音，刘国光（2012）就指出，"让一部分人先富起来"的政策已经完成任务，应逐步转向"实现共同富裕"的政策[74]，王伟光（2012）进一步指出了解决分配不公和实现共同富裕问题的迫切性[75]。梁亚琴（2012）、张兰芳（2013）、李海洋（2014）、何花（2014）、任瑞姣（2017）等阐述了实现共同富裕在当前的现实可能性，从不同角度诠释了先富论的现实依据，以及论证了发展理念由"先富带动共富"向"共享发展成果"的实践依据，指出"先富""共富"和"共享"的发展演变过程，三者的演变根本上来说是由不同阶段社会生产力发展水平和社会主义性质决定的，根本的出发点和落脚点是以人民为中心。"先富"是促进社会生产力发展的"捷径"，实现共同富裕的手段，"共富"是社会主义社会的本质和目标，"共享"是联结"先富"和"共富"的必要环节[76-80]。

以党的十七大精神为指导，党的十八大进一步明确了公平与效率的关系："初次分配和再分配应兼顾效率与公平，再分配更注重公平。"突出了收入分配公平的重要性。实现社会公平和正义也是党的十八届三中全会提出的改革重点，习近平（2014）在党的十八届三中全会精神中明确提出，要把实现社会公平和正义的思想真正统一到党的十八届三中全会精神上来，要不断扩大"蛋糕"，同时要分配好"蛋糕"。同时，习近平（2016）也把共享发展上升为国家发展理念，他指出"共享发展侧重于解决社会公平和正义问题"。党的十八大明确指出，收入分配要以共同富裕为指导，这是中国特色社会主义的基本方略。要加大再分配调节力度，着力解决收入差距过大的问题，科学地调整居民收入分配结构，使全体人民共建共享更多更公平的发展成果，实现共同富裕。

四、文献评述

本文围绕着"平均""效率""公平""共享"四个关键词，以经济思想史的角度回顾了中华人民共和国成立70年来理论界对按劳分配理论的探索历程。

以改革开放为界，分别探究了计划经济时期我国逐渐走向"绝对平均主义"的理论根源正是由于脱离了具体国情的认识，试图单纯通过"破除资产阶级法权"方式，对"按劳分配理论"进行限制乃至取消，从而"跑步进入共产主义"。通过对这个时期理论界关于按劳分配理论争论的三个核心问题："按劳分配与资产阶级法权""在社会主义条件下，要不要贯彻按劳分配原则"以及"按劳分配、政治挂帅、物质利益三者的关系"的梳理，可以发现改革后按劳分配理论的思想根源与理论雏形。

本文的第二部分以党的十八大为界，在十八大之前，按劳分配理论的探索过程主要围绕两条主线展开：一是效率与公平的关系问题，即如何通过按劳分配等分配原则激发劳动积极性，从而提高经济效率，促进经济增长；二是按劳分配与生产要素分配的关系问题，即如何使按劳分配等分配原则适应社会主义市场经济模式的要求问题。而党的十八大以后按劳分配理论主要围绕着"先富论"向"共富论"或者说共享发展成果，实现共同富裕的主线转型。

总之，通过文献梳理发现的问题主要是，学术界从经济思想史的角度全面、系统地研究马克思按劳分配理论中国化历程，以及研究特定历史时期按劳分配理论重大理论争鸣的文献稀少，对于当前关于我国分配现状方面的研究往往着眼于特定问题的数学模型的实证研究，对于中华人民共和国成立70年以来马克思收入分配理论成果缺乏系统地整理与回顾，因此，以经济思想史的理论方法提炼出按劳分配理论的经济思想脉络是笔者今后研究的方向。

参考文献

[1] 刘灿. 马克思关于收入分配的公平正义思想与中国特色社会主义实践探索 [J]. 当代经济研究, 2018 (2)：17 – 25, 97.

[2] 童沱轼. 评按劳分配讨论的两次高潮 [J]. 学术月刊, 1979 (9)：20 – 22.

[3] 张问敏. 建国以来按劳分配问题讨论评述 [J]. 经济科学, 1985, 7 (5)：37 – 43.

[4] 张问敏, 晓亮, 练岑. 评建国以来按劳分配理论问题的讨论（二）[J]. 东岳论丛, 1981 (6)：35 – 41.

[5] 张问敏, 晓亮, 练岑. 评建国以来按劳分配理论问题的讨论（一）[J]. 东岳论丛, 1981 (3)：77 – 82.

[6] 佚名. 中国收入分配制度变迁 [M]. 南京：江苏人民出版社, 1999：1 – 15.

[7] 白暴力. 一部研究马克思按劳分配理论的力作——读《马克思按劳分配理论及其在当代中国的发展》[J]. 江汉论坛, 2004 (5)：143.

[8] 李楠. 马克思按劳分配理论及其在当代中国的发展 [M]. 北京：北京高等教育出版社, 2003：45 – 167.

[9] 谷红欣. 中国当代收入分配思想演变研究 [D]. 复旦大学博士学位论文, 2006.

[10] 刘彩虹. 按劳分配理论演变与发展的思考 [J]. 前沿, 2006 (8)：192 – 194.

［11］杨辉．马克思主义个人收入分配理论中国化的历史进程与经验启示［J］．理论学刊，2009，190（12）：63 - 66.

［12］高志仁．新中国个人收入分配制度变迁研究［M］．长沙：湖南师范大学出版社，2008.

［13］魏众，王琼．按劳分配原则中国化的探索历程——经济思想史视角的分析［J］．经济研究，2016，51（11）：4 - 12，69.

［14］彭升，罗雪中．论党的三代领导人对马克思按劳分配理论的历史发展［J］．中南大学学报（社会科学版），2006，12（1）：19 - 24.

［15］罗雪中，彭栋梁．马克思按劳分配理论在我国的历史发展和突破［J］．学海，2006（2）：5 - 9.

［16］沈静波，何伟．我国对马克思主义收入分配理论的创新与实践［J］．产业与科技论坛，2011，10（1）：16 - 17.

［17］曹海峰．论马克思主义收入分配公平理论在中国改革开放新时期的发展与创新［J］．淮海工学院学报（社会科学版），2011，9（21）：5 - 7.

［18］余金成．按劳分配及其在马克思主义发展史上的四次解读［J］．理论学刊，2016，265（3）：17 - 28.

［19］洪银兴．兼顾公平与效率的收入分配制度改革40年［J］．经济学动态，2018，686（4）：19 - 27.

［20］王朝明，张海浪，王彦西．改革开放四十年中国特色社会主义收入分配理论回顾与展望［J］．江西财经大学学报，2019，122（2）：27 - 35.

［21］张宝英．新中国70年收入分配制度改革回眸与展望［J］．经济研究参考，2019（18）：86 - 98，110.

［22］张亮．改革开放40年中国收入分配制度改革回顾及展望［J］．中国发展观察，2019，205（1）：23 - 29.

［23］熊玉先．马克思收入分配理论中国化研究［D］．中央财经大学硕士学位论文，2017.

［24］胡爽平．马克思主义分配理论及其在当代中国的发展［D］．武汉大学博士学位论文，2010.

［25］孙明慧．共享发展视阈下中国收入分配制度改革与反思［D］．吉林大学硕士学位论文，2017.

［26］阎瑞雪．破而后立：1977—1978年分配问题上的思想转型［J］．中国经济史研究，2018，138（4）：92 - 108.

［27］高远戎．"大跃进"期间的资产阶级法权讨论及影响——试析毛泽东对社会主义社会的一些构想［J］．中共党史研究，2006（3）：77 - 86.

［28］马克思．哥达纲领批判［M］．北京：人民出版社，2018：14 - 16.

［29］周后唐．关于1977 - 1978年按劳分配讨论的再研究［J］．东南学术，2017，258（2）：60 - 67.

［30］张梦梅．社会主义制度下资产阶级法权残余的表现及其根源［J］．中南财经政法

大学学报，1958（7）：12－14.

[31] 胡绳．从供给制说起［J］．学术月刊，1958（11）：1－3.

[32] 李石泉．按劳分配原则具有资产阶级法权性质——与刘庆堂、张玉璞同志商榷［J］．江汉学报，1963（9）：16－21.

[33] 徐崇温．关于按劳分配原则具有无产阶级法权属性问题的商榷［J］．江汉学报，1962（11）.

[34] 薛暮桥．社会主义社会的按劳分配制度［N］．人民日报，1959－10－23.

[35] 骆耕漠．试论按劳分配原则的两重性［N］．大公报，1962－04－06.

[36] 池曦期．"按劳取酬"不是资产阶级法权［N］．人民日报，1958－11－22.

[37] 沈志远．关于按劳分配的几个问题［N］．文汇报，1962－08－30.

[38] 刘庆堂，张玉璞．按劳分配原则是无产阶级法权——与骆耕漠、徐崇温同志商榷［J］．江汉学报，1963（4）：26－30.

[39] 孙冶方．社会主义经济的若干理论问题［M］．北京：人民出版社，1979：334.

[40] 特约评论员．贯彻执行按劳分配的社会主义原则［N］．人民日报，1978－05－08.

[41] 康闪金．"资产阶级法权"：一个革命政治语词的历史考察［J］．党史研究与教学，2015，243（1）：84－94.

[42] 周新城．既反对平均主义又反对两极分化——关于按劳分配与资产阶级法权问题［J］．毛泽东邓小平理论研究，2019，384（9）：68－70，109.

[43] 蒋家俊．"按劳分配"不平等吗？——答读者姚余郎同志［N］．解放日报，1961－09－29.

[44] 郑玉林．略论按劳分配的根据［J］．江淮论坛，1962（1）：41－45.

[45] 上海劳动局办公室资料组．建国以来按劳分配论文选（上）［M］．上海：上海人民出版社，1978：39－40.

[46] 李琪．怎样正确认识——社会主义按劳分配制度［J］．前线，1958（3）：15－18.

[47] 俞文伯，安烈鹰．革命队伍中改行"工资制"是倒退［N］．安徽日报，1958－10－27.

[48] 佚名．《建国以来政治经济学重要问题争论（1949—1980）》目录［J］．经济研究，1981（4）：81.

[49] 上海市哲学社会科学学会联合会办公室．上海讨论资产阶级法权问题的文章和发言［C］．上海：上海市哲学社会科学学会联合会办公室编印，1959：72－73.

[50] 王亢之．让共产主义思想更快地成长［N］．人民日报，1958－10－23.

[51] 姜铎．必须全面地看待按劳分配原则［J］．学术月刊，1959（6）：20－24.

[52] 乌家培．略论物质利益原则的性质［J］．经济研究，1959（8）：38，51－54.

[53] 北京大学编写组．社会主义政治经济学［M］．北京：北京大学出版社，1976：14－15.

[54] 程恩富．公平与效率：如何兼得——程恩富教授9月18日在吉林大学的讲演（节选）［N］．文汇报，2002－10－15.

[55] 王众，于博瀛．中国特色社会主义对公平与效率关系的探索与启示［J］．学习与探索，2020（2）：61－68.

［56］邓小平．邓小平文选（第三卷）［M］．北京：人民出版社，1993：142.

［57］邓小平．邓小平文选（第三卷）［M］．北京：人民出版社，1993：111.

［58］朱金，王微．浅议毛泽东、邓小平的公平效率观［J］．人民论坛，2012，388（36）：234－235.

［59］周为民，卢中原．效率优先、兼顾公平——通向繁荣的权衡［J］．经济研究，1986（2）：30－36.

［60］廖进．试论按劳分配与"公平分配"［J］．南京师大学报（社会科学版），1987（1）：2－7.

［61］南岭．公平、效率与分配制度的改革［J］．经济体制改革，1987（4）：44－47.

［62］郜志刚．改革开放以来中国共产党社会公正思想研究［M］．北京：人民出版社，2016：67.

［63］中共中央文献研究室．十四大以来重要文献选编（上）［M］．北京：人民出版社，1996：16.

［64］程伟礼，戴雪梅等．中国特色社会主义思想史［M］．上海：学林出版社，2009：294.

［65］张彦峰．我国居民收入分配基尼系数变化趋势分析［J］．商业经济研究，2019，779（16）：189－192.

［66］程言君．深化改革分配体制的必定路向——中华人民共和国按劳分配制度体系建构发展的追溯与前瞻［J］．河北经贸大学学报，2012，33（6）：14－20.

［67］谷书堂，蔡继明．按贡献分配是社会主义初级阶段的分配原则［J］．经济学家，1989（2）：100－108，128.

［68］苏星．劳动价值论一元论［J］．中国社会科学，1992（6）：3－16.

［69］谷书堂，柳欣．新劳动价值论一元论——与苏星同志商榷［J］．中国社会科学，1993（6）：83－94.

［70］程建华．非劳动生产要素不能创造价值——兼与谷书堂和柳欣同志商榷［J］．当代经济研究，1995（3）：63－67.

［71］陈德华．社会主义实践不是否定了而是丰富了马克思主义关于按劳分配的理论［J］．教学与研究，1990（1）：37－39.

［72］谷书堂．对"按贡献分配"的再探讨［J］．改革，1992（5）：61－66.

［73］黄范章．我国"转轨"时期的效率与公平问题——兼倡"效率优先，增进公平"以实现和谐社会［J］．中国流通经济，2006（11）：4－7.

［74］刘国光．谈谈国富与民富、先富与共富的一些问题［J］．中国流通经济，2012，26（1）：4－6.

［75］王伟光．走共同富裕之路是发展中国特色社会主义的战略选择［J］．红旗文稿，2012，217（1）：1，4－7.

［76］梁亚琴．论先富与共富［J］．改革与开放，2012，347（14）：63－64.

［77］何花．从平均主义到先富共富论——中国社会主义分配正义思想的演变［J］．安徽行政学院学报，2014，5（1）：33－36.

［78］任瑞姣.从"先富""共富"到"共享"的逻辑演变［J］.湖南行政学院学报，2017，104（2）：12－16.

［79］李海洋."先富→后富→共富"理论的逻辑论证［J］.怀化学院学报，2014，33（7）：50－53.

［80］张兰芳."先富"与"共富"［J］.鄂州大学学报，2013，20（5）：13－15.

OFDI 对于改善母国市场扭曲的影响机制与实证检验文献综述

王少雄

摘要：改革开放 40 多年来，我国对外投资规模与增长速度得到大幅度提升，经济总量发展迅速，并进入了经济高质量发展的转型期。但由于受市场分割、垄断、政府管制等因素的影响，市场扭曲问题突出，如何有效化解市场扭曲带来的经济负效应成为我国经济走向高质量发展的一个重要议题。在此背景下，厘清 OFDI 对于母国市场扭曲的作用机制显得尤为重要，我们以 OFDI 对市场扭曲的影响机制为主题，主要选取公开发表在核心期刊上的高引文献及近五年的前沿文献，从不同角度对这些问题进行梳理，试图找出面对问题的解决办法，并梳理 OFDI 对市场扭曲调整的作用路径，拟提出对于不同市场扭曲（资本、劳动力扭曲等）的解决思路，对未来我国对外直接投资的方向和侧重点做出思考。

关键词：要素市场扭曲；OFDI；去产能；产业转移

一、研究背景及意义

改革开放以来，中国的 GDP 以每年 10% 左右的增速保持稳步增长，现代化建设取得了卓越的成就，并创造了一个由落后农业国到如今经济总量全球第二，成为世界重要经济体的发展奇迹。但在这种巨大的跨越式成就下，产业结构矛盾、国内产能过剩和要素配置扭曲等问题逐渐凸显，造成了中国多重失衡经济的发展困境（陈斌开，2016）[1]。

中央经济工作会议在 2015 年提出的供给侧结构性改革的主要任务就是通过价格信号的竞争机制纠正要素资源分配的扭曲并分配市场资源。2016 年的中央经济工作会议提出了"三去一降一补"这一经济发展目标，其中"去产能"是首要任务。去产能可以从封闭条件和开放条件两方面考虑，封闭条件下通过深化供给侧改革，提高产业产品供给能力，提高有效供给，减少无效供给；开放条件下通过对外直接投资以及进出口贸易进行过剩产能的重新配置。党的十九大进一步明确指出，"经济体制改革必须着眼于完善产权制度和市场化要素配置"。市场失灵和体制扭曲都会进一步加深产能过剩，而市场化程度的提高可以有效缓解体制扭曲带来的资源配置问题（余东华和吕逸楠，2015）[2]。

要素资源在非市场因素的影响下造成资源错配程度的不断加深，即要素市场扭曲。在国内方面，通过国内制度改革优化资本、劳动力资源的配置问题，继而缓解要素市场扭曲（韩剑和郑秋玲，2014）[3]。在国际方面，企业可以加深对外贸易往来，通过对外直接投资等渠道进一步缓解要素市场扭曲问题。2018 年我国对外贸易额继续保持全球第一，并且当年对外直接投资的流量为全球第二，仅次于日本，存量为全球第三，首次超越美国。仅 2018 年，中国省级以上部门新备案对外投资企业达 8000 余家，国内企业对外投资规模不断扩大。随着"一带一路"倡议的开展，我国企业国际贸易参与度迅速提升，企业对外投资行为也逐渐成熟。在这样的时代背景下，对外直接投资成为商界以及学者都关注的焦点，对外直接投资（OFDI）对要素市场扭曲的影响作用也成为推动我国经济高质量发展的一个重要议题。

二、生产要素市场扭曲的相关理论

（一）要素市场扭曲理论的发展脉络

在古典学派的理论体系下，完全市场中资源会通过市场的供求关系自发调配并使要素资源价格不断接近均衡价格，使得经济高效运转，资源在经济市场中得到有效配置。但在实际的市场中有很多外部和内部的问题存在，如市场垄断、制度环境等市场失灵现象的存在，使得市场的自我调节效率减弱及价格信号偏离均衡价格。经济学家把市场配置中偏离理想状态的现象称为扭曲。

20 世纪 40 年代，各国间的贸易往来逐渐恢复正常秩序，贸易竞争也越来越激烈。有的经济学家发现，本国在开放的贸易环境中逐渐处于劣势，本国产品竞争力不断下降，各国为了保护本国产业不得不设置各种贸易壁垒来应对这种市场失灵的问题。50 年代以后，经济学家对这种开放环境下的要素资源配置偏离问题进一步研究，Haberger（1959）[4] 使用社会福利和国际贸易的相关理论对扭曲现象进行了剖析，并提出了扭曲产生的原因和表现形式。60 年代后，Fishlow 和 David（1961）[5] 从帕累托最优的角度考虑，认为当国内外的边际转换率相等时为帕累托最优，当脱离帕累托最优状态时就产生了扭曲。Johnson（1966）[6] 对扭曲理论进一步完善和补充。70 年代的扭曲理论已经比较成熟，通过整理归纳前人的研究，Bhagwati（1971）[7]对扭曲理论进行系统性的整理和完善，科学地划分了各种扭曲的类型并将前人的政策建议进行对比，将扭曲理论真正推向成熟，此时的扭曲理论得到了实质性的发展。后来，Chacholiades（1978）[8]对市场扭曲的实质进行补充，认为要素市场的扭曲使资源配置偏离，其主要原因是市场失灵导致了影子价格和要素价格的偏离。进入21世纪后，经济学家将扭曲理论进行了更具体的应用。Young（2000）[9]认为中国的扭曲具有跨领域的传递性，Rader（2008）[10]通过生产函数法将印度与美国的农产业扭曲程度进行测算。

国内学者也逐渐开始关注市场扭曲的相关经济现象。①在市场扭曲的测算方面，生产函数法在测算市场扭曲程度方面较为容易计算，国内学者史晋川（2007）[11]也使用生产函数法测算出中国的资本扭曲程度比劳动力扭曲程度更大。②在市场扭曲的影响方面，张杰等（2011）[12]使用2001~2007年工业企业样本分析发现，市场扭曲对企业R&D投入抑制作用随着市场扭曲程度的加深而不断增强。杨洋（2015）[13]发现市场扭曲程度会影响政府补贴对企业创新绩效作用的大小，市场扭曲程度越低，则该地政府补贴对企业创新绩效的促进作用就越大。盖庆恩（2015）[14]对市场扭曲的作用机制从企业的进入与退出方面进行了研究，认为市场垄断会通过影响其他企业的进入退出继而影响企业的TFP，且市场扭曲会使在位企业的TFP也降低。在市场扭曲造成的效率损失方面，刘宗明（2019）[15]认为中间品的错配会造成30%全要素生产率的损失。③在市场扭曲与环境关系方面，阚大学（2016）[16]和沙依甫加玛丽·肉孜（2019）[17]从不同的角度得出要素市场扭曲会对当地以及周边地区的环境造成负面影响。

通过对上述文献的总结可知，要素市场扭曲与企业创新、全要素生产率、环境污染等方面有密不可分的联系，改善市场扭曲对解决以上问题具有关键的意义，因此市场扭曲成为学术界研究的一个重要领域。

（二）造成要素市场扭曲的影响因素

虽然新古典学派给出了一系列严格的假设，在完全市场下要素流动会在市场的作用下达到均衡，但显然现实生活中的市场往往存在一些不可控的因素，导致市场不能很好地调控资源流动。随着一部分产业中的要素价格偏低，企业资本则迅速流入该产业并造成资本扭曲，进一步加深市场扭曲程度。由于要素市场扭曲伴随很多重要的经济活动，很多学者从不同方面对要素市场扭曲的成因进行了研究，Bhagwati（1971）[7]指出扭曲主要是制度和政府管制造成的，而Magee（1973）[18]通过实证发现主要是要素价格的不同造成要素配置的扭曲。从以往的文献中我们可以将主要影响因素归纳为三点：垄断、市场分割和制度环境。

（1）市场分割。一些学者认为市场分割是造成市场扭曲的重要原因。国外学者将劳动力分为主要劳动力和次要劳动力，认为在市场中主要劳动力的价格高于次要劳动力的价格，劳动力均衡常常介于两者之间（Dickens 和 Long，1993）[19]；国内学者认为消除各省市场区域分割因素的影响后，改善的扭曲至少会提高5%左右的产品总产出（刘培林，2005）[20]。踪家峰（2013）[21]、宋马林（2016）[22]、杨伟中等（2018）[23]和王磊（2019）[24]等对市场分割从宏观或微观的不同角度，对影响市场扭曲的机制进行深入分析，都一致得出市场分割是导致市场扭曲的重要影响因素。

（2）垄断。在完全市场条件下资源当然能得到有效配置，但垄断势力的出现致使要素价格偏离市场价格，产生了扭曲。例如，工会的出现常常使本行业的劳动力价格高于市场劳动力价格，形成了劳动力价格的扭曲。Fisher 和 Waschik（2000）[25]通过研究证实了工会行为确实会导致劳动力价格的扭曲。盖庆恩（2015）[14]发现在市场竞争中，较强的垄断势力不仅会对在位的企业造成 TFP 的损失，而且会通过影响其他企业进入退出市场的行为，造成企业 TFP 的损失。冯涛（2016）[26]在进入退出问题上做了进一步研究，将市场分为垄断与竞争两类，研究证实劳动力扭曲现象越严重，行业内的收入差距越大。

（3）制度环境。由于要达到政治或者特殊的发展目标，政府往往在一段时期内会对市场进行干预，让要素价格偏离帕累托最优价格。国外学者 Kornai（1986）[27]对社会主义制度下的企业进行了研究，发现政府行为与企业发展有密不可分的关系，政府会给企业提供扶持政策也会对企业行为进行监管，这些行为势必会在短期内造成市场的要素扭曲。部分国内学者对中国制度环境下的要素市场扭曲进行了研究，林伯强（2013）[28]侧重于地方保护主义，认为本地企业会得到本地政府的优待。戴魁早（2016）[29]从官员激励的角度出发，认为官员行为会对区域要素市场扭曲造成影响，这种影响随着官员个人晋升偏好的减弱而改善。徐盈之（2020）[30]也对官员行为进行了研究，认为晋升压力会使官员倾向于在本地区发展经济效益好的产业，同时本地区的要素流动会受到冲击。解晋（2019）[31]也认为，造成中国资源扭曲问题的主要影响因素就是官员在晋升激励制度下的行为偏好。

系统归纳要素市场扭曲的成因，可以为后续研究中改善要素扭曲的政策建议打下坚实的理论基础，并更好地把握要素扭曲中存在的问题。

（三）要素市场扭曲的内涵

在社会生产中，生产要素是社会生产的基础，是一切生产活动的基石。在完全市场中，要素配置可以在市场机制的作用下达到帕累托最优。但由于垄断、制度等市场失灵的现象存在，导致要素价格偏离、要素配置不合理，这种现象就称为要素市场扭曲。

在学者具体的研究中，对于要素市场扭曲的定义常常有所区别，但本质上又有联系。如 hacholiades（1978）[32] 提出满足如下两种情况即产生要素市场扭曲：①要素价格和其影子价格（机会成本）不一致。②不同产品的同一要素生产转换率不同。Jones（1971）[33] 认为，要素市场扭曲就是生产点偏离生产可能曲线上最优的生产点。原因是内部和外部性的影响致使要素配置效率和要素价格出现偏差，主要表现为同一生产要素在不同产品中的要素价格不同。

要素错配和要素市场价格扭曲是两个重要的概念，两者的区别在于市场价格扭曲是要素错配的表现之一。在完全竞争市场里，在供求关系的作用下要素常常能表现出市场下的最优价格，然而在市场失灵的影响下要素市场价格往往与帕累托最优下的价格产生偏离，即市场不能使要素价格回到最优点，这种现象就称为要素市场价格扭曲。而要素错配涵盖的范围则更大，包括由于制度作用下的要素配置扭曲。

综上所述，要素市场扭曲可以概括为在非市场因素下，要素的价格和要素的配置脱离帕累托最优状态的状况。

（四）要素市场扭曲的类型

要素市场扭曲因分类标准不同而被划分为不同的类型。按照要素价格扭曲的表现形式不同分为相对扭曲与绝对扭曲。相对价格扭曲可以解释为相同的两种要素价格之比在不同的部门有所差别的现象，Magee（1973）[18] 通过研究验证了这种现象的存在。绝对扭曲一般解释为市场中的要素价格与边际产出价格相偏离的现象，此时称之为绝对扭曲（Lau 和 Yotopoulos，1971）[34]。在实际的研究中为便于分类研究，可以将其分为正向扭曲与负向扭曲。将扭曲指数设置为边际产出价格与实际要素价格之比，当扭曲指数大于 1 时，此时称为负向扭曲；反之，称为正向扭曲。

根据要素扭曲的影响范围不同分为内部扭曲与外部扭曲。内部扭曲指仅在一国的范围内出现了要素价格和影子价格（即机会成本）之间的偏离现象。而外部扭曲就是将作用范围从一国扩大到整个国际环境中，本国一般对国内的要素拥有极强的控制权，往往会出于贸易竞争或者贸易保护等目的，控制要素在国际间的流动，造成要素价格的扭曲。一般来说，国与国之间的比较优势会造成国际贸易分配利润的不断扩大。

根据研究要素扭曲的要素不同主要可以分为劳动力扭曲和资本扭曲。

（五）要素市场扭曲的测度方法

（1）生产函数法。生产函数法是最早应用在测算市场扭曲程度的方法，在诸多的方法中，有容易测算、数据易得等优势，得到了学者的广泛应用。该方法从表示企业生产关系的投入产出生产函数出发，计算出不同要素的边际产出并将其与实际要素价格进行比较得出要素扭曲程度，一般用边际产出与实际要素价格的比值作为扭曲指数。这与上文中绝对扭曲的测算理论一致，不再赘述。然而生产函数的类型较多，分为柯布—道格拉斯生产函数，超越对数函数与固定替代弹性函数。选取基础函数不同，测算结果往往就有所差异。

柯布—道格拉斯生产函数是学者较多选取的函数形式，其表达式为：$Y = AK^{\alpha}L^{\beta}$。

①对函数取对数形式，得到 $\ln Y = \ln A + \alpha \ln K + \beta \ln L$。

②通过实证回归得到 α 与 β 的测算值。

③将 α 和 β 的测算值代入对数形式中，并取偏导得到 MPL 和 MPK，即劳动力边际产出和资本边际产出。

④将 MPL 和 MPK 与估算的劳动力价格 w 和资本价格 r 进行对比，即得到劳动力扭曲指数：DL = MPL/w，资本扭曲指数：DK = MPK/r。

诸多学者都是通过柯布—道格拉斯生产函数法对国内外不同区域的市场扭曲程度进行测算，并研究了扭曲更深层次的机制作用（盛仕斌和徐海，1999[35]；徐长生和刘望辉，2008[36]；Hsieh 和 Klenow，2009[37]；施炳展和冼国明，2012[38]），将柯布—道格拉斯函数应用到研究市场扭曲中。

超越对数函数和柯布—道格拉斯生产函数的主要差别在于不仅有一次项，还有交互项和二次项，其可应用范围更广，其表达式为：$\ln Y = \beta_0 + \beta_1 \ln K + \beta_2 \ln L + \beta_3 \ln 2K + \beta_4 \ln 2L + \beta_5 \ln K \ln L + \mu$。史晋川和赵自芳（2007）[39]将超越对数函数计算市场扭曲应用在工业企业的扭曲测算中，王希（2012）[40]也同样应用该函数对中国总扭曲程度进行测算，认为中国的要素价格低于帕累托最优价格。学者应用此方法对中国劳动力和资本扭曲分别进行估计，得出 1985~2000 年中国的劳动力价格被高估、资本价格被低估的结论。

固定替代弹性函数和柯布—道格拉斯函数的主要差别在于其对要素的替代弹性不作固定为 1 的要求。Easterly（1994）[42]应用该方法对苏联时期的市场扭曲因素进行了研究，认为计划经济制度是影响其市场扭曲程度的最主要因素。国内学者夏晓华和李进一（2012）[41]使用此方法对 1980~2009 年资本、劳动力和能源资源扭曲程度进行测算，发现中国能源价格扭曲程度最为严重。

（2）前沿技术分析法。该方法的理论基础是将要素的生产组合与生产可能性边界进行比较，其偏离值就表示为要素扭曲程度。20 世纪 50 年代开始，国外学者 Farrell（1957）[43]认为当要素按照最优组合进行生产时，可以在此生产水平下计算出最优的生产前沿面。60 年代后，Skoorka（2000）[44]通过包络分析法与随机前沿法对生产可能性边界与实际生产状态之间的差值进行测算，此时的偏离值即为扭曲程度。进入 21 世纪后，运用该方法又进行了更深入的研究分类，将实际生产点落在生产可能性边界外的情况定义为技术扭曲，将实际生产点落在生产可能性边界内但并不在边界线上的情况定义为配置扭曲，更直观地解释了不同扭曲的表现形式。

（3）影子价格测算法。影子价格即该要素的机会成本，经济学家将实际要素价格和影子价格之间的差额定义为扭曲。国外学者 Atkinson 和 Halvorsen（1984）[45]首次将该方法应用到要素价格扭曲的测算之中，后来 Getachew（2007）[47]等也应用了该方法，测算了要素的相对扭曲值。国内学者袁鹏（2014）[46]将其运用在测算中国要素市场扭曲中，在研究的基础上分别测算了经济效率、技术效率及资源配置效率。

三、对外直接投资的相关理论

现如今全球化趋势已经将世界各国紧密地联系在一起，各国之间的贸易往来、金融投资和产业合作不断加深，国际贸易行为会对一国经济发展产生巨大的影响，OFDI（对外直接投资）在此背景下也进入新的阶段。OFDI 是企业走向国际化的重要路径，对于全球要素配置，改善国家间关系以及提高企业的国际化水平有日益重要的影响。2018 年中国 OFDI 的流量已位居全球第二，仅次于日本；同期存量首次达到全球第三，如此大规模的对外投资行为势必会对我国以及投资往来国产生举足轻重的影响。

对于 OFDI 的研究是学术界的热点问题之一，目前学术界对于 OFDI 的投资动机、经济效应方面的研究已取得诸多成果。

（一）OFDI 的投资动机

国外学者对于 OFDI 投资动机研究的起步时间较早，并从多方面探究影响 OFDI 的投资动机因素。Javorcik（2004）[48]研究了外国市场对立陶宛的直接投资行为，得出其对立陶宛的经济发展没有带来明显的促进作用。而 Donald（1993）[49]通过对印度尼西亚公司的海外直接投资效益研究发现，采取对外直接投资战略企业比未采取对外投资企业的管理、效益以及公司成长方面更具有优势。通过上述研究我们可以看到，OFDI 行为或许对母国企业带来的效益会更为明显。为了对母国和东道国效益差异进行更深入的探究，Borenszteina 和 Gregoriob（1998）[50]首次引入门槛效应，通过实证发现，当被投资国的劳动力要素存量达到最低限度时，对外直接投资会对东道国产生明显的正效应，而对外直接投资对于母国的企业来说仍是重要的技术学习渠道。

在市场逐利行为的驱动下，诸多国家进行对外直接投资，但其驱动因素可能不尽相同。Bevan 和 Estrin（2004）[51]认为，西方国家与欧盟之间的对外投资行为的驱动因素主要是预期收益、东道国劳动力价格和当地市场规模。Kalman 和 Astrit（2010）[52]提出，俄罗斯的对外投资行为的驱动因素因东道国的经济状况不同而有所差异，对于发达国家主要是以占领下游市场为主，对于欠发达国家主要是以寻求上游市场为主。Ping Deng（2004）[53]认为，中国企业对外直接投资行为受到政府的影响最大。

现如今中国 OFDI 的存量和流量都稳居世界前列，因此很多经济学家以中国为研究对象，试图解释中国的对外投资行为。国外学者 Buckley 和 Clegg（2007）[54]发现，中国企业在考虑是否进行 OFDI 行为时会更看重东道国的政治风险。另有学者 Witt 和 Lewin（2007）[55]发现中国企业的对外投资动机也会考虑制度差异下对外投资行为的优劣问题。Kafouros 和 Chengqi Wang（2012）[56]也发现中国政府在企业的对外投资行为的方向中起到举足轻重的作用，而寻求资源或者占据市场的动机处于次要位置。Bing Yan 和 Yu Zhang（2018）[57]对中国企业的微观数据进行了研究，认为企业自身生产率的大小和融资规模都会对企业的对外投资行为产生影响，企业生产率和融资规模越大企业越倾向于进行 OFDI 投资。Ramasamy 和 Yeung（2012）[58]将中国私营企业和国营企业的投资动机加以对比，通过实证得出私营企业更倾向于市场，国营企业更倾向于资源。

国内学者王碧珺和谭语嫣（2015）[59]通过不同的方法印证了融资规模对于国内企业 OFDI 行为的正向影响。李磊和蒋殿春（2017）[60]、田巍（2012）[61]、周茂和陆毅（2015）[62]在微观的角度从生产率、资本大小、劳动力价格、管理水平和企业年龄等不同方面解释了企业在对外投资中的异质性问题。

（二）OFDI 的经济效应

梳理现有文献发现，很多学者对 OFDI 经济效应的研究主要聚焦在贸易效应、逆向技术溢出效应和产业升级效应上。

（1）贸易效应。目前对贸易效应的研究主要包括两方面：贸易替代效应和贸易互补效应。Mundell（1957）[63]认为，在完全竞争市场下，要素可以在全球范围内自由流动，此时国际贸易和 OFDI 之间存在相互替代的关系。Eaton 和

Tamura（1995）[64]对日本和美国的贸易及 OFDI 数据进行了研究，发现对外直接投资存在贸易互补效应，此时 OFDI 能显著促进贸易额的提升。Helpman（2004）[65]发现，OFDI 的投资类型将影响占主导地位的是互补效应还是替代效应，其将 OFDI 分为垂直型和水平型，通过研究得出垂直 OFDI 会产生贸易替代效应，水平 OFDI 会产生贸易互补效应。

蔡锐和刘泉（2004）[66]、项本武（2007）[67]对中国贸易替代和互补的特征做了研究，柴庆春和胡添雨（2012）[68]分析了东道国的异质性影响，得出了相似的结论，即无论中国对发达国家还是对发展中国家进行 OFDI，都会产生贸易互补效应。但在张春萍（2012）[69]的研究结论中，东道国发展水平的不同会影响贸易互补效应的大小。蒋冠宏和蒋殿春（2014）[70]、王胜（2014）[71]对中国企业的微观数据实证得出，中国企业都存在不同程度的出口创造效应，即 OFDI 会促进企业提升出口额度。

（2）逆向技术溢出效应。霍杰（2011）[72]和白洁（2009）[73]采取不同的实证方法和研究对象，都得出中国的 OFDI 行为可以显著提高企业 TFP 这一结论。沙文兵（2012）[74]认为，通过 OFDI 产生的逆向技术溢出效应还会显著提升企业的创新能力，之后的杜江和宋跃刚（2015）[75]利用 R&D 投入指标验证了 OFDI 的逆向技术溢出效应。

（3）产业升级效应。部分国内学者在 OFDI 的产业升级效应方面进行研究。郭骋（2016）[76]认为，投资动机不同类型的 OFDI 中，寻求技术型相对于其他类型对产业结构升级的促进作用影响最大；卜宪浩（2016）[77]从全国层面验证了 OFDI 对产业结构升级存在正向的促进效用，但其影响效果并不显著，又根据中国的实际情况对 OFDI 未来发展及产业转移趋势进行预测；贾妮莎和申晨（2016）[78]发现有 OFDI 的企业相比于没有 OFDI 的企业，对制造业产业结构升级的促进作用更明显，且发达国家较发展中国家的效果更显著；杨晨（2017）[79]发现，OFDI 与产业结构升级效应受产业集聚的影响，集聚度高时 OFDI 对产业结构升级产生积极效应。

通过梳理上述研究文献可以看出，对外直接投资能促进母国的出口、替代母国国内投资、优化母国产业结构以及提升母国技术创新水平，但是对外直接投资为母国带来的这些优势能否转化为化解我国过剩产能并改善要素市场扭曲的研究较少。

四、OFDI 对市场扭曲的影响机制

改革开放后，我国的国民总产值迅速攀升，本土企业的产业竞争力不断加

强。然而，相比之下要素市场的发展进程却大大滞后于产品市场的发展，要素市场扭曲问题日益突出。本章将结合 OFDI 的相关理论，从去产能效应、转移边际产业效应和逆向学习溢出效应三方面出发，进一步研究归纳 OFDI 对要素市场扭曲的影响机制，如图 1 所示。

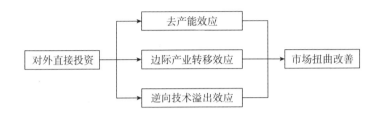

图 1　对外直接投资改善市场扭曲的作用机制

（一）去产能效应

改革开放以来，中国产能过剩问题日益凸显。其对经济的负面影响也尤为突出，造成资源配置效率低、公司利润率下降、劳动力价格扭曲等问题（杨振，2013；江飞涛，2017）[80-81]。

OFDI 可以明显改善企业的产能利用率继而去除过剩的产能。而且按照投资动机的不同，企业可以区分为四类：商贸服务型、当地生产销售型、技术寻求型和资源寻求型（蒋冠宏和蒋殿春，2014）[82]。

（1）商贸服务型。该类型企业不需要在东道国进行生产，人力成本较少，通过打开市场加快自身商品的流通速度，从而提高企业的产能利用率。

（2）当地生产销售型。该类型企业主要依靠本地劳动力在当地生产并销售，这样可以减少关税的成本，并且当地廉价的劳动力也会增强该类企业的竞争优势。在东道国进行配套生产链和供应链建立的同时，学习当地优秀的管理和生产技术，继而提高本企业的生产率（Cozza 等，2015）[83]。

（3）技术寻求型。该类型企业一般倾向于去发达国家进行投资以吸引当地高水平人才的流入，提高企业的生产效率和创新能力，并且此时的逆向学习效应更为明显（Tang 和 Altshuler，2015）[84]。有学者对中国数据进行实证分析发现，"走出去"战略能有效地缓解产能过剩问题（温湖炜，2017；刘磊等，2018）[85-86]。

（4）资源寻求型。该类型企业是被东道国更具价格竞争力的要素资源价格吸引过去的，由于东道国和母国资源价格或者资源保有类型的差异，企业能在当地以较低的成本获得要素原料从而间接地提高生产效率。

（二）边际产业转移效应

经济在发展过程中其产业结构调整并不一定会得到迅速的反馈，此时市场中可能会存在一些低生产率的边际产业。企业通过 OFDI 可以将边际产业转移到欠发达的国家，这些产业可能在当地仍具有优势，这样使得边际产业在当地的回报率高于在本国生产的回报率，并且边际产业的转移能为国内高端优势产业腾出发展空间，让本国的产业总生产率得到提升。

对外直接投资是边际产业转移的重要渠道。全球各国的产业状况可以由高到低分为不同的产业发展阶梯，边际产业由产业高梯度向产业低梯度国家转移后，能在当地迅速形成竞争优势，发挥其产业潜力。而且这些边际产业在其产业高梯度国家的资本及劳动力配置效率较低，通过 OFDI 进行转移后，将低效率的资本和劳动力要素从中释放出来，配置在更高效率的产业之中（赵春明，2002）[87]。从全球经济贸易经验来看，很多国家都遵循边际产业梯度转移原则，能较好释放产业潜力，优化国内产业结构，形成国民经济可持续发展的助动力。Blomstrom（1999）[88] 使用韩国对外直接投资的数据研究发现，对外直接投资有助于企业从价值链的低附加值端向高附加值端攀升，从而会促进企业结构优化和产业升级。李逢春（2012）[89] 通过修正钱纳里"结构增长"模型研究表明，较高的对外直接投资水平可以较快地促进投资企业所在地的产业升级。对外直接投资在理论上逐步得到完善，其为母国带来的经济效益也逐渐成为学者的重点研究课题。聂飞（2015）[90] 使用空间杜宾模型实证认为 OFDI 引致的制造业转移以"市场换市场"的扩张型为主，通过对国内市场生产及供应量的增加，能有效弥补 OFDI 对中国制造品出口造成的不利影响。刘海云（2015）[91] 认为，在金融危机之后，中国通过 OFDI 对发展中国家的初级产业转移步伐加快，而与发达国家的制造业内贸易显著加强。赵宏图（2019）[92] 认为，"一带一路"是中国企业"走出去"的升级版和新阶段，也是国际产业转移的重要组成部分。

（三）逆向技术溢出效应

逆向技术溢出效应首次被 Kogut 和 Chang（1991）[93] 发现，他们通过实证发现日本对美国的直接投资行为与日本企业的技术进步有着密切的联系。OFDI 可以将国外先进的管理经验和工业技术引入国内，形成逆向技术溢出效应，从而提高企业的生产效率（蒋冠宏和蒋殿春，2014）。

我国学者对中国存在的逆向技术溢出效应做了深入的探究。辛晴和邵帅（2015）[94] 从微观企业行为角度出发，证实了 OFDI 对中国企业产生了逆向技术溢出效应，而逆向技术溢出效应也存在明显的异质性。李梅和柳士昌（2012）[95] 认为东部的逆向技术溢出效应较中西部更为明显；叶娇和赵云鹏（2016）[96]不仅证实了区域异质性，而且从实证中发现生产效率不同的企业其效应大小也不同；付海燕（2014）[97]发现逆向技术溢出效应对于发达国家的促进效果很弱，而对发展中国家的技术进步促进显著。

综上所述，OFDI 是生产要素在国与国之间流动和优化配置的重要途径。与此同时，对外直接投资还有助于加剧市场竞争，使资源重新优化配置，进而有利于资源配置效率的改善。

五、对现有文献的总结及研究展望

关于扭曲理论的产生和发展，西方从 20 世纪 50 年代开始关注到扭曲问题并对市场扭曲对经济效率的影响作出分析研究。改革开放 40 年间，中国经济得到飞跃式发展，但市场扭曲问题愈演愈烈，并成为目前我国经济发展中的一个症结所在。因此，我们通过对文献的梳理，整理出一些富有卓识和远见的文献，但在归纳的过程中发现还可能存在以下不足：

关于市场扭曲的研究已经十分广泛，学者从市场扭曲的概念、成因、分类和测度方法等不同方面做出了深入的分析，市场扭曲的研究已经比较成熟。在早期的研究中，学者对于如何改善市场扭曲的研究多停留在减少制度干预、提高生产效率、出口去产能等方面，也有学者关注到 OFDI 对市场扭曲的改善作用，通过实证的方法探寻 OFDI 和市场扭曲之间的关系（张先锋等，2017；白俊红等，2018）[98-99]，但对其作用机制更深入的研究较少，解释说明较为笼统，特别是 OFDI 对于母国市场扭曲作用的中介变量和长短期效应研究较为缺乏。我们可以对不同市场扭曲（劳动力、资本扭曲）进行测算，通过实证研究 OFDI 对不同市场扭曲的作用机制，拟研究其中介变量的影响机制，剖析其长短期效应。由于我国市场扭曲的区域异质性明显且存在的问题也有差异，通过对不同市场扭曲作用机制的深入研究，有助于我们对不同区域市场扭曲问题提出更切合实际的建议。

现有文献关于 OFDI 对市场扭曲改善的空间计量研究较为缺乏，后面我们也将关注 OFDI 对市场扭曲改善的空间溢出作用，探寻 OFDI 对周边地区市场扭曲的改善作用，以期从区域整体发展的角度对 OFDI 改善市场扭曲提供建议。

参考文献

［1］陈斌开，陆铭. 迈向平衡的增长：利率管制、多重失衡与改革战略［J］. 世界经济，2016（5）：29-53.

［2］余东华，吕逸楠. 政府不当干预与战略性新兴产业产能过剩——以中国光伏产业为

例 [J]. 中国工业经济, 2015 (10): 53 - 68.

[3] 韩剑, 郑秋玲. 政府干预如何导致地区资源错配——基于行业内和行业间错配的分解 [J]. 中国工业经济, 2014 (11): 69 - 81.

[4] Harberger A. C. Molopy and Resource Allocation [J]. American Economic Review, 1959, 44 (2): 77 - 87.

[5] Fishlow A. & David P. A. Optimal Resource Allocation in an Imperfect Market Setting [J]. Journal of Political Economy, 1961, 69 (6): 529 - 546.

[6] Johnson H. G. Factor Market Distortion and the Shape of the Transformation Curve [J]. Econometrica, 1966, 34 (3): 686 - 698.

[7] Bhagwati J. & Srinivasan T. N. The Theory of Wage Differentials: Production Response and Factor Price Equalization [J]. Journal of International Economics, 1971, 1 (1): 19 - 35.

[8] Chacholiades M. International Trade Theory and Policy [M]. New York: McGraw - Hill, 1978.

[9] Rader T. The Welfare Loss from Price Distortions [J]. Econometrica, 1976, 44 (3): 1253 - 1257.

[10] Young A. The Razor's Edge: Distortions and Incremental Reform in the People's Republic of China [J]. Quarterly Journal of Economics, 2000, 155 (4): 1091 - 1135.

[11] 史晋川, 赵自芳. 所有制约束与要素价格扭曲——基于中国工业行业数据的实证分析 [J]. 统计研究, 2007, 24 (6): 42 - 47.

[12] 张杰, 周晓艳, 李勇. 要素市场扭曲抑制了中国企业 R&D? [J]. 经济研究, 2011 (8): 78 - 91.

[13] 杨洋, 魏江, 罗来军. 谁在利用政府补贴进行创新?——所有制和要素市场扭曲的联合调节效应 [J]. 管理世界, 2015 (1): 75 - 86, 98, 188.

[14] 盖庆恩, 朱喜, 程名望等. 要素市场扭曲、垄断势力与全要素生产率 [J]. 经济研究, 2015 (5): 63 - 77.

[15] 刘宗明, 吴正倩. 中间产品市场扭曲会阻碍能源产业全要素生产率提升吗——基于微观企业数据的理论与实证 [J]. 中国工业经济, 2019 (8): 42 - 60.

[16] 阚大学, 吕连菊. 要素市场扭曲加剧了环境污染吗——基于省级工业行业空间动态面板数据的分析 [J]. 财贸经济, 2016, 37 (5): 146 - 159.

[17] 沙依甫加玛丽·肉孜, 邓峰. 要素价格扭曲、环境污染与区域创新能力 [J]. 经济经纬, 2019, 36 (2): 15 - 22.

[18] Magee S. P. Factor Market Distortions, Production, and Trade: A Survey [J]. Oxford Economic Papers (New Series), 1973, 25 (1): 1 - 43.

[19] Dickens W. T., Lang K. Labor Market Segmentation Theory: Reconsidering the Evidence [J]. Problems in Annalyzing Labor Markets Springer Netherlands, 1993 (29): 141 - 180.

[20] 刘培林. 地方保护和市场分割的损失 [J]. 中国工业经济, 2005 (4): 70 - 77.

[21] 踪家峰, 杨琦. 要素扭曲影响中国的出口技术复杂度了吗? [J]. 吉林大学社会科学学报, 2013, 53 (2): 106 - 114.

［22］宋马林，金培振．地方保护、资源错配与环境福利绩效［J］．经济研究，2016（12）：49 - 63．

［23］杨伟中，余剑，李康．利率扭曲、市场分割与深化利率市场化改革［J］．统计研究，2018，35（11）：44 - 59．

［24］王磊，张肇中．国内市场分割与生产率损失：基于企业进入退出视角的理论与实证研究［J］．经济社会体制比较，2019（4）：30 - 42．

［25］Fisher, Timothy C. G. Union Bargaining Power, Relative Wages, and Efficiency in Canada［J］. Canadian Journal of Economics, 2000, 33（3）：742 - 765.

［26］冯涛，罗小伟，刘浩．劳动力市场扭曲与收入差距研究——基于行业进入壁垒强度视角［J］．人文杂志，2016（5）：44 - 54．

［27］Kornai J. The Soft Budget Constraint［J］. Kyklos, 1986, 39（1）：3 - 30.

［28］林伯强，杜克锐．要素市场扭曲对能源效率的影响［J］．经济研究，2013，48（9）：125 - 136．

［29］戴魁早，刘友金．要素市场扭曲与创新效率——对中国高技术产业发展的经验分析［J］．经济研究，2016，51（7）：72 - 86．

［30］徐盈之，顾沛．官员晋升激励、要素市场扭曲与经济高质量发展——基于长江经济带城市的实证研究［J］．山西财经大学学报，2020，42（1）：1 - 15．

［31］解晋．自然资源何以成为诅咒：市场扭曲下的"攫取之手"——以"中国式分权"引致的官员晋升激励为视角的实证检验［J］．商业研究，2019（11）：23 - 31．

［32］Chacholiades M. International Trade Theory and Policy［M］. New York：McGraw - Hill, 1978.

［33］Jones R. W. Distortions in Factor Markets and the General Equilibrium Model of Production［J］. Journal of Political Economy, 1971, 79（3）：437 - 459.

［34］Yotopoulos L. P. A. A Test for Relative Efficiency and Application to Indian Agriculture［J］. The American Economic Review, 1971, 61（1）：94 - 109.

［35］盛仕斌，徐海．要素价格扭曲的就业效应研究［J］．经济研究，1999（5）：68 - 74．

［36］徐长生，刘望辉．劳动力市场扭曲与中国宏观经济失衡［J］．统计研究，2008，25（5）：32 - 37．

［37］Klenow H. P. J. Misallocation and Manufacturing TFP in China and India［J］. Quarterly Journal of Economics, 2009（4）：1403 - 1448.

［38］施炳展，冼国明．要素价格扭曲与中国工业企业出口行为［J］．中国工业经济，2012（2）：49 - 58．

［39］史晋川，赵自芳．所有制约束与要素价格扭曲——基于中国工业行业数据的实证分析［J］．统计研究，2007，24（6）：42 - 47．

［40］王希．要素价格扭曲与经济失衡之间的互动关系研究［J］．财贸研究，2012（5）：14 - 21．

［41］夏晓华，李进一．要素价格异质性扭曲与产业结构动态调整［J］．南京大学学报

（哲学·人文科学·社会科学版），2012（3）：42－50.

［42］Easterly W. Economic Stagnation, Fixed Factors, and Policy, Thresholds ［J］. Journal of Monetary Economics, 1994, 33 （3）：525－527.

［43］Farrell M. J. The Measurement of Production Efficiency ［J］. Journal of Royal Statistical Society, 1957, 120 （3）：253－290.

［44］Skoorka B. M. Measuring Market Distortion: International Comparisons, Policy and Competitiveness ［J］. The Applied Economics, 2000, 32 （3）：253－264.

［45］Atkinson S. E., Halvorsen R. Parametric Efficiency Tests, Economic of Scale, and Input Demand in U. S. Electric Power Generation ［J］. Review of Economics and Statistics, 1984, 25 （3）：647－662.

［46］袁鹏，杨洋. 要素市场扭曲与中国经济效率 ［J］. 经济评论，2014（2）：28－40, 51.

［47］Getachew and Sickles. The Policy Environment and Relative Price Efficiency of Egyptian Private Sector Manufacturing: 1978－1995 ［J］. Journal of Applied Econometrics, 2007, 22 （4）：703－728.

［48］Javorcik B. S., Kaminski B. The "EU Factor" and Slovakia's Globalization: The Role of Foreign Direct Investment ［J］. Finance A Uver, 2004, 54 （9）：456－472.

［49］Donald J., Lecraw. Outward Direct Investment by Indonesian Firms: Motivation and Effects ［J］. Journal of International Business Studies, 1993, 24 （3）：589－600.

［50］Borensztein E., De Gregorio J., Lee J. W. How does Foreign Direct Investment Affect Economic Growth? ［J］. Journal of International Economics, 1998, 45 （1）：1－135.

［51］Bevan A., Estrin S., Meyer K. Foreign Investment Location and Institutional Development in Transition Economies ［J］. International Business Review, 2004, 13 （1）：43－64.

［52］Kalotay K., Sulstarova A. Modelling Russian outward FDI ［J］. Journal of International Management, 2010, 16 （2）：131－142.

［53］Deng P., Pang Z., Zhang Y., et al. Developmental Changes of Transient Potassium Currents in Large Aspiny Neurons in the Neostriatum ［J］. Developmental Brain Research, 2004, 153 （1）：97－107.

［54］Buckley P. J., Clegg J., Wang C. Is the Relationship between Inward FDI and Spillover Effects Linear? An Empirical Examination of the Case of China ［J］. Journal of International Business Studies, 2007 （38）.

［55］Lewin W. A. Y. International Expansion of Emerging Market Businesses Outward Foreign Direct Investment as Escape Response to Home Country Institutional Constraints ［J］. Journal of International Business Studies, 2007, 38 （4）：579－594.

［56］Wang C., Hong J., Kafouros M., et al. What Drives outward FDI of Chinese Firms? Testing the Explanatory Power of Three Theoretical Frameworks ［J］. International Business Review, 2012, 21 （3）：24－38.

［57］Yan B., Zhang Y., Shen Y., et al. Productivity, Financial Constraints and Outward Foreign Direct Investment: Firm - Level Evidence [J]. China Economic Review, 2018 (47): 47 - 64.

[58] Ramasamy B., Yeung M., Laforet S. China's Outward Foreign Direct Investment: Location Choice and Firm Ownership [J]. Journal of World Business, 2012, 47 (1): 17 - 25.

[59] 王碧珺, 谭语嫣, 余淼杰等. 融资约束是否抑制了中国民营企业对外直接投资 [J]. 世界经济, 2015, 448 (12): 56 - 80.

[60] 李磊, 蒋殿春, 王小霞. 企业异质性与中国服务业对外直接投资 [J]. 世界经济, 2017, 40 (11): 47 - 72.

[61] 田巍, 余淼杰. 企业生产率和企业"走出去"对外直接投资: 基于企业层面数据的实证研究 [J]. 经济学 (季刊), 2012, 11 (2): 383 - 408.

[62] 周茂, 陆毅, 陈丽丽. 企业生产率与企业对外直接投资进入模式选择——来自中国企业的证据 [J]. 管理世界, 2015 (11): 70 - 86.

[63] Mundell. International Trade with Factor Mobility [J]. American Economic Review, 1957 (47): 321 - 335.

[64] Eaton J., Tamura A. Japanese and U. S. Exports and Investment as Conduits of Growth [J]. Boston University - Institute for Economic Development, 1995.

[65] Helpman Elhanan. The Mystery of Economic Growth [A] // The Mystery of Economic Growth [C]. Belknap Press of Harvard University Press, 2004.

[66] 蔡锐, 刘泉. 中国的国际直接投资与贸易是互补的吗?——基于小岛清"边际产业理论"的实证分析 [J]. 世界经济研究, 2004 (8): 65 - 71.

[67] 项本武. 对外直接投资对国内投资的影响——基于中国数据的协整分析 [J]. 中南财经政法大学学报, 2007 (5): 82 - 86.

[68] 柴庆春, 胡添雨. 中国对外直接投资的贸易效应研究——基于对东盟和欧盟投资的差异性的考察 [J]. 世界经济研究, 2012 (6): 64 - 69.

[69] 张春萍. 中国对外直接投资对进出口贸易的影响 [J]. 学术交流, 2012 (7): 87 - 90.

[70] 蒋冠宏, 蒋殿春. 中国企业对外直接投资的"出口效应" [J]. 经济研究, 2014 (5): 162 - 175.

[71] 王胜, 田涛, 谢润德. 中国对外直接投资的贸易效应研究 [J]. 世界经济研究, 2014 (10): 80 - 86.

[72] 霍杰. 对外直接投资对全要素生产率的影响研究——基于中国省际面板数据的分析 [J]. 山西财经大学学报, 2011 (3): 6 - 12.

[73] 白洁. 对外直接投资的逆向技术溢出效应——对中国全要素生产率影响的经验检验 [J]. 世界经济研究, 2009 (8): 67 - 71, 91.

[74] 沙文兵. 对外直接投资、逆向技术溢出与国内创新能力——基于中国省际面板数据的实证研究 [J]. 世界经济研究, 2012 (3): 69 - 74.

[75] 宋跃刚, 杜江. 制度变迁、OFDI 逆向技术溢出与区域技术创新 [J]. 世界经济研究, 2015 (9): 62 - 75, 130.

[76] 郭骋. 中国技术寻求型 OFDI 产业升级效应研究 [D]. 浙江大学硕士学位论

文，2016.

[77] 卜宪浩. 中国对外直接投资与产业转移研究［D］. 山东师范大学硕士学位论文，2016.

[78] 贾妮莎，申晨. 中国对外直接投资的制造业产业升级效应研究［J］. 国际贸易问题，2016（8）：143-153.

[79] 杨晨. 产业集聚视角下省际 OFDI 对产业结构升级的影响［J］. 经济论坛，2017（5）：86-90.

[80] 杨振. 激励扭曲视角下的产能过剩形成机制及其治理研究［J］. 经济学家，2013（10）：48-54.

[81] 江飞涛，耿强，吕大国，李晓萍. 地区竞争，体制扭曲与产能过剩的形成机理［J］. 中国工业经济，2012（6）：44-56.

[82] 蒋冠宏，蒋殿春. 中国工业企业对外直接投资与企业生产率进步［J］. 世界经济，2014（9）：53-76.

[83] Cozza C., Rabellotti R., Sanfilippo M. The Impact of Outward FDI on the Performance of Chinese Firms［J］. China Economic Review, 2015（36）：42-57.

[84] Tang, Jitao, Altshuler, Rosanne. The Spillover Effects of Outward Foreign Direct Investment on Home Countries: Evidence from the United States［J］. Rosanne Altshuler, 2015（7）：45-47.

[85] 温湖炜. 中国企业对外直接投资能缓解产能过剩吗——基于中国工业企业数据库的实证研究［J］. 国际贸易问题，2017（4）：108-118.

[86] 刘磊，刘晓宁，张猛. 中国对"一带一路"国家直接投资与产能过剩治理——基于中国省际面板数据的实证研究［J］. 经济问题探索，2018（5）：167-177.

[87] 赵春明，何艳. 从国际经验看中国对外直接投资的产业和区位选择［J］. 世界经济，2002，25（5）：38-41.

[88] Blomstrom M., Sjoholm F. Technology Transfer and Spillovers: Does Local Participation with Multinationals Matter?［J］. European Economic Review, 1999, 43（4-6）：915-923.

[89] 李逢春. 对外直接投资的母国产业升级效应——来自中国省际面板的实证研究［J］. 国际贸易问题，2012（6）：124-134.

[90] 聂飞，刘海云. 中国对外直接投资与国内制造业转移——基于动态空间杜宾模型的实证研究［J］. 经济学家，2015（7）：35-44.

[91] 刘海云，聂飞. 中国制造业对外直接投资的空心化效应研究［J］. 中国工业经济，2015（4）：83-96.

[92] 赵宏图. 从国际产业转移视角看"一带一路"——"一带一路"倡议的经济性与国际性［J］. 现代国际关系，2019（3）：38-45.

[93] Kogut B., Chang S. J. Technological Capabilities and Japanese Foreign DitectInvestment in the United States［J］. Review of Economics and Statistics, 1991, 73（3）：401-411.

[94] 辛晴，邵帅. 对外直接投资逆向技术溢出对母国技术创新能力的影响［J］. 东岳论丛，2015，36（7）：179-185.

［95］李梅，柳士昌．对外直接投资逆向技术溢出的地区差异和门槛效应——基于中国省际面板数据的门槛回归分析［J］．管理世界，2012（1）：21－32，66.

［96］叶娇，赵云鹏．对外直接投资与逆向技术溢出——基于企业微观特征的分析［J］．国际贸易问题，2016，397（1）：136－146.

［97］付海燕．对外直接投资逆向技术溢出效应研究——基于发展中国家和地区的实证检验［J］．世界经济研究，2014（9）：56－61.

［98］张先锋，杨栋旭，张杰．对外直接投资能缓解企业融资约束吗——基于中国工业企业的经验证据［J］．国际贸易问题，2017（8）：133－143.

［99］白俊红，刘宇英．对外直接投资能否改善中国的资源错配［J］．中国工业经济，2018（1）：60－78.

中国居民贫困代际传递问题
研究文献综述

王涵阳

摘要： 贫困代际传递是现在以及未来扶贫工作中为了达到稳定脱贫目的必须关注的问题，目前贫困代际传递问题已在全球得到广泛关注。本文使用中国知网、Elsevier Science Direct、Springer Link 等数据库，从贫困代际传递的理论概念、测度、影响因素、阻断机制四个方面对贫困代际传递领域主要的理论文献及其研究进行梳理归纳，并指出目前研究中的不足，为后续研究打下坚实基础。

关键词： 贫困代际传递；影响因素；阻断机制

一、引　言

虽然社会在快速进步，但目前世界上影响最广泛的还是贫困问题，它依旧是世界各国政府亟待解决的问题。目前，我国已有贫困县尽数摘掉"贫困"的帽子，消灭绝对贫困已卓有成效，但相对贫困下的贫困代际传递问题依然严峻。贫困代际传递作为一个深度持续性的问题，不仅对个人和家庭有很大的消极影响，对社会也具有严重的负面影响。因此，研究贫困代际传递问题，了解如何测度以及其影响因素，探寻阻断贫困代际传递的机制，对于消灭绝对贫困、缓解相对贫困、促进社会公平和社会和谐发展具有重要意义。

本文将尝试对贫困代际传递领域主要的理论文献及其研究进行梳理归纳，按照贫困代际传递的理论概念、测度、影响因素、阻断机制等方面进行系统的梳理，图 1 是本文梳理文献的框架结构。

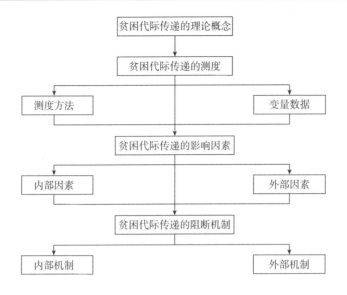

图1 文献综述框架

二、贫困代际传递的理论概念

1953年，美国经济学家拉格纳·纳克斯提出了"贫困恶性循环论"——"穷国之所以穷，就是因为它们穷"。他认为资本贫乏是阻挡发展中国家发展的关键因素，发展中国家由于经济不发达，人均收入水平低下，在供给方面造成低储蓄能力，从而导致低资本形成，使得生产率低，最终收入低的恶性循环；在需求方面造成低购买力，导致投资引诱不足，从而导致低资本形成，使得生产率低，最终收入低的恶性循环[1]。纳克斯的观点将发展中国家的低储蓄简单归咎于收入水平，将低收入归咎于低资本，没有考虑其他因素的影响。

1959年，美国社会学家奥斯卡·刘易斯在《五个家庭：墨西哥贫穷文化研究》中提出了"贫困文化理论"，认为穷人会因为贫困而具有自己的生活特性，同特性的人会互动交集，形成穷人特有的"圈层"，从而与其他"圈层"的人隔离开，产生一种贫困亚文化。这种文化在"圈层"里继续传播加强，使得出生成长在这种环境下的后代会深受贫困文化的影响，形成贫困文化的代际传递。贫困文化理论的主要观点就是精神上的贫困使贫困代代相传。这种观点认为贫困的原因在于穷人本身，忽视了社会制度、社会结构等的影响。但目前学术界比较公认的贫困代际传递的概念也源于奥斯卡·刘易斯："贫困以及导致贫困的相关条件和因素，在家庭内部由父母传递给子女，使子女在成年后重复父母的境遇——继承父母的贫困和不利因素并将贫困和不利因素传递给后代这样一种恶性遗传链；也指在一定的社区或阶层范围内贫困以及导致贫困的相关条件和因素在代与代之间延续，使后代重复前代的贫困境遇。"[2]

2000 年，瑞典学者斯特伯格用福利的代际传递来衡量贫困代际传递[3]，他认为对于福利接收的代际传播，已经提出了三种广泛定义的解释类型：第一种是以刘易斯为代表的贫困文化理论。第二种是经济和结构解释，重点是对贫困儿童的人力资本投资水平较低（Becker，1985[4]；Hill & Duncan，1987[5]）。贫困家庭用于子女未来的资金较少，因此贫困家庭的子女成年后，其经济资源可能会比其他子女少。第三种强调了潜在福利受益人的合理反应在解释长期和长期福利接受方面的作用。Murray（1984）[6]在对美国福利制度的批评中指出，福利计划通过给穷人"失败的激励"来破坏家庭。美国经济学家 Mead（1992）[7]认为，如果贫困人口长期接受福利救济，就会形成一种政策依赖心理，只想依靠福利救济，进一步磨灭贫困人口的工作热情，陷入政策福利救济的贫困陷阱。

在西方学者对贫困代际传递概念的界定和理论的研究基础上，我国学术界也开始结合我国的贫困实际问题对贫困代际传递问题开始研究。国内学者对贫困代际传递的定义沿用了奥斯卡·刘易斯的定义，其中贺巧知（2003）[8]、李晓明（2005[9]、2006[10]）最早开始研究。与此同时，中央政府也开始重视贫困代际传递问题，在许多政府文件与国家领导人讲话中都有所体现，如表 1 所示。

表 1　政府重视贫困代际传递问题的体现

年份	政府文件/国家领导人	相关内容
2006	"十一五"规划	首次使用"贫困代际传递"，提出"要更加注重对贫困家庭子女的扶助，通过寄宿学习、家庭寄养、社会托养、免费职业教育等，改善其成长环境，防止贫困代际传递"
2015	《乡村教师支持计划（2015－2020 年）》	指出发展乡村教育，让每个乡村孩子都能接受公平、有质量的教育，阻止贫困现象代际传递
2016	李克强总理	在全国妇儿工作会议上指出教育是阻断贫困代际传递的治本之策
2017	习近平总书记	在河北张家口考察时强调，要把发展教育扶贫作为治本之计，确保贫困人口子女都能接受良好的基础教育，具备就业创业能力，切断贫困代际传递
2017	李克强总理	在国务院常务会议上提出"要让广大适龄儿童，特别是寒门子弟都要接受义务教育，阻断贫困代际传递"

年份	政府文件/国家领导人	相关内容
2019	李克强总理	在十三届全国人大二次会议上强调"用好教育这个阻断贫困代际传递的治本之策"
2020	习近平总书记	在陕西考察时强调"要推进城乡义务教育一体化发展，缩小城乡教育资源差距，促进教育公平，切断贫困代际传递"

三、贫困代际传递的测度

在了解贫困代际传递的理论与概念的基础上，学者们开始对贫困代际传递进行定量的测度，主要包括测度方法、变量数据等方面。

（一）测度方法

贫困代际传递的测度，主要依据指标是代际收入，而测度代际收入的方法主要有两种：通过建立双对数模型计算代际收入弹性以及代际收入转移矩阵方法，在目前的研究中，学者们大都将两种方法结合起来使用。

1. 建立双对数模型计算代际收入弹性

1967 年，布劳和邓肯从社会阶层流动角度构建了"布劳—邓肯地位获得模型"，使用双对数线性模型测度父子代际职业流动[11]，使人们更好地理解家庭经济地位的代际传递。Becker 和 Tomes（1979）[12]提出代际收入流动性，开始使用对数线性模型回归计算代际收入弹性（IGE）指标，测度代际收入流动性。

代际收入弹性的基准回归模型为：

$$\ln Y_{ic} = \alpha + \beta \ln Y_{ip} + \varepsilon_i$$

其中，Y_{ic}指第 i 个家庭中子代的收入，Y_{ip}指第 i 个家庭中父代的收入，ε_i是随机扰动项。分别对父代和子代的收入取对数进行回归，系数 β 代表代际收入弹性，指父代收入上升 1% 时，子代收入变动的百分比。β 值介于 0 ~ 1，β 值越大说明代际间收入的相关性越高。若 β = 1 表示子代的收入完全由父代决定，代际流动性为 0，若 β = 0 表示子代的收入与父代没有任何关系，代际收入完全流动。对于贫困家庭来说，β 值越大表明家庭内部贫困代际传递现象越明显。[13]

但在研究代际收入弹性之时，大部分学者都采用具体某一年的收入来计算代际收入弹性，因此产生了暂时性收入偏误。Solon（1992）[14]、Zimmerman（1992）[15]提出了纠正方法：一是采用子、父代多年收入平均值作为总体收入的代理变量，目前多年收入平均值法依然得到广泛应用（Mulligan，1997[16]；Ma-zumder，2001[17]；卢盛峰、潘星宇，2016[18]）。二是采用工具变量法来测算代际收入弹性，比如使用父代受教育水平（梭伦，1992[14]；王美今、李仲达，2012[19]；徐晓红，2016[20]），父代的职业（王美今、李仲达，2012[19]；徐晓红，2016[20]；胡洪曙、亓寿伟，2014[21]）等作为工具变量，在一定程度上纠正了暂时性收入偏误，但一个合适的工具变量是比较难寻找的，对代际收入弹性的估计存在一定的错误风险，所以相较来说，多年收入平均值法更有效些。

2. 代际收入转移矩阵

20 世纪初，俄国数学家马尔科夫引入状态转移这个概念，提出了转移概率矩阵，用来测算客观事物由一种状态转移到另一种状态的概率。Rodgers（1995）[22]首次将转移概率矩阵运用到贫困代际转移的研究中，使用了代际收入转移矩阵法对美国的贫困代际传递程度进行了测算。

根据 Fields 和 Ok（1996）[23]以及陈宁陆（2018）[24]的研究，代际收入转移矩阵的计算方法如下：

假设将收入分为 m 个等级，在第 t_1 时期中处于第 r 收入等级的个体转移到第 t_2 时期的第 s 收入等级的概率矩阵 P（x，y）可以表示为：

$$P(x, y) = [P_{rs}(x, y)] \in R_+^{m \times m}$$

其中，x 表示第 t_1 时期的收入分布，y 表示第 t_2 时期收入分布。计算代际收入转移矩阵则只需要将 x 和 y 分别理解为父代和子代的收入分布。

由此画出矩阵：

$$R = \begin{bmatrix} P_{11} & \cdots & P_{1m} \\ \vdots & \vdots & \vdots \\ P_{m1} & \cdots & P_{mm} \end{bmatrix}$$

通常用行来表示父代的收入等级，列表示子代的收入等级，矩阵内的元素表示代际收入的相对流动概率，例如，P_{ij}表示处于 i 等级的父代，其子代的收入等级为 j 的概率。矩阵中各元素均非负，且每行元素之和为 1。矩阵中主对角线的元素表示子代收入等级相对于父代未发生变化的概率，值越大表明代际收入流动性越弱。在对贫困代际传递的测度中，我们主要关注处于低收入等级的父代，其子代维持在低收入等级或跳出低收入等级的概率。[25]

（二）变量数据

在数据使用方面，国外主要采用 Panel Study of Income Dynamics（PSID）数据库（Solon，1992[14]；Rodgers，1995[22]；Lee & Solon，2009[26]；Palomino et al.，2018[27]）、National Longitudinal Survey（NLS）数据库。国内主要有中国

健康与营养调查数据（CHNS）、中国家庭收入调查数据（CHIP）、中国家庭追踪调查数据（CFPS）、中国综合社会调查（CGSS）等微观数据。例如，饶璐、刘润芳（2020）[28]使用 CHNS 和 CHIP 调查数据对我国城乡居民家庭代际收入弹性进行测度，施婷（2020）[29]基于 2013 年 CHIP 调查数据，测算不同群体、收入阶层的代际收入流动性，杨沫、王岩（2020）[30]基于 1989～2015 年共计 10 轮 CHNS 数据，对我国居民代际收入流动性进行了测算，苏华山、马梦婷、吕文慧（2020）[31]基于 2014 年中国家庭追踪调查（CFPS）数据对我国居民多维贫困的代际传递状况进行了实证研究，刘欢、胡天天（2017）[32]基于中国综合社会调查数据，实证分析了农村家庭贫困的代际传递效应。

在变量选取方面，由研究经验已知，若使用年份较短或具体某年的收入会造成暂时性收入偏误，所以理想上应选取人从出生到死亡的所有收入进行测度，但这个收入是无法准确获得的，所以学者们普遍采用多年收入的平均值来进行测算。但在选取哪一段时间上也存在问题，因为在生命周期的不同阶段的收入会呈现不一样的特点，如果不依据阶段性特点而任选某一年龄段的收入，将会产生生命周期偏误。例如选取的时间段是子代刚开始工作，父代马上要退休的阶段，用父代此时的收入来测度代际收入弹性，结果将会更加不准确（Grawe，2003）[33]。所以，有学者提出在回归中加入控制变量——年龄及其平方项（Solon，1992[14]；Corak & Heisz，1998[34]；Fertig，2003[35]），Haider 和 Solon（2006）[36]也通过研究认为：选择在 30 岁早期和 40 岁中期的当前收入最接近持久性收入。

四、贫困代际传递的影响因素

学者们在测度贫困代际传递的同时，也在研究影响贫困代际传递的因素，从已有的文献中发现，贫困代际传递受多种因素影响，这多种因素主要分为内部因素和外部因素。

（一）内部因素

内部因素侧重于贫困家庭个体因素方面的研究，集中于研究贫困家庭的结构、环境、就业、规模、儿童营养、收入水平、教育理念等方面。如 Hoynes 等（2006）[37]通过对美国贫困现状的研究发现，随着家庭结构和生活安排的改变，家庭类型的变化大大预测了贫困率的实际增长，如以单身女性为户主的家庭贫困率通常是总人口的 3～4 倍，单亲家庭的人的贫困率最高而已婚夫妇家庭的人的贫困率最低。Bird 和 Shinyekwa（2005）[38]在对乌干达农村地区的研究中发现，寡妇由于被遗弃或离婚而无法获得土地，财产被剥夺，儿童的教育通常因父母去世或家庭破裂而中断，导致贫困和极端情况下的贫困。Yin Bun Cheung 等（2007）[39]对发展中国家的儿童发展进行了研究，认为儿童的健康状况、刺激性的家庭环境、不良的认知和教育会影响贫困代际传递。Walle（2013）[40]对马里寡妇的持久福利影响研究显示，以寡妇为首的家庭的生活水平明显低于农村和城市地区的其他家庭，即使寡妇被男性户主家庭吸收，福利差异仍然存在。曾经丧偶的妇女通过再婚而持续的不良后果也会传递给儿童，这就是由于丧偶而代代相传的贫困现象。Mentis（2015）[41]通过对希腊儿童面临世代贫困的风险的研究，认为家庭失业、家庭收入损失、父母的教育、父母的健康、社交网络、家庭的规模（成员人数）和类型（单亲、双亲、多代）、公民身份以及儿童个体的特征都会影响贫困代际传递。汪诗萍、袁文平（2015）[42]等研究了云南民族地区贫困代际传递情况，认为家庭结构、生育观念、监护状况、宗教信仰、丧葬习俗等具体的家庭、文化方面因素是引起贫困代际传递的主要原因。

如果父代不注重教育，限制对子代的教育投资，会使子代难以接受高层次教育，导致子代在劳动力市场上的竞争力低且收入水平低，形成贫困的代际传递。邹薇、郑浩（2014）[43]认为，相比于非贫困家庭注重子女的教育水平，贫困家庭子女的教育则不受重视，不愿意进行教育投资，从而引起持续性贫困，引起贫困代际传递。王志章、刘天元（2016）[44]、李静（2016）[45]的研究表明：家庭收入水平、教育投入、家庭结构和社会资本对贫困代际传递有显著影响。周宗社等（2017）[46]认为，贫困家庭的致贫原因主要是父辈患有疾病，家中缺乏劳动力，导致整个家庭的收入低下，难以对自己和子女进行人力资本投资，使得贫困无法缓解。

（二）外部因素

外部因素主要是从社会环境与自然环境角度来研究贫困代际传递的，如自然条件、就业问题、社会文化、社会保障、教育制度等方面。Nicolas Clootens（2017）[47]认为，目前一些国家可能陷入了所谓的"环境贫困陷阱"，由于预期寿命是储蓄的重要决定因素，高度的污染会使人们的预期寿命变短，所以经济可能无法增长，使人们陷入贫困恶性循环。刘成军（2018）[48]认为，经济基础、社会地位、二元劳动力市场、就业机会等，还有一些政府管理制度等，都使得贫困人口几代人难以获得有利条件，造成贫困代际传递。徐晓红（2016）[20]的分析表明，农村低收入家庭子女难以通过教育和就业进行社会阶层的提升，更容易遭遇贫困代际传递。任梓怡等（2018）[49]发现，城镇贫困人口就业情况与收入水平相关性较大，即就业机会影响贫困代际传递的程度较大。袁天立等（2018）[50]认为，贫困家庭之间存在"邻里劣势"——指贫困人口呈现聚集分布的态势，而个人的思维行动受到邻里文化环境的影响，所以贫困人口尤其是子代容易被贫困文化"同化"，从而导致邻里之间的贫困无法得到有效改善，以至贫困状态继续传递。如贫困家庭的父母与子女觉得邻里的孩子们都没有接受教育，那么自己的孩子或自己也没必要接受教育，这便会抑制孩子未来的发展，进而引起贫困代际传递（Brooks - Gunn，1997）[51]。万月（2019）[52]从宏观代际视角分析影响贫困代际传递的因素，没有考虑微观家庭内部因素。

五、贫困代际传递的阻断机制

根据前文对贫困代际传递的影响因素的文献梳理，发现主要有家庭内部因素和家庭外部因素，学者们针对这些具体因素提出了两大类阻断贫困代际传递的对策机制：内部机制和外部机制。

（一）内部机制

内部阻断机制主要针对影响贫困代际传递的家庭内部因素，如儿童的护理与营养健康、家庭结构和家庭环境、家庭收入等。Gugushvili（2016）[53]认为，通过社会流动获得改善社会经济地位的人更有可能将贫穷归咎于懒惰和缺乏意志力等个人特征，不太可能将失败归因于社会的不公正以及宏观层面的不平等，而继续处在贫困中的人会将贫困归咎于外部因素，而不重视内部因素。所以要阻断贫困代际传递，首先，个人要检视自身原因，要有迫切的脱贫欲望，充分发挥自己的主观能动性，提高内生发展动力。

其次，要注重儿童的护理与营养健康，Schady（2011）[54]使用厄瓜多尔农村的纵向数据来分析父母的受教育程度，母亲的词汇量和幼儿的认知能力之间的关系，发现可以通过为人父母的计划或高质量的基于中心的护理来增加对处境不利儿童的早期刺激，提升儿童认知能力，从而有效阻断贫困代际传递。罗任福等（2017）[55]提出要改善农村儿童营养、健康和教育服务，加大农村儿童早期发展服务投入力度，从早期开始预防贫困发生，阻断贫困代际传递。

此外，父母要为孩子构建健康的家庭结构与家庭环境。Jens Ludwig 和 Susan（2006）[56]回顾并评估了有关父母的工作、婚姻和宗教如何影响儿童成年的社会经济地位以及改变父母行为的这些指标将减少下一代贫困的可能性的研究，指出许多美国决策者支持改变贫困父母的"文化"，以鼓励婚姻、工作和宗教，以此作为消除贫困世代相传的手段。Robertson（2017）[57]调查发现，贫困人口吸烟行为更加普遍，而父母的吸烟行为对儿童具有不利影响，会提高儿童患病率、不良行为结果和认知障碍的发生率。所以，父母应减少吸烟，给孩子创造一个健康的家庭环境，避免伤害自己和孩子的健康，不为陷入贫困代际传递创造条件。

最重要的是家庭要运用多种途径增加收入来源，提高家庭收入水平，摆脱贫困。邱秀军等（2009）[58]的研究发现，如果农户从事非农业生产，其收入将会抵消甚至超过因不进行农业生产而带来的损失，增加了基本收入，减少陷入贫困的风险。Rodgers Dennis（2009）[59]指出，通过合适的职业、谋生手段可以提高收入，从而摆脱经济上的贫困，如农村剩余劳动力可以向非农产业转移，通过产业转换来提高家庭收入（Xi Jiao et al.，2017[60]）。

（二）外部机制

外部阻断机制主要针对影响贫困代际传递的家庭外部因素，如就业问题、社会环境、社会保障、教育制度等方面。蔡生菊（2019）[61]经调查提出可以通过因地制宜地建设"扶贫车间"、搭建专门平台提供就业信息等举措解决贫困人口就近就业的问题，从而提高贫困人口的收入，切断贫困代际传递。区小兰、何玲玲（2019）[62]认为要阻断贫困代际传递问题，就要解决深度贫困人口的创业就业问题，可以通过产业扶贫创造更多的就业岗位，实现增收。

和谐的社会环境才会有利于社会发展，有利于消除贫困代际传递。法国学者勒内·勒努瓦在1974年提出了社会排斥概念：收入低下、家庭破裂、丧失健康的人会受到经济、政治、文化、关系、制度等排斥，会使贫困的人难以有机会获得各种资源而跳出贫困，整个家庭陷入贫困恶性循环。所以要引导公众消除歧视与排斥，改善贫困代际传递的社会困境。欧盟的反贫困计划中也提出了"使生活贫困和遭受社会排斥的人们能够有尊严地生活并积极参与社会"这一举措[63]。Bird和Shinyekwa（2005）[38]提出，对于单亲母亲、残障人士等弱势群体，要建立健全法律法规体系来维护他们的权利，同时动员社会组织参与到减贫行动中来，与政府形成合力来减少贫困的代际传递。

完善的社会保障体系可以为贫困家庭提供最基本的生活保障，大大降低贫困人口陷入深度贫困的风险，同时也为贫困家庭减轻生存负担，使其有更多的精力发展提升自己，从而增加脱离贫困的机会，遏制贫困代际传递。肖斌（2010）[64]认为应该从生活、医疗、养老等方面完善农村社会保障制度，以此来消除贫困代际传递。袁天立等（2018）[50]提出要完善农村社会服务体系，巩固与提升当前贫困地区的医疗水平，同时建立完善社会和商业医疗保险体系，以此来阻断贫困代际传递。孙文雷（2019）[65]提出要消除贫困代际传递可以从社会救助入手，继续完善农村社会救助机制，发挥社会救助组合的力量。

贫困的消除可以通过教育和人力资本投资来实现。Vicky Barham 等（1995）[66]的研究表明教育可以有效阻断贫困代际传递，但仅家庭内部的教育投资难以满足需要，就需要政府通过公共支出来满足教育投资的需求，进行公共人力资本投资，进而阻断贫困的代际传递。袁天立等（2018）[50]认为，教育帮扶与就业指导是阻断贫困代际传递的有效途径，所以地方政府应提高教师待遇水平，保住师资资源；既要重视义务教育，也要资助贫困高中生、大学生，支持他们返乡带动他人脱贫。闫坤、孟艳（2019）[67]建议升级教育贫困资助政策体系，针对不同层次教育的特点给予不同的资助政策。

六、总结与思考

通过对贫困代际传递领域内主要的理论文献及其研究的梳理归纳发现，学术界对贫困代际传递的概念界定大致是相同的，都使用了奥斯卡·刘易斯的定义。国内对贫困代际传递理论的研究也基本上是对国外现有理论的研究，理论创新成果较少。贫困代际传递的测度是基于国内外综合数据库通过使用多年收入均值或工具变量建立模型计算代际收入弹性以及代际收入转移矩阵方法进行的。学者们以家庭为界，探讨了影响贫困代际传递的内部因素（如家庭的健康、结构、就业、规模、环境、儿童营养、收入水平、教育理念等）和外部因素（如自然条件、就业问题、社会文化、社会保障、教育制度等），同时针对这些影响因素，从内部和外部层面提出阻断贫困代际传递的对策机制。这些研究对我国的脱贫攻坚工作具有深刻的指导意义，对全球消除贫困目标的实现提供了坚实的理论基础与经验基础。

本文发现，从贫困代际传递的测度方法上来说，使用的贫困代际传递的测算指标主要是代际收入弹性和代际收入转移矩阵，指标比较单一，未来可以研究采用更多样的指标进行测算，将会使得测算结果更加准确、无偏；虽然许多学者在阻断贫困代际传递的机制中强调了政府支出的作用，强调了政府对教育的投入，这说明政府公共支出对贫困代际传递具有很好的阻断作用，但没有对公共支出阻断贫困代际传递的机制进行系统的研究，而且已有研究基本上都只研究了公共支出对贫困代际传递的直接作用，很少有对间接机制的研究。所以，这也成为我们未来可以研究的焦点，可以为我国更好地发挥公共支出的减贫效应、稳固脱贫攻坚成效打好理论基础。

参考文献

[1] 拉格纳·纳克斯. 不发达国家的资本形成问题［M］. 北京：商务印书馆，1966.

［2］奥斯卡·刘易斯. 五个家庭：墨西哥贫穷文化案例研究［M］. 北京：巨流图书公司，2004.

［3］Sten－Åke Stenberg. Inheritance of Welfare Recipiency：An Intergenerational Study of Social Assistance Recipiency in Postwar Sweden［J］. Journal of Marriage and Family，2000，62（1）：228－239.

［4］Gary S. Becker. Human Capital，Effort，and the Sexual Division of Labor［J］. Journal of Labor Economics，1985，3（1）：33－58.

［5］Greg J. Duncan，Martha S. Hill，Saul D. Hoffman. Welfare Dependence within and across Generations［J］. Science，1988，239（4839）：467－471.

［6］Charles Murray. Losing Ground：American Social Policy 1950－1980［M］. New York：Basic Books，1984.

［7］Lawrence M. Mead. The New Politics of Poverty：The Non－Working Poorin America［M］. New York：Basic Books，1992.

［8］贺巧知. 城市贫困的延续性研究［J］. 社会福利，2003（5）：15－18.

［9］李晓明. 湘桂黔边山区少数民族农民贫困代际传递问题研究［D］. 广西师范大学硕士学位论文，2005.

［10］李晓明. 贫困代际传递理论述评［J］. 广西青年干部学院学报，2006（2）：75－78，84.

［11］Peter M. Blau，Otis Dudley Duncan. The American Occupational Structure［M］. New York：Wiley，1967.

［12］Becker G. S.，Tomes N. An Equilibrium Theory of the Distribution of Income and Intergenerational Mobility［J］. Journal of Political Economy，1979，87（6）：1153－1189.

［13］刘文，沈丽杰. 我国代际收入弹性的测度研究［J］. 南方人口，2018，33（2）：29－46.

［14］Gary Solon. Intergenerational Income Mobility in the United States［J］. The American Economic Review，1992，82（3）：393－408.

［15］David J. Zimmerman. Regression Toward Mediocrity in Economic Stature［J］. American Economic Association，1992，82（3）：409－429.

［16］Mulligan C. Parental Priorities and Economic Inequality［M］. Chicago：The University of Chicago Press，1997.

［17］Mazumder B. Earnings Mobility in the US：A New Look at Intergenerational Mobility［R］. Federal Reserve Bank of Chicago Working Paper，2001：18.

［18］卢盛峰，潘星宇. 中国居民贫困代际传递：空间分布、动态趋势与经验测度［J］. 经济科学，2016（6）：5－19.

［19］王美今，李仲达. 中国居民收入代际流动性测度——"二代"现象经济分析［J］. 中山大学学报（社会科学版），2012（1）：172－181.

［20］徐晓红. 教育职业对收入差距代际传递影响的实证分析［J］. 统计与决策，2016（24）：99－102.

［21］胡洪曙，亓寿伟. 中国居民家庭收入分配的收入代际流动性［J］. 中南财经政法大学学报，2014（2）：20 - 29.

［22］Joan R. Rodgers. An Empirical Study of Intergenerational Transmission of Poverty in the United States［J］. University of Texas Press, 1995, 76（1）：178 - 194.

［23］Gary S. Fields, Efe A. Ok. The Meaning and Measurement of Income Mobility［J］. Journal of Economic Theory, 1996, 71（2）：349 - 377.

［24］陈宁陆. 中国城乡居民代际收入流动性及传递机制研究［D］. 浙江大学硕士学位论文，2018.

［25］刘新波，文静，刘轶芳. 贫困代际传递研究进展［J］. 经济学动态，2019（8）：130 - 147.

［26］Chul - In Lee, Gary Solon. Trends in Intergenerational Income Mobility［J］. The Review of Economics and Statistics, 2009, 91（4）：766 - 772.

［27］Juan C. Palomino, Gustavo A. Marrero, Juan G. Rodríguez. One Size Doesn't Fit All: A Quantile Analysis of Intergenerational income Mobility in the U. S.（1980 - 2010）［J］. The Journal of Economic Inequality, 2018, 16（3）：347 - 367.

［28］饶璐，刘润芳. 基于 TS2SLS 法的居民家庭代际收入流动性分析［J］. 广西质量监督导报，2020（3）：10 - 12.

［29］施婷. 代际收入流动趋势研究［J］. 区域金融研究，2020（3）：86 - 91.

［30］杨沫，王岩. 中国居民代际收入流动性的变化趋势及影响机制研究［J］. 管理世界，2020，36（3）：60 - 76.

［31］苏华山，马梦婷，吕文慧. 中国居民多维贫困的现状与代际传递研究［J］. 统计与决策，2020（3）：57 - 62.

［32］刘欢，胡天天. 家庭人力资本投入、社会网络与农村代际贫困［J］. 教育与经济，2017（5）：66 - 72.

［33］Grawe N. Life Cycle Bias in the Estimation of Intergenerational Income Mobility［R］. Statistics Canada Analytical Studies Branch Working Paper Series, 2003.

［34］Corak M., Heisz A. The Intergenerational Earnings and Income Mobility of Canadian Men: Evidence from Longitudinal Income Tax Data［J］. Journal of Human Resources, 1998, 34（3）：506 - 525.

［35］Angela R. Fertig. Trends in Intergenerational Earnings Mobility in the U. S.［J］. Journal of Income Distribution, 2003, 12（3）：21 - 33.

［36］Haider S., Solon G. Life - Cycle Variation in the Association between Current and Lifetime Earnings［J］. Americn Eeconomic Review, 2006, 96（4）：1308 - 1320.

［37］Hilary W. Hoynes, Marianne E. Page, Ann Huff Stevens. Poverty in America: Trends and Explanations［J］. American Economic Association, 2006, 20（1）：47 - 68.

［38］Kate Bird, Isaac Shinyekwa. Even the "Rich" are Vulnerable: Multiple Shocks and Downward Mobility in Rural Uganda［J］. Development Policy Review, 2005, 23（1）：55 - 85.

［39］Yin Bun Cheung, et al. Developmental Potential in the First 5 Years for Children in Developing Countries［J］. The Lancet, 2007, 369 (9555)：60 – 70.

［40］Dominique van de Walle. Lasting Welfare Effects of Widowhood in Mali［J］. World Development, 2013 (51)：1 – 19.

［41］Alexios – Fotios A. Mentis. To What Extent Are Greek Children Exposed to the Risk of a Lifelong, Intergenerationally Transmitted Poverty?［J］. Poverty & Public Policy, 2015, 7 (4)：357 – 381.

［42］汪诗萍，袁文平，宋莎莎. 营养健康与中国农村贫困代际传递［J］. 安徽农业科学, 2015 (21)：347 – 349.

［43］邹薇，郑浩. 贫困家庭的孩子为什么不读书：风险、人力资本代际传递和贫困陷阱［J］. 经济学动态, 2014 (6)：16 – 31.

［44］王志章，刘天元. 连片特困地区农村贫困代际传递的内生原因与破解路径［J］. 农村经济, 2016 (5)：74 – 79.

［45］李静. 基于代际差异视角的西部农村贫困代际传递现象研究［J］. 辽宁行政学院学报, 2016 (6)：59 – 64.

［46］周宗社，李孜，李向阳. 人力资本理论视角下农村贫困代际传递研究［J］. 重庆三峡学院学报, 2017 (4)：30 – 36.

［47］Nicolas Clootens. Public Debt, Life Expectancy, and the Environment［J］. Environmental Modeling & Assessment, 2017, 22 (3)：267 – 278.

［48］刘成军. 贫困代际传递的内生原因与破解路径［J］. 马克思主义与现实, 2018 (1)：199 – 204.

［49］任梓怡，吴天姣，郭磊，潘鑫欢. 贫困代际传递的城乡对比研究——以长春市为例［J］. 当代经济, 2018 (4)：28 – 29.

［50］袁天立，陶思学，郭珊. 浅析当前贫困代际传递问题及解决方案［J］. 中国集体经济, 2018 (6)：163 – 164.

［51］Jeanne Brooks – Gunn. Neighborhood Poverty：Context and Consequences for Children［M］. New York：Russell Sage Foundation, 1997.

［52］万月. 贫困代际传递的影响因素及其政策研究［D］. 中国社会科学院研究生院, 2019.

［53］Gugushvili Alexi. Intergenerational Social Mobility and Popular Explanations of Poverty：A Comparative Perspective［J］. Social Justice Research, 2016, 29 (4)：402 – 428.

［54］Schady Norbert. Parents' Education, Mothers' Vocabulary, and Cognitive Development in Early Childhood：Longitudinal Evidence from Ecuador［J］. American Journal of Public Health, 2011, 101 (12)：2299 – 2307.

［55］罗仁福，王天仪，张林秀，白云丽. 从脱贫到贫困预防——基于贫困代际传递和儿童早期发展视角［J］. 科技促进发展, 2017, 13 (6)：426 – 433.

［56］Jens Ludwig, Susan E. Mayer. "Culture" and the Intergenerational Transmission of Poverty：The Prevention Paradox［J］. The Future of Children, 2006, 16 (2)：175 – 196.

［57］Francesca Robertson. Challenging the Generational Transmission of Tobacco Smoking：A

Novel Harm Reduction Approach in Vulnerable Families ［J］. Child & Family Social Work, 2017, 22 (1)：106 – 115.

［58］邰秀军，罗丞，李树苗，李聪. 外出务工对贫困脆弱性的影响：来自西部山区农户的证据［J］. 世界经济文汇，2009 (6)：67 – 76.

［59］Rodgers Dennis. The Chronic Poverty Report 2008 – 2009：Escaping Poverty Traps ［J］. European Journal of Development Research, 2009, 21 (2)：159.

［60］Xi Jiao, Mariève Pouliot, Solomon Zena. Livelihood Strategies and Dynamics in Rural Cambodia ［J］. World Development, 2017 (97)：266 – 278.

［61］蔡生菊. 西北农村贫困代际传递现状及对策研究——基于甘肃深度贫困村的调查［J］. 北方民族大学学报（哲学社会科学版），2019 (3)：34 – 38.

［62］区小兰，何玲玲. 破解深度贫困人口精神贫困代际传递的路径研究——基于贫困代际传递理论的视角［J］. 广东技术师范学院学报，2019，40 (1)：106 – 112.

［63］EFESME ［EB/OL］. https：//www. efesme. org/europe – 2020 – a – strategy – for – smart – sustainable – and – inclusive – growth，2010.

［64］肖斌. 我国农村贫困代际传递问题［D］. 西南财经大学硕士学位论文，2010.

［65］孙文雷. 消除农村贫困代际传递的社会救助研究［D］. 西南民族大学硕士学位论文，2019.

［66］Barham V. , Boadway R. , Marchand M. , et al. Education and the Poverty Trap ［J］. European Economic Review, 1995, 39 (7)：12 – 75.

［67］闫坤，孟艳. 教育阻断贫困代际传递模式的国际比较研究［J］. 国外社会科学，2019 (6)：74 – 88.

早期人力资本发展投资的影响研究

——基于人力资本投资的动态发展模型相关文献综述

王　蕾　陈怡菲

摘要：文章概述了关于早期人力资本投资与人力资本发展的逻辑关系，并对儿童认知能力投资不足的影响和中国儿童早期认知能力现状的相关文献进行了整理，最后整理了影响儿童早期认知能力的因素。已有大量学者证明人力资本投资回报率随年龄增长而下降，因此儿童早期是人力资本发展（特别是认知能力）的关键时期，若未能在关键期给予儿童认知能力足够的刺激，则会对认知能力的形成和积累产生很大的负面影响，最终将会影响经济增长。

关键词：早期人力资本投资；人力资本；认知能力；投资回报率

一、引　言

随着 21 世纪的到来，经济全球化席卷全球，国家之间的竞争已经转变为以高新技术为代表的综合国力之间的竞争（洪岩，2010[1]）。中国为了在全球化洪流中加快自身经济的发展，就要将中国经济持续增长的核心力量转变为依靠高新技术产业，意味着技术进步和创新驱动作为高新技术产业快速发展的必要因素要转变成为新的经济增长动力，其中提升人力资本素质更是实现这种全方位转变的关键（吉荣兰，2019[2]；戴忠宏，2020[3]；《国家高新技术产业开发区"十三五"发展规划》[4]）。国内外学者在过去的研究中一致认为，人力资本是推动国家经济增长的根本性因素，如赵曙明、陈天渔（1988）[5]指出经济发展的持续动力是人力资本。吴华明（2012）[6]根据卢卡斯模型得出人力资本对现代经济增长具有积极推动作用。Heckman 和 Mosso（2014）[7]也基于不同的视角探讨了人力资本积累和人类长期发展关系。

世界各国的专家也认识到，如果要让发展中世界的大量人群最终能加入 21 世纪社会日益全球化的进程中去，并拥有高素质的人力资源和一个稳定的社会，那么实施一项优良的早期儿童发展计划是十分关键的，而且应该优先对早期儿童发展进行投资。因为人的早期发展是一个国家经济发展的基础，最终也是一个国家人的发展的基础。多年来，工业化国家和发展中国家一直在进行早期儿童发展干预，其中一些干预措施已作为国家倡议进一步扩大了规模。为了消除我们对儿童早期发展的了解与我们对此采取的行动之间的差距，所有部门必须统一起来，朝向促进儿童早期发展的统一战略努力。但是，目前中国儿童事业发展还存在明显的不平衡问题，很多家庭对儿童早期的投资很少。

二、儿童早期人力资本投资的重要性相关文献回顾

形成人力资本需要遵循三条基本规律：第一，形成人力资本需要认知能力和非认知能力共同发挥作用，包括观察力、记忆力、语言理解力、思维想象力、社会情感能力和沟通能力等综合能力的协同发展。第二，人力资本形成有敏感期和关键期。如果某一方面的能力在某一时期的投资有较高的回报，那么这个特殊的时期就称为这种能力发展的关键期。如果部分能力的关键期都在某一时期，那么这段时期就称为敏感期。第三，人力资本的形成是一个动态互补、相互促进的过程（Skills Beget Skills & Abilities Beget Abilities）。这一理论不仅反映了儿童在一定时期内获得的某一方面的发展能力有助于后期其他能力的发展，而且也反映了个体的发展是一个不断自我强化的过程。

Cunha 和 Heckman 等（2005）[8]的人力资本投资的动态发展模型，通过将成年前的儿童时期分为两个阶段来分析在不同阶段对认知能力的投资在成年时得到的人力资本投资回报率，结果说明儿童早期（即学龄前时期）是人力资本发展的关键时期，错过这个机会窗口将导致技能蓄积（特别是认知技能）的损失。因为一个阶段产生的认知能力会增加在以后阶段获得的认知能力，这种效果被称为"自我丰富性"（Self - productivity）。它体现了能力的自我强化和相互促进，以及投资效果的持续。例如，情感上的安全感会促进孩子探索和更积极地学习认知能力。一个时期的认知能力储备越高，下一个时期的认知能力储备就会越多。平均而言，人力资本投资回报率与年龄呈负相关关系（Heckman，2000）[9]。

用图形描述 Cunha 和 Heckman 等（2005）[8]基于生命周期理论提出的人力资本投资回报规律，就是图1中的"Heckman 曲线"。它绘制了具有特定能力的人在生命周期不同阶段的人力资本回报率。横轴代表年龄，是技能形成生命周期中个体所处阶段的替代。纵轴表示投资回报率，假设在每个年龄段进行相同的投资。这是一条非均衡的生产率曲线。在其他条件不变的情况下，一个人年轻时投资1美元的回报率要高于以后同等美元的回报率。在所有时期和对所有人来说，

最优投资概况将投资的边际回报率等同于资金的机会成本。对于外部指定的固定的资金机会成本 r（图 1 中截距为 r 的水平线表示），最优的投资策略是在人年老时投资相对较少，而在年轻时投资较多。

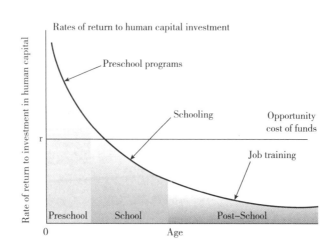

图 1　人力资本投资回报率随着年龄增加会逐步下降

此外，还有众多研究表明生命的早期阶段（即学龄前阶段）是个体发展的关键期和敏感期，也就意味着在此时期对儿童进行投资是有效且回报率最高的，因此把握好儿童发展的关键期和敏感期，有针对性地进行有效投资干预，可以发挥乘数效应，有效提升人力资本质量。如荷兰经济学家 Van der Gaag（1998）[10]教授的研究表明，对早期儿童发展投资的回报率至少是对其他各阶段投资回报率的 3 倍，而最新的研究表明至少是 8 倍。Heckman（2000）[9]根据佩里计划指出，投资早期儿童发展的回报率可高达 1∶17。国内学者在投资儿童早期发展领域也进行了许多研究，Wang（2018）[11]在对中国农村地区儿童发展水平滞后分析的文章中指出，对于儿童早期发展的投资对每个人的未来都有终生的影响，并且积累人力资本对促进经济增长有至关重要的作用。崔宇杰（2019）[12]在对我国儿童早期发展工作现状分析相关文章中指出，对儿童早期发展的投资将对我国经济不发达地区整体人力资本的提升具有重要影响。

三、对儿童认知能力投资不足的影响相关文献回顾

根据 Goswami（1998）[13]对认知能力的定义，可以将儿童早期的认知发展定

义为儿童早期从其所能接触的生长环境中获取相应信息时要经历的一系列过程，这个过程涉及知觉、记忆、学习、推理和解决问题等。另外，Hanushek（2008）[14]指出，经合组织国家（OECD）各国经济增长率出现差异的主要原因是认知能力存在着差异。世界银行东亚及太平洋地区人类发展部（2011）[15]也指出，认知能力对经济增长非常重要，它反映了用创新思维解决问题的能力。

诸多研究证明，认知能力不仅影响个人学习表现（吴锦艳，2006[16]；陈健，2015[17]），而且对个人未来的职业选择（Thienpont，2004[18]）和向社会上层发展的潜力（Gibson 和 Macbeth，1983[19]；Gibson 和 Mascie - Taylor，1973[20]）都会产生很大的影响。最近，Damian（2015）[21]利用美国社会的跟踪数据研究发现，认知能力越高，将来受教育时间越长，收入和职位也就越高。

根据人力资本的发展规律，儿童早期被认为是人力资本发展（特别是认知能力）的关键时期，在该时期给予恰当的干预，能够使儿童的认知能力获得高效、快速的发展。相反，若未能在关键期给予儿童认知能力足够的刺激，则会对认知能力的形成和积累产生很大的负面影响。Sophie（2011）[22]在儿童早期发展指南政策对话和项目准备中用经济论点解释为什么要投资儿童早期发展时指出，如果在儿童还有很长时间才会进入小学学习时就出现认知能力问题，那么往往会影响在整个个人生活中的表现，而且儿童早期认知能力低，还会对家庭和社会造成长期和代价高昂的后果。此外，Grantham - McGregor（2007）[23]发现在学龄前出现认知能力问题时，如果不及时处理，那么语言和认知还会迅速恶化。

从短期来看，儿童早期的认知能力落后，在入学准备和表现方面尤其会导致负面后果。因为认知能力落后影响孩子的智力功能，干扰孩子的意识，导致学习困难，而且这些问题在孩子开始上学后往往会变得很明显。事实上，Pianta 和 McCoy（1997）[24]、Currie 和 Thomas（1999）[25]、Feinstein（2003）[26]的研究均表明了在儿童小学入学时，那些早期认知能力落后的儿童比那些认知能力和总体入学准备更高的儿童更有可能留级和辍学。Hillemeier（2009）[27]在探索认知能力落后的儿童所面临的一系列高风险的负面社会后果中也包括辍学。同样地，有越来越多的证据表明，认知能力落后的儿童更容易出现心理和行为问题。Erika（2014）[28]的研究结果证实，认知能力落后的儿童在各个年龄段都比正常儿童更容易出现行为问题，并且差异随年龄增长而增大。此外，根据他们的标准检测出，在所有的学龄前儿童中，认知能力落后的儿童比正常发展的同龄人表现得更差，并且他们的行为问题明显比正常儿童增加得快。

从长期来看，认知能力落后的儿童也会高风险地面临一系列负面社会后果。Sophie（2011）[22]认为，这些负面后果包括成年后身体和心理健康状况相对较差，会降低就业能力、生产力和整体幸福感等。Heckman 和 Masterov（2007）[29]认为，如果不能发展儿童早期培养的认知能力，就会对教育、健康、生育和生产收入产生长期的、往往是不可逆转的影响，这将导致个人和社会付出巨大的代价。Hillemeier（2009）[27]表示，认知能力落后的儿童在其一生中将面临着精神和身体健康状况不佳的风险。Naudeau（2010）[30]发现，随着年龄的增长，儿童早期有认知能力落后情况的，也更有可能健康状况不佳并从事危险的行为，如吸烟、危险的性行为、药物使用和成瘾，以及犯罪和暴力活动。

这些消极影响严重损害了父母和政府对儿童的投资所预期的社会和经济效益，社会人口的质量以及社会公平。此外，Heckman 和 Masterov（2007）[29]根据这些影响提出了一个基本问题，即劳动力市场上现有人力资源的质量，能否为迎接本国竞争力和全面发展的挑战做出有效贡献的能力。

四、中国儿童早期认知能力现状相关文献回顾

人力资本的形成，体现了个体发展是一个不断自我丰富的过程。因此早期认知能力投资不足，造成的认知能力落后，就会造成后期的认知发展不良。目前尽管有巨大的投资回报潜力，但消极的儿童早期开发成果仍然存在于世界各地不同的人口中。Black（2013）[31]在《柳叶刀》杂志的一篇评论文章中指出，认知发展不良是发展中国家的一个普遍问题。根据 Xie 和 Zhou（2014）[32]、Wang（2018）[11]的估计，在所有中低收入国家中，约有 2.5 亿（43%）5 岁以下儿童面临长期认知发展下降的风险，其中很大一部分高危儿童可能生活在中国。并且中国大约有 4500 万 0～3 岁的儿童，在经济、资源和受教育程度方面存在严重的城乡差距。

关于中国儿童早期认知发展的情况，已有许多学者进行了研究，如 Luo（2017）[33]发现，在研究云南和河北地区 6～18 月龄的婴幼儿中，48.7% 的样本儿童的认知得分低于临界值。夏秀兰（2009）[34]对 503 名 1～36 月龄的山西省农村地区婴幼儿进行了智力测试，发现低智力发展水平的样本占比较高，特别是在 2～3 岁儿童中更为明显。Wei（2015）[35]研究了山西、贵州山区 2837 名 1～35 月龄的婴幼儿，发现中国贫困地区有 39.7% 的 0～3 岁婴幼儿认知发展落后。徐曼（2009）[36]在陕西关中农村对 430 名 2～30 月龄健康婴幼儿测评智力发展指数，结果显示智商分数小于 80 分的比例为 10.3%。Yue（2017）[37]对陕西省 11 个贫困县的 174 个乡镇的近 1442 名幼儿的研究发现，48% 的样本幼儿的认知发展水平较低。罗仁福（2010）[38]通过对 505 名 4～5 岁农村贫困儿童进行研究，分析了样本智力发展测试的总分，发现贫困农村儿童比城市儿童差。事实上，自

2013 年以来，农村教育行动计划（REAP）团队在中国大量研究了儿童早期发展。结果发现，陕西、河北和云南等省份的农村地区，在 18 ~ 30 月龄的婴幼儿中，有 45% ~ 53% 的智商水平在正常水平之下。在北京、陕西、河南等省份的城镇和农民工社区对相同月龄的婴幼儿进行同样的测试时，得到了类似的研究结果。

这些研究均表明中国儿童的认知能力问题严重，说明目前对早期儿童发展的投资力度和干预措施需要不断地进行加强和完善。有助于预防或纠正认知问题的儿童早期干预措施，对于个人日后的能力发展以及整个国家未来的发展尤为重要。然而，我国现有的资源配置结构并不理想，公共资源对幼儿发展的投入几乎可以忽略不计。中国目前还没有专门的部门负责早期儿童发展和相关服务，而城市中的儿童早教中心对农村来说是负担不起的。因此，在农村地区，特别是贫穷的农村地区，应尽快将投资儿童早期发展纳入政府公共服务的范围，因为未来中国经济的发展寄托于贫困农村的高质量的劳动力，政府和整个社会只能采取积极行动。

五、儿童早期认知能力的影响因素相关文献回顾

目前，已有很多的研究对影响儿童早期认知能力的因素进行了探索，这对研究人员和决策者制定改进旨在解决儿童早期认知能力问题的干预措施具有重要意义。儿童认知能力是内部遗传因素与外部环境因素共同作用的结果，而外部环境中有许多家庭因素和社会因素影响着儿童的认知能力，对学龄前儿童来说，认知能力更要依赖于努力改善后天家庭环境条件。国内外许多研究认为养育知识水平、养育行为、父母受教育程度以及家庭社会经济地位等家庭因素会影响儿童的认知能力。

（一）父母养育知识水平影响儿童早期认知能力的相关文献分析

在中国，尤其在中国的农村地区，大部分儿童都是依靠家庭成员（主要是父母）来进行养育和教育的。因此，父母的养育知识水平对儿童的早期认知发展的影响就起到积极的作用。例如，Smith（2002）[39] 发现养育知识水平高的父母会更愿意积极地为孩子提供良好舒适的成长环境。Al - Hassan（2011）[40] 的研究也发现养育知识全面、丰富的父母愿意花更多的时间与孩子玩耍或者阅读书籍，这样的互动对儿童的认知发展是非常有利的。Fry（2011）[41] 发现养育知识水平高的父母比养育知识水平低的父母更倾向于与孩子进行互动。在国内研究中，王沛

荣（2016）[42]发现监护人的养育知识水平对婴幼儿的认知能力有明显的促进作用。

（二）父母养育行为影响儿童早期认知能力的相关文献分析

Huang 和 Miller（2005）[43]指出因为养育知识和养育行为之间存在着的一定的传导机制，所以母亲会通过所掌握的养育知识，对自身的养育行为产生影响，对不合理的养育行为进行改善，进而对孩子的认知能力产生影响。Page（2010）[44]指出，良好的养育行为可以激发和促进儿童认知能力，激发和保持儿童的学习热情和兴趣，从而对儿童的早期读写能力、学业成绩和未来生活幸福感产生重要影响。于雷（2015）[45]研究发现，消极、暴力的养育行为会导致孩子的认知能力变差。李英（2019）[46]的研究认为，具有相同养育知识水平的照养人，孩子认知能力会随父母积极的养育行为逐渐强化，该结果表明了亲子之间互动"数量"的重要性。

（三）父母受教育程度水平影响儿童早期认知能力的相关文献分析

陈靖（2005）[47]探索影响学龄前儿童智力的因素时，发现普及和提高家长的文化素质对儿童认知能力有重要作用。卞晓燕（2007）[48]对 4～36 个月婴幼儿的研究显示，母亲的受教育水平越高，孩子的反应和认知能力就越高，除遗传因素，造成这一现象的主要原因是母亲为婴幼儿主要照养人，母亲受教育程度越高，所掌握的婴幼儿早期教育的知识就越多。Ayoub（2009）[49]的研究发现，如果父母的受教育水平是高中及以下的，那么其子女的认知能力会较低。Eriksen（2013）[50]发现，最能解释儿童认知能力差异的因素就是父母文化程度的差异，父母的文化程度越高，他们掌握的知识就相对越丰富、越全面，对孩子的早期教育就会越重视，进而提高孩子的认知能力。

（四）家庭社会经济地位影响儿童早期认知能力的相关文献分析

研究表明，家庭社会经济地位与注意力、工作记忆和推理归纳等认知能力呈正相关（Feinstein 和 Bynner，2004）[51]。Mezzacappa（2004）[52]研究发现，家庭社会经济地位与儿童执行注意力相关。Conger 和 Donnellan（2007）[53]在家庭投资理论中指出，家庭社会经济地位越高就越有能力给孩子提供更多的物质条件，这些家庭更加关注孩子的认知能力。Sophie（2011）[22]研究表明，儿童早期的认知发展指标与社会经济状况密切相关，而社会经济地位是由财富和照顾者的教育决定的，即使考虑到营养和父母养育等中介因素，认知能力的社会经济梯度仍然存在。薛勇（2015）[54]研究发现，经济水平越高的家庭，其子女认知能力越高，可能是经济水平高的家庭更有更好的物质条件不会使孩子在教育和营养方面有所缺失。朱庆（2015）[55]认为，家庭收入与儿童认知能力呈正相关关系，家庭收入越高，儿童认知能力越高。

六、总结与展望

当前，经济发展越来越依赖于技术进步和创新，而这种经济增长依赖于人力资本的积累。其中关键是要有效地提升人力资本质量。认知能力是影响人力资本质量诸多因素中的一个重要因素，而儿童早期是认知能力发展的关键时期，也是提升人力资本质量的最好时期。本文通过对儿童早期人力资本投资的重要性和对儿童认知能力投资不足的影响的综述以及对中国儿童早期认知能力现状的分析，认为政府和全社会需要积极地对儿童早期人力资本进行大力投资。在后续的研究中，对儿童早期认知能力的影响因素进行了分析，这对帮助研究人员和决策者制定改进旨在解决儿童认知能力问题的干预措施具有重要意义。此外，在动态投资模型基础上，不仅需要考虑认知能力的影响，而且非认知能力的影响或两者的综合影响是否与投资回报率变化相关需要进行更深一步的研究。

参考文献

［1］洪岩．高新技术企业及其人力资本的重要性［J］．华北水利水电学院学报（社会科学版），2010，26（6）：36－37.

［2］吉荣兰．经济全球化下我国经济发展面临的挑战［J］．商场现代化，2019（23）：102－103.

［3］戴忠宏，娄恒基．经济全球化背景下中国经济该何去何从［J］．中国集体经济，2020（3）：11－12.

［4］《国家高新技术产业开发区"十三五"发展规划》解读［J］．机械工业标准化与质量，2017（10）：14－16.

［5］赵曙明，陈天渔．经济增长方式转型与人力资本投资［J］．江苏社会科学，1998（1）：3－5.

［6］吴华明．基于卢卡斯模型的人力资本贡献率测算［J］．管理世界，2012（6）：175－176.

［7］Heckman J. J. & Mosso S. The Economics of Human Development and Social Mobility［J］. Annual Review of Economics, 2014, 6（1）：689.

［8］Cunha F., Heckman J. J., Lochner L. & Masterov D. Interpreting the Evidence on Life Cycle Skill Formation［J］. Handbook of the Economics of Education, 2006（1）.

［9］Heckman J. J. Policies to Foster Human Capital［J］. Research in Economics, 2000, 54

（1）：3 – 56.

［10］ Van der Gaag J. , Tan J. P. The Benefits of Early Child Development Programs ［J］. Child Development, 1998（77）.

［11］ Wang L. , Li M. , Abbey C. & Rozelle S. Human Capital and the Middle Income Trap: How Many of China's Youth are Going to High School ［J］. Journal of Development Economics, 2018, 56（2）：82 – 103.

［12］ 崔宇杰，张云婷，赵瑾等. 我国儿童早期发展工作现状分析及策略建议 ［J］. 华东师范大学学报（教育科学版），2019, 37（3）：107 – 117.

［13］ Goswami U. Cognition in Children ［M］. New York：Psychology Press, 1998.

［14］ Hanushek E. A. , Woessmann L. The Role of Cognitive Skills in Economic Development ［J］. Journal of Economic Literature, 2008, 46（3）：607 – 668.

［15］ 世界银行东亚及太平洋地区人类发展部. 中国的儿童早期发展与教育：打破贫困的代际传递与改善未来竞争力 ［M］. 北京：中国人口出版社，2011.

［16］ 吴锦艳. 老师眼中的学困生——对一个民工子弟小学学生的个案分析 ［J］. 文教资料，2006（32）：90 – 92.

［17］ 陈健. 流动儿童学习绩效及其影响因素分析——以桂林市力创小学为例 ［J］. 桂林师范高等专科学校学报，2015, 29（1）：170 – 176.

［18］ Thienpont K. , Verleye G. Cognitive Ability and Occupational Status in a British Cohort ［J］. Journal of Biosocial Science, 2004, 36（3）：333 – 349.

［19］ Gibson J. , Harrison G. , Hiorns R. & Macbeth H. Social Mobility and Psychometric Variation in a Group of Oxfordshire Villages ［J］. Journal of Biosocial Science, 1983, 15（2）：193 – 205.

［20］ Gibson J. B. , Mascie – Taylor C. N. Biological Aspects of a High Socio – Economic Group Ⅱ. IQ Components and Social Mobility ［J］. Journal of Biosocial Science, 1973, 5（1）：17 – 30.

［21］ Damian R. I. , Su R. , Shanahan M. , Trautwein U. & Roberts B. W. Can Personality Traits and Intelligence Compensate for Background Disadvantage? Predicting Status Attainment in Adulthood ［J］. Journal of Personality and Social Psychology, 2015, 109（3）：473 – 489.

［22］ Sophie N. , Martinez S. , Premand P. & Filmer D. Cognitive Development among Young Children in Low – Income Countries ［M］. No Small Matter：The Impact of Poverty, Shocks, and Human Capital Investments in Early Childhood Development, 2011.

［23］ Grantham – McGregor S. , Cheung Y. B. , Cueto S. , Glewwe P. , Richer L. , Trupp B. & the International Child Development Steering Group. Child Development in Developing Countries：Developmental Potential in the First Five Years for Children in Developing Countries ［J］. Lancet, 2007, 369（9555）：60 – 70.

［24］ Pianta R. C. , McCoy S. J. The First Day of School：The Predictive Validity of Early School Screening ［J］. Journal of Applied Developmental Psychology, 1997（18）：1 – 22.

［25］ Currie J. , Thomas D. Early Test Scores, Socioeconomic Status and Future Outcomes ［J］. NBER Working Papers, 1999（6）.

［26］Feinstein L. Inequality in the Early Cognitive Development of Children in the 1970 Cohort ［J］. Economica, 2003（70）: 73 – 97.

［27］Hillemeier M. M., Farkas G., Morgan P. L., Martin M. A. & Maczuga S. A. Disparities in the Prevalence of Cognitive Delay: How Early Do They Appear ［J］. Paediatric and Perinatal Epidemiology, 2009（23）: 186 – 198.

［28］Erika R. C., Mari P., Milton K., Julie P., Whitney P. W. Cognitive Delay and Behavior Problems Prior to School Age ［J］. Pediatrics, 2014, 134（3）.

［29］Heckman J. J., Masterov D. V. The Productivity Argument for Investing in Young Children ［J］. Review of Agricultural Economics, 2007, 29（3）: 446 – 493.

［30］Naudeau S., Kataoka N., Valerio A., Neuman M. J. & Elder L. K. Investing in Young Children: An Early Childhood Development Guide for Policy Dialogue and Project Preparation ［M］. Washington, DC: The World Bank, 2010.

［31］Black R. E., Victora C. G., Walker S. P., Bhutta Z. A., Christian P., De Onis M., Ezzati M., Grantha – McGregor S., Katz J., Martorell R. & Uauy R. Maternal and Child Undernutrition and Overweight in Low – income and Middle – income Countries ［J］. Lancet, 2013, 382（9890）: 427 – 451.

［32］Xie Y., Zhou X. Income Inequality in Today's China ［J］. Proceedings of the National Academy of Sciences, 2014（111）: 6928 – 6933.

［33］Luo R., Jia F., Yue A., Zhang L., Lyu Q., Shi Y. & Rozelle S. Passive Parenting and Its Association with Early Child Development ［J］. Early Child Development and Care, 2017（5）.

［34］夏秀兰、张亚钦、李辉. 山西农村婴幼儿智能发育状况分析 ［J］. 中国妇幼保健, 2009, 24（20）: 2795 – 2797.

［35］Wei Q. W., Zhang J. X., Scherpbier R. W., Zhao C. X., Luo S. S., Wang X. L. & Guo S. F. High Prevalence of Developmental Delay among Children under Three Years of Age in Poverty – stricken Areas of China ［J］. Public Health, 2015, 129（12）: 1610 – 1617.

［36］徐曼、刘小红、周熙惠、李正浩. 贝利婴幼儿发展量表陕西关中农村常模的研究 ［J］. 中国儿童保健杂志, 2009, 17（2）: 125 – 127.

［37］Yue A., Shi Y., Luo R., Chen J., Garth J., Zhang J. & Rozelle S. China's Invisible Crisis: Cognitive Delays among Rural Toddlers and the Absence of Modern Parenting ［J］. The China Journal, 2017, 78（1）: 50 – 80.

［38］罗仁福、张林秀、刘承芳、赵启然、邓蒙芝、史耀疆. 贫困农村儿童的能力发展状况及其影响因素 ［J］. 学前教育研究, 2010（4）: 17 – 22.

［39］Smith T. K. The Relationship between Knowledge, Attributions and Behavior in Adolescent Mothers: Implications for Child Outcomes（Unpublished Doctoral Dissertation）［M］. Santa Barbara, CA: University of California, 2002.

［40］Al – Hassan S. M., Lansford J. E. Evaluation of the Better Parenting Programme in Jordan ［J］. Early Child Development & Care, 2011, 181（5）: 587 – 598.

［41］Fry P. S. Relations between Teenagers' Age, Knowledge, Expectations and Maternal Behavior［J］. British Journal of Developmental Psychology, 2011, 3（1）: 47 – 55.

［42］王沛荣. 育儿知识宣教对产妇育儿知识认知及婴幼儿发育的影响［J］. 按摩与康复医学, 2016, 7（2）: 124 – 125.

［43］Huang K. Y., Caughy M. O. B., Genevro J. L. & Miller T. L. Maternal Knowledge of Child Development and Quality of Parenting among White, African – American and Hispanic Mothers［J］. Journal of Applied Developmental Psychology, 2005, 26（2）: 149 – 170.

［44］Page M., Wilhelm M. S., Gamble W. C. & Card N. A. A Comparison of Maternal Sensitivity and Verbal Stimulation as Unique Predictors of Infant Social – Emotional and Cognitive Development［J］. Infant Behavior and Development, 2010（33）: 101 – 110.

［45］于雷. 长春市婴幼儿成长现状及影响因素分析［D］. 吉林大学硕士学位论文, 2015.

［46］李英, 贾米琪, 郑文廷, 汤蕾, 白钰. 中国农村贫困地区儿童早期认知发展现状及影响因素研究［J］. 华东师范大学学报（教育科学版）, 2019, 37（3）: 17 – 32.

［47］陈靖, 汤小兰, 曲成毅. 187 名学龄前儿童智力水平及其影响因素分析［J］. 中国全科医学, 2005（22）: 29 – 30.

［48］卞晓燕, 彭咏梅, 魏梅, 张建平. 家庭社会经济状况对婴幼儿认知发育的影响［J］. 中国妇幼保健, 2007（22）: 83 – 85.

［49］Ayoub C., O'Connor E., Rappolt – Schlictmann G., et al. Cognitive Skill Performance among Young Children Living in Poverty: Risk, Change, and the Promotive Effects of Early Head Start［J］. Early Childhood Research Quarterly, 2009, 24（3）: 289 – 305.

［50］Eriksen H. L., Kesmodel U. S., Underbjerg M., et al. Predictors of Intelligence at the Age of 5: Family, Pregnancy and Birth Characteristics, Postnatal Influences, and Postnatal Growth［J］. PLoS One, 2013, 8（11）: 79 – 90.

［51］Feinstein L., Bynner J. The Importance of Cognitive Development in Middle Childhood for Adulthood Socioeconomi Status, Mental Health, and Problem Behavior［J］. Child Development, 2004, 75（5）: 29 – 39.

［52］Mezzacappa E. Alerting, Orienting, and Executive Attention: Developmental Properties and Sociodemographic Correlates in an Epidemiological Sample of Young, Young, Urban Children［J］. Child Development, 2004, 75（5）: 73 – 86.

［53］Conger R. D., Donnellan M. B. An Interactionist Perspective on the Socioeconomic Context of Human Development［J］. Annual Review of Psychology, 2007（58）: 175 – 199.

［54］薛勇, 赵艾, 王金子, 邵祥龙, 张玉梅. 全国九地区学龄前儿童智力水平及其影响因素分析［J］. 中国食物与营养, 2015, 21（3）: 85 – 89.

［55］朱庆. 我国儿童早期发展教育现状及影响研究［D］. 吉林大学硕士学位论文, 2015.

女性农民工基于性别与身份的
双重歧视的文献综述

刘　磊　杨梽桢

摘要： 在中国工业化与城镇化的过程中，农民工为我国经济社会发展、产业转型升级提供了重要的劳动力要素投入，而女性农民工逐渐成为农民工群体的重要组成部分，对于女性农民工歧视的研究理应得到学界更多的关注。本文通过对相关文献的梳理，从歧视类型、程度以及成因等方面进一步探究女性农民工受到的基于性别与身份的现状。研究推测，与男性农民工相比，女性农民工基于性别的歧视可能只是微弱地存在于性别工资差异与就业中，而基于农民工身份的歧视程度可能比男性农民工弱得多，因此，在城市社会面临双重歧视问题的女性农民工受到的总歧视程度可能要弱于男性农民工。

关键词： 女性农民工；性别歧视；身份歧视；性别工资差异

一、引　言

随着城镇化的不断推进，中国农民工已经成为城市劳动力市场极为重要的组成部分，其中女性农民工所占的比重越来越大，但是，城市社会却存在着对女性农民工的双重歧视现象。作为"女性"、作为"农民工"，"性别"与"身份"将其置于双重弱势地位，其承受着来自性别和阶层的双重压力（郑欣、张春琳，2014），成为"弱势群体中的弱势"。从性别歧视上看，女性农民工无法获得与男性农民工同等的地位，从身份歧视上看，二者面临着来自城市社会对男、女农民工群体的不同程度的身份歧视。然而，已有研究侧重于分析农民工群体的歧视，对女性农民工在城市社会受到的基于性别与身份的双重歧视关注较少。既有的文献基于性别的歧视研究，一方面，性别工资差异的歧视研究普遍没有对性别歧视的内涵进行明确界定，进而可能没有区隔开性别歧视和性别差别因素；另一方面，就业中的性别歧视缺乏结合不同类人群的就业行业特点来讨论受歧视程度，基于身份的歧视研究则侧重于将农民工看作一个整体，而忽略了农民工群体内部的异质性，未涉及女性农民工与男性农民工的身份歧视程度对比。

鉴于此，本文将从性别与身份两个维度考察女性农民工面临的歧视状况，首先，通过工资差异与就业两个方面来梳理女性农民工基于性别的歧视程度；其次，在分析农民工群体的歧视状况的基础上，重点从环境转变的生活境遇差异和城市社会融入差异两个维度比较女性与男性农民工的相对身份歧视程度；最后，综合上述基于性别和农民工身份的歧视研究，并推测出结论。

二、女性农民工基于性别的歧视研究

（一）性别歧视的内涵界定

性别歧视是中国劳动力市场上一个显而易见的表现，大量的研究发现，中国劳动力市场存在显著的性别歧视（Meng，1998；Liu et al.，2000；Gustafsson and Li，2000；Rozelle et al.，2000；张丹丹，2004；王美艳，2005；葛玉好、曾湘泉，2011）。目前，联合国在《消除对妇女一切形式歧视公约》中针对性别歧视比较权威的界定是："性别歧视就是基于性别所做的任何区分、排斥或限制，其结果和目的是损害或否认妇女（无论婚否）在男女平等基础上的认识、享有或行使在政治、经济、社会、文化或任何其他方面的人权和基本自由。"（石莹、黄镇国，2011）。这一概念将所有因性别不同的差异都看成性别歧视的作用，难免扩大了性别歧视的范围，实际上，其中还涵盖了性别差别的因素。性别歧视与性别差别是两个不同的概念，如不同性别在生理特征、工作偏好等方面的差异决定了其在劳动力市场的职业选择、工资收入等方面不可能绝对一致（褚清清，2016），以及家庭角色与家庭内部分工会引起工资差异（陈祎，2017），这些引起劳动力市场差异的因素都属于性别差别，而不是性别歧视。此外，还有部分性别差异既可能是来自性别差别也可能来自性别歧视，比如，不同性别就业者的行业结构差异，可能是不同性别就业者基于个人比较优势理性选择的结果，也可能是行业进入的歧视性限制（罗楚亮等，2019）。因此，在分析性别歧视问题时，需正确区分性别差别因素与性别歧视因素。

因此，本文的性别歧视指的是除去性别生理差异、个人偏好选择、家庭角色变化等性别差别因素之外，仅仅因性别的不同而受到的区别对待。并且，结合诸多学者对性别歧视的认识——与男性在学历、工作经验、培训等相同的女性，仅仅由于性别因素使其在工资待遇、就业选择、职业晋升等方面受到不平等的待遇（Lyness et al.，2000；McConnell et al.，2006），本文所讨论的性别歧视主要从性别工资差异和就业方面展开（Shin and Jin，2004）。

（二）性别工资差异中的歧视

我国劳动力市场的性别差异和不平等问题已经引起诸多学者的关注，并且已有研究侧重于从性别工资差距展开讨论（Gustafsson and Li，2000；王美艳，2005；葛玉好，2007；Zhang et al.，2008；李春玲、李实，2008）。而这种工资上的差异是雇主依据性别不公平地做出薪资水平决定，或雇员参加培训机会的根据（Shin and Jin，2004），又或者是男性比同等能力的女性更有可能被雇用在高薪资的职位（Burgess，2003）。

1. 性别歧视在性别工资差异中的贡献

诸多文献基于农民工性别工资差距的实证研究表明，女性农民工群体中存在着性别歧视。例如，Magnani 和 Zhu（2012）基于全国的横截面数据，利用 OLS 回归和无条件分位数回归的方法，将中国农民工性别工资差异分解为禀赋效应（生产率特性带来的差异）和歧视效应，研究发现，歧视效应比禀赋效应更多地解释了性别工资差距，这意味着农民工群体的性别工资差异大多并不是个人特征差异引起的。与此同时，侯猛（2016）利用 2012 年 CLDS 样本，基于 RIF 回归分解方法对分位数上的农民工性别工资差异进行分解，研究表明，劳动力性别收入差距产生的主要原因在于系数效应带来的性别歧视，而且这一影响在中低收入的女性劳动力中表现更为突出。周春芳和苏群（2018）则基于中国居民收入 2002 年和 2013 年的调查数据，采用 RIF 无条件分位数回归的分解法，对我国农民工和城镇职工的性别工资差距及其成因展开分析，研究发现：①系数效应带来的性别歧视导致了农民工和城镇职工的性别工资差距，这与侯猛（2016）的研究保持一致；②与城镇职工相比，农民工的性别工资差距和性别歧视较大且增速较快。也有部分学者改变了工资分解方法之后，重新对性别歧视进行测度。罗俊峰（2017）采用另一种分解方法——Appleton 分解法对农民工性别工资差异进行分解，研究发现，农民工性别工资差异由个人特征差异解释的部分仅占 6.9%，而包括歧视在内的不可解释部分占比达到 93.1%，这表明，农民工在工资支付上仍然存在很大的性别歧视。张光胜等（2016）则基于辽宁省 2014 年农民工抽样数据，引入改进的 Brown 分解对农民工的性别工资差异进行分解，结果表明，性别工资差异的 11.99% 缘于生产率差异导致的禀赋效应，88.01% 是由性别歧视所形成的歧视效应引致的。同时，Gustafsson 和 Li（2000）、谢嗣胜和姚先国（2005）、李春玲和李实（2008）的相关研究发现，性别歧视对于性别工资差距具有重要的解释作用。

此外，还有学者在考虑了职业分割或行业隔离后重新对农民工性别工资差异中的歧视进行了实证分析。例如，李明艳等（2017）利用中国农村—城镇移民调查项目收集的农民工数据，在控制了职业和行业后对农民工性别工资差异进行Oaxaca – Blinder 分解，研究表明，控制了职业和行业因素后，性别歧视在工资差异中的贡献仍然达到了78% ~ 80%。因此，他们得出结论，人力资本等个人禀赋因素不能解释性别工资差异的绝大部分，性别歧视的影响更大。而性别工资差距主要由性别间要素回报率的差异引起。张光胜（2016）则基于辽宁省的调研数据研究发现，农民工性别工资差异的 86.39% 都是由行业内工资差异引致的，其中歧视占 75.45%，这说明行业内同工不同酬的性别歧视引致了农民工的性别工资差异。

但也有部分学者在研究性别工资差距时得出了与上述研究相反的结论。例如，有国外研究发现男女之间的工资差距并不是歧视的作用，Dong 和 Zhang（2008）利用中国国内 1500 家企业的数据研究发现，生产率的差异是导致女性工人的工资远低于男性的主要原因。也有国内学者在针对农民工群体的研究中有类似的发现，蒯鹏州和张丽丽（2016）利用 2014 年问卷调查数据，采用 Oaxaca 分解法对农民工性别工资差异进行分解，研究表明，性别歧视并不是造成农民工性别工资差距的主要因素，因为通常意义上对性别工资差距形成影响的性别歧视因素主要涉及"女子不如男"的传统认知以及企业对女性家庭和工作冲突的担忧，而第二个性别歧视因素可以通过女性在工作时间投入和技术培训上更高的投资回报率抵消，因此，影响农民工工资差异的性别歧视将仅由"女子不如男"的传统认知决定，而在现有的工资决定机制下，这一性别歧视因素仅解释了约 28.1%的性别工资差异，也就是说，性别歧视在农民工工资差异中所发挥的作用并不是很大。因此，性别歧视在工资差异中的影响究竟有多大还是一个谜团。

2. 性别工资差异的成因

（1）性别差别。上述大多数文献认为性别歧视解释了农民工性别工资差距的绝大部分，但其实证分解方法将个人特征禀赋因素之外的不可解释部分都估算成性别歧视的作用，未免过大地估计了性别歧视的程度，不应该将男性和女性在工资上的所有差别都看成是歧视的作用，这其中还涵括了性别差别的影响。

1）家庭角色与家庭内部分工的变化。由于家庭原因使女性旷工、请假等的可能性远远高于男性，无法保证足够的工作时长，引致女性的工资报酬普遍低于男性（褚清清，2016；陈祎，2017）。例如，美国劳工统计局 2017 年数据显示，男性每天工作 8.05 小时，而女性每天仅仅工作 7.24 小时，实际上，由于女性要投入时间和精力来抚养孩子、照顾老人以及做家务，一天中留给她们工作的时间很少，而平均来说，工作时间越短，挣到的工资就越低，以此形成的性别工资差距并不是传统意义上的同工不同酬（Phelan，2018）。也有研究提供了更强有力的支持，在我国单身女性与单身男性中工资差异并不明显，但已婚女性和母亲的工资会明显落后于男性，即结婚前男女之间的工资差距大体平行，而结婚后工资差距大幅度上升（Zhang et al.，2008；Chen et al.，2017）。由此可见，家庭因素引起的性别工资差距并不能归属到性别歧视中。

2）雇主和女性的双向理性选择。一方面，为了尽可能减少女性因孕期或家庭负担而中断工作的损失，雇主也会"理性地"选择将女性安置在对经验或技能要求相对比较低的职位（Becker，1985；王肖婧，2018）。另一方面，与男性相比，女性由于需要在家庭事务上投入更多的精力，其在进行职业选择时，自身也会刻意"理性地"选择能够兼顾家庭且人力资本投资相对较小的职业，导致她们在工作方面做出的努力相应较少（Polache，1981；王肖婧，2018）。而女性的这种理性选择实际上是经济主体的主观偏好，比如，国内学者陈祎（2017）认为，有部分女性倾向于选择将大量时间和主要精力投入到家庭中以换取伴侣在外安心发展事业和孩子未来的高质量成长，即使其会获得低的工资收入，但选择置换出伴侣的最大生产力以及培养孩子未来的潜在高生产力也是在创造高效的生产力。国外学者 Phelan（2018）则指出，在哈佛大学的一项研究中，男性和女性所从事的职业类型差异造成了他们的工资收入差距。美国劳工统计局 2017 年数据显示，女性在所有职业中占比最高的是儿童日托服务者（94%），占比最低的是伐木工人（2.9%），二者相比，前者所获收入大约是后者的一半，他把这种差异引起的性别工资差异归因于"与职业有关的差别或者是女性的选择"。同时，Boyce（2019）则更加具体地分析了女性选择是如何影响工资的，其认为，女性选择工作时比男性更加偏好在时间、地点、工作方式上的灵活性，而选择这种灵活工作模式，一方面会引致女性占主导位置的职业无法和以男性为主的职业受到同样的重视，因而女性的工资水平低下；另一方面也会引起可能没有人在工作高峰期处理事务的状况，以及被迫留下加班雇员的不满情绪，这些额外的成本都促使雇主为女性提供低薪酬。因此，性别工资差异性更多是由女性的偏好导致的。因此，女性在家庭角色、职业、人力资本投资等方面的偏好选择引致的性别工资差距，并不是性别歧视。

（2）性别歧视。目前，有学者认为性别工资差异中的歧视主要表现在行业或者职业的分割，但对这种行业或者职业隔离是否属于性别歧视仍存在很多争议。一方认为，行业隔离引致的性别工资差异属于性别歧视，比如，罗俊峰（2017）在研究农民工行业分布对性别工资差异的影响时，从理论层面指出，行业隔离使某些特定的行业中女性分布较为集中，引致这些行业中劳动力供给增加、工资水平下降，相应地，以男性为主的行业中劳动力供给减少，抬高了行业的工资，这种工资差距是对男女选择行业和工种的一种偏见，属于劳动力市场上的一种性别歧视。另一方则认为，性别工资差异来源于行业或职业分割，并不能归纳到性别歧视中。张广胜等（2016）将这种分割视为中国劳动力市场发育不完善的结果，即在劳动市场存在性别分割的情况下，男性主导的职业女性很难进入，她们可以选择的职业就有很大的局限性，使得她们的就业就会集中在某些职业中，即存在"就业拥挤"。而这些职业供给过剩的结果是工资水平的下降，并进一步扩大了不同职业间的工资差异，进而导致男女工资差异（张丹丹，2004；郭凤鸣、张世伟，2012）。Lowen 和 Paul Sicilian（2016）也认为职业分割解释了性别工资差距的绝大部分，但其认为这种职业或者行业分割只是男女在偏好选择或者能力方面的差异，即女性更加偏好家庭额外福利的职业。因此，对于女性农民工群体来说，由于体力先天不如男性农民工，其所从事的行业大多在加工制造业和服务业等低体能消耗的行业，而男性农民工所从事的行业往往需要极大的体能消耗，这是女性农民工生理上无法克服的，所以这种行业隔离是基于不可抗因素自发形成的，是否属于性别歧视还有待进一步论证。

（三）就业中的性别歧视

女性除了在工资上会受到不公平对待外，在就业和职位晋升中同样没有享受到与男性同样的机会（Shin and Jin，2004）。Burgess（2003）以酒店行业为例指出，如果男性比女性更有能力，他们自然会得到更高工资的工作，然而，即使酒店工作针对男性和女性提出同样的职业技能要求（Ng and Pine，2003），女性也无法获得和男性一样的就业机会和职业晋升。因此，性别歧视在女性就业中普遍存在，而且主要体现在就业机会和就业过程中。

1. 就业机会中的歧视

就业机会中的性别歧视指的是女性在初步入劳动力市场时面临不平等的就业机会，即雇主会设置一些显性或者隐性的要求将女性排除在工作职位之外，而倾向于让同等条件下的男性获得工作机会，因而女性需要投入更多的时间和精力找到一份和男性相同的工作（石莹、黄震国，2011）。例如，用人单位会直接标明"限招男性""男性优先"等，或者在身高、学历、经验、婚姻状况、是否生育等相关方面对女性进行限制，将女性排除在特定职业之外（谢治菊，2015）。相关研究也发现，企业招聘中普遍存在性别偏好现象，即企业只有在对技能没有要求且需要招聘具有合意外形或年龄的雇员时，才会考虑女性（Kuhn and Shen，2013）。当女性农民工将男性农民工作为歧视比较对象时，这种就业机会歧视可能就很小了。因为女性农民工与男性农民工同处于社会下层的就业层次，基于性别生理差异，可供女性农民工与男性农民工选择的行业间竞争性不大，女性农民工在就业之初会选择保姆、餐馆服务员、保洁等行业，而这些行业往往对男性农民工没有多大的吸引力。因此，与男性农民工相比，女性农民工面临的就业机会歧视可能很小。

2. 就业过程中的歧视

一是职业性别隔离。就业过程中的职业性别隔离指的是，在个别职业中存在某一性别占据主导位置的现象（沈茂英、张小华，2016），具体可以分为横向隔离和纵向隔离。横向隔离是针对不同职业或行业中的男女两性劳动力，存在以女性为主的职业收入偏低的底层现象（沈茂英、张小华，2016），如郭凤鸣和张世伟（2012）基于职业分割的视角，利用1995年和2002年中国家庭收入项目调查数据，发现我国劳动力市场显著存在针对不同性别的职业分割，并且出现了逐渐加重的趋势，女性更多地集聚在低收入职业中。纵向隔离是同一职业中，以性别因素将男性和女性区隔在不同的职位，而低收入职位"金字塔"结构的底层主要集中在女性（吴愈晓、吴晓刚，2009；卿石松、郑加梅，2013）。即使职业性别隔离属于劳动力市场上的结构性歧视，但横向隔离被视为是男女两性在不同生理特征下的合理职业差异，女性从事低劳动强度的职业，男性从事高劳动强度的职业（沈茂英、张小华，2016），因而横向隔离水平低下（吴愈晓、吴晓刚，2008；李春玲，2009），男女在就业领域的歧视更有可能来自纵向隔离（颜士梅等，2008），这一点也更加贴合主要从事体力劳动的男女农民工。

二是职位晋升。与男性相比，女性在职位晋升中更容易面临"玻璃天花板"现象，即女性虽然可以首次晋升到管理等层级，但是她们在向管理高层晋升的过程中会碰上一个无形的障碍（沈奕斐，2005），这种"玻璃天花板"效应仅仅因为性别因素阻止了女性管理者进一步高升（沈奕斐，2005），而且，所处职位越高，"玻璃天花板"的阻碍作用越强，也越难突破（陈心想，2004）。这一阻碍作用主要体现在纵向隔离上，即同一职业内部，女性聚集在低职级岗位，同时，这一现象即使在女性集中的女性行业也是如此，随着职级的升高而女性占比越来越低（沈茂英、张小华，2016）。但这种职位晋升过程中的性别差异是否为性别歧视引致的，学者们持不同的看法。卿石松（2011）利用全国性抽样调查数据对职位晋升中的性别差异进行分解表明，女性较慢的晋升速度或较高的晋升标准引致了在职位晋升过程中存在显著的性别歧视（Malkiel and Malkiel，1973；Olson and Becker，1983）。但Escriche和Pons（2009）却借助性别分工来解释职位晋升差异，由于女性在工作和家庭中更侧重于家庭，不愿选择晋升前景较好但工作努力程度要求较高的工作，这种逆向选择造成了其晋升机会较少。因此，职位晋升中是否存在性别差异未有定论。

（四）述评

对于性别工资差异中的歧视，上述诸多文献普遍得出的结论是性别歧视解释了性别工资差异的绝大部分，一方面，文献中采用的计量指标存在争议，把个人特征、社会经济因素等变量进行回归得出的残差项认定为性别歧视的做法并不准确，在计量回归中没有考虑个人特质、社会经济因素高估了性别歧视的影响（Blau and Kahn，2006）；另一方面，文献对性别歧视的内涵界定不清楚，其可能将引起性别工资差距的其他因素，比如性别差别等，也核算在性别歧视里面，难免扩大了歧视的范围。再者，当我们将男性与女性在行为上的差异都考虑到工资差异时会发现性别工资差异消失了（Knight，2018）。因此，本文推测女性农民工性别工资差距中歧视能解释的部分很少，可能不足以造成与男性农民工的巨大差距。

此外，对于就业中的性别歧视，已有研究大多认为女性在就业机会、职业选择和职位晋升中都面临着歧视，但都没有深究其中的原因，以至于把女性在所有就业过程中与男性的差异都看成是歧视的作用，缺乏考虑自选择效应，同时，对于女性在职位晋升中呈现出来的特点是否属于歧视的影响还没有统一的结论。因此，结合上述文献以及本文研究对象就业的特殊性，本文认为，女性农民工与男性农民工主要从事体力劳动强度较大的行业，在就业中同处于整个社会职业结构体系的低下层次，与其他社会层次相比，他们的职业层次中生理特征在就业状况中起着决定性作用，而生理特征作为一种不可抗、非主观的因素，决定了女性农民工与男性农民工在职业选择上可能是互不干扰、互不竞争的，因而，与其他阶层女性相比，歧视在女性农民工就业机会、职业隔离和职位晋升中所带来的消极影响可能很微弱。

三、女性农民工基于农民工身份的歧视研究

（一）基于农民工身份的歧视状况

目前已有大量文献研究农民工歧视问题，多数学者认为引致农民工身份歧视的根本原因在于户籍制度，因此常以户籍歧视的概念来定义农民工受到的歧视，并且这种身份歧视普遍存在于劳动力市场中（柳建坤，2017；曾永明、张利国，2018；孟凡强等，2019）。而户籍歧视一般指的是雇主倾向于依据户口地位因素对同一职位上的劳动者进行报酬奖励，缺少城市户口将会直接导致农村移民在城市劳动力市场中的收入劣势（Zhuoni Zhang and Xiaogang Wu，2017）。同时，许多垄断性的组织和企业在长期且稳定的职位上会要求雇员有当地城市户口，否则将没有资格申请这一职位（Chan et al.，1999）。有学者对户籍歧视的主要表现

和形式进行了研究。章莉等（2014）认为，户籍制度通常伴随着一系列福利制度和优惠政策，因而往往被作为身份识别的一种重要方式，附有较强的歧视效应，这就使不同户籍身份的劳动者拥有不同的溢价能力。换句话说，身份上处于弱势的农民工在劳动力市场的工资、就业、社会福利等方面可能会受到区别对待。石莹、黄镇国（2011）同样认为，户籍制度的存在使城镇居民比农民工在就业、医疗、教育、社会保障等方面享有更好的资源，同时，地方政府在农民工就业方面也会设置一系列政策限制，由此形成了对农民工的歧视。而且，这种歧视主要表现在对农民工就业进入、待遇和保障中。吴珊珊、孟凡强（2019）进一步对歧视的主要形式进行了划分，包括农民工进入劳动力市场前承受的前市场歧视以及进入后在工资、就业机会和社会福利方面遭受的歧视。与此同时，章莉、吴彬彬（2019）对这两种主要的就业户籍歧视和收入户籍歧视进行了比较，发现农民工在 2002～2013 年持续遭受就业机会户籍歧视，而且歧视程度逐渐加深，但是，收入户籍的影响却从 2002 年 16.98% 的收入户籍歧视转为了 40.05% 的收入户籍优待（歧视部分贡献率为负值），也就是说，2002～2013 年户籍因素从拉大农民工与城镇职工的收入差距转变为了缩小这一差距。

也有学者对农民工在工资、就业和社会福利等方面受到的户籍歧视及其原因进行了具体分析。在工资方面，柳建坤（2017）利用 2012 年中国劳动力动态调查数据研究发现，与处于同一劳动力市场中负责相同职业的城市工人相比，由于身份上的歧视和教育学历低，农民工仍然无法获得同等水平的工资。Meng 和 Zhang（2001）在分析上海市 20 世纪 90 年代农村移民与城市工人之间收入差距时也得出了类似的结论，即同一职业中两者的工资差异能够用个人特征解释的比重很小，同工不同酬引致的工资歧视造成了二者间收入差距的绝大部分。董熙（2014）进一步对工资差异的具体程度进行了测度，利用歧视测算方法研究发现，农民工和城市工人的月工资和小时工资均值的差异分别达到了 19.65% 和 26.635%，并且在地区、部门、行业中都存在不同程度的工资歧视。但是，对于引起农民工与城镇工人之间工资差异的原因，学者们持不同的态度。一些学者认为，城乡劳动力工资差异主要缘于农民工与城镇工人间同工不同酬形式的户籍歧视（谢嗣胜、姚先国，2006；邓曲恒，2007）；另有一些学者则认为，个体特征差异是造成城乡劳动力工资差异的主要原因（邢春冰，2008；Démurger et al. 2009；Zhang et al.，2016）。Zhang 等（2016）在考虑了针对家务劳动者农民工的样本选择偏误之后，对工资的分解结果显示，户籍因素仅仅解释了城市工人和农民工工资差异的 17%，而受教育水平差异以及工作经验这两个因素解释了工资差距的 57%。与此同时，国外移民中也面临着类似的情况。相较于墨西哥城、安卡拉、蒙特雷、首尔和圣地亚哥等城市的居民，农村移民较低的受教育水平使他们也面临相对低端的就业岗位以及低下的收入水平（Elizaga，1966；Browning and Feindt，1969；Moots，1976；Li，1980）。也就是说，不能证明城乡劳动力工资差异中完全没有歧视，但歧视肯定不是造成这一差距的最主要原因。在就业方面，长期以来，农民工已经成为竞争性行业劳动力的主要来源，而这一行业中，大多是对拥有城市户口的当地人没有吸引力的脏、危险系数高、临时性的职业（Roberts，2001）。具体地，赵显洲（2016）利用2013年中国综合社会调查数据考察了人力资本和歧视在城市职工和农民工两个群体工资差异中的贡献，发现对农民工群体的歧视性主要存在于就业歧视或者求职过程中，并且解释了两个群体大约一半的工资差异。类似地，张晓蓓、亓朋（2011）利用 CHIP - 2002 和 CGSS -2005、2006 的调查数据，使用 Oaxaca 分解方法，研究了城市农民工歧视问题，发现农民工遭受的歧视存在于就业待遇和就业保障中。在社会福利方面，孟凡强、吴江（2014）基于 CGSS -2006 年的数据对城乡劳动力社会保险与劳动合同户籍差异进行了分解，发现户籍歧视解释了医疗保险、养老保险和失业保险享有率城乡差异的30.71%、36.73%和39.28%，表明户籍歧视确实存在于农村劳动力的社会保险福利方面。黄志岭（2012）也认为，福利待遇的城乡差异是由户籍歧视引致的，具体来说，医疗保险、养老保险和失业保险享有率城乡差异的70%左右是由户籍歧视造成的。

（二）女性农民工与男性农民工的身份歧视程度对比

已有研究主要集中在对整个农民工群体受到的身份歧视的分析，未有文献涉及对女性与男性农民工在城市社会的身份歧视程度差异进行探讨，而歧视不仅与受到的客观不平等对待有关，生活环境的转变以及新环境的融入程度也会影响歧视水平。虽然二者在城市社会面临着来自外界的身份歧视，一方面，乡村环境的个人境遇差异决定了其在由乡村环境转入城市环境时面对不同的客观歧视状况；另一方面，城市社会融入差异也会促使其与城市社会产生不同的互动结果，即相对容易地融入城市社会的主体与城市社会有着更加良性的互动。因此，本文基于现有文献针对女性和男性农民工由农村转入城市的相对境遇差异以及城市社会融入差异这两个维度，进一步探究二者在城市社会对基于农民工身份的歧视水平。

1. 乡村环境转入城市环境的相对境遇差异

在乡村环境中，女性出嫁前受到来自父亲的控制，出嫁后面临来自丈夫的压迫，处在传统父制规范中的附属地位，表现在以男性为中心的农村家庭关系中丧失家庭经济权、话语权等核心权力（郑欣、张春琳，2014）。然而，随着大量女性劳动力迁入城市成为女性农民工，其在诸多方面的相对境遇状况都得到了极大的改善。

首先，由乡村环境转入城市环境，女性农民工的经济状况、情感需求和婚姻家庭关系都发生了很大的变化。在进入城市之前，女性农民工在农村过着收入不高、夫妻分居的生活，经济上和情感上都得不到满足，她们往往承受着来自农业生产和家庭的双重压力。但其从农村的身份转变为城市流动人口的过程中，个人独立收入的增加使她们在婚姻中的经济地位得到了更大的提升（朱丽洁等，2019），经济状况、家庭关系、生活状况等因素都得到了充分平衡，家庭增收、情感需求以及婚姻家庭稳定都得到了满足（孙丽、何君，2006）。其次，由乡村环境转入城市环境，经济上更多的话语权使其与乡村环境相比之下的城市生存状况有了极大的好转。女性农民工受城市更多的就业机会和更高收入的吸引，从家务劳动及农业生产中解放出来，选择进城务工谋求更高的经济利益，同时，随着女性农民工的经济收入在家庭收入中所占比重的上升，一方面，其家庭地位有所提高，生存状况与农村相比也得到了改善（刘韬等，2017）；另一方面，男性与女性之间的性别分工发生了一些变化。与在家乡从事农业生产的女性相比，进城务工女性农民工有更高的婚姻自主意识、家庭话语权，丈夫承担的家务劳动明显增加，由之前的妻子单方面依赖丈夫可能转变为夫妻之间的相互依赖、相互支持，改善了女性农民工的家庭处境，使两性关系更加趋向平等（沈渝，2010）。

2. 城市社会融入差异

（1）婚姻因素。城市不仅为农民工提供了就业选择，而且还提供了与城市市民通婚的婚姻市场，"跨户籍婚姻"则是农民工城市融入的一个具体表现（靳小怡等，2016），而这种城市社会融入方式必须借助于落户城镇的中间介质传导。实际上，婚姻社会流动的性别差异决定了男性和女性农民工在城市融入程度上有很大的不同，即女性农民工相比于男性农民工可以更加容易地借助于婚姻条件融入城市社会，实现阶层跨越。具体来说，Wu 和 Treiman（2007）发现在城市中落户的女性农民工的比例要高于男性，并以此推测女性农民工更有可能通过嫁给城市男性获得落户城镇的机会，从而实现阶层向上流动。王丰龙、何深静（2014）则进一步印证了这一猜测，也发现女性农民工在婚姻市场中与城市市民通婚的可能性更大。与此同时，张松彪等（2019）基于 2010 年 CFPS 数据的实证研究，对农村男性和女性落户城镇的难易程度进行对比分析，研究表明，女性比男性农民工更加容易在城镇中落户，这可能是由于农村女性可以较容易地通过婚姻享受到相关福利待遇而落户城镇，而农村男性落户城镇却很难借助这一途径，其需要承担高昂的成本费用，使得落户城镇的门槛增加了。上述女性农民工比男性农民工有更大的可能性与市民通婚的现象，印证了"婚姻梯度"理论，即在婚姻关系中存在"男高女低"，女性在选择配偶时会愿意与那些在职业上、经济条件上等社会资源优于自己的男性结合，而男性则相反，因此，对于女性农民工来说，她们可以通过这种跨户籍通婚较容易地实现社会阶层向上流动。

（2）心理因素。个体心理特征对女性农民工的影响较大（向华丽，2013），即与男性农民工相比，女性农民工由于较强的心理疏导能力可以更快地融入城市社会。例如，胡宏伟等（2011）利用中国北部、中部和南部的四个省市的调研数据发现，女性农民工心理压力显著高于男性，但在城市适应过程中男性农民工更容易出现过激行为，这是由于女性农民工在心理诉说和社会帮助两方面显著优于男性，拥有良好的心理疏导机制和更强的城市适应能力。也就意味着，当二者面临基于农民工身份的制度性歧视以及人际交往性歧视时，女性农民工的这一优良心理疏导机制会提升其对不平等对待的容忍度，不大容易对城市社会产生强烈的排斥感。

（3）社会关系网络因素。城市社会网络的建立是农民工从情感上适应和融入城市社会的重要方式。朱力等（2010）研究发现，随着他们越来越愿意与城市居民进行交往，不仅减轻了其对城市的陌生感和漂泊感，而且城市居民对他们的排斥态度也会不断弱化，同样发现，如果移民能更积极主动地与迁入地进行接触与联系，其社会适应的程度就会越高。而相比较男性和女性农民工，女性农民工更愿意参与到社区生活中，也保持着更为积极主动的心态与城市居民交往（邱幼云，2018），因而，女性农民工在城市社会网络建立的过程中阻力更小，不至于为身份歧视的情绪感知增加新的消极能量，在实现城市社会融入时也比男性农民工少了一个障碍。

因此，与男性农民工相比，一方面，女性农民工在由乡村环境转入城市环境的经济状况以及家庭关系变化都映射出城市生活对于女性农民工是极大的解放；另一方面，女性农民工在婚姻、心理以及社会交往上的优势能够充分保障其能较容易地融入城市社会，同时，也反映出她们更优越的城市生存状况。根据"推拉理论"，这两方面都显示出城市社会对于女性农民工有着更大的拉力，这种拉力带来的积极影响会使其客观歧视状况没有那么糟糕，进而使得女性农民工身份歧视程度可能要弱于男性农民工。

（三）述评

已有研究仅限于研究农民工群体受到的歧视，并没有将女性和男性农民工受到的基于身份的歧视程度进行对比，但我们通过上述相关文献梳理可以发现，与农村生活相比，女性农民工在进城务工之后生活和发展状况、自身境遇都得到了极大改善，与城市社会有更多的良性互动，其相对歧视程度是有所好转的，而男性农民工却由农村的高地位转向城市的"边缘人"身份，因而男性农民工的这种相对歧视状况变差了，因此，女性农民工基于农民工身份的歧视可能存在，但其受到的相对歧视程度要比男性农民工小得多。

四 、 总 结

本文分别通过基于性别与基于农民工身份的歧视展开讨论，并作出以下推测：

1. 女性农民工基于性别的歧视可能只是微弱地存在于性别工资差异与就业中

一方面，现有针对性别工资差异的研究存在将性别歧视与性别差别因素相混淆的问题，因而可能扩大了性别工资差异中的歧视，事实上，性别工资差异中歧视的作用甚微，更多是受性别生理差异、个人偏好选择、家庭角色变化等性别差别因素的影响，可能不足以形成与男性农民工之间的差距；另一方面，就业中的性别歧视研究没有加入不同阶层个体的性别选择差异，可能把自我选择部分也核算在性别歧视里面，尤其对本文的研究对象更是如此，他们的就业层次中先天确定的生理特征起着决定性的作用，影响了女性与男性农民工在一开始进入劳动力市场的职业选择可能就是互不干扰、互不竞争的，因而，对于女性农民工来说，歧视在她们的就业机会、职业隔离和职位晋升等方面所带来的消极影响要微弱许多。因此，无论是性别工资差异还是就业，女性农民工基于性别的歧视都只是微弱地存在。

2. 女性农民工基于农民工身份的歧视程度可能比男性农民工弱得多

女性与男性农民工在城市社会都受到基于农民工身份的歧视，但对于二者的身份歧视程度对比无法从绝对量上入手，只能从相对量上入手。因此，与男性农民工相比，一方面，女性农民工在由乡村环境转入城市环境的经济状况以及家庭关系变化都映射出城市生活对于女性农民工是极大的解放；另一方面，女性农民工在婚姻、心理以及社会交往上的优势充分保障其能较容易地融入城市社会，同时，也反映出她们更为优越的城市生存状况。因此，基于农民工身份的歧视，女性可能比男性农民工弱得多。

综上，女性农民工基于性别的歧视只是微弱地存在，不足以形成与男性农民工的差距，基于农民工身份的歧视则又要比男性农民工弱很多，综合起来，男性农民工多受到的那部分基于身份的歧视足以冲销女性农民工受到的微弱性别歧视，因此，本文认为，在城市社会面临"双重歧视"问题的女性农民工受到的总歧视程度可能弱于男性农民工。

参考文献

[1] 邓曲恒. 城镇居民与流动人口的收入差异：基于 Oaxaca – Blinder 和 Quantile 方法的

分解［J］．中国人口科学，2007（2）．

［2］葛玉好．部门选择对工资性别差距的影响：1988～2001年［J］．经济学（季刊），2007（2）．

［3］葛玉好，曾湘泉．市场歧视对城镇地区性别工资差距的影响［J］．经济研究，2011（6）．

［4］郭凤鸣，张世伟．性别工资差异缘何扩大：基于职业分割的分析视角［J］．世界经济文汇，2012（2）．

［5］黄志岭．社会保险参与的城乡工人户籍差异实证研究［J］．财经论丛，2012（4）．

［6］蒯鹏州，张丽丽．农民工性别工资差异及其成因的解释——歧视的贡献到底有多大［J］．农业经济问题，2016（6）．

［7］李春玲．中国职业性别隔离的现状及变化趋势［J］．江苏社会科学，2009（3）．

［8］李春玲，李实．市场竞争还是性别歧视——收入性别差异扩大趋势及其原因解释［J］．社会学研究，2008（2）．

［9］李明艳，武岩，马贤磊．农民工工资决定机制及性别差异研究［J］．浙江学刊，2017（3）．

［10］刘韬，林锦玲，连伟城，黄紫琼，李格慧．进城抑或返乡——女性农民工的生存困境与现实选择［J］．劳动保障世界，2017（20）．

［11］柳建坤．户籍歧视、人力资本差异与中国城镇收入不平等——基于劳动力市场分割的视角［J］．社会发展研究，2017（4）．

［12］罗楚亮，滕阳川，李利英．行业结构、性别歧视与性别工资差距［J］．管理世界，2019（8）．

［13］罗俊峰．农民工行业分布对性别工资差异的影响［J］．人口与经济，2017（6）．

［14］孟凡强，万海远，吴珊珊．所有制分割、户籍歧视与代际城乡工资差异［J］．当代财经，2019（6）．

［15］孟凡强，吴江．中国劳动力市场中的户籍歧视与劳资关系城乡差异［J］．世界经济文汇，2014（2）．

［16］卿石松．职位晋升中的性别歧视［J］．管理世界，2011（11）．

［17］卿石松，郑加梅．职位性别隔离与收入分层［J］．南方人口，2013（6）．

［18］沈茂英，张小华．基于职业性别隔离的女性就业创业问题研究——以成都市为例［J］．西北人口，2016（4）．

［19］沈奕斐．被建构的女性［M］．上海：上海人民出版社，2005．

［20］沈渝．城市融入中的社会性别研究［J］．统计与决策，2010（16）．

［21］石莹，黄镇国．我国劳动力市场中的性别歧视和户籍歧视［J］．东岳论丛，2011（10）．

［22］王丰龙，何深静．中国劳动力婚姻匹配与婚姻迁移的空间模式研究［J］．中国人口科学，2014（3）．

［23］王美艳．中国城市劳动力市场上的性别工资差异［J］．经济研究，2005（12）．

［24］王肖婧．劳动力市场的性别收入不平等及女性贫困——一个人力资本和社会资本理

论的双重视角 [J]. 财经问题研究, 2018 (3).

[25] 吴珊珊, 孟凡强. 农民工歧视与反歧视问题研究进展 [J]. 经济学动态, 2019 (4).

[26] 吴愈晓, 吴晓刚. 1982－2000: 我国非农职业的性别隔离研究 [J]. 社会, 2008 (6).

[27] 吴愈晓, 吴晓刚. 城镇的职业性别隔离与收入分层 [J]. 社会学研究, 2009 (4).

[28] 向华丽. 女性农民工的社会融入现状及其影响因素分析——基于湖北 3 市的调查 [J]. 中国人口·资源与环境, 2013 (1).

[29] 谢嗣胜, 姚先国. 我国城市就业人员性别工资歧视的估计 [J]. 妇女研究论丛, 2005 (6).

[30] 谢嗣胜, 姚先国. 农民工工资歧视的计量分析 [J]. 中国农村经济, 2006 (4).

[31] 谢治菊. 社会排斥型差等正义批判及其矫正——以劳动就业中的性别歧视为例 [J]. 山东社会科学, 2015 (9).

[32] 邢春冰. 农民工与城镇职工的收入差距 [J]. 管理世界, 2008 (6).

[33] 颜士梅, 颜士之, 张曼. 企业人力资源开发中性别歧视的表现形式——基于内容分析的访谈研究 [J]. 管理世界, 2008 (11).

[34] 张丹丹. 市场化与性别工资差异研究 [J]. 中国人口科学, 2004 (1).

[35] 张广胜, 陈技伟, 江金启, 郭江影. 性别歧视、行业间隔与农民工的性别工资差异: 基于改进的 Brown 分解 [J]. 农林经济管理学报, 2016 (3).

[36] 张松彪, 曾世宏, 袁旭宏. 农村居民谁更容易落户城镇: 男性还是女性? ——基于中国家庭动态跟踪调查数据的实证研究 [J]. 农村经济, 2019 (5).

[37] 张晓蓓, 亓朋. 城市农民工歧视问题研究 [J]. 南方人口, 2011 (1).

[38] 章莉, 吴彬彬. 就业户籍歧视的变化及其对收入差距的影响: 2002－2013 年 [J]. 劳动经济研究, 2019 (3).

[39] 章莉, 李实, William A. Darity J., Rhonda Vonshay Sharpe. 中国劳动力市场上工资收入的户籍歧视 [J]. 管理世界, 2014 (11).

[40] 赵显洲. 农民工与城市职工的工资差异及其分解——人力资本与歧视的贡献 [J]. 商业经济与管理, 2016 (6).

[41] 郑欣, 张春琳. 性别、传播与认同: 新生代女性农民工城市适应研究 [J]. 中国地质大学学报 (社会科学版), 2014 (5).

[42] 周春芳, 苏群. 我国农民工与城镇职工就业质量差异及其分解——基于 RIF 无条件分位数回归的分解法 [J]. 农业技术经济, 2018 (6).

[43] 朱力, 赵璐璐, 邬金刚. "半主动性适应" 与 "建构型适应"——新生代农民工的城市适应模型 [J]. 甘肃行政学院学报, 2010 (4).

[44] 朱丽洁, 顾于蓝, 邹芫芷, 陈子恒, 潘仁, 陈莉. 女性农民工家庭暴力与婚姻质量: 婚姻态度和夫妻互动的多重中介作用 [J]. 中国临床心理学杂志, 2019 (5).

[45] Becker G. S. Human Capital, Effort and the Sexual Division of Labor [J]. Journal of La-

bor Economics, 1985, 3（1）: 33 - 55.

[46] Bergmann B. R. Occupational Segregation, Wages and Profits when Employers Discriminate by Race and Sex [J]. Eastern Economic Journal, 1974（1）: 103 - 110.

[47] Blau F. D., L. Kahn. The US Gender Pay Gap in the 1990s: Slowing Convergence [J]. Industrial and Labor Relations Review, 2006, 60（1）: 45 - 66.

[48] Boyce P. The Gender Pay Gap Says More about Preferences Than Sexism [R]. Foundation for Economic Education, 2019.

[49] Browning, Harley L. and Waltraut Feindt. Selectivity of Migrants to a Metropolis in a Developing Country: A Mexican Case Study [J]. Demography, 1969（6）: 347 - 357.

[50] Burgess C. Gender and Salaries in Hotel Financial Management: It's Still a Man's World [J]. Women in Management Review, 2003, 18（1/2）: 50 - 59.

[51] Chan K. W., T. Liu and Y. Yang. Hukou and non - hukou migrations in China: Comparisons and Contrasts [J]. International Journal of Population Geography, 1999, 5（6）: 425 - 448.

[52] Chen Y., J. Liang H. Zhang and L. Zhou. Understanding the Evolution of Gender Wage Differentials within the Firm: Evidence from a Personnel Data [R]. Working Paper, 2017.

[53] Démurger S., M. Gurgand, S. Li, X. Yue. Migrants as Second - Class Workers in Urban China? A Decomposition Analysis [J]. Journal of Comparative Economics, 2016, 37（4）: 610 - 628.

[54] Dong X. Y., L. Zhang. Economic Transition and Gender Differences in Wages and Productivity: Evidence from Chinese Enterprises [J]. Journal of Development Economics, 2008, 37（1）: 111.

[55] Elizaga, Juan. A Study of Migration to Greater Santiago [J]. Demography, 1966（3）: 352 - 377.

[56] Escriche L., E. Pons. Who Moves Up the Career Ladder? A Model of Gender Differences in Job Promotion [J]. WP - AD Working Papers, 2009.

[57] Gustafsson B., S. Li. Economic Transformation and the Gender Earnings Gap in Urban China [J]. Journal of Population Economics, 2000（13）: 305 - 329.

[58] Knight M. The Wage Gap between Men and Woman Virtually Disappears When Differences in Behavior Are Taken into Account [J]. Foundation for Economic Education, 2018（6）.

[59] Kuhn P., K. Shen. Gender Iscrimination in Job Ads: Evidence from China [J]. Quarterly Journal of Economics, 2013, 128（1）.

[60] Li, Wenlang. The Process and Assimilation of Rural - Urban Migration: Some Observations from the Korean Data [J]. International Review of Modern Sociology, 1980（10）: 225 - 242.

[61] Liu P., X. Meng and J. Zhang. Sectoral Gender Wage Differentials and Discrimination in the Transitional Chinese Economy [J]. Journal of Population Economics, 2000, 13（2）: 331 - 352.

[62] Lowen A., P. Sicilian. Family - Friendly Fringe Benefits and the Gender Wage Gap [J]. Labor Research, 2009（30）: 101 - 119.

〔63〕 Lyness K. S., D. E. Thompson. Climbing the Corporate Ladder: Do Female and Male Executives Follow the Same Route? 〔J〕. Journal of Applied Psychology, 2000 (85): 86 – 101.

〔64〕 Magnani E., R. Zhu. Gender Wage Differentials among Rural – Urban Migrants in China 〔J〕. Regional Science and Urban Economics, 2012, 42 (5).

〔65〕 Malkiel B., J. Malkiel. Male – Female pay Differenentials in Professional Employment 〔J〕. American Economic Review, 1973, 63 (4): 693 – 705.

〔66〕 Mcconnell C. R., S. R. Brue and D. A. Macpherson. Contemporary Labor Economics 〔J〕. Mcgraw – Hill/Irwin, 2006 (4).

〔67〕 Meng X. Male – female Wage Determination and Gender Wage Discrimination in China's Rural Industrial Sector 〔J〕. Labour Economics, 1998, 5 (1): 67 – 89.

〔68〕 Moots, Baron. Migration, Community of Origin, and Status Attainment: A Comparison of Two Metropolitan Communities in Developing Societies 〔J〕. Social Forces, 1976 (54): 816 – 832.

〔69〕 Ng C. W., R. Pine. Women and Men in Hotel Management in Hong Kong: Perceptions of Gender and Career Development Issues 〔J〕. Hospitality Management, 2003 (22): 85 – 102.

〔70〕 Olson C. A., B. E. Becker. Sex Discrimination in the Promotion Process 〔J〕. Industrial and Labor Relations Review, 1983, 36 (4): 624 – 641.

〔71〕 Phelan J. Harvard Study: "Gender Wage Gap" Explained Entirely by Work Choices of Men and Women 〔J〕. Foundation for Economic Education, 2018 (6).

〔72〕 Polachek S. W. Occupational Self – Selection: A Human Capital Approach to Sex Differences in Occupation Structure 〔J〕. Review of Economics and Statistics, 1981, 63 (1): 60 – 69.

〔73〕 Roberts K. D. The Determinants of Job Choice by Rural Labor Migrants in Shanghai 〔J〕. China Economic Review, 2001, 12 (1): 15 – 39.

〔74〕 Rozelle S., X. Y. Dong, L. Zhang and A. Mason. Gender Wage Gaps in Post – Reform Rural China 〔J〕. Pacific Institute Economics Review, 2002, 7 (1): 157 – 179.

〔75〕 Shin C. W., S. Y. Jin. Examining the Impacts on Organizational Effectiveness of Female Workers' Recognition Concerning Sexual Discrimination 〔J〕. Daehan Journal of Business, 2004, 17 (6): 2783 – 2803.

〔76〕 Wu Xiaogan, J. Donad, Treiman. Inequality and Equality under Chinese Socialism: The Hukou System and Intergenerational Occupational Mobility 〔J〕. American Journal of Sociology, 2007 (2): 415 – 445.

〔77〕 X. Meng, J. Zhang. The Two – Tier Labor Market in Urban China: Occupational Segregation and Wage Differentials between Urban Residents and Rural Migrants in Shanghai 〔J〕. Comp. Econ., 2001 (29): 485 – 504.

〔78〕 Zhang L., R. V. Sharpe, S. Li and W. A. Darity. Wage Differentials between Urban and Rural – Urban Migrant Workers in China 〔J〕. China Economic Review, 2016 (41): 222 – 233.

〔79〕 Zhang J., J. Han, P. Liu and Y. Zhao. Trends in the Gender Earnings Differential in Urban China, 1988 – 2004 〔J〕. Industrial and Labor Relations Review, 2008 (61): 224 – 243.

〔80〕 Zhang L., R. V. Sharpe and S. Li. Wage Differentials between Urban and Rural – Urban

Migrant Workers in China ［J］. China Economic Review, 2016 （41）: 222 – 233.

　　［81］ Zhang Y. , E. Hannum and M. Wang. Gender – Based Employment and Income Differences in Urban China: Considering the Contributions of Marriage and Parenthood ［J］. Social Forces, 2008, 86 （4）: 1529 – 1560.

　　［82］ Zhuoni Zhang, Xiaogang Wu. Occupational Segregation and Earnings Inequality: Rural Migrants and Local Workers in Urban China ［J］. Soc, Res, 2017 （61）: 57 – 74.

政府治理与公共服务

基于结构分析视角的政府补助
研究：述评及展望

刘哲绮

摘要： 政府补助作为政府干预市场、扶持企业活动的重要政策之一，多年来一直是国内外学者研究的重点。目前，在我国政府补助实施中过量补助、补助不足等问题经常发生，其原因是政府补助结构配置得不合理。本文从结构分析的角度，对现有政府补助相关研究按内部结构研究和外部结构研究分类进行归纳总结，明确现有研究进展，并对下一步关于政府补助可能的研究方向进行展望。

关键词： 政府补助；内部结构；外部结构；结构优化

政府补助是世界各国普遍认可的政府干预市场的必要政策，但其乱象却是政策实施过程中一个不可忽略的问题。现有研究已经发现，现行的政府补助大量流入大型、国有且有研发基础以及处于经济发达和市场化程度低的地区的企业，这种分配倾向下政府补助并没有起到有效的激励效果（赵玉林和谷军健，2018）[1]。同时，目前政府补助种类多样，以与创新相关的补助为例，其中用于企业研发项目的补助最为常见，被探讨得也最多，而有研究却认为，创新产出的补助对企业创新影响更优（尚洪涛和黄晓硕，2018）[2]。软件、新能源汽车等特定行业往往又获得与新产品收入相关的巨额补助，这些补助甚至成为一些企业粉饰业绩的手段。

政府补助由于拥有不同类型而具有一定的内部结构，由于发放给不同特征的企业而呈现一定的外部分配结构，目前这两种结构的分配都存在不足，如何改善政府补助结构以使政府补助更好地发挥其促进作用成为一个亟待解决的问题。本文将基于对这一问题的思考，归纳总结现有针对政府补助的研究，并提出未来的研究思路。

一、政府补助结构的界定

学术界对于政府补助的研究已经有很长的一段历史。Arrow（1962）[3]提出，创新行为本身的不确定性使通过企业创新提高社会福利的行为会出现私人投资不足和"市场失灵"，而技术外溢又使进行创新的企业通过创新活动获得的收益小于创新活动创造的社会收益，因而企业进行 R&D 活动的意志降低，为刺激企业的创新活动，政府和非营利机构的适度干预成为必然。政府补助作为一种政府为企业提供资金的有效形式被广泛应用，也被学者们广泛地讨论。尽管政府补助相关研究已十分丰富，但近年来有部分研究注意到政府补助的作用不可一概而论，即政府补助的作用效果具有差异性。在此基础上，学者们进行了有针对性的研究，我们可以将其称为基于政府补助结构的研究。

根据研究内容，我们将其划分为政府补助内部结构的相关研究以及政府补助外部结构的相关研究。政府补助内部结构，即考虑政府补助发放的种类多样，根据不同的分类标准对政府补助进行分类，探讨并研究某一类型的补助或对比研究各类型补助的不同作用。政府补助外部结构则是指政府补助分配给不同的对象，这些分配对象自身特征存在差异性，这种对不同对象的分配构成了政府补助的外部分配结构。本文将从政府补助结构出发，分别归纳回顾现有针对政府补助结构的研究。

二、政府补助内部结构研究

在对政府补助内部结构相关研究进行归纳之前，首先需要对政府补助的概念进行界定。根据《企业会计准则第 16 号——政府补助》中的定义，政府补助是指企业从政府无偿取得货币性资产和非货币性资产，是一种来源于政府的无偿性的经济资源。政府补助本身涵盖的范围十分广泛，既包括与企业研发创新相关的补助，同时也包含与企业其他生产经营活动如环境污染治理、拆迁补偿等相关的非创新补助，这里我们主要关注与企业创新有关的补助，并对这类补助的相关研究进行归纳。

（一）国外研究

1. 特定类型的政府补助的作用研究

由于国外的政策环境，许多研究只对某一具体政策进行研究，以某一具体政策作为一类政策的代表加以研究。第一种是针对 R&D 补助进行的研究。Almus 和 Czarnitzki（2001）[4] 分析了公共研发计划对位于德国东部的公司的创新活动的影响，认为公共财政手段使公司的创新活动增加了大约 4 个百分点。Bronzini 和 Piselli（2016）[5] 利用断点回归分析的方法评估在意大利北部地区实施的研发补贴计划对受益公司的创新的影响，并估计了一项额外的专利申请需要政府提供资助金额的范围。第二种研究了专利奖励的作用。Moser 和 Nicholas（2013）[6]研究专利奖励时认为，对成果进行金额上的奖励会有效促进未来的专利研发，促进资源集聚。第三种研究了价格补贴的作用，Kalish 和 Lilien（1983）[7]研究认为，根据不同情况进行适当的价格补贴有利于创新扩散。

2. 不同类型政府补助作用对比研究

国外学者在对不同类型政府补助进行对比时，有三种分类方法：第一种是依研发活动对补助进行细分，Clausen（2009）[8]将研发补助分为研究（research）和开发（development）两个子环节的补助，认为研究补助刺激了研发支出而开发补助抑制了研发支出。Hottenrott、Lopes - Bento 和 Veugelers（2017）[9]则进一步将研发活动对应细分，认为研究补助对研究活动的促进效应比开发补助对开发活动的促进效应更高，且两种补助会产生交叉影响，而混合补助则更促进研究活动。Caloffi、Mariani、Rossi 和 Russo（2018）[10]区分支持协作研发和支持个人研发的政府补助，认为根据决策者目的不同应采取不同的组合方式。第二种是按补助发放阶段进行细分。Chen、Dimitrov 和 Pun（2019）[11]区分单位生产补助和创新努力补助，建立供应链模型分析认为在供应链协作问题上，与同时提供两种补助相比，单独提供单位生产补助会更有利于制造商和零售商，而单独提供创新努力补助则对二者不利。Chu 和 Cozzi（2018）[12]探索了专利保护和研发补助对创新和收入不平等的影响，认为二者同样具有刺激创新和经济增长的宏观作用，但对收入不平等的影响却不一样，专利保护会增加收入不平等而研发补助则会降低收入不平等。第三种是根据补助类型进行细分。Hottenrott 和 Richstein（2020）[13]将赠款和补贴贷款对比，认为二者都刺激了资产投资、员工雇用以及收入增长，但赠款比贷款更适合增加研发投资，而补贴贷款与赠款相结合，有助于通过对有形资产的投资将研究成果转化为可销售产品。

（二）国内研究

1. 特定类型的政府补助的作用研究

政府补助这一名词在我国包含了众多内容，而大多数研究也是直接应用了年报中列示的政府补助总额来研究，但也有部分学者已经关注到政府补助的差异，针对特定类型的政府补助进行研究。彭鸿广（2012）[14]通过博弈模型探讨了有利于创新产品扩散的最优价格补贴。余菲菲和钱超（2017）[15]发现，政府科技补助对科技型中小企业研发投入具有显著的激励效应。王刚刚等（2017）[16]研究发现，R&D 补贴对企业 R&D 投入具有普遍的额外激励效应，且这种效应主要是通过"非主动性"的外部融资激励机制来实现的。陈庆江（2017）[17]利用宏观的政府科技投入数据研究发现政府科技投入提高了企业创新产出水平，但对企业技术创新效率影响不显著。张晓月和张鑫（2019）[18]研究发现，政府专利奖励对中小企业绩效有正向影响。

2. 不同类型政府补助作用对比研究

在关注到政府补助内部差异的基础上，也有部分学者对不同类型的政府补助进行了对比研究。第一种是基于补助发放阶段进行分类研究，刘楠和杜跃平（2005）[19]将政府补助分为事前补贴和事后补贴，并通过理论模型推导认为相比于事后补贴，事前补贴是一种比较差的补贴形式。生延超（2008）[20]将政府补助分为投入补贴和产品补贴，利用模型推导发现创新产品补贴对于技术联盟的创新拉动作用比创新投入补贴作用更优，促使企业通过相对较少的创新投入带来较多的产品、较高的企业利润和较高的社会福利水平。王宇和刘志彪（2013）[21]利用一般均衡模型从宏观的角度研究认为，要提升新兴产业的自我创新能力，实现新兴产业与传统产业的均衡与可持续发展，政府的补贴方式就必须从产品补贴向R&D补贴进行转变。盛光华和张志远（2015）[22]研究认为，与创新产品补贴相比，创新投入补贴更有利于企业向突破式创新模式方向演进。尚洪涛和黄晓硕（2018）[2]通过建立PVAR模型分析认为，支持型政府补贴和奖励型政府补贴与研发投入和创新绩效之间存在动态交互效应。第二种是基于补贴发放形式进行分类研究，许多学者将直接政府补助同间接税收优惠进行对比研究，如郑春美和李佩（2015）[23]以创业板高新技术企业为研究对象，认为政府补助对企业创新有显著激励作用，而税收优惠不仅不能增加企业创新绩效，有时还会对其产生消极影响。除此之外，马嘉楠等（2018）[24]根据资助对象和资助领域将财政科技投入分为五类，研究结果表明旨在促进创新活动的补贴和旨在促进人才集聚的补贴对企业研发投入的影响最为积极，其余补贴的影响较为有限。高新伟和闫昊本（2018）[25]根据产业链环节将新能源产业补贴分为R&D补贴、生产补贴和消费补贴，模型分析认为生产补贴的政策效果最好。

三、政府补助外部结构研究

（一）国外研究

1. 以企业自身异质性为分类依据的研究

国外在考虑企业自身异质性时，通常以公司年龄、规模、研发能力和行业为分类依据。Koga（2005）[26]在考虑了公司年龄后发现研发补助作为私人研发补充的作用在成熟企业中更明显。Wanzenböck、Scherngell 和 Fischer（2013）[27]认为，企业特征影响政府创新政策实施效果，奥地利应将公共支持转移到研发经验较低的小型技术专业公司。Hottenrott 和 Lopes – Bento（2014）[28]研究发现，政府补助对中小企业的作用效果比对大企业效果好，且对有国际合作的中小企业作用效果比有国际合作的大企业以及没有国际合作的中小企业的作用效果都要好。Vanino、Roper 和 Becker（2019）[29]研究认为，英国的研发赠款对研发密集型行业的公司以及规模较小和生产率较低的公司的业绩影响更大。

2. 以企业所处环境为分类依据的研究

国外学者进行这类研究通常以国家或地区作为分类依据。Sterlacchini 和 Venturini（2018）[30]评估最近一次经济危机中欧盟主要国家的研发财政激励措施的有效性时发现，在除西班牙以外的所有国家中，税收优惠对制造业公司研发强度的影响都是积极的，且主要由小企业的行为所驱动。Bianchini、Lierena 和 Martino（2019）[31]评估了在不同制度框架下政府补助对企业研发投资的影响，认为政府补助可以有效刺激弱势地区企业部门的知识创造，在支持具有最佳公共机构的最富裕核心地区以外的企业的增长和创新方面发挥关键作用。

（二）国内研究

1. 以企业自身异质性为分类依据的研究

国内学者在研究企业异质性的影响时，除了行业、生命周期、企业规模等与国外研究有类似的分类外，还通常选择我国特有的产权性质作为分类依据来研究。步丹璐和郁智（2012）[32]研究了目前政府补助的分类特征，发现国有企业、中央政府控制的国有企业、东部地区的企业会获得更多的政府补助。而具体分析作用差异，周霞（2014）[33]认为，政府补助能在一定程度上补偿成长期企业的资金缺口，同时提高其履行社会责任的意愿和能力，对企业产生经济效益和社会效益。任海云和聂景春（2018）[34]通过广义倾向得分匹配方法得出政府补助对企业R&D 投资的作用效果存在最优作用区间，并非越多越好，且这种效果与企业所有权、规模、行业异质性也有关。路春城和吕慧（2019）[35]也利用门槛效应模型证明财政补贴对制造业企业研发投入的促进作用存在最优区间，且企业规模等也对这种门槛效应产生影响。胡春阳和余泳泽（2019）[36]分析认为，政府补助和全要素生产率之间存在"U"形关系且在不同产业、区域及所有制条件下存在异质性。于潇宇和庄芹芹（2019）[37]则以信息技术产业为对象进行研究，认为政府补贴激励国有企业研发投入，而对民营企业起挤出作用；企业规模对政府补贴与创新投入的关系起正向调节作用；所有制性质和企业规模对政府补贴与创新投入的关系起联合调节作用。

2. 以企业所处环境为分类依据的研究

国内学者在以企业所处环境为分类依据进行研究时会选择直观的地理环境，还会选择经济条件环境。王一卉（2013）[38]研究发现，政府补贴对研发投入与企业创新绩效之间的关系有显著的负向调节作用，这种调节作用在经济较发达地区的企业中不如在欠发达地区企业中明显。郭景先等（2019）[39]分析认为，在科技金融生态环境差的地区，政府补贴对企业研发投资激励效果更大且更具有信号属性。张杨勋和周浩（2020）[40]研究发现政府补助与企业外部市场化程度存在替代效应，补助对企业创新活动的促进作用仅限于市场化程度普通的地区。

四、政府补助内、外部结构综合研究

除了单独研究不同类型政府补助，或是仅考虑政府补助整体对异质性企业影响的研究外，有些学者在研究不同类型政府补助作用的同时也考虑到了企业异质性。郭玥（2018）[41]研究发现，创新补助会显著促进企业研发投入和实质性创新产出的增加，而非创新补助对企业创新无显著影响。且创新补助对民营企业、处于成长期及公司高管具有研发背景的企业的研发创新有显著激励作用。李子彪等（2018）[42]认为，政府财政激励政策对私营企业创新绩效的激励效果优于国有企业，且政府补贴对国有企业的激励效果为负，但对私营企业的激励效果为正。步丹璐等（2019）[43]划分初衷明确与不明确的补助，研究发现补助初衷越明确，资源配置效率越高，相对于非国有企业，初衷不明确的政府补助在国有企业中的配置效率更低。

五、政府补助结构优化研究

对于政府补助结构优化问题，国外学者进行了类似研究。如 Dlouhy（2014）[44]针对布拉格城每年对各街区的资金分配问题，分别利用多准则决策法和零和收益 DEA 模型两种方法给出分配方案。Yu、Chen 和 Hsiao（2018）[45]则利用考虑交叉效率和结构效率的 DEA 方法对渡船运输补贴提出了基于绩效的分配方案。有部分学者对于政府补助的发放进行了理论研究，Oral、Kettani 和 Lang（1991）[46]提出了一种在集体决策环境中评估和选择研究项目的方法，而 Giebe、Grebe 和 Wolfstetter（2006）[47]采用设计拍卖机制的方法给出了 R&D 政府补助分配思路，但这种方法将人的主观选择置于比较重要的位置，虽然比较贴近国内政府补助发放需要专家评估的现实，但在量化研究中可行性较弱。DEA 模型最初提出用于绩效评价（Charnes、Cooper 和 Rhodes，1978）[48]，经过学者改进，也可用于资源分配（Du、Cook、Liang 和 Zhu，2014；Zhu、Zhang 和 Wang，2017）[49-50] 等问题。

而国内相关研究则很少，仅查到杨剑等（2012）[51] 基于考虑效率和公平的政府补助分配问题进行了 DEA 模型构建研究，但缺少实证数据支持。

六、研究述评及展望

通过上述回顾可知，国内外学者对政府补助异质性进行了一定程度的研究，在对政府补助内部结构的研究中，各研究选用不同的分类方式，具体考察某一类型的政府补助，或是将某几种类型的政府补助进行对比研究，使研究结论更具有针对性。对政府补助外部结构的研究在观测到政府补助的分配状况基础上，围绕企业自身特征或环境特征，对政府补助的不同作用进行考察。基于此，对政府补助目前研究的不足以及未来的研究方向提出以下几点展望：

第一，对政府补助作用效果评判标准不一，在一定程度上导致了研究结果的差异。目前对政府补助作用的评估研究中，对被解释变量的选择多样，既有研发投入、专利成果或常规的财务绩效指标，也有从宏观角度选取生产率、资源配置效率等指标的研究。评估指标选取不同在一定程度上导致了结果的差异，也反映了不同类型的政府补助所能产生的最直接作用效果可能存在差异。因此，在未来的研究中，应对每一类型的政府补助尽可能从各方面全面评价。

第二，在对内部结构和外部结构分别考察的基础上，把两种结构相结合进行考察。目前对政府补助结构的相关研究中，对在不同类型的政府补助研究基础上结合政府补助分配对象的异质性的研究较少，未来的研究中，也应在分别考虑内部结构优化和外部结构优化的基础上，将二者相结合再进一步细化考虑。

第三，在对政府补助内部结构的分析中大多只进行了作用的对比探究，较少考虑组合效果。由于我国政府补助本身包含内容多样，所以政府补助这一总称也类似于一个集合，即政府补助组合。目前的分类研究大多只是对比了不同类型政府补助的作用，较少考虑不同类型政府补助的协同或抵消效果。

参考文献

[1] 赵玉林，谷军健. 政府补贴分配倾向与创新激励的结构性偏差——基于中国制造业上市公司匹配样本分析 [J]. 财政研究，2018（4）：61-74.

[2] 尚洪涛，黄晓硕. 哪种政府补贴方式更能促进企业创新——基于医药制造业不同所

有制企业 PVAR 动态效应的比较视角 [J]．中国科技论坛，2018（1）：58 – 67.

［3］ J. Arrow K. Economic Welfare and the Allocation of Resources for Inventions ［A］． The Rate and Direction of Inventive Activity：Economic and Social Factors ［C］． Princeton University Press，1962：609 – 626.

［4］ Almus M. ，Czarnitzki D. The Effects of Public R&D Subsidies on Firms' Innovation Activities：The Case of Eastern Germany ［J］． ZBW Discussion Paper，2001（10）．

［5］ Bronzini R. ，Piselli P. The Impact of R&D Subsidies on Firm Innovation ［J］． Research Policy，2016，45（2）：442 – 457.

［6］ Moser P. ，Nicholas T. Prizes，Publicity and Patents：Non – monetary Awards as A Mechanism to Encourage Innovation ［J］． The Journal of Industrial Economics，2013，LXI（3）：763 – 788.

［7］ Kalish S. ，Lilien G. L. Optimal Price Subsidy Policy for Accelerating the Diffusion of Innovation ［J］． Marketing Science，1983，2（4）：407 – 420.

［8］ Clausen T. H. Do Subsidies have Positive Impacts on R&D and Innovation Activities at the Firm Level？［J］． Structural Change and Economic Dynamics，2009，20（4）：239 – 253.

［9］ Hottenrott H. ，Lopes – bento c. ，Veugelers R. Direct and Cross Scheme Effects in A Research and Development Subsidy Program ［J］． Research Policy，2017，46（6）：1118 – 1132.

［10］ Caloffi A. ，Mariani M. ，Rossi F. ，et al. A Comparative Evaluation of Regional Subsidies for Collaborative and Individual R&D in Small and Medium – sized Enterprises ［J］． Research Policy，2018，47（8）：1437 – 1447.

［11］ Chen J. Y. ，Dimitrov S. ，Pun H. The Impact of Government Subsidy on Supply Chains' Sustainability Innovation ［J］． Omega，2019（86）：42 – 58.

［12］ Chu A. C. ，Cozzi G. Effects of Patents Versus R&D Subsidies on Income Inequality ［J］． Review of Economic Dynamics，2018（29）：68 – 84.

［13］ Hottenrott H. ，Richstein R. Start – up Subsidies：Does the Policy Instrument Matter？ ［J］． Research Policy，2020，49（1）．

［14］ 彭鸿广．创新产品的市场扩散与政府最优价格补贴 [J]．统计与决策，2012（20）：55 – 57.

［15］ 余菲菲，钱超．政府科技补助对企业创新投入的门槛效应——基于科技型中小企业的经验研究 [J]．科研管理，2017，38（10）：4）– 47.

［16］ 王刚刚，谢富纪，贾友．R&D 补贴政策激励机制的重新审视——基于外部融资激励机制的考察 [J]．中国工业经济，2017（2）：60 – 78.

［17］ 陈庆江．政府科技投入能否提高企业技术创新效率？ [J]．经济管理，2017，39（2）：6 – 19.

［18］ 张晓月，张鑫．政府专利奖励提升了中小企业绩效吗？——基于知识产权能力调节作用的实证检验 [J]．科技管理研究，2019，39（8）：134 – 140.

［19］ 刘楠，杜跃平．政府补贴方式选择对企业研发创新的激励效应研究 [J]．科技进步与对策，2005（11）：18 – 19.

［20］生延超. 创新投入补贴还是创新产品补贴：技术联盟的政府策略选择［J］. 中国管理科学，2008，16（6）：184 - 192.

［21］王宇，刘志彪. 补贴方式与均衡发展：战略性新兴产业成长与传统产业调整［J］. 中国工业经济，2013（8）：57 - 69.

［22］盛光华，张志远. 补贴方式对创新模式选择影响的演化博弈研究［J］. 管理科学学报，2015，18（9）：34 - 45.

［23］郑春美，李佩. 政府补助与税收优惠对企业创新绩效的影响——基于创业板高新技术企业的实证研究［J］. 科技进步与对策，2015，32（16）：83 - 87.

［24］马嘉楠，翟海燕，董静. 财政科技补贴及其类别对企业研发投入影响的实证研究［J］. 财政研究，2018（2）：77 - 87.

［25］高新伟，闫昊本. 新能源产业补贴政策差异比较：R&D 补贴，生产补贴还是消费补贴［J］. 中国人口·资源与环境，2018，28（6）：30 - 40.

［26］Koga T. R&D Subsidy and Self - financed R&D：The Case of Japanese High - technology Start - ups［J］. Small Business Economics，2005（24）：53 - 62.

［27］Wanzenböck I.，Scherngell T.，Fischer M. M. How do Firm Characteristics Affect Behavioural Additionalities of Public R&D Subsidies？Evidence for the Austrian Transport Sector［J］. Technovation，2013，33（2 - 3）：66 - 77.

［28］Hottenrott H.，Lopes - bento C.（International）R&D Collaboration and SMEs：The Effectiveness of Targeted Public R&D Support Schemes［J］. Research Policy，2014，43（6）：1055 - 1066.

［29］Vanino E.，Roper S.，Becker B. Knowledge to Money：Assessing the Business Performance Effects of Publicly - funded R&D Grants［J］. Research Policy，2019，48（7）：1714 - 1737.

［30］Sterlacchini A.，Venturini F. R&D Tax Incentives in EU Countries：Does the Impact Vary with Firm Size？［J］. Small Business Economics，2018，53（3）：687 - 708.

［31］Bianchini S.，Lierena P.，Martino R. The Impact of R&D Subsidies under Different Institutional Frameworks［J］. Structural Change and Economic Dynamics，2019（50）：65 - 78.

［32］步丹璐，郁智. 政府补助给了谁：分布特征实证分析——基于 2007 ~ 2010 年中国上市公司的相关数据［J］. 财政研究，2012（8）：58 - 63.

［33］周霞. 我国上市公司的政府补助绩效评价——基于企业生命周期的视角［J］. 当代财经，2014（2）：40 - 49.

［34］任海云，聂景春. 企业异质性、政府补助与 R&D 投资［J］. 科研管理，2018，39（6）：37 - 47.

［35］路春城，吕慧. 财政补贴促进了中国制造业企业的研发投入吗——基于 2008 ~ 2016 年上市公司的门槛效应分析［J］. 宏观经济研究，2019（8）：94 - 103.

［36］胡春阳，余泳泽. 政府补助与企业全要素生产率——对 U 型效应的理论解释及实证分析［J］. 财政研究，2019（6）：72 - 85.

［37］于潇宇，庄芹芹. 政府补贴对中国高技术企业创新的影响——以信息技术产业上市公司为例［J］. 技术经济，2019，38（4）：15 - 22.

［38］王一卉. 政府补贴、研发投入与企业创新绩效——基于所有制、企业经验与地区差异的研究［J］. 经济问题探索，2013（7）：138－43.

［39］郭景先，胡红霞，李恒. 政府补贴与企业研发投资——科技金融生态环境的调节作用［J］. 技术经济，2019，38（7）：29－37，118.

［40］张杨勋，周浩. 政府专项补助与企业创新产出：来自专利的证据［J］. 中南财经政法大学学报，2020（6）.

［41］郭玥. 政府创新补助的信号传递机制与企业创新［J］. 中国工业经济，2018（9）：98－116.

［42］李子彪，孙可远，吕鲲鹏. 三类政府财政激励政策对高新技术企业创新绩效的激励机制——基于企业所有权性质的调节效应［J］. 技术经济，2018，37（12）：14－25，75.

［43］步丹璐，张晨宇，王晓艳. 补助初衷与配置效率［J］. 会计研究，2019（7）：68－74.

［44］Dlouhý M. Models of Subsidy Allocation among City Districts［J］. Prague Economic Papers，2014，23（1）：108－120.

［45］Yu M. M.，Chen L－H，Hsiao B. A Performance－based Subsidy Allocation of Ferry Transportation：A Data Envelopment Approach［J］. Transport Policy，2018（68）：13－19.

［46］Oral M.，Kettani O.，Lang P. A Methodology for Collective Evaluation and Selection of Industrial R&D Projects［J］. Management Science，1991，37（7）：871－885.

［47］Giebe T.，Grebe T.，Wolfstetter E. How to Allocate R&D（and other）Subsidies：An Experimentally Tested Policy Recommendation［J］. Research Policy，2006，35（9）：1261－1272.

［48］Charnes A.，Cooper W. W.，Rhodes E. Measuring the Efficiency of Decision Making Units［J］. European Journal of Operational Research，1978，2（6）：429－444.

［49］Du J.，Cook W. D.，Liang L.，et al. Fixed Cost and Resource Allocation Based on DEA Cross－efficiency［J］. European Journal of Operational Research，2014，235（1）：206－214.

［50］Zhu W.，Zhang Q.，Wang H. Fixed Costs and Shared Resources Allocation in Two－stage Network DEA［J］. Annals of Operations Research，2017，278（1－2）：177－194.

［51］杨剑，李勇军，梁樑. 考虑效率与公平的政府研发补贴分配的 DEA 模型［J］. 软科学，2012，26（7）：48－51.

助推经济高质量发展的税制优化研究

李丹阳

摘要：税制结构作为关键的制度变量，不仅约束着地方政府竞争行为的选择，也进一步影响着企业的高质量供给和创新行为。通过对高质量发展的内涵、税制对经济高质量发展的影响和税收体系构建等方面的文献进行梳理和述评，准确定位我国未来税制优化的新动向已迫在眉睫。面对税制优化问题的研究困境，需要聚焦税收政策事前调控的有效性、减税降费和财政支出规模扩大的权衡、税制设计对资源配置效率的影响等研究新课题，将理论、政策和实践相结合，不断完善顶层设计，推动中国经济高质量发展。

关键词：高质量发展；税制优化；研究新动向

一、引　言

中国的经济增长在改革开放以来取得了世界瞩目成绩，但伴随着粗放型的经济增长方式与GDP锦标赛的传统思维，沉重的增长代价也由此产生[1]。目前，大而不强和发展质量不高等问题，严重阻碍着中国经济的健康转轨[2]。

党的十九大报告指出，"我国经济已由高速增长阶段转向高质量发展阶段，正处在转变经济发展方式、优化经济结构、转换增长动力的攻关期"[3]。在新时代发展背景下，以往经济发展中的基础性和关键性变量将被高质量的标准所替代，经济发展中的质量和效益将会越来越受到广泛重视[4]。然而，随着我国经济社会、法治运行环境产生重大变化，国家治理的复杂程度也在不断加深，现行的财税制度与发展不匹配间的问题正日益显现。推动高质量发展的关键在于坚持以供给侧结构性改革为主线，通过微观主体活力的激发，使经济增长从要素驱动、投资驱动转向创新驱动、消费驱动，进而提升可持续发展能力，推动政府的职能转变，进而实现国家治理体系与治理能力的现代化。在此背景下，原有的税制设计已经难以适应新时代的发展要求[3]，财税体制的优化是适应新时代高质量发展动力变革的迫切需要[5]。

鉴于此，本文对高质量发展背景下的税收优化研究从高质量发展的内涵、税制对高质量发展的影响和税收体系的构建三个方面进行文献的梳理和述评，试图为国内的相关研究提出建议。

余下的内容安排如下：第二部分阐述高质量发展的相关内涵；第三部分剖析税制对经济高质量发展的影响；第四部分归纳总结关于税制优化的相关政策建议；第五部分以已有的研究为基础，尝试进一步提出高质量发展背景下的税制优化问题的前沿新动向。

二、关于高质量发展的内涵界定

在理论层面，可持续发展的概念与高质量发展的概念联系密切。因此，首先通过梳理文献中可持续发展的概念，可为经济高质量发展的内涵界定以及外延的探析奠定理论基础[2]。

（一）经济可持续发展

国外的研究从经济增长到经济发展，内容不断深化。[6-8]

20 世纪六七十年代，学者们通过研究逐渐认识到，与经济增长相比，社会中的就业水平、收入分配的状况和经济的整体水平同样值得关注，同时，研究的侧重点转向经济发展。20 世纪中期，作为发展经济学的先驱，刘易斯在《经济增长理论》中指出发展的概念，即"人均产出的增长"。然而此时，对于大多数的发展中国家来说，发展问题却仍往往粗略等同于经济增长，将经济的发展等同于物质财富的积累[47]。直至 20 世纪 60 年代末，瑞典经济学家缪尔达尔通过研究东南亚和南亚的发展中国家后认为："发展"是从"不发达"中挣脱出来的过程，包括经济、社会、文化水平乃至整个社会体系同样值得关注，发展中国家社会改革的建议由此提出[48]。经过发展，在 70 年代中后期，发展的概念已经从追求经济的增长转向不平等差距的缩小、就业的增加以及贫困的减少。这一时期，对于"社会发展指标"的讨论引起了整个学界的重视。

1987 年，通过发表《我们共同的未来》，可持续发展的理念被首次正式提出，即"发展既不仅应满足当代人的需求，同时又不能威胁和危害后代人满足其需求，应达到经济、社会和生态三者共同持续和健康的发展"[9]。以此为基础，后期学者不断进行完善，将其他因素不断考虑在内，Briguglik 等研究认为，可持续的概念不仅包括生理上的健康、经济的安全和生活的幸福，下一代的发展也应考虑在内[10]。Pearce 和 Turner 通过研究发展与环境的作用，认为在可持续发展的核心理念中，环境因素与全球生态系统和人类自身息息相关，不应该被加以忽略，否则会对生存造成威胁[11]。

国内的学者对此也进行了大量研究，宋波研究认为，可持续发展常常伴随着经济增长由量到质的变化，从质的因素来定义经济的发展是可持续的核心[13]。当前，可持续发展的目标定义为生活质量的全面提高，不仅是繁荣的经济，还囊括社会的公平、环境的保护，通过各方面的协调匹配，才可能促进人类社会的进步与发展[12,49]。

（二）经济高质量发展

从 2017 年开始，国内对高质量发展的研究就在不断进展。其中，关于高质量发展的内涵，主要从不同发展阶段及层次的视角、转变经济发展方式视角、社会主要矛盾转变的视角、改善民生的视角、投入及产出效率的视角进行研究，但截至目前仍未有一个较全面、系统性的研究成果。从当前国外的研究来看，虽然不存在经济的高质量发展这一概念，但大量关于经济增长速度和质量的研究成果的存在，同样可以对中国的发展提供相应的借鉴。

1. 依据不同阶段或层次进行划分

钞小静、薛志欣（2018）基于马克思主义理论进行分析，认为经济发展质量可从微观、中观、宏观三个层面进行辨析，即产品价值合意于人和社会的物质需要，经济结构平衡的实现，生产力的不断提升[14]。国外研究则根据经济增长的特点划分为不同的经济增长阶段，罗斯托（Walt Whitman Rostow）在 1960 年首次提出了"经济成长阶段"理论，并在 1971 年进一步将经济增长划分为六个阶段，其中成熟阶段的特点表现为持续时间长且经济持续的高速增长，对于欠发达国家若想进入成熟阶段，需以经济起飞的实现为前提，跳出"贫困的恶性循环"[15]。托马斯·皮凯蒂（2014）的研究聚焦于工业革命时期，在此之前，生产力的限制导致世界各国的经济增长极为缓慢，由此他认为只有在工业化时期，经济才会出现高速增长，当工业化完成后这种经济的增长模式将不复存在[16]。目前多数的研究表明，经济体以高速增长运行了较长时间以后，经济增速会有明显的下降趋势，经济增长阶段的变动会对经济发展质量产生相应的要求，并逐渐形成新的经济发展阶段。

2. 依据经济发展方式进行划分

郑新立（2017）认为，我国传统的经济增长主要依靠的是增加物质资源消耗，从粗放增长到高质量的集约型增长需要科技水平的提高、管理水平的改善和劳动者综合素质的提高[17]。李云庆和蔡定创（2018）则认为，实现高质量发展必须以实用价值生产、信用价值生产和社会资本生产来调控经济，以保证我国经济在未来30年内的有效增长[18]。师博（2018）认为，传统的宏观调控目标应加以转变，形成"以物价稳定为基础、以充分就业为先导、以质量型发展为导向、以化解重大风险为核心、以污染防治为根本"的新型宏观调控目标[19]。任保平（2018）认为，当前我国发展过程中经济发展的主要问题是产业结构的失衡、要素配置的效率、技术水平较低，以及产业发展较低端，所以推动高质量发展需要抓住新科技的创新以及产业革命的良好机遇，通过动力变革提高生产质量；此外，在国际贸易方面，任保平（2018）认为，通过加强科技创新，提高出口产品质量，从比较优势向竞争优势转变可以实现国际贸易的高质量发展[4]。

国外虽没有"高质量发展"的概念，但从1990年开始，联合国通过《人类发展报告》对世界各国的人类发展状况进行了相应的评估和比较，深入讨论经济增长与人类发展的联系，并在1996年指出了五种有利于经济增长但并未推动社会整体发展的现象。报告说明如果出现上述五类情况，经济的增长实质上就没有推动人类发展[50]。

3. 依据我国社会主要矛盾的转变进行划分

从新时代我国社会的主要矛盾转变来看，何立峰（2018）[20]、金碚（2018）[23]认为高质量发展应是满足人民可持续、多方位的美好客观需求的发展。杨伟民（2018）认为，高质量发展的集中表现应紧紧围绕社会主要矛盾的转变，是能满足人民日益增长的美好生活期望的发展，是体现新发展理念的发展[21]。林兆木（2018）认为，高质量的发展包括商品和服务质量的普遍持续提高、投入产出效率的提高和经济效益的不断提高[22]。

4. 依据改善民生的角度进行划分

从改善民生的角度来看，王军（2017）认为高质量发展的内涵包括经济的健康发展、社会民生的明显改善、生态文明的建设，以及宏观调控的连续和协同、供给侧结构性改革的不断深化[24]。国外从社会福利层面进行的研究较多，从金融风险的抵御、人力资本、自然资本、治理状况的改善等方面，美国学者托马斯尝试定义经济增长质量，认为如果上述三方的投资达到平衡，则社会福利就会增进[25]。Martinez和Mlachila（2013）将贫困的减少考虑在经济发展的范围之内，通过研究撒哈拉以南非洲的发展状况，由此将有效的增长定义为有力、稳定、持续的增长，并把满足社会成员的期望因素考虑在内，如贫穷的减轻[26]。Mlachila（2013）通过研究发展中国家的经济发展认为，经济的高质量发展是高增长下可持续的、社会友好型的增长。文中强调，高增长是经济发展的必要阶段，但在之前的几十年中，发展中国家的贫困状况未曾改观，对经济的发展形成了制约[27]。

5. 从投入产出效率角度进行划分

从投入产出效率来看，任保平（2018）认为当前我国仍面临着供给与需求不平衡的问题，解决的途径即通过提高产品质量，生产个性化、定制化的产品来满足多层次的消费需求[4]。在这一过程中，重点是提高产品的总供给水平，实现供需匹配，达到提高产业结构和经济结构的目的。同时鼓励企业进行科学技术创新，通过生产性技术改造提高产品质量；通过加强人力资源的培训，提高整体劳动力的水平。李伟认为，高质量产出投入的实现需要更加注重内涵式发展，通过发挥人力资本红利、提高资源的集约利用程度，最终实现全要素生产率的提升[28-29]。苏联经济学家卡马耶夫在《经济增长的速度和质量》中从质与量两个方面进行分析，认为经济增长的内涵不仅囊括生产效率的提升，生产质量的改善以及消费品的增长同样值得关注[45]。在《宏观经济学》中，学者多恩布什认为经济的增长数量、增长的质量应该融为一体，推动经济的增长需要通过积累生产要素、改善资源利用情况以及提高要素生产效率来共同实现[46]。

目前，关于经济的高质量发展的研究内容仍较为零散，缺乏系统的分析研究，中国在借鉴国内外成果推动经济持续增长的同时，要具体问题具体分析，明晰国内外存在的差异，通过国际原有模式的借鉴，探索开拓适应本国国情的发展道路。

三、税制对经济高质量发展的影响

作为重要的宏观调控工具，通过税制优化更好地发挥税收的职能作用，推动经济的高质量发展，是中国特色社会主义税收治理的重要内容。因此，下面主要是从税收角度出发研究税制对经济高质量发展的作用与影响。从国外的研究来看，虽然没有经济的高质量发展这一概念，但税制结构与经济增长、经济稳定关系的大量相关理论成果[37,40]，也有助于对中国的高质量发展提供借鉴。

（一）税制结构与经济增长的关系

19世纪70年代，国外关于税制结构与经济增长关系的研究盛行一时，Atkinson和Stiglitz（1976）通过均衡分析，研究发现合理的税制下，直接税和间接税分别承担着效率和公平的职能[30]。随后，学者纷纷将注意力转移至税制结构与经济增长的关系，并进一步进行实证研究。Widmalm通过分析1965~1990年23个OECD国家的数据，认为个人所得税对经济增长产生了负面影响[31]。Arnold（2008）从内生经济增长模型出发，研究1971~2004年21个OECD国家的数据发现：企业所得税会对经济增长产生不利影响，而房产税则没有实质上的负面影响[32]。Myles（2009）则认为，商品税对经济造成的负面影响要明显弱于对资本和劳动所得直接征税[33]。

关于税制结构与经济增长关系，国内相关的研究也在不断深入。利用我国1979~1999年税收数据，马拴友（2001）通过回归分析发现：直接税对经济增长有明显的负作用，而间接税（如流转税）对经济增长的影响则并不显著，最优的直接税与间接税的比重是0.45[51]。刘海庆和高凌江（2011）的研究却呈现不同的结果，细分不同税类、税种，发现流转税、财产税有利于经济增长，但所得税的作用却相反[52]。

（二）税制结构与经济稳定的关系

对于税制结构与经济稳定间关系的研究，国外较多地使用了DSGE方法。Cooley和Hansen（1992）通过构建由消费税、资本所得税、通货膨胀税、劳动所得税组成的扭曲税收体系，考察对社会福利损失程度的影响。结果表明所得税中的资本所得税扭曲程度最大，因此应削减资本所得税税率[34]。McGrattan（1994）引入税收冲击概念，通过参数估计发现资本所得税引起的社会福利损失大于劳动所得税[35]。Jonsso和Klein（1996）尝试通过模拟矩法来解释经济波动，认为税收冲击降低劳动的供给，然而技术冲击会增加劳动需求，最终会带来工作时间减少和实际工资增加[36]。

在国内，同样使用DSGE方法分析税制与经济稳定的关系的学者也不在少数。严成樑和龚六堂（2012）认为，所得税的经济增长效应带来的社会福利损失最大，而劳动所得税、企业所得税和消费税的则较小，但福利损失同样存在[53-54]。任龙洋（2013）利用DSGE模型构建税制结构体系，研究发现结构性减税政策的落实是未来结构性税制改革的方向[55]。

（三）税制结构与高质量发展的关系

财税体制是经济体制改革中关键的环节，改革的侧重点也反映出经济体制中的矛盾和问题，实现经济的高质量发展对这些问题必须加以重视。

1. 高质量发展：税收制度的不适应之处

王雄飞和李香菊（2018）认为，现行财税体制主要存在以下四个方面的问题：一是目前的预算虽然能看到收支的数额，但科目较为笼统，即预算的透明度不够，账目也较粗；二是事权和支出责任的不匹配，中央和地方事权及支出责任划分不清晰、不合理、不规范；三是税收制度的不健全，税种布局协调性缺乏，目前税收调节收入分配功能仍不强；四是税收法治化程度较低，优惠政策种类的繁杂导致税法的权威性大大削弱，由此形成的政策"洼地"不仅损害了市场运行机制，而且不利于资源的优化配置[38]。具体来说，岳树民（2003）认为，由于中国目前的个人所得税征收面较窄，规模过小，使其在经济稳定方面缺乏应有的力度。郝春红（2006）认为，造成中国税制结构失衡的主要原因是税收收入主要依靠流转税的特点，累退性的存在会直接导致税负不公。

学者们普遍认为，在筹集财政收入方面，流转税和所得税具有难以替代的作用，两者的相互协调必不可少，应共同构成主体税种。但从中国现有的税种来看，主体税种存在结构失衡问题，税收体系内部的税种设置也不尽合理。

2. 税收制度对高质量发展的支撑作用

李华（2019）研究认为税收对高质量发展的意义存在于以下三个方面：首先，税收是推动高质量发展的财力基础。国家财政收入的核心构成即是税收，为政府履行自身职能、推动高质量发展、解决阶段性难题提供财力基础。其次，税收作为推动高质量发展的政策工具。最后，税费负担是供给侧成本中的主要构成。

3. 税收制度对高质量发展的作用不确定

国外对税制的研究兴起于20世纪50年代，次优课税理论是现代西方税收优化理论的核心之一。次优课税理论着眼于在市场失灵的情况下，如何通过税收优化使资源配置的损失降到最小的范围内。高质量发展需要"绿色引擎"，学者们也试图以次优理论为基础探讨通过环境税来控制日益严重的环境恶化问题，现存在两种观点：一种是通过征收环境税可以改善环境污染状况，并可以降低效率损失，间接增加了社会总体福利；另一种则认为环境税造成的扭曲会加大效率的损失。

高质量发展作为我国经济健康增长的历史选择，通过确立高质量发展的目标可以为下一时期发展的思路确定、相关经济政策制定、实施宏观调控提供重要方向。高质量发展目标的实现需要财税体制的改革发挥支柱性作用，为动力变革提供制度的支撑。

四、高质量发展目标下税制的优化

高质量发展包括存量的调整以及进一步增量的优化。目前高质量发展目标下的税制体系应包含"激励创新、扶持创业、协调发展、公平正义、绿色持续以及对外开放"六大板块。

（一）创新导向的激励税制

税收政策作为战略性新兴产业发展的加速器，将加速动能转化。杨振

（2020）分析认为，应通过税制优化、倒逼创新的同时激发保护企业家精神，为激发和保护企业家精神提供税制支撑，主要包括深化要素市场化改革、资源税改革、矫正要素和资源价格扭曲以及信号传递扭曲，指出应通过优化税制为创新提供激励相容的制度安排，鼓励企业更多选择自主创新[39]。付敏杰等（2016）认为，对于创新减征增值税已经成为重要的改革策略[41]。

（二）协调发展的平衡税制

范子英（2019）指出应把行业间的税负，加以平衡。由于我国增值税的征收依赖行业间的链条，因此需要把行业间的产业互联的因素考虑在内[42]。张龙、刘金全（2019）运用 TVTP – MS – FAVAR 模型研究总量结构及支出优化对经济增长的动态影响，结果表明：在经济适速增长阶段，积极的财税政策能带动经济增长。在调节收支关系的基础上以提高教科研支出和增值税、降低投资性支出为主，以降低一般公共服务支出、消费税和所得税为辅的财税政策有利于经济高质量发展[43]。

（三）创业鼓励的扶持税制

刘尚希和樊轶侠（2019）通过研究高质量发展与税制改革的适应性，认为应顺应创新驱动的要求，促进创新要素协同发力，进而激发创新主体活力，以此为导向进行税制改革，并加大针对科研人员的创新激励，同时提高部分创新激励的税收政策的普惠性[44]。李华（2019）认为，作为吸纳就业的主力军的中小企业蕴藏巨大的潜力，因此，税收政策应着眼于扶持小微企业的创新和发展。

（四）绿色发展的环保税制

李华（2019）认为绿色发展需要"绿色税收"体系，为推动高质量发展要"加快制度创新，强化制度执行"。杨振（2020）认为，实现高质量的发展和高质量的供给客观上需要资源环境成本的计算。未来通过完善环境相关的税种，能够更好地发挥税制对高质量转型的积极作用[39]。

（五）共享发展的公平税制

早期对公平的分析主要着眼于单一税种，张志超等（2008）指出，中国目前的分析，税制设计对税制结构的"效率"重视程度大大优先于"公平"，横向来看，以间接税为主导的税制结构不利于调节作用的发挥，甚至在某些时期，现行税制体系在一定程度上恶化了收入分配的公平程度[56]。陈建东等（2015）通过研究税前和税后收入差距的变化，发现间接税对缩小收入分配差距存在负向调节作用，而直接税则为正向作用，由此建议调整直接税间接税比重，进一步缩小收入差距[57]。

（六）开放发展的全球税制

刘尚希和樊轶侠（2019）认为，应提升税制竞争力，适应经济全球化下高水平开放，一方面应创新对跨境电商、平台经济等新兴的商业模式的税收征管；另一方面应关注国际税制改革的新动向，强化我国税制改革风险的预判[44]。李华（2019）认为，要以"一带一路"为重点，不断提高我国在国际社会中的话语权，并积极参与国际税收峰会、税收协定的签署。另外，为创造优质的贸易自由化的税收环境，应与"一带一路"沿线国家税务机关协同加强税收领域的信息互换、执法互助、与监管互认。

（七）高质量发展目标要求下的税制运行体系

高质量发展目标要求下的税制运行体系，主要包括规范化的税收法制体系、便民化的营商税收征管体系以及科学化的税收统计评价体系。在经济高质量发展的目标下，税制运行体系也需要进行调整。

李华（2019）研究认为，"互联网＋"、大数据、云计算等新兴信息技术的运用，有利于构建激励相容的税收治理机制，提升税收的治理能力，进而优化税收环境。

五、研究新动向

新冠肺炎疫情期间，面对经济下行压力，财税政策在一定程度上起到了逆周期调节的作用，由此推动了实体经济的发展，但不同政策产生的效果也不尽相同。因此，有必要基于经济规律、相关财税理论以及现实情况进行具体的研究和测算，为更科学高效的财税政策组合制定提供参考和建议。

（一）逆周期调节有效性

如何增强税收政策事前调控的有效性，以此推动经济高质量发展？根据税制理论，税收政策能够起到"自动稳定器"的作用。在经济上行时期，生产和投资会随之扩大、就业人数会随之增加，基于收入的税收也会增加，尤其是在累进税制下，可以起到抑制经济过热的作用；而经济下行时期，作用则正好相反，即税收随经济周期自动调整，起到自动稳定器作用。

然而，我国目前的税制体系仍是以增值税为代表的流转税为主体，处在疫情期间，面临经济下行压力，企业产品滞销，流转受阻就无法通过销售进一步转嫁，由此导致企业"税负感"更强。作为一种事后调节，税收的逆周期调节难以增加新的动能，因此需要相关的财政政策加大提效，如何重点地加大投入，增强事前调控的有效性，以此推动经济高质量发展成为下一步研究的新课题。

（二）税收政策与财政支出的权衡

如何综合考量减税降费与财政支出在经济中的作用和效率？高质量发展不仅要求减税降费，也需要财政支出在特定领域加大投入。但当前我国财政仍存在缺口，税收收入作为财政收入最重要的来源决定着减税与财政支出规模的扩大之间存在一定程度的权衡取舍的关系；如何考量两者在经济中的作用和效率，进而制定相应的政策是当前亟须权衡的问题。

总之，税制优化的过程不是一蹴而就的，也不是简单的税收优惠政策汇总。作为构建现代财政制度的重要环节，税制优化应与经济社会发展的内在规律、高质量发展的目标和趋势、供给侧结构性改革的要求相结合，通过完善税制的顶层设计，达成科学化、体系化的政策设计目标。

参考文献

［1］陈诗一，陈登科．雾霾污染、政府治理与经济高质量发展［J］．经济研究，2018，53（2）：20－34.

［2］秦放鸣，唐娟．经济高质量发展：理论阐释及实现路径［J］．西北大学学报（哲学社会科学版），2020，50（3）：138－143.

［3］闫少谋．关于加快构建适应高质量发展的现代税收制度研究［J］．税务研究，2020（3）：116－120.

［4］任保平．创中华人民共和国特色社会主义发展经济学　阐释新时代中国高质量的发展［J］．天津社会科学，2018（2）：12－18.

［5］李华．高质量发展目标下税收体系构建与减税降费再推进［J］．税务研究，2019（5）：25－29.

［6］Ramsey F. P. A Mathematical Theory of Saving［J］. Economic Journal, 1928, 38（152）：543－559.

［7］Harrod R. F. Towards to Dynamics Economics：Some Recent Development of Economic Theory and Their Applications to Policy［J］. Macmillan London, 1948（25）.

［8］Solow R. M. A Contribution to the Theory of Economic Growth［J］. Q, J. E, 1956（7）：65－94.

［9］WCED. Our Common Future［M］. Oxford：Oxford University Press, 1987.

［10］Briguglio L. , Archer B. , Jafari J. , et al. Sustainable Tourism in Islands and Small ［M］. States: Issues and Policies Pinter, 1996.

［11］Pearce D. W. Turner R. K. Economies of Natural Resources and the Environment ［M］. New York: Harvester Wheatsheaf, 1990.

［12］Bank W. Sustainable Development in A Dynamic World – Transfoming Institutions, Growth, and Quality of Life (World Development Report) ［M］. Washington, D. C. : World Bank/ Oxford University Press, 2003.

［13］宋波. 从增长和稳定的角度重新认识可持续发展的内涵 ［J］. 北京大学学报（哲学社会科学版），2004（4）：54－62.

［14］钞小静，薛志欣. 新时代中国经济高质量发展的理论逻辑与实践机制 ［J］. 西北大学学报（哲学社会科学版），2018，48（6）：12－22.

［15］华尔特·惠特曼·罗斯托. 经济成长的阶段 ［M］. 国际关系研究所编译室译. 北京：中国社会科学出版社，2010.

［16］托马斯·皮凯蒂. 21 世纪资本论 ［M］. 北京：中信出版社，2014.

［17］郑新立. 抓住重大问题推进供给侧结构性改革 ［J］. 北京交通大学学报（社会科学版），2017，16（4）：1－7.

［18］李云庆，蔡定创. 实施三层级宏观调控　促进经济高质量发展 ［J］. 宏观经济管理，2018（9）：55－62.

［19］师博. 论现代化经济体系的构建对我国经济高质量发展的助推作用 ［J］. 陕西师范大学学报（哲学社会科学版），2018，47（3）：126－132.

［20］何立峰. 大力推动高质量发展　积极建设现代化经济体系 ［J］. 宏观经济管理，2018（7）：4－6.

［21］杨伟民. 推动高质量发展的途径是什么？［N］. 企业家日报，2018－12－17（A01）.

［22］林兆木. 关于我国经济高质量发展的几点认识 ［N］. 人民日报，2018－01－17（007）.

［23］金碚. 关于"高质量发展"的经济学研究 ［J］. 中国工业经济，2018（4）：5－18.

［24］王军. 夯实中国经济底部须处理好五大关系 ［N］. 学习时报，2017－04－07（002）.

［25］Vinod Thomas. 增长的质量 ［M］. 北京：中国财政经济出版社，2001.

［26］Martinez M. , Mlachila M. The Quality of the Recent High – Growth Episode in Sub – Saharan Africa ［J］. IMF Working Paper, 2013, 13（53）：3.

［27］Mlachila M. , Tapsoba R. , Tapsoba S. A Quality of Growth Index for Developing Countries: A Proposal ［J］. Springer Netherlands, 2017, 2（134）：676.

［28］李伟. 以创新驱动"高质量发展"［J］. 新经济导刊，2018（6）：6－8.

［29］李伟. 开启高质量发展的关键 ［J］. 新经济导刊，2018（8）：6－9.

［30］Atkinson A. B. , J. E. Stiglitz. The Design of Tax Structure: Direct Versus Indirect Taxation ［J］. Journal of Public Economics, 1976（6）：55－75.

［31］Widmalm F. Tax Structure and Growth：Are Some Taxes Better than Others？［J］. Public Choice, 2001（107）：199 – 219.

［32］Arnold J. Do Tax Structures Affect Aggregate Economic Growth? Empirical Evidence from a Panel of OECD Countries［R］. OECD Economics Department Working Papers, 2008：643.

［33］Myles G. D. Economic Growth and the Role of Taxation［R］. OECD Economics Department Working Papers, 2009：713 – 715.

［34］Cooley T. F. and G. D. Hansen. Tax Distortions in a Neoclassical Monetary Economy ［J］. Journal of Economic Theory, 1992（58）：290 – 316.

［35］McGrattan E. R. The Macroeconomic Effects of Distortionary Taxation［J］. Journal of Monetary Economics, 1994（33）：573 – 601.

［36］Jonsson G. and P. Klein. Stochastic Fiscal Policy and the Swedish Business Cycle［J］. Journal of Monetary Economics, 1996（38）：245 – 268.

［37］Andres J. and R. Domenech. Automatic Stabilizers, Fiscal Rules and Macroeconomic Stability［J］. European Economic Review, 2006（50）：1487 – 1506.

［38］王雄飞，李香菊. 高质量发展动力变革与财税体制改革的深化［J］. 改革，2018（6）：80 – 88.

［39］杨振. 高质量供给和创新导向的税制优化策略探析［J］. 税务研究，2020（3）：112 – 115.

［40］李贺. 最优税收理论与我国财税改革［J］. 中国市场，2020（2）：15 – 17.

［41］付敏杰. 新时代高质量发展下的税制改革趋向［J］. 税务研究，2019（5）：30 – 33.

［42］范子英，高跃光. 如何推进高质量发展的税制改革［J］. 探索与争鸣，2019（7）：106 – 113，159.

［43］张龙，刘金全. 我国财政政策对经济增长的动态效应研究——基于"总量调控 + 结构优化"双轮驱动的检验［J］. 经济经纬，2019，36（4）：133 – 140.

［44］刘尚希，樊轶侠. 论高质量发展与税收制度的适应性改革［J］. 税务研究，2019（5）：12 – 17.

［45］卡马耶夫. 经济增长的速度和质量［M］. 武汉：湖北人民出版社，1983.

［46］鲁迪格·多恩布什，斯坦利·费希尔. 宏观经济学［M］. 北京：中国人民大学出版社，1997：239.

［47］W. Arthur Lewis. The Theory of Economic Growth［M］. Cambridge：Cambridge University Press, 2011.

［48］Gunnar Myrdal. Asian Drama：An Inquiry into the Poverty of Nations.［J］. Southern Economic Journal, 1969（7）：130 – 132.

［49］The Complete World Development Report, 1978 – 2009（Single User DVD）：30h Anniversary Edition［R］. World Bank Publications, Washington DC, 2009.

［50］Bank W. Sustainable Development in A Dynamic World – Transforming Institutions, Growth, and Quality of Life（World Development Report）［M］. Washington D. C.：World Bank/

Osford Universiy Press，2003.

　　［51］马拴友．税收政策乘数及其效应的实证分析［J］．首都经济贸易大学学报，2001 （6）：54－57.

　　［52］赵志耘，杨朝峰．主要国家基础研究管理体系比较研究［J］．科技与法律，2010 （3）：1－8.

　　［53］严成樑，龚六堂．最优财政政策选择：从增长极大化到福利极大化［J］．财政研究，2012（10）：16－19.

　　［54］严成樑，龚六堂．税收政策对经济增长影响的定量评价［J］．世界经济，2012，35 （4）：41－61.

　　［55］任龙洋．经济稳定目标下的结构性税制改革取向［J］．税务与经济，2013（4）：68－74.

　　［56］张志超，刘喆，丁宏．关于调整、优化税制结构的理论思考［J］．经济学动态，2008（7）：33－39.

　　［57］陈建东，孙克雅，马骁，冯瑛，成树磊．直接税和间接税对城乡居民收入差距的影响分析［J］．税务研究，2015（7）：43－53.

地方政府债务问题研究文献综述

李若飞

摘要：近年来，我国地方政府债务规模持续扩大，总量上的增加进一步加剧了地方政府债务存在的潜在风险，如何有效防范化解潜在风险受到了各界关注。本文对地方政府债务的界定与测度、成因、影响因素、最优债务规模等方面进行梳理，同时国外关于债务管控、危机救助、转型经济体债务问题进行总结。通过对国内外文献进行梳理总结，有助于厘清目前的研究现状，为更深入研究地方政府债务问题提供文献基础，并提出研究展望。

关键词：地方政府债务；债务规模

一、引　　言

2008 年全球金融危机爆发，为实行积极财政政策地方政府债务迅速积累，在有效推动中国经济复苏发展的同时，由于债务规模过快的增速和不透明、不规范的操作，也埋下了危机金融体系稳健运行的隐患。同时美国信用评级机构穆迪（Moody's）将我国主权信用评级从 A3 降低至 A1，并将我国前景展望从"稳定"调整为"负面"。我国地方政府负债率提高所产生的金融风险是导致我国主体信用评级下降的重要原因之一。截至 2020 年 3 月末，全国地方政府债务余额 228219 亿元，占 2019 年国内生产总值的 23.03%，虽然我国地方政府债务规模低于国际警戒线，但其规模巨大、增长过快，为未来地方政府还债与经济建设埋下风险。

从全球来看，地方政府债务引起了学者关注。2010 年 5 月，由希腊政府债务危机引发的罢工、抗议和暴力活动，造成了社会动荡。日本过高的债务规模也同样引起了学者们的关注，截至 2020 年 4 月，日本国家政府债务已经达到 10.44 万亿美元，占 GDP 比重高达 200% 以上，严重高于国际警戒线。因此，从各国经验来看，过高的政府债务会引起金融危机，影响经济发展，甚至造成社会动荡。

因此，政府债务尤其是地方政府债已经成为全世界一个普遍的问题，引起了政府当局与学者的高度关注。为了有效防范化解地方政府债务危机，既需要借鉴国外成功的经验，又需要立足中国实情有的放矢，因此本文对地方政府债务基本理论、形成原因、影响因素与最优规模等方面进行文献综述，以期找到有效的应对方法。

本文第二部分对国外研究进行综述，第三部分对国内研究进行综述，最后进行总结与展望。

二、国外研究综述

（一）地方政府债务形成原因

学者们分析了债务存在的原因，Alex Cukierman 和 Allan H. Meltzer（1989）[1]认为债务能解决人们资金周转困难，使人们在一生中消费平稳，进而将财富从富裕的地区转移到贫穷的地区，从而增加全社会总产出。Persson 和 Tabellini（1996）[2]认为中央政府救助陷入财务危机的地方政府会刺激地方政府主动过度负债。Jorge – Martinez（1999）[3]认为中央政府调节区域差距的主要办法是进行转移支付，但因此会引起地方政府过度举债。Goodspeed（2002）[4]、Boadway（2002）[5]、Wildasin（2004）[6]研究得到同样的结论，认为预算软约束刺激了地方政府过度举债。

（二）地方政府债务与经济增长关系

早期的观点受新古典主义思想影响，认为债务会对经济发展有害。随着凯恩斯主义盛行，政府债务有益于经济发展的观点成为主流。到了近期，学者们已经将研究重点从二者之间的线性影响转移到非线性影响。

古典经济学认为政府债务有害经济发展。政府债务会在资本市场上挤出私人部门，并且政府债务的增加会使通胀率与税率更高，减少私人储蓄并影响经济发展（Kumar and Woo，2015）[7]。

凯恩斯主义认为政府债务会刺激经济增长。政府进行债务融资可以投资于资金需求大并且短期不会收益的公共项目，进而促进经济增长。当出现经济危机时，劳动力大量剩余，政府进行公共项目建设以提供劳动岗位，刺激经济增长。

其他观点认为政府债务与经济增长关系不确定。Reinhart 和 Rogoff（2010）[8]首先对政府债务与经济增长进行非线性研究，实证得出政府债务与 GDP 比值的阈值为90%，并且作为理论依据指导了日后欧美国家在金融危机后实行紧缩财政政策。Owusu 和 Erickson（2016）[9]认为长期来看地方政府债务和 GDP 增长正相关，短期则双向互关联。

（三）地方政府债务规模研究

当债务规模过大时会产生系统性金融性风险。因此，地方政府债务规模成为学者们关注的重点，包括地方政府债务的适度规模和影响因素。

Koppl 和 Pitlik（2017）[10]通过深入研究澳大利亚的税收转移支付制度，发现对转移支付制度依赖度越高的地方政府，其债务规模相对更高。经济发展水平、地方财政状况以及税收制度等因素也会影响地方政府债务规模。学者们认同过度举债对地方经济发展会产生负面影响的观点，因此，合理的制度安排与有效的管理可以确保地方债务处于适度规模，这是保证地方政府债务健康发展的关键。

（四）地方政府债务管理约束

上述研究认为适度的政府债务会促进经济增长，为了有效控制和管理地方债务规模，发挥其对地方公共财政的正向促进作用，许多国家都实行了一定的制度安排，Ter - Minassian（1997）[11]将其归纳总结为：市场约束、直接管制、规则管制和协商管理。

（1）市场约束。一些发达国家市场经过长久的发展，制度完善，市场的力量会对资金借贷产生约束。市场约束迫使地方政府建立良好的信誉，自主进行融资决策。Lane（1993）[12]认为在一定的制度基础上市场约束才能产生效应：首先金融市场是开放、自由、完善的；其次地方政府偿债能力、债务余额等信息及时对投资者公开；最后中央政府表明不对濒临破产的地方政府进行救助，以控制预算软约束问题。只有满足这些条件，市场约束才能发挥作用。

（2）行政控制。一些国家使用行政控制的办法管理地方政府债务融资，具体措施包括严禁本国政府向外借款融资、对债务进行监督等。从表面看行政控制是一种很好的办法，但实际效果可能差强人意。如果中央为地方提供隐形财政担保，会引起预算软约束问题。

（3）规则管制。规则管制具有两面性：一方面，预算软约束的消极影响可以因规则管制的简便、规范的优势而减少。Poterba（1997）[13]、Schick（2000）[14]发现制定政府的支出上限可以有效减少政府支出。另一方面，由于缺乏灵活性，规则管制有时会弱化政府债务在增加就业、缓解经济下滑等方面的积极作用。此外，Craig（1997）[15]对澳大利亚 1982～1984 年的案例进行了分析，认为如果规则管制只针对政府显性债务，则更会激发隐性债务增加。

（4）协商管理。协商管理是介于上述几种方法的中间办法，双方之间进行协商讨论，既可以平稳发展经济，又对外部影响具有弹性。但是，Balassone 等（2003）[16]认为当协商管理不妥时，中央与地方主导地位发生偏移，会产生地方政府在预算软约束下的过度举债行为。

综上，各国主要通过市场约束、行政控制、规则管制和协商管理等方法对地方政府债务进行管理约束，学者也发现这些方法存在限制，使用不当可能激发债务风险。Ahmad 等（2006）[17]认为，地方政府还可能绕过其所受的借款限制，通过其他方法进行融资，进而形成地方政府隐性债务。因此，制定合理的政策、有效实施与监管，是对地方政府债务管理约束的关键所在。

（五）地方政府债务危机救助

当上述债务管理约束措施未发挥作用时，严重情况下地方政府会陷入债务危机。短期的救助措施包括经济援助或重组债务，虽然可以应一时之需，但长期救助必不可少。Ahmad 等（2006）[17]总结了几种长期管理制度：

首先，可以调整地方财政，财权上扩大地方税源增加收入，事权上将部分上移，减少地方支出，改善财政状况。

其次，中央对地方财政进行直接管制，比如提出警告或者财权收归中央进行直接管制。

最后，通过司法部门解决地方政府债务问题也是一种危机救助的办法。

（六）转型经济体地方政府债务问题

20 世纪末期随着苏联解体，前计划经济纷纷向财政分权制度和市场经济转型。随着经济增长，各国都面临着地方政府债务问题。中国正处在社会主义市场经济不断完善过程中，因此研究转型经济体地方政府债务问题对中国具有十分重要的参考意义。

与具有成熟市场的发达国家相比，由于地方财政体系不完善，转型经济体可能会面临更加严峻的债务问题。Bird（1992）[18]、Inman 和 Rubinfeld（1996）[19]认为，转型经济体财政分权程度随着市场体制的完善而不断提高。随着事权下移、城镇化加快等，转型经济体地方政府只能通过融资基建。

也有学者认为转型国家难以适用发达国家所采用的地方政府融资手段，Dafflon 和 Beer－Toth（2009）[20]认为中央政府的财政补贴会扭曲地方政府财政决策，诱导地方政府过度投资。Cepiku 和 Mussari（2010）[21]认为，如果地方政府想通过提高税率来增加收入，则会因为民众的反对而难以实施。

综上所述，转型经济体面临更高的财政收入压力与财政支出压力，因此引发地方政府债务危机的可能性更大。

三、国内研究综述

我国财政管理体制经历了不同的发展阶段，贾康（2009）[22]认为，1949～1977 年，我国财政主要由中央控制，地方不具备财权。从改革开放到 1993 年，我国处于市场经济改革时期，有效的改革措施激发了地方政府积极性，同时一部分财权下放地方。贾康（2010）[23]认为，1994 年中国实行分税制改革，财政体制改革与社会主义市场经济更相匹配，中央财权得到增加，但却造成了地方政府财政紧张，债务不断积累。

（一）地方政府债务界定与测度

（1）地方政府债务界定。从国内来看，由于统计口径不同，学者们对于地方政府债务的定义不尽相同。时红秀（2007）[24]将地方政府债务分为显性和隐性两种，显性债务主要指政府举借并明确承诺偿还的债务，隐形债务指政府未公开但在执行支出政策中逐渐积累的债务。魏加宁（2012）[25]认为显性债务指政府具有偿债责任的债务，隐性债务指公众预期的政府应承担的公共支出而产生的债务。杨婷婷（2019）[26]认为显性债务指 2014 年财政部清算后地方政府负有偿债义务的债务，而地方政府隐性债务为地方其他违法违规举借的债务。

（2）地方政府债务测度。关于地方政府债务测度问题也是受学者关注的重点。毛捷（2019）[27]对其进行详细阐述，2015 年起实施的新《预算法》规定地方政府只能通过发行地方政府债券举债融资，通过融资平台举债的"后门"关闭，发行地方政府债券的"前门"完全打开，地方政府债务治理步入新时期。因此，地方政府显性债务是指 2014 年底经甄别后的地方政府存量债务与 2015 年以来地方政府自发自还的债券。地方政府隐性债务更为棘手，很难用统一的标准对其进行估计。马蔡琛（2018）[28]认为债务风险的概率分布估算是隐性债务测量的核心问题，首先对隐性债务分组，再分别基于概率分布计算隐形债务显性化概率，得到隐性债务的期望规模。刘尚希（2018）[29]认为，学界对于隐性债务定义尚未统一，更不必说隐性债务规模测度和债务代偿的概率估算问题。刘少波和黄文青（2008）[30]认为，由于债务管理的规范化，地方政府存在不公开债务规模的激励，再加上分散的管理体系，导致难以准确测度地方政府隐形债务规模。

一些学者使用融资平台债务规模估算隐性债务规模。吴盼文（2013）[31]认为，地方政府隐形债务主要包括地方城投公司和其他融资平台债务，并且整理公开统计数据得到 2012 年地方政府债务为 10.33 亿元。毛捷（2019）[32]认为，地方融资平台的融资方式主要有三种：一是发行"城投债"；二是银行项目贷款；三是项目融资、信托私募、融资租赁等资本市场融资。但是，能得到的公开数据主要是城市投资债券数据。因此，将城投债作为地方政府隐性债务，并且对Wind数据库城投债数据进行更正，利用较全面的地方融资平台名单，构建地级市层面城投债数据，为实证研究提供了准确可靠的基础数据。

由于统计口径不同，学者对地方政府债务界定不尽相同，在2015年新《预算法》实施后，地方政府债务逐渐管理规范，学者普遍认同将地方政府债务划分为显性债务与隐性债务，地方政府显性债务指2015年以前的存量债务与之后发行的地方政府债券，而地方政府隐性债务较难测度，没有统一的标准进行估计，许多学者使用地方融资平台债务估算隐性债务规模，进而进行相关实证分析。

参照相关学者的研究，考虑到数据的科学性与可获得性，在未来的研究中显性债务用地方政府自发自还的地方政府债券表示，隐性债务用城投债表示，相关数据都可以在Wind数据库获得。

（二）地方政府债务形成原因

本节对地方政府债务形成原因进行综述，探寻其内在机理。国内学者大都从非体制因素、财政分权的体制因素、预算软约束、官员晋升激励、宏观经济政策等方面解释了地方政府债务形成原因。

（1）非体制因素。刘尚希和于国安（2002）[33]认为，由于我国市场体制还不健全，因此难以效仿西方国家通过市场债务融资，在正门不开的情况下地方政府只能走侧门，通过规定外的方法融资，形成隐性债务。李昊（2010）[34]认为一些制度变迁和历史原因带来的社会问题，比如国有工人下岗再就业、企业改革亏损等进一步加重了地方政府财政负担，最终形成地方政府的财政支出责任，形成被动式负债。

综上，市场经济发展不成熟、政府机构冗余、制度变迁带来的社会问题等非体制因素是地方政府债务产生的原因。

（2）财政分权的体制因素。我国正处在财政分权体制与计划经济向市场经济转型的过程中。中央通过分税制改革使得财权上移，却将农林水利、科教文卫、基础建设等事权进一步向地方政府下移，造成了财权与事权不均衡的分权格局，增大了地方政府财政收支缺口（李昊等，2010[34]；龚强等，2011[35]；王叙果等，2012[36]）。傅勇、张晏（2007）[37]认为财政分权导致地方政府过度重视基础设施建设，任意扩张基建支出。马金华（2011）[38]认为，导致地方政府债务的直接原因是财政管理体制造成地方政府财力严重不足。1994年分税制改革至今，我国已逐步建立起地方与中央分享财权、事权的财政分级体制，从我国财政运行中的现实矛盾考虑，地方政府首先面对的是提供足量的公共产品、扩大市政建设与资金严重不足的矛盾。举债成为地方政府在通常条件下不能通过自身努力解决财力问题的必然选择。陈菁、李建发（2015）[39]则使用2005~2013年城投债数据研究地方政府债务融资行为，认为拉动城投债激增的重要驱动力是财政分权体制。

时红秀（2010）[40]实证发现地方政府的债务积累不能完全由"支出下移、收入上移"的财政体制解释，若"财权与事权不匹配"成为债务积累的主要原因，则越贫困的地方负债应该越多，但这与调研得到的实际情况和债务数据不符。

综上，许多学者认为1994年分税制改革后，财权上移、事权下移导致地方政府收不抵支，不得不负债维持运转。但是，也有学者认为财政收支缺口并非地方政府举债的主要原因。

（3）预算软约束。龚强（2011）[35]对预算软约束问题进行说明，认为在中国的现行财政体制下，地方政府会影响投资项目的选择，若项目失败，产生巨大的损失，在地方政府难以承担的情况下，中央政府会进行救助，产生预算软约束。王永钦等（2016）[41]认为预算软约束是地方政府债务产生的原因，并且使用城投债数据实证分析得出结论，预算软约束普遍存在于地方政府中。李尚蒲（2015）[42]比较了不同地区的债务规模，认为地方债务扩张的主要原因是土地要素和信贷资源构成的预算软约束。张延、赵艳朋（2016）[43]使用地方政府本级预算支出与决算收入差额作为地方政府预算软约束的代理变量，使用省级面板数据实证分析认为，预算软约束与地方政府债务规模存在显著正相关关系。

龚强（2011）[35]探究了预算软约束问题能够持续存在的原因，由于中央政府难以区分是有意为之还是政策性负担所导致的地方政府亏损，因此中央不可以对被救助地区的官员进行处罚，这样理论上解决预算软约束问题的办法行不通。

综上，当地方政府债务由于政府过度支出或经营不善导致地方无法按时偿债，中央予以经济援助时，就产生了地方政府预算软约束问题。2015年实施的新《预算法》规定的地方政府债务违约政治问责制度强化了预算约束，是符合我国政治经济管理体制的有效措施。

（4）官员的晋升激励。如果说上述因素是地方债务的被动形成，政绩考核体制下的晋升激励则是地方政府债务主动形成的动因。周黎安（2007）[44]认为，官员的业绩考核主要是辖区内的GDP增速，官员出于晋升激励而发展当地经济。在科层考核体系提供的激励机制下，地方官员为了获得晋升机会，甚至会贯彻不具备资源配置的政策指令（周雪光，2012）[45]，政府债务虽然不会由于税收的增加而增加，但这种方式会影响地方官员声誉，因此，举借债务成为地方政府筹资的最佳策略。陈菁（2015）[39]使用2005~2013年省级面板数据构建以GDP增长率相对排名为核心的晋升激励指标，实证研究发现晋升激励强度对地方债务规模存在正向影响。罗党论和佘国满（2015）[46]认为，由于官员变更导致的政策不确定性会使得地方政府发债率降低，减少地方政府发债规模。

综上，由于官员处在以辖区内 GDP 增长为考核指标的"晋升锦标赛"之中，地方官员倾向于发行地方债、增加投资来刺激经济，因此在自上而下的科层考核制度下，官员晋升激励是地方政府主动负债的原因。

（5）宏观经济政策。魏向杰（2015）[47]认为，分税制改革以来我国分别实行了两轮积极财政政策，社会经济在大规模拉动财政支出的同时，也扩大了地方政府的财政赤字率，因此债务规模逐渐扩大，并且发现主要是由预算支出拉动的地方政府债务增长，在 1998 年和 2008 年实施的两轮积极财政政策作用下更加明显。魏加宁（2010）[48]认为，2009 年地方政府融资平台债务在刺激经济的"四万亿"计划中得到极大的扩张。

但也有学者对此观点提出了不同意见，认为"宏观刺激说"不能完全解释地方政府债务问题的成因。张艳花（2010）[49]认为，宽松的货币政策要想实施，需要银行和借款人多方努力，并且有一定时滞，但城投债却在短时间内急剧增加，说明城投债融资是主动行为，宽松的政策只是提供了温床。

总结以上观点，学者对地方政府债务形成原因从理论和实践角度进行探讨，取得了非常多的研究成果，主要包括：经济发展不成熟、政府机构冗余、制度变迁带来的社会问题等非体制因素；1994 年分税制改革之后，财权上移、事权下移的财政分权的体制因素；中央政府对无法维持债务的地方政府救助的预算软约束问题；政绩考核体制下的晋升激励是地方政府债务主动形成的动因所在；积极的财政政策是导致地方政府债务规模增加的原因，尤其针对 2008 年以来地方融资平台债务快速积累的问题。因此，研究地方政府债务的形成原因，并对这些因素加以控制，可以从源头减少地方政府债务规模。

（三）地方政府债务规模影响因素

控制地方政府债务规模，是有效防范化解地方政府债务风险的关键所在，除了上述地方政府债务形成原因的五种因素，还有许多其他因素会对地方政府债务规模产生影响，包括官员特征、地方政府竞争和土地财政。由于地方政府债务规模衡量标准是进行相关实证研究的重点与难点，因此本节还重点关注了地方政府债务规模衡量标准。

（1）官员特征。发债属于政府行为，但地方政府由"人"组成，对政府行为的解释自然难免有"人"的因素，特别是可以左右决策的政府领导，倾向于从自身利益或偏好出发，影响政府施政方向（耿曙，2016）[50]。学者从政治晋升视角用"晋升锦标赛"解释了官员特征对地方政府债务规模的影响。

刘子怡（2015）[51]使用城投债发行额与 GDP 比值表示地方政府债务规模，实证分析认为官员年龄与地方债务规模负相关。

张曾莲等（2017）[52]将地方政府债务规模用城市建设资金的国内贷款和债券表示，实证分析认为官员年龄与地方债务规模正相关。张曾莲等（2017）[53]另一篇文章使用相同的衡量方法，得到结论：官员年龄与地方政府债务规模呈倒"U"形关系，官员年龄适中时，政府债务规模最大；官员如果具有企业工作经历，相应政府债务规模越小。

刘昊（2019）[54]利用审计署公布的全面债务数据，实证分析政治商业周期会影响地方政府债务规模，地方政府债务规模在官员任期的第三年急剧增加。

综上，学者分析了官员特征对地方政府债务规模的影响，包括官员的年龄、任期与工作经历等，虽然作用机理相同，但得到的结果有所不同，如官员年龄与地方政府债务规模关系。

（2）地方政府竞争。邱栎桦等（2015）[55]利用国有经济固定资产投资占全社会固定资产投资的比重作为地方政府竞争的代理变量实证分析认为，地方政府在财政体制和政治晋升的双重激励下具有强烈的投资动机，地方政府竞争对地方政府债务存在显著正向影响。

郑威等（2017）[56]使用省级城投债面板数据，研究发现地方政府税收、引资方面的竞争会显著促进地方债务规模，并且存在正的空间自相关性与空间溢出效应。

陈骁（2014）[57]通过理论分析认为，地方政府间的竞争是我国经济迅猛发展的一个重要推动力，地方政府通过辖区内的制度与基础设施，竞争性地吸引资金、技术、人才流入辖区，随着竞争的加剧，通过融资平台融资以突破资金限制、增强竞争力成为普遍做法，地方政府负债变得一发不可收拾。

综上，学者从理论与实证角度分析了地方政府间的竞争对债务规模的影响机制与实证结果，从侧面论证了地方政府举债不仅是为了应对财政压力，也是为了增长而竞争。

（3）土地财政。何杨和满燕云（2012）[58]认为，城市化依赖债务融资，土地财政使土地出让金成为主要的融资来源，地方政府通过土地质押担保获得融资。

张曾莲等（2017）[52]将国内贷款与债券之和作为衡量地方政府债务规模的指标，实证分析认为土地财政是政府债务总量的主要影响因素之一，地方政府通过出让土地获得大量收入，有利于通过土地抵押获得银行融资，债务总量逐渐增加。

但也有学者得到相反的结论，司海平（2016）[59]将城投债作为地方政府债务的代理变量，实证分析发现土地出让收入越少的城市发债越多。当地方政府的土地出让收入难以弥补财政赤字时，会通过发债方式补足缺口，如此一来，会陷入债务陷阱。

综上，土地财政收入会影响地方债务规模，但是存在不同的结论。一方面，土地出让收入更低的地方政府，偿债能力越差，因而更难债务融资；另一方面，土地出让金收入越低的地方政府越有必要通过债务融资弥补财政缺口。因而本文猜想土地财政与地方政府债务存在"U"形关系，土地财政收入低的政府有动机而土地财政收入高的政府有能力发行债务，此猜想有待进一步验证。

（四）最优地方政府债务规模

以上两节总结了地方政府债务形成原因与影响因素，意在通过控制这些因素来有效管理地方政府债务规模。适度债务规模有利于经济增长，因此本节从地方政府债务与经济增长关系和最优债务规模两方面进行综述。

（1）地方政府债务规模与经济增长关系。刘洪钟等（2014）[60]使用 GMM 方法，对 60 个国家 30 年数据进行实证分析，得到政府债务与经济增长之间存在倒"U"形关系的结论。

毛捷（2018）[61]使用 2004～2015 年市级数据，将地方政府债务规模用地方政府债券余额的显性债务和地方城投债余额的隐形债务表示，得到结论：地方政府债务对经济增长的影响呈现倒"U"形，并且中西部地区的债务平衡点低于东部地区，适宜更低的负债率，持续膨胀的债务规模更易对中西部地区经济建设产生消极影响。

吕健（2015）[62]使用以下公式测算地方债务规模并进行实证分析：

地方债务 = 市政领域的固定资产投资 - 预算内资金投入 - 土地出让收入中用于投资的资金 - 投资项目的盈利现金流入

研究认为，以 6% 区分高低债务省份，负债率低的地区债务会促进经济增长，负债率高的地区短期对经济影响方向不确定，长期只会阻碍经济增长。

综上，学者研究地方政府债务规模与经济增长关系，普遍认同二者之间存在非线性的倒"U"形关系，即存在适度债务规模。

（2）最优地方政府债务规模。邱栎桦等（2015）[55]利用动态面板门槛模型探寻政府债务适度规模，发现地方政府债务规模与经济增长呈现非线性关系，负债率临界值为 20%，当低于 20% 时，债务融资会促进经济增长，当高于 20% 时，二者关系不显著。

刁伟涛（2015）[63]通过比较认为 2012 年的 18.53% 的地方政府负债率为经济

增长视角下的适度规模。

韩健（2018）[64]使用门槛效用模型实证分析得出结论，低于15%阈值的地方政府债务规模增加会促进经济增长，介于15%～35%的地方债务规模促进经济增长效用减弱，高于35%则为抑制作用。

闫先东（2019）[65]使用两期世代交叠模型运用数值模拟的方法得出结论，地方政府债务规模最优区间为［25.4%，47.7%］。

综上，相较于地方债务规模与经济增长非线性关系的结论，学者使用不同方法进一步研究了最优地方政府债务规模。

四、总结与展望

本文基于如何防范化解地方政府债务危机的视角，对国内外文献进行综述。针对地方政府债务快速增长这一现象，学者主要从显性债务与隐形债务的界定和测量、成因、债务规模的影响因素、对债务的管理约束、最优债务规模，以及债务引致的系统性金融风险的应对措施等方面进行研究，为控制地方政府债务规模、防范化解债务危机提供自己的智慧。相关研究十分丰富，为我们深入理解中国地方政府债务问题提供了扎实的理论基础与丰富的经验智慧。

但是在我国经济快速发展之余，也暴露出一些问题，地方政府债务不断增加使得风险加大，也表现出一些新的特点，因此对于相关问题需要学者们的进一步研究。

地方政府债务风险的基础理论仍需进一步研究。已有的研究主要从财权事权不匹配导致的地方财政赤字、科层考核机制下的晋升激励、预算软约束、相互之间的竞争等方面深入探究了地方政府债务及规模不断膨胀的成因，但尚未从理论层面综合阐述其内在机理与相互作用，并且缺乏对于地方政府债务的宏观建模与相关政策的仿真分析。

在关于地方政府债务的经济效益已经广泛研究的基础上，其社会效益有待进一步研究，包括居民健康、幸福感、环保理念以及腐败问题等。

参考文献

［1］Alex Cukierman，Allan H. Meltzer. A Political Theory of Government Debt and Deficits in a Neo‐Ricardian Framework［J］. American Economic Review，1989，79（4）：713‐732.

［2］Torsten Persson，Guido Tabellini. Federal Fiscal Constitutions：Risk Sharing and Moral Hazard［J］. Econometric，1996（64）：623‐646.

［3］Jorge‐Martinez Vazquez. The Assignment of Expenditure Responsibilities［Z］. Washington, D. C: World Bank Working Papers, 1999: 1 – 44.

[4] Timothy J. Goodspeed. Bailouts in a Federation [J]. International Tax and Public Finance, 2002 (9): 409 – 421.

[5] Robin Boadway, Katherine Cuff, Maurice Marchand. Equalization and the Decentralization of Revenue – Raising in a Federation [J]. Journal of Public Economic Theory, 2002 (5): 201 – 228.

[6] Wildasin D. The Institutions of Federalism: Toward an Analytical Framework [J]. National Tax Journal, 2004 (57): 247 – 272.

[7] Kumar M. S., J. Woo. Public Debt and Growth [J]. Economica, 2015, 82 (328).

[8] Reinhart C. M., Rogoff K. S. Growth in Time Debt [J]. American Economic Review, 2010, 100 (2): 573 – 578.

[9] Owusu Nantwi V., Erickson C. Public Debt and Economic Growth in Ghana [J]. African Development Review, 2016, 28 (1): 116 – 126.

[10] Koppl M. and H. Pitlik. Do Equalization Payments Affect Subnatinal Borrowing? Evidence from Regression Discpmtinuity [J]. Europeam Journal of Political Economy, 2017 (6).

[11] Ter – Minassian T., eds. Fiscal Federalism in Theory and Practice [R]. International Monetary Fund, 1997.

[12] Lane T. D. Market Discipline [J]. International Monetary Fund Staff Papers, 1993 (40): 53 – 88.

[13] Poterba J. M. Do Budget Rules Work [M]. Fiscal Policy: Lessons from Economic Research, A. Auerbach, eds, MIT Press.

[14] Schick A. A Surplus, If We Can Keep It [J]. The Brookings Review, 2000 (18): 36 – 39.

[15] Craig J. Australia, Fiscal Federalism in Theory and Practice [M]. Washington: International Monetary Fund, 1997.

[16] Balassone F., D. Franco and S. Zotteri. Fiscal Rules for Subnational Government in the EMU Context [R]. Societa Italiana Economia Pubblica, Pavia, Working Paper, 2003.

[17] Ahmad E. M., Albino W. and E. R. J. Singh. Subnational Public Financial Management: Institutions and Acroeconomic Considerations [R]. Handbook of Fiscal Federalism, E. Ahmad and G. Brosio eds Edward Elgar, 2006.

[18] Bird R. Tax Policy and Economic Development [M]. Baltimore: Johns Hopkins University Press, 1992.

[19] Inman R. P., D. L. Rubinfeld. Designing Tax Policy in Federalist Economies: An Overview [J]. Journal of Public Economics, 1996 (60): 307 – 334.

[20] Dafflon B., K. Beer – Toth. Managing Local Public Debt in Transition Countries: An Issue of Selfcontrol [J]. Financial Accountability and Management, 2009 (25): 277 – 366.

[21] Cepiku D., R. Mussari. The Albanian Approach to Municipal Borrowing: From Centralized Control to Market Discipline [J]. Public Administration and Development, 2010 (30): 313 – 327.

[22] 贾康，孟艳. 运用长期建设国债资金规范和创新地方融资平台的可行思路探讨

[J]．前沿论坛，2009（8）．

[23] 贾康．关于中国地方财政现实问题的认识 [J]．华中师范大学学报，2010（6）．

[24] 时红秀．地方政府经济竞争：理论演进和中国的实践 [J]．国家行政学院学报，2007（5）：91－94．

[25] 魏加宁，宁静，朱太辉．我国政府性债务的测算框架和风险评估研究 [J]．金融监管研究，2012（11）：43－59．

[26] 杨婷婷．我国地方政府债务风险管理研究 [D]．中共中央党校博士学位论文，2019．

[27] 毛捷，徐军伟．中国地方政府债务问题研究的现实基础——制度变迁、统计方法与重要事实 [J]．财政研究，2019（1）：3－23．

[28] 马蔡琛．基于政府预算视角的地方隐性债务管理 [J]．财政科学，2018（5）：18－23．

[29] 刘尚希．以拆弹的精准和耐心化解地方隐性债务风险 [J]．地方财政研究，2018（8）：4－6．

[30] 刘少波，黄文青．我国地方政府隐性债务状况研究 [J]．财政研究，2008（9）：64－68．

[31] 吴盼文．我国政府性债务扩张对金融稳定的影响——基于隐性债务视角 [J]．金融研究，2013（12）：57－71．

[32] 毛捷，徐军伟．中国地方政府债务问题研究的现实基础——制度变迁、统计方法与重要事实 [J]．财政研究，2019（1）：3－23．

[33] 刘尚希，于国安．地方政府或有负债：隐匿的财政风险 [M]．北京：中国财政经济出版社，2002．

[34] 李昊，迟国泰，路军伟．我国地方政府债务风险及其预警：问题及对策 [J]．经济经纬，2010（2）：126－129．

[35] 龚强，王俊，贾坤．财政分权视角下的地方政府债务研究：一个综述 [J]．经济研究，2011，46（7）：144－156．

[36] 王叙果，张广婷，沈红波．财政分权、晋升激励与预算软约束——地方政府过度负债的一个分析框架 [J]．财政研究，2012（3）：10－15．

[37] 傅勇，张晏．中国式分权与财政支出结构偏向：为增长而竞争的代价 [J]．管理世界，2007（3）：4－13．

[38] 马金华．地方政府债：现状、成因与对策 [J]．中国行政管理，2011（4）：90－94．

[39] 陈菁，李建发．财政分权、晋升激励与地方政府债务融资行为——基于城投债视角的省级面板经验证据 [J]．会计研究，2015（1）：61－67，97．

[40] 时红秀．地方债的成因是什么 [J]．中国经济时报，2010－07－07（005）．

[41] 王永钦，陈映辉，杜巨澜．软预算约束与中国地方政府债务违约风险：来自金融市场的证据 [J]．经济研究，2016，51（11）：96－109．

[42] 李尚蒲，郑仲晖，罗必良．资源基础、预算软约束与地方政府债务 [J]．当代财

经，2015（10）：28－38.

[43] 张延，赵艳朋. 预算软约束与我国地方政府债务 [J]. 经济问题探索，2016（4）：8－13.

[44] 周黎安. 中国地方官员的晋升锦标赛模式研究 [J]. 经济研究，2007（7）：36－50.

[45] 周雪光，练宏. 中国政府的治理模式：一个“控制权”理论 [J]. 社会学研究，2012，27（5）：69－93，243.

[46] 罗党论，佘国满. 地方官员变更与地方债发行 [J]. 经济研究，2015，50（6）：131－146.

[47] 魏向杰. 什么拉动了我国地方政府债务扩张？——以西部某省为例 [J]. 云南财经大学学报，2015，31（4）：54－62.

[48] 魏加宁. 地方政府投融资平台的风险何在 [J]. 中国金融，2010（16）.

[49] 张艳花. 地方政府融资平台风险：化解与反思 [J]. 中国金融，2010（16）.

[50] 耿曙，庞保庆，钟灵娜. 中国地方领导任期与政府行为模式：官员任期的政治经济学 [J]. 经济学（季刊），2016，15（3）：893－916.

[51] 刘子怡，陈志斌. 地方政府债务规模扩张的影响研究——基于省级地方政府城投债的经验证据 [J]. 华东经济管理，2015，29（11）：96－101.

[52] 张曾莲，王艳冰. 土地财政、政绩利益环境与地方政府债务 [J]. 山西财经大学学报，2016，38（10）：13－25.

[53] 张曾莲，白宇婷. 财政分权，省级官员特征与地方政府债务规模——基于2010－2014年省级政府数据的实证分析 [J]. 科学决策，2017（5）：19－39.

[54] 刘昊，陈工. 地方政府债务规模的决定因素：探求省际差异的来源 [J]. 财政研究，2019（2）：30－43.

[55] 邱栎桦，伏润民，李帆. 经济增长视角下的政府债务适度规模研究——基于中国西部D省的县级面板数据分析 [J]. 南开经济研究，2015（1）：13－31.

[56] 郑威，陆远权，李晓龙. 地方政府竞争促进了地方债务增长吗？——来自中国省级城投债与空间溢出效应的经验证据 [J]. 西南民族大学学报，2017，38（2）：135－141.

[57] 陈骁. 分税制、地方政府竞争与地方政府债务 [J]. 中国行政管理，2014（11）：95－99.

[58] 何杨，满燕云. 地方政府债务融资的风险控制——基于土地财政视角的分析 [J]. 财贸经济，2012（5）：45－50.

[59] 司海平，魏建，刘小鸽. 土地财政与地方政府债务陷阱——基于发债动机与偿债能力的双重视角 [J]. 经济经纬，2016，33（4）：155－160.

[60] 刘洪钟，杨攻研，尹雷. 政府债务、经济增长与非线性效应 [J]. 统计研究，2014，31（4）：29－38.

[61] 毛捷，黄春元. 地方债务、区域差异与经济增长——基于中国地级市数据的验证 [J]. 金融研究，2018（5）：1－19.

[62] 吕健. 地方债务对经济增长的影响分析——基于流动性的视角 [J]. 中国工业经

济，2015（11）：16 – 31.

　　[63] 刁伟涛. 经济增长视角下我国地方政府债务的适度规模研究——基于省际数据的分析 [J]. 经济问题，2016（3）：50 – 54.

　　[64] 韩健，程宇丹. 地方政府债务规模对经济增长的阈值效应及其区域差异 [J]. 中国软科学，2018（9）：104 – 112.

　　[65] 闫先东，廖为鼎. 基础设施投资、财政支出分权与最优地方政府债务规模 [J]. 财政研究，2019（2）：44 – 58.

关于虚拟养老服务质量的文献综述

杜雨桐

摘要： 现如今，我国处于人口老龄化社会，加之近年来医疗技术的发展，老龄化进程加快，进入养老的人群数量急剧增加，年龄段也开始向下传递。我国养老产业进入快速增长期和转型期，养老服务业迅速发展。但总的来说，养老服务形式单一，缺乏创新及针对性，难以满足不同老人的服务需求。与此同时，以互联网为基础的高新技术的广泛应用形成了多种智慧养老模式。例如，虚拟养老近年来获得极多关注，全国各地试行数量也不断攀升，但目前的服务大多流于表面，和传统社区居家养老有共同之处，虚拟养老的服务质量评价标准参差不齐，服务质量不高的问题依然突出。基于此，本文总结和梳理国内外有关研究，对我国虚拟养老服务质量及影响因素进行探究分析。

关键词： 虚拟养老；社区照顾；智慧养老；服务质量

一、虚拟养老

社会在时代变迁中也悄然改变了原先对养老的初始需求。目前，家庭养老、机构养老和社区居家养老已成为成熟的养老模式。由于受到中国传统文化的影响，家庭观念使许多老人在选择养老方式时更倾向于社区居家养老。随着科技进步和社会经济的推动，我国社区居家养老经历了由传统的实体养老向虚拟养老的转变[1]。通过梳理国内外学者的研究成果可知，虚拟养老的研究主要集中在以下几个方面。

1. 虚拟养老的内涵

国内来看，虚拟养老是对社区居家养老模式的进一步创新与实践，而国外没有这一说法，类似于"社区照顾"的概念。因此，本文在研究国外的虚拟养老时，更多地采用了"社区照顾"的含义。Chappell（1990）[2]和Schopflin（1991）[3]先后指出，社区照顾指的是对社区老年人进行非制度性形式的照顾和安置，其中包括贴身照料、卫生清洁、饮食等。Baggottr（1994）认为，英国是最早推行社区老年人照顾服务的国家，最初只针对精神患者和智障人群，随着人口老龄化程度加剧，到了20世纪70年代，服务对象逐渐扩大[4]。英国政府社会福利白皮书（1998）指出，社区照顾即为社区机构为社区老人提供服务且照顾其生活[5]。紧随其后，不同国家对社区照顾的具体运行模式有所区别，理论研究还未形成统一的理论指标[6]。Adam Pavey（1999）从服务提供者视角将社区护理服务分为正式护理和非正式护理两类，前者是社会组织、第三方机构为老年人提供的专业护理，后者主要由亲友提供帮助[7]。B. Meredit 认为，住房是社区照料服务的最基本要素，同时还包括对身体或心理方面有障碍的老年人的照料，通过休闲活动、人际交往、教育学习等方式，向老年人提供情感上的帮助和专业的辅导[8]。Lester Parrott（2003）认为，社会照料服务是在社区内由老年人、邻居、社区等共同构成的为老年人提供全方位养老服务的非正式网络[9]。Barley（2009）将社区照顾划分为社区照顾和在社区内照顾，前者是指使用社区系统来调动所有资源进行照料服务；后者是指老年人留在社区，因此社区内为其提供照顾服务，这也是目前普遍接受的社区照顾的含义[10]。

我国对虚拟养老的研究起步较晚，对虚拟养老内涵的界定存在不同观点。唐咏（2007）认为，虚拟养老是一种以先进的信息技术为硬件，以"没有围墙的养老院"为组织形式，以居家老人为成员的养老服务系统[11]。张国平（2011）认为，虚拟养老是由政府主导、定向委托、合同管理、评估兑现的一种新的公共服务方式，其运行机制和服务模式与"小政府、大社会"的社会转型特点相一致，也是政府机构改革的大胆实践[12]。在甘肃省兰州市城关区虚拟养老院的报告中，李继学（2012）提出了一种更为实用的概念，认为虚拟养老院以网络通信平台和服务系统为支撑，通过服务网点，采用政府引导、财政资助、企业化运作、专业人员服务和社会志愿者服务相结合的方式，快速响应区域内各种服务需求，如生活照料、日托、医疗保健、法律咨询等[13]。周泉（2014）提出，虚拟养老依靠现代科技手段，对辖区内的老人实行会员制登记和信息整合，分析入院老人的各种生活需求，制定具有个性化的服务内容，征求相关人员意见后进行上门服务[14]。冉秋霞等（2014）认为，虚拟养老是社区居家养老的一种新形式，它将家庭养老和机构养老的优点相结合，借助于标准化运作的信息平台，老年人不仅可以在家就享受到专业化的服务，还可以根据自身需要，将自己的情感因素、传统观念、生活习惯等融入养老服务之中[15]。按照马喜梅（2015）的观点，虚拟养老是以居家养老为基础，政府在社区服务资源支持下，通过建立信息服务平台，把养老服务包出，将养老服务产业化[16]。赵洁（2016）提出，虚拟养老以网络通信技术为支持，以企业或养老机构为服务提供者，以社区为服务中心，以市场运作方式为老年人提供的养老服务供给[17]。依据张帆（2017）所指出的，虚拟养老主要特征就是使用现代信息网络协调各方主体，通过信息的传递和反馈，整合社会资源，为老年人提供更加全面、方便、优质的养老服务[18]。张佳丽等（2017）认为，虚拟养老与实体养老相比，是通过政府引导和支持，企业和非营利机构共同参与，整合了机构养老院、社区医疗中心、餐厅、家政等各种资源，并以现代信息技术为基础建立一个信息网络平台[19]。党倩滢、杨文健（2018）认为，虚拟养老最突出的一点是，在家就能通过手机定位享受到多种服务，借助信息平台，可以实时享受专业人员提供的专业服务[20]。管鹏飞、汤晓（2019）指出，虚拟养老是以"智慧养老"理念为依托，以老年人需求为导向，以信息通信平台和服务系统为支撑，以政府主导和市场化运作为手段，以信息服务中心、服务系统、服务供给、服务评价等多种功能为支撑的居家养老服务新模式，是对各类养老服务资源的准确整合和利用，是提高老人生活质量的一种有效途径[21]。

通过对国内外文献的分析，可以认为虚拟养老是一种新型的社区居家养老模式，其特点体现在：一是先进信息技术多，让老年人在家就能享受到专业、多样的服务；二是资金来源渠道多，政府投入少；三是运行方向多，政府提供政策，专业机构提供个性化养老服务；四是在老人入住方面，实行会员制度统一管理，依据不同需求可进行个性化服务。

2. 虚拟养老的必要性

虚拟养老服务的对象是广大老年群体，有需要就有市场，所以老年人的需求是必须要考虑的。大量外国学者在养老信息化需求的大量调查研究表明，老年人认为新技术可以给生活带来便利，因而大部分老年人都比较乐于接受信息化产品，可见，依靠先进科学技术的养老方式在国外是具有极大市场需求的。Chae（2001）开展了一项家庭远程医疗满意度调查，结果发现，远程医疗是一种有效减少门诊就诊次数，使患者满意的医疗方式[22]。而Eastman（2004）则开展了一项关于老年人上网态度的调查，结果显示，老年人愿意上网，也喜欢网上学习，而且收入水平较高的老年人意愿更强[23]。Saito（2006）对日本老年人进行的调查数据显示，老年人需要更多的生活照料和心理咨询服务[24]。Thomas（2007）认为，智能化的居家养老服务便于老年人在日常活动场所获得服务和进行检查，既方便了老年人的居家生活，降低了出行成本，又充分利用了基层养老医疗资源，降低公共医疗系统的总体费用[25]。Courtney（2008）采用定性及描述的方法，对老年人的居住意愿、社区内的隐私权、居住环境等问题进行了研究，调查表明，越来越多的老年人愿意选择居住在社区内，并希望通过社区内的护理设施改善其生活质量和安全[26]。Godfrey（2008）探讨了老年人对信息的需求和使用情况，建议采用新兴技术，结合模型，利用数字手段改善社会交往，从而有助于老年人在社会网络中创新和分享自我[27]。Jiska C. M.（2008）认为，老年人通常希望能够在自己家中实现尽可能长期的养老，但由于年龄增长导致身体和认知功能的下降，使老年人难以独自在家养老，而社区照顾则是能够实现老年人在家养老的一个有效办法[28]。Schmid（2009）认为，应充分调动各方资源参与为老年人服务，以改善老年人信息生活质量，满足老年人多样化的需求。P. G. Koopman - boyden 等（2009）通过对新西兰老年人上网情况的研究，指出上网情况与老年人的幸福感有较大关系，表明老年人对上网服务有很大的需求[29]。Hussain A. 等认为，在这一领域，智能设备的出现和应用能够改善老年人的养老服务质量。它们通过以人为中心的智能感知系统来监测老人的身体健康指标，并认为这样一个系统既经济又有效，不仅可以集中医疗资源为老人提供医疗保健服务，而且还可以扩大其社交和支持范围[30]。

相较于国外，我国的智慧养老尚处于起步阶段，一方面，技术落后阻碍了产业发展，导致从老年人的数据监测到部分养老功能应用需求都无法得到满足；另一方面，我国的养老大环境虽然有了很大改善，但主要还是家庭养老，大部分老年人依赖于子女、伴侣和社区，缺乏主动利用先进技术提高生活水平的意识。陈永生（2008）从家庭小型化、老年人居住意愿和可负担资金三个方面阐述了实施新型社区养老服务的必要性和紧迫性[31]。而俞贺楠等（2011）也在其研究中探讨了社区养老服务的必要性，但是着入点与前者不同，主要围绕家庭养老功能不足、老年人实际养老需求等展开论述[32]。董红亚（2012）认为，老龄人群所需更多的不是商品而是服务。即便同样在服务领域，老龄人群亦存在其独特的需求特征，不能只有单一化的服务[33]。董红亚（2012）认为，老年需要的不只是商品，更需要服务。即使在同一领域，老年人也有自己独特的需求特点，不可能只有单一化的服务[33]。刘满成、左美云和李秋迪（2013）进行的社区服务对居家养老信息化需求的问卷调查得出以下结论："一键呼叫"、老年活动信息、俱乐部信息、情感交流信息等17个主题是老年人关注的问题[34]。邢慧霞（2014）认为，虚拟养老可以大规模、广泛地收集与养老服务有关的数据资料，可以为政府制定科学合理的养老政策提供数据保障，使其真正成为一种科学决策化的养老政策[35]。汪波（2016）在对北京社区养老调查后发现，迫切需要解决的老年人需求主要是：平日生活照顾、老年活动区、老年兴趣组、购物场所、心理照护、上门体检、老年志愿者、社会实践等[36]。邵群英（2017）以广东省老年人和年轻人为研究对象，通过对调查样本的需求程度进行分析后，发现大部分老年人提出了智能养老产品的需要，其中对远程医疗、紧急救援等设备的需求程度较高[37]。陈荔（2017）通过调研发现，老人更多地希望以不离开家的方式获得妥善照料，基本上不愿意住在实体养老院，对虚拟养老有很大的期待[38]。叶玮婷（2017）

总结了两个方面的必要性：一是养老问题日趋严重，人口老龄化加剧，老年人口数量急剧增加，一方面使我国人口负担比例增大，另一方面使人们对养老服务及其设施的需求增大。二是家庭养老环境逐渐发生变化，小型化、核心化和空巢化成为主流模式。因此，发展虚拟养老是解决养老问题的必由之路[39]。付轶雯（2019）通过对河南安阳市几大小区的走访调查后发现，对于大多数老年人来说，面临在日常生活中缺乏照料、在突发状况发生时缺乏紧急处理能力、缺乏安全感等问题[40]。虚拟养老能够改善当前情况，使生活更加便利。

综上所述，面对我国老龄化的现实，可见虚拟养老院的市场需求是极大的，且发现老年人的大多数需求范围较大，服务提供者也很分散，被服务者的时间地点和次数都没有统一规则。企业经营者要了解老年人的使用习惯，掌握老年人的行为特点，寻找更多的潜在消费群，进行更有效的宣传，政府和社会团体要掌握并统计老年人的基本信息，要建立老年人紧急救援渠道，要了解和分析社会中的老年人问题等。

3. 虚拟养老的运行模式

对于国外运行模式的研究，也同样采用了"社区照顾"的概念。国外学者对社区照顾模式的研究主要集中于概念、可行性等方面，对社区照顾的运行模式还没有形成统一的认识标准。Adam Pavey（1999）将社区照顾模式分为"正式照顾"和"非正式照顾"两种模式，前者由民营企业、慈善机构、志愿者等为社区老人提供服务，后者由家庭成员、邻居、朋友提供服务。Barley（2009）将社区照顾（Community Care）分为"在社区内照顾"（Care in the Community）和"由社区照顾"（Cared by the Community）两种模式。西方国家的社区养老模式仍在摸索完善中，各国基于本国国情等制定合适的社区养老方案，虽然当前各国社区养老方式存在差异，但所秉承的宗旨是一样的：借助社区养老模式将社会养老的压力分散到政府、家庭、个人及机构等层面，进而降低每个层面的压力。

目前国内对虚拟养老的研究还不多，关于虚拟养老的运行机制，学术界较一致的观点是：虚拟养老是在政府引导管理下的养老服务体系，同时借助市场化、民营化企业为老人提供专业化、个性化服务，从而为老人提供全方位的养老服务。

从表象看，虚拟养老具有机构养老的特性，老人在家庭中养老具有家庭养老的特征。但在其运作上，虚拟养老与家庭养老、机构养老存在较大差距，包括四大要素：政府、信息平台、服务市场供方（加盟企业、专业服务队伍、志愿者队伍）及服务市场需方（居家老年人），而信息平台是虚拟养老的重要组成部分，也是虚拟养老最独特的要素[41]。

李丽君（2010）将虚拟养老院的运行机制概括为政府推动、市场化运作、信息化管理、专业化服务四个方面，以实现地方各类社会养老资源的有效整合与利用[42]。卜谦祥（2011）认为，目前苏州沧浪模式与兰州城关模式是我国较为成功的虚拟养老院运营模式。这两种模式的运营管理均由当地的物业管理企业负责，有效体现了全天候服务管理的理念，同时采取严格的培训上岗及考核评价等方式来提升服务人员的服务质量及热情，从而更好地为老年人服务[43]。高祖林（2013）通过分析苏州虚拟养老院服务模式认为，虚拟养老院是由政府主导、定向委托、合同管理、评估兑现的，与社会转型的特点一致，是政府机构改革的一次大胆实践[44]。乔关民（2014）指出，虚拟养老院的运作模式是：将入院老人向信息服务平台拨打养老需求电话作为起点，之后信息服务平台工作人员再按照系统生成的入院老人所需的服务项目进行操作，向老人征询项目及时间等详细情况，进而确定服务单，之后在已有信息的基础上进行服务单分配，筛选后的服务生根据服务单的相关要求为下单老人提供上门服务。整个服务过程是动态化的、实时化的，服务生的服务状态都会在信息平台系统中实时更新，当服务任务完成后会及时针对服务质量进行回访，也就是询问老人对本次服务的满意度。至此，整个服务流程就结束了[45]。胡广阔和汪璟（2014）认为，虚拟养老的运行模式可以概括为政府引导、五方参与。五方分别是虚拟养老机构、第三方评估机构、加盟企业、片组长、老人群体。在政府支持下，采取市场化的运作方式，其中政府在政策、资金、监督管理方面起主导作用，市场具体负责服务供给[46]。龚主杰（2014）提出，虚拟养老院的运行依赖于信息平台的建立，引导老人沟通，给老人以归属感。同时，充分利用家庭基本设施、亲人精神慰藉和其他娱乐活动等家庭的各种资源。虚拟养老院在社区大环境中属于利用率极高的服务设施及场所，在虚拟养老院的建立及完善中，政府及其职能部门居主导地位，并且为其提供监管及资金投入等支持[47]。王茹（2017）所调研的苏州沧浪区的虚拟养老院系统也称为"居家乐211"服务系统，是苏州市政府政企合作的一种模式，政府主导，企业运营，社区使用，由政府与当地的电信公司共同完成[48]。在邓裕霞（2019）对兰州城关区的调查研究认为，该区的虚拟养老院主要由三个部分组成：一是呼叫指挥中心。由政府搭建的网络通信平台支持，着重对老年人服务需求进行统计分析。二是接待中心。建立老年人信息库，提高养老服务覆盖率，便于服务工作的顺利开展，同时需要有效管理志愿者。三是金色晚年服务中心。将相关政策落实到虚拟养老院，管理服务人员，评估加盟企业的服务质量。城关区在加盟中以优惠政策及政府补贴等途径将运行机制进行了完善，"政府搭台、企业唱戏、机构监管、老人受益"模式得以推行[49]。近年来，虚拟养老作为社区居家养老中具有代表性的一种模式在全国多个社区开始推行，除了上文中提到的两个较为知名的社区外，在宁波江北区、南京秦淮区、六合区[50]，北京西城区广内街道[51]，苏州吴中区[52]等多个社区开始试行。

总体来看，这些学者将虚拟养老的运营模式可以归结为：使用先进的网络技术，将养老模式规范化、规模化，鼓励多元主体参与，充分发挥政府的主导作用，让政府不仅成为养老服务质量的保障者，还是企业的监管者[53]。同时拓宽资金来源渠道，鼓励民间组织积极参与，形成多元主体协调发展、相互促进的发展格局[54]。

二、虚拟养老服务质量

1. 服务质量的概念

对虚拟养老服务的研究发展到今天，国内外都有了较充足且成功的研究成果，理论体系也趋于完善。"服务质量"这个词语最初起源于产品质量，是顾客对服务的感知和评价。而关于服务质量的研究开始于 1970 年左右，Levt 等（1972）指出，服务质量是指服务成果能够达到既定标准或规模[55]。Sasser 等（1978）明确指出除了最终服务成果，服务提供方式也属于服务质量的范畴[56]。Rohrbaugh（1981）指出，人员质量、过程质量及结果质量共同构成了服务质量。Gronroos（1984）认为，客户期望和感知服务表现间的差异就是顾客感知服务质量，包括技术质量与功能质量两个方面的内容[57]。Paeasuraman、Zeithaml 和 Berry（PZB，1988）提出服务质量并不能从传统产品质量理论的层面来界定与评价，而是要比较顾客对服务的实际感受与预先的服务期望来评价服务质量；同时，顾客对服务质量的感知过程是动态的、全面的。基于 Gronroos 的研究理论，PZB 最终形成了一个五维 SERVQUAL 服务质量评价量表，被广泛应用于服务质量评价[58]。

国内学者就养老服务质量层面的研究也有颇多成果。虚拟养老院服务是为社区老人提供的一种社会公共服务，因此应从公共服务质量的角度对其进行界定。林尚立在《国内政府间关系》（1998）中指出，政府每次为人民提供的服务与其期待值及需求相匹配的程度即为公共服务质量[59]。根据实际调查数据，汪纯孝（1999）认为，服务质量可分为环境质量和情感质量[60]。而范秀成（1999）认为，技术质量与人员质量共同构成了服务质量，交互质量的概念也就应运而生了[61]。

根据 ISO 发布的"质量管理体系——基础和术语"标准，丁辉侠（2012）将质量定义为满足顾客需求的能力，即产品和服务的质量。除有形的产品形式外，大部分是以无形的形式提供，因此，服务质量主要体现在服务过程中，与服务受众的评价、认可紧密相关[62]。近几年，也有学者积极探索公共服务领域中服务质量理论的应用，例如睢党臣等（2015）就分析了在农村公共服务领域中服务质量评价的适用性，通过修正农村公共服务领域服务质量评价方法，并将其应用于评估中[63]。李兵（2018）提出，中国制定养老服务等社会服务质量管理标准，一般会借鉴 ISO 9001 等传统质量管理标准。例如，2014 年 1 月印发的《关于加强养老服务标准化工作的指导意见》提出，要加快建立一套符合国家、行业标准及其他相关规定的养老服务标准体系。此外，北京、陕西、河南等地也出台了养老服务地方质量标准[64]。

就已有的文献来看，学者们基本认为，由于服务的无形性，相对于有形的产品质量而言，服务质量更难以衡量。总的来说可以从四个方面概括其概念：其一，服务质量可视为一种变量，且不可预先确定；其二，服务在实施中可以与客户产生各种互动过程和结果；其三，服务的效应产生于顾客的主观感受；其四，客户对服务的评价不能仅限于结果，服务过程同样可以发挥巨大的主导作用。

2. 养老服务质量测评的理论基础

（1）福利多元主义理论。福利多元主义理论兴起于 20 世纪 70 年代，福利来源多元化，同时又是整个社会的产物，不能完全依赖市场或政府，主张引入政府之外的力量来提供政府无法提供的福利，因此应充分发挥非政府部门提供福利的功能，建立多元化的混合福利供给模式[65]。

Rose（1986）指出，大众认为的"福利完全是政府的行为"是错误的；另外，他认为福利是整个社会的产物，政府、市场和家庭都应负起提供这种福利的责任，而不是由某一方来提供[66]。在 Rose 的研究成果基础上，Evers（1988）提出了福利三角的研究范式，确定了相应的组织结构、价值观念和社会成员关系[67]。欧尔森（1993）在分析福利国家时，同样摒弃了传统二元分法，而是运用了政府、市场及民间社会的三分法。其重点探讨了福利分散化及私有化趋势，同时对福利提供者发展向民间社会的趋势进行了预测[68]。福利多元主义理论的观点是：政府在养老服务领域职能发生的转变，不再是传统的社会福利供给者，而是社会福利供给的管理者与规范者[69]。提倡非营利性组织及少数营利性组织有条件地加入进来，从而丰富养老服务资源，在此基础上，由政府引导，最大化提升服务效率，优化服务水平。

（2）顾客导向理论。Levitt 于 1960 年提出了顾客导向的概念，从满足顾客的实际需要出发，以方便顾客为目的，将其作为创新市场的导向并追求使顾客满意，同时进行跟踪监测，根据满意度和需求对产品进行调整[70]。老年服务机构的服务对象是老年人，社区、企业之类的居家养老服务机构是服务提供方与管理方。基于顾客导向理论可知，居家养老服务质量提升的关键在于服务提供者始终将老年人作为核心，同时为老年人提供多元化、全方位的服务项目；另外，服务提供者还需要准确把握居家养老服务的评价及意见，从而有针对性地改进养老服务，提高顾客的满意度。

（3）服务创新理论。服务创新研究是创新理论研究的一个方面，始于20世纪80年代，并在熊彼特创新理论的指导下得以发展。Berry 等（1995）指出，增加新服务项目、扩大已有服务、更新服务等都属于服务创新活动，而组织成功的关键在于能够借助服务创新实现新市场的开辟[71]。Tidd 等（2003）指出，服务提供系统为了满足客户需求且增加附加值或促使服务观念及制度发生显著改变的新的或调整的办法即为服务创新[72]。而随着社会的发展，老年人对各种养老服务的需求在不断增长并发生着巨大的变化，对服务的要求也在不断提高，不仅要丰富服务内容，而且要在服务方式、服务流程等方面满足更多的需求。服务创新理论研究如何通过多种途径来提高服务质量。按照服务创新理论，提高居家养老服务质量，满足老年人的养老需求，既要转变服务观念、改进服务技术，又要创新服务方式、丰富服务内容、重视服务过程，让老年人参与其中。为了满足老年人多样化的需求，就应该对养老服务的各个方面与阶段进行创新。

（4）需求层次理论。心理学家马斯洛把需求层次分为五层，分别是生理需要、安全需要、社交需要、尊重需要以及自我实现需要。当然，在自我实现需要之上还有自我超越需要，这种需要通常被默认为划分到自我实现需要中[73]。依据马斯洛的这一理论，我国著名的社会学家李东瑞（2011）将老年人接受的养老服务基本需求进行了详细的划分。对于接受社区居家养老服务的老年人来说，可将饮食、洗衣、旅游等的需求划分为第一级的生理需要；将对医疗护理、权益保障等的需求划分为第二级的安全需要；将希望能与更多的老年人交流、单身老人希望找老伴等的需求划分为第三级的社交需要；老年教育需求、自我价值实现需求、精神慰藉需求划分为第四级和第五级，即尊重需求和自我实现需求[74]。从李东瑞的研究结果来看，我国大力发展社区居家养老服务，一方面要顾及老年人的生理、安全和社交等基本需求，另一方面也要兼顾老年人更高层次的价值需求和尊重需求，从而真正实现高质量的养老服务。

（5）感知服务质量理论。芬兰学家格罗洛斯在20世纪80年代首次提出了感知服务质量模型。他在《服务管理及营销》一书中提出，服务质量是一个主观感受和概念，是顾客在接受服务后自我对比在接受服务之前的心理和质量感受。他将服务质量划分成"技术质量"和"功能质量"，分别指服务的输出过程及顾客获得这种服务的过程和结果[75]。值得一提的是，服务质量的知觉和满意度的概念有着本质区别，满意度是顾客被服务后对其的模糊感觉，是对感受与期望进行比较判断后得出的具有代表性的结论和认识，受顾客情绪和心理作用的影响，所以不是非常客观。而且这些都不能直接反映出顾客的需求和期望，特别是对养老机构的服务来说，会受到工作人员态度、收费标准等因素的影响，无法客观地反映服务质量。但从感知服务质量理论来判断，服务质量的高低以顾客评价为主要方法，更能准确反映服务质量。能够更客观、真实且较为理性地判断顾客态度，评价也更实际。二者并不是完全孤立的，它们都是顾客对服务的最直接反应，感知服务质量的优劣同样也是影响顾客满意度的重要因素。

3. 养老服务质量的测评方法

（1）服务质量差距模型。1985 年，在格罗洛斯感知服务质量模型的基础上，帕拉斯曼、赞瑟姆和贝利等建立了另一个模型——服务质量差距模型，用来衡量具体的服务质量。在这个模型中，顾客对服务的期望值和感知值之间的差异主要是由两个方面的差异所累积[76]。服务质量差距模型又称为 5GAP 模型，主要是将服务者的预先期望与最终的服务感知之间的差距分成了五种。①顾客期望和服务提供者之间的期望存在明显的不同和差距。换句话说，就是顾客对服务的期望和服务提供者的期望相互理解不同，而造成这种差距主要是由宣传、口碑以及过往经验等造成的。②服务提供商没有将顾客期望转化为现实的、正确的标准，即使服务提供者准确把握了顾客期望，但他们在制定过程中也会有差距。造成这种情况的原因是，尽管管理者对顾客期望有正确的理解，但他们在制定标准时认识不足。③提供商未提供符合服务标准的服务，而且所制定的服务标准和实际提供的服务之间存在差距。④提供服务者承诺的服务和实际提供的服务之间的差距。这种差异是企业在市场中的承诺过多，或者虽然当前承诺有其必要，但企业的员工对这种承诺的理解不准确，从而导致与服务交付脱节现象。⑤顾客期望的和实际感受到的服务之间的差距。这是其他四种差距的总体反映，受其他差距的方向和规模的影响[77]。根据服务质量差距模型的具体解析以及对整个服务质量传递过程的细化，可以分析出服务质量形成具体差异的主要原因以及影响因素，从而根据具体的原因和影响因素进行整改，全面提升服务质量。

（2）SERVQUAL 评价法。SERVQUAL 评价法是由 PZB（1988）提出的，主要以服务质量影响因素为基础，是目前应用最广泛也是最具现实意义的服务质量评价方法。通俗来说，该评价方法就是将顾客的服务体验感受与事前期望进行心理对比，如果最终感受超过预先期望，则是优质服务，如果实际感受与预先期望一致，则表示服务质量一般，而如果最终体验感受低于预先期望，则表示服务质量较差[78]。PZB 根据服务质量的具体影响因素，编制了服务质量评价表，该表综合考虑了影响服务质量的 22 个主要因素，而后具体设定了 22 个测量指标，最终形成了有形性、可靠性、响应性、保证性和移情性这五个维度。第一，有形性。即服务的具体体现，可以具体量化的指标，它主要表现在服务的硬件和人员精神面貌上。第二，可靠性。即服务提供者能否实现服务之前及服务中的承诺，能否及时提供顾客所需的各种服务并能及时解决顾客的难题或是困难。第三，响应性。即服务提供者响应顾客需求的速度，主要在于能否在第一时间提供满意服务。第四，保证性。即让顾客信赖和放心服务提供者的衡量评价指标。第五，移情性。真正与顾客建立关系的是服务提供者，要能够根据客户的需要设身处地为顾客着想，为顾客提供个性化服务[79]。

（3）SERVPERF 评价法。美国学者克罗宁和泰勒在 SERVQUAL 评价法的基础上构建了 SERVPERF 评价法，这一评价法与 SERVQUAL 评价法最大的不同在于，SERVPERF 主要考量的是顾客的真实感受，而并非顾客的预先期望与实际提供服务的感受差距，即主要评估顾客的基本满意度[80]。SERVPERF 评价法在测量指标选取上与 SERVQUAL 评价法基本相同，并且也分为五个具体类别，主要唯一区别在于对顾客服务感知的测量方面有所不同。克罗宁认为，顾客对服务质量评价的最终结果并非取决于与预期之间的差距，而是多次服务体验后实际感受的累积[81]。

（4）其他。养老服务质量评价方法目前各不相同，例如郭红艳等（2013）对美国养老服务质量评价中使用的最小限数集（MDS）质量评价方法进行了详细分析，其作用是评估老年人健康状况，了解老年人的需要，进而提高养老服务质量。MDS1.0 于 1991 年建立，其主要通过身体功能、认知功能等 9 个护理指标以及以情绪为主体的三个感官指标对养老服务质量进行评价，MDS1.0 建立了 175 项详细指标，细化且全面[82]。与 MDS 1.0 相比，MDS 2.0 进一步得到细化，增加了与身体功能、认知和行为相关的条目，包括 300 多项指标[83]。廖楚晖等（2014）利用模糊综合分析方法评价中国一线城市社区居家养老服务质量[84]；梁祝昕、陈涛（2014）采用 PATER 五维（包括信赖度、专业度、有形度、同理度和反应度五个维度）指标对目前民营养老机构的服务质量进行分析[85]。诚然，也有一些学者设计了一套方法，如孙文恒等（2013）设计了与养老服务倾向性和兴趣度有关的模型，是通过消费数据间接得出了养老方式服务质量评价方法[86]。我国学者在进行研究时，多以 PZB 建立的服务质量模型为主要研究工具和理论来源，运用 SERVQUAL 评价模型来进行具体的测量和评价。章晓懿（2012）提出，我国的社区居家养老也在很多方面和具体表现特点上适用于 SERVQUAL 评价方法，但由于我国虚拟养老模式仍处于发展阶段，还存在诸多不足[87]。

4. 养老服务质量影响因素

Juran（1986）首先将服务质量分为内部质量、硬体质量、软体质量、及时反应能力和心理质量。Parasuraman 等（1988）通过对相关养老服务机构的调查，发现服务质量构成中包含五个因素：有形性因素，即设施或服务人员的外表等；

可靠性因素，即在顾客遇到困难时能够提供帮助和正确地履行承诺；响应性因素，即能及时帮助顾客解决问题和满足其需要；保证性因素，即员工所具备的专业能力，使得消费者在选择服务时会觉得放心；移情性因素，是指通过了解顾客的喜好而提供的个性化服务。Thomasson（1989）通过研究发现，服务质量可以分为可靠性、应变能力、服务态度、业务能力等方面。Aaltonen（1999）发现服务人员服务时是否有良好的态度、是否安全地提供服务、是否尊重老人等都会对养老机构照护服务质量有非常明显的影响[88]。Samuelsson 和 Wister（2000）从老年人期望服务值与实际感受服务值之间的差异对比得出，服务的易得性和服务提供者的能力水平对服务质量有显著影响。日本厚生劳动省（2001）将养老服务质量评价系统分为四个子单元（投入资源、服务过程、服务结果、服务效果）六个方面共 100 个评价项目，涉及日常生活、专业技能、经营管理等各个方面[89]。缪勒、阿林和凯恩等（2006）通过研究指出，服务人员的服务水平、敬业态度等因素会影响老人对服务质量的评价和入住的满意程度[90]。在此基础上，Anna、Shyli（2016）进一步提出了老年人在服务过程中与提供者事先达成协议对其自主能动性的发挥有重要影响。Sherin 等（2010）通过对加拿大养老机构的调查发现，加强医生和照护人员在机构中的交流和互动，也有助于改善机构服务质量[91]。达尼埃拉、克里斯蒂、拉韦塔等（2012）通过对四个不同地区的养老机构进行调查，认为提高养老服务质量应该侧重于立法及员工培训等[92]。贝蒂等（2014）指出，机构负责人改善工作氛围，提升工作人员满意度，也是影响老年人护理质量的一个基础因素[93]。

目前，国内学者对影响养老服务质量的新兴因素的研究比较缺乏，大多还是围绕一些传统的影响因素。李娟（2011）利用自行编制的养老机构服务质量满意度调查问卷，通过对数据的分析，得出机构性质、老人受教育程度、性别、婚姻状况、家庭成员来访、领取退休金情况、与朋友相处七个变量对服务质量有显著影响[94]。关信平和赵婷婷（2012）在对养老机构的研究中发现，当前养老机构的发展及竞争中存在的不良市场氛围，促使机构开始压低服务收费，低价在一定程度上阻碍了养老机构服务质量的提高与改善，而低价造成的资金短缺，正是导致很多机构服务质量低下的原因之一[95]。通过对我国养老机构服务绩效的宏观统计分析，柳键、舒斯亮（2013）发现养老机构固定资产对机构服务绩效和服务质量具有重要影响[96]。基于 SERVQUAL 模型，郭奕芬等（2014）通过对服务内容的分类，构建了城市居家养老服务质量评价模型，调查结果显示日间照料服务是我国养老服务质量评价的重中之重[97]。张旭瑞（2014）对上海市松江区养老机构服务质量进行了评价，并指出影响机构养老服务质量满意度的主要因素有老人文化程度、子女数量、居住环境等。单亚维（2014）认为，养老机构的建筑规划、环境建设、硬件配置、软件优化、运营状况等因素都会对其服务质量产生影响，改进后将有助于养老机构服务质量的提高[98]。曹煜玲（2014）指出，加强职业技能培训对提高养老服务质量、完善养老服务体系具有重要意义。老年人入住后，决定其生活质量的根本因素取决于机构提供的养老服务质量。护理员是否持证上岗、有无职称评定是衡量其职业素质和护理水平的重要指标[99]。基于SE-RVQUAL的五个维度，白春玲（2016）构建了社区养老服务质量评价指标体系，该体系由六个维度组成，分别为助餐、助洁、助浴、助行、助急和助医，每一项都从五个维度进行指标设计[100]。李素利、白延涛（2016）的研究表明，当国家的相关社会保障政策处于不确定的情形下，农村中的政府养老保障能力深刻影响养老机构提供的养老服务质量[101]。杨钊等（2016）研究发现养老机构的设施条件差，服务水平和能力有限，并指出政府的政策支持、充足的资金和人力对服务能力的影响[102]。张博、韩俊江（2018）指出，目前养老服务对老年人医疗、精神慰藉方面的需求日益旺盛，但是缺乏相应辅助，老人很难获得相应服务，而以"互联网＋"技术为支撑所提供的智能化服务可以有效缓解这一问题，提高养老服务的效率和质量[103]。

从上述文献可以看出，影响养老服务质量的因素可分为三个维度：一是经济发展维度。经济发展水平对养老服务质量的影响可以从养老服务机构外部环境和内部环境来考察，即宏观经济发展水平和自身规模、自身发展状况两个方面进行。二是老年人口特征维度。老年群体其本质就是服务对象。对于养老机构来说，公办和民办两种类型的养老机构相互依存，在数量、质量及管理人员和护理人员等方面又相互制约，必然会产生一些交叉影响。三是专业化培训维度。通过对养老服务机构的工作人员进行专业技能和职业道德培训，来全面提升养老机构的服务能力和服务质量。

三、文献述评

综上所述，国内外学者对虚拟养老进行了多项研究。首先在研究范式上，以上文献针对不同的视角来探讨虚拟养老服务质量这一问题，包括内涵、影响因素及测评方法等，使分析更为全面细致。其次在研究内容上，以上文献一方面拓宽了研究的范围；另一方面学者们也有所创新，不仅注重对城市虚拟养老的研究，而且加强对农村地区的相关研究。但纵观以上文献，对于服务质量满意程度等方面的研究非常少，我们可以对这方面内容做进一步加强。最后在研究方法上，定性研究和定量研究都有其可取之处和局限性，应综合合理地运用研究方法，对于已有研究中重描述而又缺乏理论，数据说明的情况，今后加以改进。再者，要全面深入地研究虚拟养老服务质量问题，必须坚持个案研究和宏观把握相结合的方法，还要注重比较研究，从不同国家、不同地区、不同群体的比较中获得更深层次的启示。就方法而言，国外许多学者利用 SERVQUAL 模型对各种养老服务进行了大量的应用研究，而我国对养老服务质量的研究起步较晚，尤其是将此模型应用到具体机构中。资料整理分析方面，许多文献只是对宏观感性分析，调查资料应用不足。这就需要我们学习和借鉴国外的研究成果，把成熟而又实用有效的模式运用到国内的实践中。使用严谨科学的分析，保证数据的准确性、完整性和全面性。

总体来看，我国关于虚拟养老院及服务质量的研究还处于探索阶段，表现为"两多两少"。就收集到的文献资料来看，首先关于虚拟养老概念的文献偏多，关于现阶段虚拟养老发展状况、发展趋势等的文献较多，说明学者们已经注意到当前虚拟养老这一新型养老方式，也认识到了虚拟养老建设过程中存在的问题。但是，有关虚拟养老服务质量的文章却不多，从老年人的服务需求、感知服务的幸福指数等方面进行深入分析的文献也不多，而国外对虚拟养老的内容研究更是寥寥无几，只能通过类似的"社区照顾"进行研究。究其原因：一是虚拟养老的实践还不够完全成熟，暂未引起理论界的重视；二是国家层面对虚拟养老的服务质量还没有规范的界定，各地自行其是；三是各地政府对虚拟养老的重视程度不够，导致在实施过程中虚拟养老院基本上成了家政公司的代名词。基于对已有成果的分析，结合现状，在后续的研究中需重点关注以上问题。

老龄化已成为我国政府和许多国家当前最关心的社会现状，老龄问题相伴而生，日益凸显。虚拟养老作为一种逐渐发展起来的养老模式，通过对其进行探索和实践，我国对这方面的研究已经取得不少成果，但同时不可否认的是仍然存在一些实质性问题，一直没有得到很好的解决，说明对虚拟养老的研究还处于不断优化的阶段，理论优化方面还有待进一步完善。从我国的国情出发，总结以往的经验教训，正确评估我国虚拟养老模式的发展现状，根据我国养老机构的特点，考虑各种影响因素，借鉴国外的发展规律和启示，提高我国养老服务质量，是我们在关注未来发展战略时必须认真考虑的重要问题。要根据我国的国情和相关法律政策制定符合我国发展的养老总体规划，构建长远健康的养老服务体系，从而真正实现社会主义制度下的全民健康养老、开心养老、和谐养老。

参考文献

［1］张润君，冉雨欣. 共建共治共享视角下虚拟养老模式研究——以兰州市城关区虚拟养老院为例［J］. 社科纵横，2019，34（9）：64－70.

［2］Sonja Podgorelec，Robert H.，Binstock Linda K. George，Handbook of Aging and the Social

Science ［J］. Migration and Ethnic Themes，2001，17（4）.

［3］P. Schopflin. Dependenceet Solidarite：Report on Commission Pairs ［R］. Documention Francaise，1991：68 – 69.

［4］Baggott R. Health and Health Care in Britain ［M］. New York：Palgrave MacMillan，1994：432.

［5］Means Community Care：Policy and Practice ［M］. New York：Macmillan，1998.

［6］修宏方. 社区服务支持下的居家养老服务研究 ［D］. 南开大学博士学位论文，2013.

［7］祁峰. 和谐社会视域下中国城市居家养老研究 ［D］. 大连海事大学博士学位论文，2010.

［8］邬沧萍. 社会老年学 ［M］. 北京：中国人民大学出版社，2003：18.

［9］Lester Parrott. Social Work and Social Care ［M］. London：Routledge，2003：68.

［10］M. Bayley. Mental Handicapped and Community Care ［M］. London：Routledge and Kegan Paul，1977：116.

［11］唐咏. 居家养老的国内外研究回顾 ［J］. 社会工作，2007（2）：12 – 14.

［12］张国平. 居家养老社会化服务的新模式——以苏州沧浪区"虚拟养老院"为例 ［J］. 宁夏社会科学，2011（3）：56 – 62.

［13］李继学. "虚拟养老院"服务很实在 ［N］. 中国财经报，2012（5）.

［14］周泉. 我国城市社区虚拟养老院服务模式研究 ［D］. 西北师范大学硕士学位论文，2014.

［15］冉秋霞，祁恒瑶，李开明. 兰州市养老院的现状透析与对策研究 ［J］. 社会工作与公共管理，2014（4）：122 – 125.

［16］马喜梅. 虚拟养老研究 ［D］. 长安大学硕士学位论文，2015.

［17］赵洁. 虚拟养老院服务中的政府职能研究 ［D］. 河北经贸大学硕士学位论文，2016.

［18］张帆. 我国虚拟养老院的问题及对策研究 ［D］. 安徽大学硕士学位论文，2017.

［19］张佳丽，姚瑶. 兰州市城关区虚拟养老院的发展现状及困境分析 ［J］. 管理观察，2018，38（9）：90 – 91，94.

［20］党情滢，杨文健. 中国虚拟养老院运营困境与对策 ［J］. 中国老年学杂志，2018，38（13）：3296 – 3298.

［21］管鹏飞，汤晓. "虚拟养老院"发展面临的问题及对策研究 ［J］. 经济研究导刊，2019（30）：40 – 41.

［22］Chae Y. M.，Heon Lee J.，Hee Ho S.，Ja Kim H.，Hong Jun K.，Uk Won J. Patient Satisfaction with Telemedicine in Home Health Services for the Elderly. ［J］. International Journal of Medical Informatics，2001，61（2）：167 – 173.

［23］Eastman J. K.，Iyer R. The Elderly's Uses and Attitudes Towards the Internet ［J］. Journal of Consumer Marketing，2004，21（3）：208 – 220.

［24］Noriko Tsukada，Yasuhiko Saito. Factors that Affect Older Japanese People's Reluctance

to Use Home Help Care and Adult Day Care Services ［J］. Journal of Cross – Cultural Gerontology,
2007, 21 (3 – 4).

［25］Thomas, et al. Ambient Intelligence in Assisted Living: Enable Elderly People to Handle
Future Interfaces ［R］. Springer – Verlag Berlin Heidelberg, 2007: 103 – 112.

［26］Courtney Karen L., Demiris George, Rantz Marilyn, Skubic Marjorie. Needing Smart
Home Technologies: The Perspectives of Older Adults in Continuing Care Retirement Communities
［J］. Informatics in Primary Care, 2008, 16 (3).

［27］Mary Godfrey, Owen Johnson. Digital Circles of Support: Meeting the Information Needs of
Older People ［J］. Computers in Human Behavior, 2008, 25 (3).

［28］Jiska C. M., Julia F. Relationship between Perceived Needs and Assessed Needs for Serv-
ices in Community – dwelling Older Persons ［J］. The Gerontologist, 2008, 48 (4): 505 – 516.

［29］Koopman – boyden P. G., Reid S. L. Internet/E – mail Usage and Well – Being among
65 – 84 Years Old in New Zealand: Policy Implications ［J］. Educational Gerontology, 2009 (35):
990 – 1007.

［30］Hussain A., Wenbi Rao, Silva A. L. D., et al. Health and Platform for the Elderly and
Disabled People in Smart City ［J］. The Journal of Systems and Software, 2015 (110): 253 – 263.

［31］陈永生. 对我国社区养老的可行性分析 ［J］. 北京城市学院学报, 2008 (6):
45 – 49.

［32］俞贺楠, 王敏, 李振. 我国社区居家养老模式的出路研究 ［J］. 河南社会科学,
2011, 19 (1): 202 – 205, 219.

［33］董红亚. 我国社会养老服务体系的解析和重构 ［J］. 社会科学, 2012 (3):
68 – 75.

［34］刘满成, 左美云, 李秋迪. 基于社区服务的居家养老信息化需求研究 ［J］. 信息
系统学报, 2012 (2): 87 – 99.

［35］邢慧霞. 基于传统理念的社区养老文化构建 ［J］. 中国集体经济, 2014 (13):
124 – 125.

［36］汪波. 需求—供给视角下北京社区养老研究——基于朝阳区 12 个社区调查 ［J］.
北京社会科学, 2016 (9): 73 – 81.

［37］邵群英. 智慧养老产品需求调研与分析 ［J］. 合作经济与科技, 2017 (12):
72 – 74.

［38］陈荔. 苏州老年人对虚拟养老院认可度的实证分析 ［J］. 唯实（现代管理）, 2017
(1): 57 – 58.

［39］叶玮婷. 虚拟养老院在传统与新型养老模式中的作用研究 ［D］. 南京大学硕士学
位论文, 2017.

［40］付轶雯, 朱登雷. "互联网 +" 背景下安阳市智慧养老模式的研究与探索 ［J］. 产
业与科技论坛, 2019, 18 (17): 89 – 90.

［41］仝利民. 社区照顾: 西方国家老年福利服务的选择 ［J］. 华东理工大学学报（社
会科学版）, 2004 (4): 20 – 24.

［42］李丽君．新型养老服务模式的探索——对兰州市城关区"虚拟养老院"建设的调查与思考［J］．改革与战略，2010，26（10）：177－179．

［43］卜谦祥，巢飞．虚拟养老院——对解决农村社区养老问题的有益探索［J］．社会保障研究，2011（3）：20－23．

［44］高祖林．政策网络视域下社会化养老服务体系建设研究——以苏州市虚拟养老院为例［J］．江海学刊，2013（3）：201－207．

［45］乔关民．虚拟养老院的运行机理及可复制性研究——以"兰州城关区虚拟养老院"为例［J］．社科纵横，2014，29（12）：97－101．

［46］胡广阔，汪璟，孙振兴．"虚拟养老院"运行模式构建研究［J］．生产力研究，2013（11）：73－74．

［47］龚主杰，赵文军，熊曙初．虚拟社区成员知识共享感知价值维度研究［J］．情报科学，2014，32（2）：140－145．

［48］王茹．互联网＋居家养老服务：养老服务模式的创新［D］．吉林大学硕士学位论文，2017．

［49］邓裕霞．"互联网＋"居家养老服务的实践困境与解决对策研究［D］．长春工业大学硕士学位论文，2019．

［50］刘岚．南京地区虚拟养老院的问题及对策研究［D］．南京师范大学硕士学位论文，2018．

［51］苗瑞红．北京市广内社区虚拟养老院试点研究［D］．首都经济贸易大学硕士学位论文，2015．

［52］陈荔．苏州"喜洋洋"社区虚拟养老院项目可行性研究［D］．南京理工大学硕士学位论文，2014．

［53］刘玉卿．南昌市城市居家养老服务质量研究［D］．华东交通大学硕士学位论文，2014．

［54］张国平．地方政府购买居家养老服务的模式研究：基于三个典型案例的比较［J］．西北人口，2012，33（6）：74－78．

［55］Levitt，Theodore．Production－line Approach to Service［J］．Harvard Business Review，1972，5（5）：41－52．

［56］Sasser P．Management of Service Operational［M］．Bsoton：All and Bacon，MA，1978．

［57］Gronroos C．Relationship Approach to Marketing in Service Contexts and Organizational Behavior Interface［J］．Journal of Business Research．1984，20（1）：3－11．

［58］Parasuraman A．，Zeithaml V．A．，Berry L．SERQUAI：A Multiple－Item．Scale for Measure Consumer Perceptions of Service Quality［J］．Journal of Retailing，1988，64（1）：12－40．

［59］林尚立．国内政府间关系［M］．杭州：浙江人民出版社，1998．

［60］朱沆，汪纯孝，岑成德，谢礼珊．服务质量属性的实证研究［J］．商业研究，1999（6）：82－85．

［61］范秀成．服务质量管理：交互过程与交互质量［J］．南开管理评论，1999（1）：

8 – 12, 23.

［62］丁辉侠. 公共服务质量评价体系构建思路分析 ［J］. 商业时代, 2012 （7）: 97 – 98.

［63］睢党臣, 张朔婷, 刘玮. 农村公共服务质量评价与提升策略研究——基于改进的 Servqual 模型 ［J］. 统计与信息论坛, 2015, 30 （4）: 83 – 89.

［64］李兵, 庞涛. 国家养老服务质量框架: 定义、原理和标准 ［J］. 社科纵横, 2018, 33 （2）: 97 – 104.

［65］J. Joseph Cronin, Steven A. Taylor. Measuring Service Quality: A Reexamination and Extension ［J］. SAGE Publications, 1992, 56 （3）.

［66］Rose R. Common Goals but Different Roles: The State's Contribution to the Welfare Mix. In Rose ［M］. Oxford: Oxford University Press, 1986.

［67］Evers A. Shifts in the Welfare Mix: Introducing a New Approach for the Study of Transformation in Welfare and Social Policy ［R］. In Evers, A. & Wintersberger, H. （Ed）, Shifts in the Welfare Mix: Their Impact on Work, Social Services and Welfare Policies, Eurosocial, Vienna, 1988.

［68］Olsson S. E., Och H. H., Eriksson I. Social Security in Sweden and Other European Countries – Three Essays, Stockholm: ESO, 1993.

［69］孙继祥. 哈尔滨市养老机构服务质量问题研究 ［D］. 东北林业大学硕士学位论文, 2016.

［70］Theodore Levitt. Marketing Myopia ［J］. Harvard Business Review, 1975, 9 （1）: 29 – 33.

［71］Berry L. L., Shankar V., Parish J. T., Cadwallader S., Dotzel T. Creating New Markets Through Service Innovation ［J］. Sloan Management Review, 2006, 47 （2）: 56 – 63.

［72］Tidd J., Hull F. Service Innovation Organizational Responsers to Technological Opportunities and Market Inperatives ［M］. London: Inperial College Press, 2003.

［73］修龙滨. 内蒙古社区居家养老服务质量保障机制研究 ［D］. 内蒙古财经大学硕士学位论文, 2016.

［74］李东瑞. 服务质量差距模型在护理服务质量管理中的应用研究 ［D］. 山西医科大学硕士学位论文, 2011.

［75］克里斯廷·格罗鲁斯. 服务管理与营销 ［M］. 北京: 电子工业出版社, 2008.

［76］潘瑞琦. 上海市社区"公建民营"养老模式运营及服务质量研究 ［D］. 华东政法大学硕士学位论文, 2018.

［77］朱国玮, 刘晓川. 公共部门服务质量评价研究 ［J］. 中国行政管理, 2010 （4）: 24 – 26.

［78］闫景民. 面向顾客的快递业服务质量评价指标体系研究 ［D］. 大连理工大学硕士学位论文, 2012.

［79］牟娉婷. 社区居家养老服务质量评价指标体系研究 ［D］. 大连理工大学硕士学位论文, 2014.

［80］刘彪. 城市社区居委会服务质量居民满意度评价研究 ［D］. 浙江大学硕士学位论

文，2006.

[81] 李璐璐. 上海市静安区社区老年人助餐服务质量研究 [D]. 华东师范大学硕士学位论文，2013.

[82] 郭红艳，彭嘉琳，雷洋，王黎，谢红. 美国养老机构服务质量评价的特点及启示 [J]. 中华护理杂志，2013，48（7）：652－654.

[83] 郭红艳，王黎，彭嘉琳，谢红. 养老机构服务质量评价指标体系的构建 [J]. 中华护理杂志，2014，49（4）：394－398.

[84] 廖楚晖，甘炜，陈娟. 中国一线城市社区居家养老服务质量评价 [J]. 中南财经政法大学学报，2014（2）：46－50.

[85] 梁祝昕，陈涛. 民营养老机构服务质量现状分析与完善——基于 RATER 指数的视角 [J]. 中国老年学杂志，2014，34（7）：2014－2015.

[86] 孙文恒，张衡，李彩虹，蒙应杰. 基于模糊集的虚拟养老服务评价模型 [J]. 兰州大学学报（自然科学版），2013，49（5）：722－726.

[87] 章晓懿. 城市社区居家养老服务质量研究 [D]. 江苏大学硕士学位论文，2012.

[88] Aaltonen E. S. Client－oriented Quality Assessment within Municipal Social Services [J]. International Journal of Social Welfare, 1999, 8 (2): 131－142.

[89] 厚生劳动省编印. 厚生白皮书，2000 年版 [M]. 东京：日本厚生劳动省，2001：394.

[90] Mueller C., Arling G., Kane R., et al. Nursing Home Staffing Standards: Their Relationship to Nurse Staffing Levels [J]. Geron－Tologist, 2006 (46): 74－80.

[91] Sherin Rahim Jamal, Patrick Quail, Tajudaullah Bhaloo. Developing a National Role Description for Medical Directors in Long－term Care [J]. Can Fam Physician, 2010, 56 (1): 30－35.

[92] Daniela, Cristina, Iovita. Ways of Increasing Degree of the Quality of Life in the Institutions for Elderly People [J]. Sciverse Science Direct, 2012, 46 (6): 3999－4003.

[93] Beate André R. N. The Impact of Work Culture on Quality of Care in Nursing Homes a Review Study [J]. Scandinavian Journal of Caring Sciences, 2014, 28 (3): 449－457.

[94] 李娟. 城市养老机构服务质量及其影响因素调查研究 [J]. 社会工作（学术版），2011（11）：66，85－87.

[95] 关信平，赵婷婷. 当前城市民办养老服务机构发展中的问题及相关政策分析 [J]. 西北大学学报（哲学社会科学版），2012，42（5）：52－56.

[96] 柳键，舒斯亮. 我国养老服务机构绩效影响因素实证分析 [J]. 管理学刊，2013，26（2）：58－62.

[97] 郭奕芬，邓波，彭健，桂绍高. 城市居家养老服务质量模型研究——以南昌市为例 [J]. 中国老年保健医学，2014，12（6）：9－13.

[98] 单亚维，艾华，贺昱甦，郝玉芳. 我国机构养老人群生活质量影响因素的文献综述 [J]. 全科护理，2014，12（7）：588－590.

[99] 曹煜玲. 我国老年人的照护需求与服务人员供给分析——基于对大连和南通的实证

研究 ［J］. 人口学刊, 2014, 36 (3)：41 - 51.

［100］白春玲. 基于 SERVQUAL 的社区居家养老服务质量评价指标体系研究 ［J］. 劳动保障世界, 2016 (14)：3.

［101］李素利, 白延涛. 政府农村养老保障服务能力对服务质量的影响研究——基于不确定政策下的调查证据 ［J］. 公共管理学报, 2016, 13 (4)：65 - 76, 155 - 156.

［102］杨钊, 蒋山花, 袁权. 政府责任视角下养老机构服务能力的提升——基于 Y 市 D 区的调查分析 ［J］. 四川理工学院学报（社会科学版）, 2016, 31 (1)：43 - 52.

［103］张博, 韩俊江. 人口老龄化背景下发展智慧养老产业研究 ［J］. 云南民族大学学报（哲学社会科学版）, 2018, 35 (4)：125 - 128.

金融创新与金融风险

系统性金融风险的测度与传导①

——基于文献综述的视角

张丽姣　袁　海

摘要： 2008 年爆发金融危机后，如何防范和化解金融系统性风险成为学者们关注的重点。作为化解系统性风险的起点，研究如何度量系统性风险及其传导机制自然成为重中之重。本文首先利用共词分析法分析了当前国内外关于金融系统性风险的研究热点。其次基于研究热点对系统性风险的度量方法以及传导机制的相关文献进行了全面的梳理。最后评价与比较国内外研究，发现测度方面，我国相比于国外研究仍具有一定的滞后性，具体表现在我国所采用的度量方法主要是将国外方法进行融合和改进；传导机制方面，由于各国金融市场发展特点不同，学者们采用了不同的研究方法，但是目前国内外使用最为广泛的是网络分析法。据此，本文提出了我国关于系统性风险未来的研究方向与重点：测度方面要着重设计符合中国系统性测度的方法；传导机制方面，研究对象不应局限在金融机构之间，还有金融部门与实体经济之间的传导；此外，在构建网络模型时要基于实际，同时要考虑不同的网络特征来刻画网络结构的细节。

关键词： 系统性金融风险；测度方法；传导机制；共词分析

一、引　言

2008 年，由美国次贷危机引发的全球性金融危机导致了多个国家经济体系遭到了严重的冲击与破坏。学者们逐渐认识到风险给金融系统带来的严重影响。自此之后，各国学者研究的重点逐渐转向这一主题。究其原因，主要在于互联网金融迅速崛起导致金融网络越来越复杂，金融体系自身的脆弱性使得系统性风险在金融体系内部快速传播，甚至会传导至实体经济，最终导致整个经济体系无法正常运转。

---

① 基金项目：陕西省社科界重大理论与现实问题研究项目（2020Z095）。

了解系统性金融风险的定义是研究风险测度与传导机制的前提。目前，最广泛的定义是 FSB（2011）[1]提出的。它指出系统性金融风险是当单个或几个金融机构发生破产或遭受巨额损失时，会引发整个金融系统崩溃，有时甚至会传导至实体经济，产生严重负面效应。此外，还有大量学者从传导机制、突发金融事件等角度对系统性金融风险进行定义。Kaufman 等（1996）[2]、Schwarcz（2008）[3]、巴曙松等（2013）[4]指出，单个机构引发的系统性金融风险在紧密联系的机构之间进行传导，最终扩散到其他金融机构与市场中去。Minsky（1986）[5]、唐文进和苏帆（2017）[6]则认为，因为极端金融事件发生概率极小而被主流研究忽略，但是它的突发会扰乱金融市场的正常运转，同时会严重打击金融参与者的信心，最终导致金融机构的资源配置功能部分或全部丧失，使得风险全面爆发。

根据学者提出的关于系统性金融风险的定义，其特点有以下四个：一是整体性，即它会对整个金融系统的功能产生不良影响；二是第三方虽与此不相关，却被动介入其中，同时为此付出了一定成本；三是蔓延性和传染性；四是它对整个实体经济具有巨大溢出效应，这也是它的本质特征。学者们从以上特征出发，开始研究系统性风险的测度以及传导机制，并在此基础上提出如何化解和防范系统性风险。这些研究早已开始，但是在 2008 年金融危机全面爆发后，人们才逐渐重视系统性金融风险。关于系统性风险的测度方法与传导机制也由此开始变得清晰起来，后来学者不断地对前人的研究成果进行修改和创新，最终发展成为一套庞大的复杂体系。

本文试图梳理目前国内外学者对于系统性金融风险的测度与传导机制研究，并且分析了当下主流度量方法及传导机制所具有的优劣势，总结了系统性金融风险的发展。接下来的结构安排如下：第二部分，利用共词网络找出当前的研究热点；第三部分，概述并比较国内外关于度量系统性金融风险的几种主流方法；第四部分，概述并比较国内外关于系统性金融风险的传导机制；第五部分，总结与展望后续研究。

二、文献来源和研究热点

（一）文献来源

本文主要通过中国知网（CNKI）、Web of Science 对系统性金融风险进行搜集，数据的采集时间为 2020 年 2 月 15 日，通过搜索"系统性风险测度""系统性金融风险传导""系统性风险传染"等关键词确定中文文献，通过搜索 The measure of systemic financial risk、The transmission of systemic measure 等关键词确定英文文献，同时删除与金融系统性风险测度与传导机制这一主题不密切相关的文献，最终得到了相关文献 189 篇，其中英文文献 83 篇、中文文献 108 篇，并在此基础上展开了后续的梳理研究。

（二）文献收录时间分布

以"系统性金融风险""systemic financial risk"为关键词进行搜索，可以画出国内外系统性风险相关文献的发表时间。根据相关文献发表时间分布（见图 1）可以看出，国内外对于系统性风险的研究可以分为两个阶段，但是国外研究要早于国内研究。

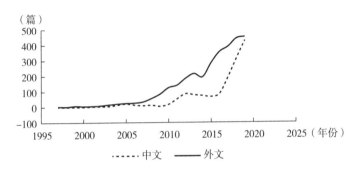

图 1　金融系统性风险国内外论文发表数量

国外关于系统性风险的研究的第一阶段为 1997～2002 年，国内则较晚，时间为 1998～2006 年。在这一阶段，研究者对于系统性风险的关注度比较少。无论是国内还是国外，发文数量仅为个位数。说明此时系统性金融风险并没有引起人们的注意。

关于系统性金融风险研究的第二阶段，无论是国内还是国外，均是从 2007 年美国次贷危机开始，发文数量有了一个巨大飞跃，并且保持着稳步上升的趋势。从这一时期开始，研究者们开始关注到美国次贷危机产生的原因及其所造成的后果。此外，由图 1 可以看出，增长速度在不断地变大，而且没有观察到成熟前的拐点，说明了目前关于系统性金融风险的研究还没有达到成熟阶段。

（三）研究热点：关键词分析

共现主要用于文献分析。当某一信息在不同文献中出现时，这一方法可以通过信息的内容关联和特征项来揭露其隐含的知识。它主要利用文献中某一组词的出现次数来分析它们的亲密程度进而得到某领域的研究热点。本文利用 Bicomb2.0 进行这一研究，然后将得到的共词矩阵导入 Ucinet 中，生成国内外系统性风险的共词网络。

块模型通过研究位置信息得到子群间的关系，主要代表的是网络的总体结构。因此通过这一方法可以把联系较为密切的关键词进行聚类，从而大致揭示研究热点。这一方法主要把联系较为密切的关键词聚集在一起，从而大致揭示目前系统性风险的研究热点。将上述得到的共词网络进行凝聚子群分析，可以得出结果。

另外，本文在进行关键词共现分析时，对于一些性质类似的关键词进行了合并，如将"系统性风险""金融系统性风险"等词统一归类为"系统性风险"，将与网络分析相关的关键词统一归类为"网络分析法"等。由此，根据图2和图3可以看出，国内外关于研究系统性风险的热点差异不大，但使用的方法和模型的侧重点有所不同。

1. 国外关键词分析

根据图2（a）可以看出，国外关于关键词共现分析主要以系统性金融风险为中心向外扩散，以测度、传导机制为研究重点，结合图2（b）的子群分布可以看出，CoVaR模型、权益分析法、期望损失方法、网络模型是国外学者在度量系统性金融风险时所采用的主流方法；而关于传导机制的研究主要集中在基于网络模型的传导机制；宏观压力测试以及金融危机理论下的传导。

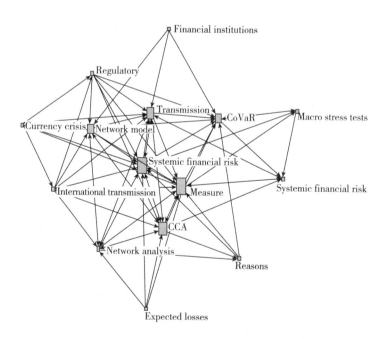

图2（a）　国外关键词分析

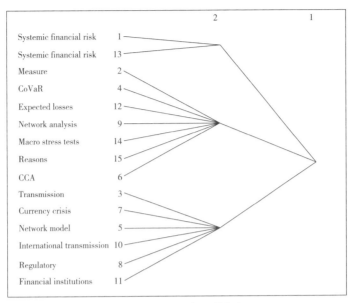

图 2（b）　国外子群分布

2. 国内关键词分析

根据图 3（a）可以看出，国内学者关于金融系统性风险的研究，重点是传

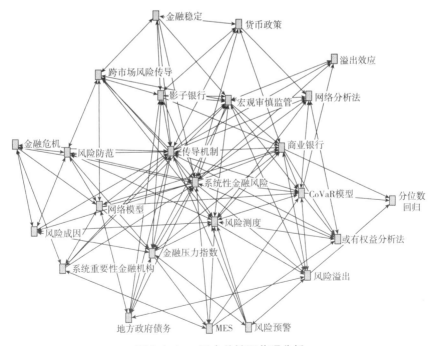

图 3（a）　国内关键词共现分析

导机制与风险测度，并在此基础上研究金融风险的溢出效应以及风险的防范问题。同时，结合图 3（b）可以看出，国内在测度系统性金融风险时，主要利用的方法是网络分析、MES、金融压力指数等；在研究金融系统性风险的传导机制时，主要是集中于对网络模型、金融危机以及跨市场风险的传导的研究。

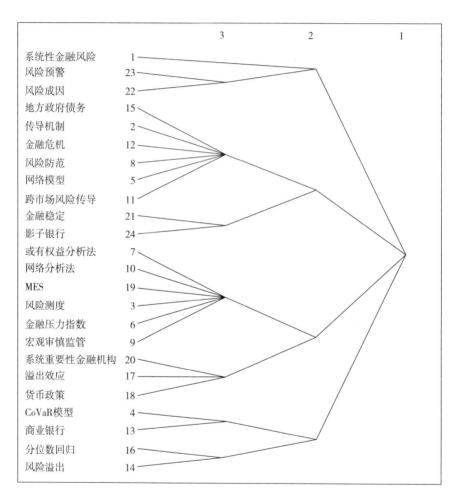

图 3（b）　国内子群分布

根据以上分析，本文结合共词分析所得出的结果来梳理金融系统性风险测度以及传导机制的相关文献，并在此基础上，得出未来的研究热点以及发展趋势。

三、金融系统性风险的测度

目前，学术界对于系统性金融风险并没有达到统一，同时基于各国对于监管方向的不同需求，使得系统性风险的测度呈多元化特点。整体来看，可以分为单个金融机构的风险度量或者是对整体系统性风险的度量。根据图2和图3的比较可以得出：国内外在研究系统性金融风险的测度与传导时侧重点存在一定差异，所以，本文在对相关文献进行梳理时，将对国内外文献进行分开梳理。

（一）国外系统性风险测度文献梳理

1. CoVaR 模型

金融危机爆发后，学者们发现各个金融机构之间存在同质化风险，使之前提出的风险管理模型不能完全适用。所以，学者们通过将风险管理模型中最为常用的 VaR 模型进行推广得到了 CoVaR 模型，它是指某个金融机构陷入危机后，通过度量金融市场系统性风险的尾部依赖来计算其他机构的在险价值。通过该模型可以度量某个金融机构遭遇危机后对整个系统产生的影响，由此可量化该机构在整个金融体系的重要性。它最早是由 Adrian 和 Brunnermeier（2011）[7] 提出的，在此基础上，二人又定义了 ΔCoVaR，指金融体系在单一金融机构处于正常水平的条件在险值与其处于风险状态下的条件在险值之间的差额，这种模型可以更好地刻画由单个金融机构引起的系统性风险的贡献率。

条件在险值的简便性引起了很多学者的重视，他们不断地对 CoVaR 模型进行改进，并且将其与其他模型进行结合。其中，使用最广泛的就是 Chen 等（2014）[8] 提出的基于 copula 的 copula – CoVaR 模型，他在 copula 函数的基础上修正了 CoVaR 模型，由此来建立一个指数去反映系统性风险从而进行预测，这种方法对于那些没有编制像 VIX 等风险指数的国家尤其适用。此外，Qifa Xu、Mengting Li 等（2019）[9] 从网络角度研究系统性风险，将最小绝对收缩选择算子（LASSO）方法引入 CoVaR 之中，构建了基于 LASSO – CoVaR 模型的金融机构尾部风险敞口之间的系统风险网络，来研究金融机构的内在关联性和系统风险。

上述几种方法都是基于横截面维度的风险测度，Adrian 和 Brunnermeier（2016）[10] 基于时间维度考察了 CoVaR 方法，建立了 Forward – ΔCoVaR 模型，该模型的解释变量为公司特性的滞后项，以此来预测系统性风险，证明了金融系统性风险存在顺周期性。

通过梳理发现，CoVaR 模型的优点是数据容易获得、操作简单，可以更好地与杠杆率、期限错配等金融机构具体特征相结合，以此来度量某个金融机构对整个系统性风险的贡献率，并且在此基础上可以甄别出系统性重要机构。但是，其缺点主要在于：ΔCoVaR 是一种基于高频数据的尾端风险度量方法，但是这种方法在本质上并不准确，其研究对象是单个机构，无法计算尾部总体损失，因此并不能体现整个金融体系的总体风险。

2. 或有权益分析法

或有权益分析法（Contingent Claims Analysis，CCA）反映了银行资产、股权资本、信贷息差和违约概率的非线性变化。与传统危机理论相比，它不仅可以考察违约概率、危机距离、预期损失危机指标，而且还可以分析金融系统性风险是如何在金融部门之间进行传导的。

CCA 最早可以追溯至由 Merton（1973）[11] 提出的期权定价理论，他利用期权定价方法计算公司资本结构，由此开辟了一种全新的违约信用分析法。之后，学者们在此基础上对 CCA 模型进行了不断地拓展与修正。在金融危机之前，或有权益分析法大多被用于银行体系的风险评估。Gray 等（2007）[12] 拓展了 CCA 模型，运用调整后的资产负债表评估系统性风险，以此来更好地评估金融部门对外部冲击的敏感性。Gray 和 Jobst（2010）[13] 构建了一个 CCA 应用于改善系统性金融部门风险管理的新途径，即"系统性 CCA"（Systemic CCA）。该方法将金融体系视为单个企业或有权益的组合，结合多元极值分布（MEVT）对每家企业的损失数值建模，从而得到整个金融体系的总损失数值，并以此来衡量系统性风险，同时它还可以量化单个银行在陷入危机时，该银行对政府或有负债和系统性风险的贡献。Gray 等（2013）[14] 将 CCA 指标与 CoVaR 模型相结合，该模型将银行体系信贷风险、企业部门信贷风险、经济增长和信贷变量整合在一个完全内生的环境中，通过模拟各种负面和正面的冲击场景来分析冲击的影响和溢出效应。Gray（2014）[15] 利用 CCA 模型分析了系统性金融风险在各部门之间的传导及反馈，以及向实体经济、政府部门的传导机制，并将这一方法称为结构或有权益分析法（Structural CCA）。

相比传统的分析方法，或有权益分析法具有以下几个优点：一是获取的数据均来源于市场，具有一定的前瞻性，因此更具时效性和准确性。二是负债错配对金融机构资产产生的负面影响可以通过 CCA 进行量化。同时通过考察外部冲击给银行资产负债表带来的影响来对政策冲击进行评估。三是更为清晰地展现了风险传导过程。资产负债表通常按部门划分，这使得政策制定者可以清晰地了解到冲击在金融部门内部的传导机制，进一步识别出可能存在的违约反应链。从而更具针对性地提出应对政策。但是，它存在一定的局限性：一是模型的假设过于空泛，不易实现。基本假设为依赖于总资产服从几何布朗运动，这一假设会导致结论与实际金融市场不符，导致结果存在偏差。二是过度放大风险。三是稳健性有待加强。选择不同的函数以及风险参数都会对结果产生较大的影响。

3. 基于期望损失的测度方法

单个金融机构产生风险时，学者们还使用期望损失方法对其进行度量（ES）。在金融危机爆发之后，Acharya 等（2010）[16]将 ES 进行了推广，提出使用边际期望损失（MES）及系统预期损失（SES）度量整个金融系统的风险。但是 Idier 等（2013）[17]则指出利用边际期望损失作为预测指标来预测金融系统性风险的有效性较差，它更适合于用来鉴别重要性金融机构。SES 则是 Acharya 在 MES 的基础上提出的另一种衡量和定价每个金融机构系统风险的贡献率的方法。它可以理解为边际期望损失率与杠杆率的一个线性组合。

此后，在 MES 的基础上，Acharya（2012）[18]、Brownlees 和 Engle（2011）[19]做出了进一步的拓展与完善，他们引入 SRISK 来衡量风险。它主要是通过衡量一家公司在市场严重下跌情况下的资金缺口来达到这一目的的。Benoit 等（2012）[20]比较了 MES、SRISK、CoVaR 三者之间的区别，并得出结论：SRISK 方法具有更广阔的运用空间。同时，Hua Zhou 等（2020）[21]利用中国的股市数据计算了 MES、SRISK、CoVaR 这三种不同的系统性风险度量，并得出结论，在 2008 ~ 2015 年，CoVaR 以及 MES 存在异常上升现象，但是 SRISK 却处于稳定上升状态，说明 SRISK 稳定性更好，同时他们发现，SRISK 可以更好地鉴别系统重要性金融机构。Brownless 等（2016）[22]则对 SES 与 SRISK 做了比较，指出与 SES 相比，SRISK 的敏感程度与稳定性更好，同时指出 SRISK 具有良好的预警功能。

基于期望损失发展的两种方法——SES，MES 解决了 CoVaR 模型存在的问题，还可以预测危机发生时金融机构对整个系统的边际风险贡献。更重要的是它通过辨别系统性重要机构，可以为当局利用宏观审慎监管结合来降低系统性风险提供理论依据，即通过加强边际风险贡献率较大的系统性重要性机构的监管来降低系统性风险。但是，SES 的数据来源是基于金融危机的，当危机的内部结构发生变化时，SES 的模型参数会产生内生性，从而预测将来的边际风险贡献会下降。SRISK 很好地克服了这一缺点，它主要根据各个机构独有的参数来估计系统性风险。这三个指标共同的缺陷在于不具有全面性，它们只是从少数几个方面对系统性风险的特征进行了刻画。此外，MES 作为事前指标预测金融系统性风险的有效性较差，SES 测定不能揭示风险的来源以及金融系统性风险发生机制，同时这种方法无法应用于未发生过金融危机的国家。

4. 网络分析法

网络分析法更加关注金融系统内部网络以及金融系统与实体经济之间相互关联所构成的网络。由于这种关联网络的存在，当单个或部分金融机构无法正常运转时，风险会随着网络逐渐传导甚至扩大到整个金融系统。最早提出网络模型的是 Allen 和 Gale（2000）[23]，他们通过考察银行间的网络结构来研究信用关联的哪种结构更稳定。以此为基础，学者们开始研究什么网络结构可以准确地刻画金融系统的风险传导。首先，以 Upper 和 Worms（2004）[24]、Chan – Lau（2009）[25]、IMF（2009）[26] 为代表的学者以传统资产负债表为基础构建网络来测度系统性风险。但是，这种网络存在一定的缺陷。Upper（2011）[27] 指出，传统资产负债表网络模型主要考察的是单个金融机构遭受危机后所导致的风险传导，实际上，系统性金融风险主要还是由宏观经济遭受外部冲击导致的。此外，Upper（2011）[28]、Glasserman 和 Young（2015）[29] 指出，虽然基于传统资产负债表所构造的网络可以对系统性风险进行度量，但这种方法所得出的风险损失偏小，这与 2008 年金融危机所出现的银行大量倒闭这一实际情况并不相符。造成这种现象的部分原因在于没有考虑不同资产价格之间的关联性。

为解决上述问题，学者们提出了持有共同资产网络模型。这种模型假设银行间持有部分同类型资产，当银行遭受冲击改变了其持有资产价格时，它会降低抛售成本，这一模型最早由 Cifuentes 等（2005）[30] 提出。在此基础上，Chen 等（2014）[32] 通过构建银行资产选择组合模型研究了银行持有的共同资产怎样在风险传染过程中发挥作用。此外，Duarte 和 Eisenbach（2015）[31] 利用共同资产网络模型测算了美国的系统性金融风险。

金融机构之间的网络是必然存在的，因此利用网路分析法对这种关系进行描述和模拟是不可避免的选择。该种方法的优点在于直观、符合实际。同时利用该模型可以很好地刻画金融机构的结构特征以及甄别基于"太大而不能倒"和"关联性太高而不能倒"的系统重要性机构，从而为宏观审慎监管提供了新的思路。但是，由于构建网络主要基于金融机构之间的双边关系，所以对经济的冲击发生后，银行之间的关联结构发生了动态变化。同时，该种方法的数据不易获得，使这种方法不能得到更广泛的发展。

5. 宏观压力测试

作为工程学的一门测试方法，压力测试主要用来测试系统稳定性。金融危机后，学者们逐渐抛弃微观压力测试，转向宏观维度。最常见的方法之一就是 Alfaro 和 Drehmann（2009）[32] 提出的 GDP 压力测试，他们采取最差的负向预测作为压力情境，利用单变量自回归模型预测各国的 GDP，然后对模型进行冲击，得出结果后与过去的数据进行对比，从而对风险的大小进行衡量。除了 GDP 外，最常用的经济变量还有失业率、房地产价格等。

Duffie（2011）[33] 将网络分析法与宏观压力测试结合起来，提出了"10 – by – 10 – by – 10"模型。该模型将一系列系统重要性金融机构暴露在各种金融压力场景之下，以市值和现金流来衡量损益，从而使监管机构可以根据经济价值和流动性的压力来评估风险程度。

此外，Nicolás Gambetta 等（2019）[34] 调查了欧盟范围内的压力测试中资本水平显著下降的银行风险状况。他们指出，效率低下、结构复杂、盈利水平低、贷款组合规模小的金融机构在压力测试中得到了非常负面的效果。

宏观压力测试最大的贡献在于发生极端事件时，该方法可以模拟金融系统的稳定性。由此很多国家都利用这种方法评估金融体系的潜在风险，各国的监管当局对于这种方法格外重视，具有重大的政策意义。但是，这种方法很显然只考虑了宏观冲击对金融机构的直接影响，忽略了金融体系的内部传染。同时，这种方法数据较难获得，所以一般是由政府部门主导进行的。

除了上述五大类方法之外，有众多学者仍在致力于提出新的思路，根据M. Flood（2012）[35] 进行的梳理，目前大约有 30 种度量方法，但是这些方法大同小异，如何度量系统性风险并没有取得突破性进展。

（二）国内系统性风险测度文献梳理

国内在研究系统性风险的测度过程中，主要致力于将国际上提出的集中方法与中国金融发展的实际状况相结合，从而适用于测度中国系统性金融风险。本文基于共词分析中得出的关键词与国外风险测度的五种方法，来梳理国内关于系统性风险的测度。

1. CoVaR 模型

国内最先使用 CoVaR 模型的是高国华和潘英丽（2011）[36]，他们指出四大国有银行的风险传染效应最为显著。白雪梅和石大龙（2014）[37] 则利用该模型发现我国银行业对系统性金融风险的贡献最大。

此外，国内学者还将 CoVaR 模型与其他方法结合起来。主要有以下几种：

（1）与分位数回归技术相结合。曾裕峰（2017）[38] 构建相关模型估测中国 A 股市场的风险溢出效应影响。其中美国和中国香港对其影响最大。

（2）构建 GARCH－CoVaR 模型。戚逸康等（2018）[39] 构建了 BEKK－GARCH－CoVaR 模型。经过定量分析，发现在房地产市场热门时期房地产板块的风险溢出强度最大。张荧天等（2019）[40] 构建了 CARCH－DCC－CoVaR 模型来研究发生风险时，影子银行的溢出效应。

（3）构建 coupla－CoVaR 模型。夏海（2012）[41] 利用该模型，采用非参数核密度的方法来测度系统性风险。韩超和周兵（2019）[42] 基于 coupla 模型计算 VaR、CoVaR、ΔCoVaR，研究了银行系统性风险问题，并得出时变模型与 ΔCoVaR 结合后的模型更加准确灵敏的结论。

2. 或有权益分析法

国内最早使用 CCA 方法的是宋凌峰（2007）[43]。他指出研究系统性金融风险的识别与管理时，要综合使用资产负债表、VaR、CCA 等方法。此后，宫晓琳（2012a）[44]将 CCA 用于实证研究，测度了我国 2000～2008 年的系统性金融风险；宫晓琳（2012b）[45]将网络分析法与 CCA 相结合度量了我国的宏观金融风险。巴曙松等（2013）[46]则对 CCA 与 SCCA 理论进行了详细介绍，并未将其用于实证。袁金建等（2019）[47]将 GARCH 与 CCA 相结合，度量了系统性风险，并且进行了实证研究，结果表明，基于 GARCH 的 CCA 模型对于经济预测的能力显著优于传统的 CCA 模型。

3. MES

结合共现网络可以发现，国内基于期望损失的测度方法主要使用的是 MES。范小云等（2011）[48]指出，我国银行具有动态的 MES，且 MES 比较高的银行在遭到风险时更加脆弱。赵进文和韦文彬（2012）[49]利用 MES 测度系统性风险，比较了我国大型商业银行的风险贡献度与规模较小的股份制银行的贡献度。刘莹（2019）[50]结合 DCC－GARCH 模型度量风险方差，更加准确地测量系统性风险。

4. 网络分析法

国内利用网络分析法来测度系统性风险的起步比较晚，最先利用网络测度的是马君潞等（2007）[51]，他们利用 2003 年的银行数据度量了我国银行系统具有的双边传染效应。周再清、谭盛中和王弦洲（2008）[52]通过构造银行间网络指出，中小股份制银行更容易遭受系统性风险，因此对其进行防控管理更加具有迫切性。邓向荣、曹红（2016）[53]基于复杂网络模型构建中国系统性风险传染网络，并测量各个金融机构风险网络的范围、速度及风险的累积程度。胡宗义等（2018）[54]建立了信息系数网络模型，利用金融系统的相关性来预测风险，发现二者之间没有单调关系。

5. 宏观压力测试

我国利用压力测试方法进行系统性风险的测度起步较晚。黄璟（2004）[55]叙述了压力测试的定义与步骤，并指出如何选取压力测试方法。杨鹏（2005）[56]则比较了压力测试法与 VaR，指出压力测试法可以弥补 VaR 方法的缺陷，用来度量银行的系统性风险。任宇航（2007）[57]则使用了 logit 变化，选取 GDP、贷款利率、CPI 同比增长率为解释变量，银行违约率为承压指标度量了银行系统性风险。巴曙松（2010）[58]则阐述了如何在缺乏数据的情形下进行宏观压力测试。彭建刚（2015）[59]基于行业相关性，将压力测试与多元风险因子模型结合起来，对金融系统性风险进行测度，并反映它的作用机理。李伟（2018）[60]结合我国银行系统性风险生成机制进行系统性风险诱发因素的自上而下的压力测试，并得出结论，房地产价格下跌30%时极易引发金融系统性风险。

（三）总结

基于以上对国内外系统性风险测度方法的梳理，可以对五种常规方法做出比较，如表1所示。

表1　系统性风险度量方法比较

方法	优点	缺点
CoVaR模型	数据易获、操作简单； 可以更好地与金融机构具体特征相结合；甄别系统重要性机构	只度量单个机构的风险溢出，不能代表整体风险水平
CCA	具有前瞻性； 评估政策冲击； 风险传导过程较为清晰	模型假设不易获得； 过度放大风险； 稳健性有待加强
期望损益	三个指标均可以甄别出系统重要性金融机构；可以很好地与宏观审慎监管吻合	不具有全面性； MES作为事前指标预测金融系统性风险的有效性较差； SES测定不能揭示风险的来源以及金融系统性风险发生机制；同时它不适用于那些未发生过金融危机的国家
网络分析法	运用网络分析法对于系统性风险的刻画比较直观，而且贴合实际，能够有效反映出系统风险暴露的情况； 为宏观审慎监管提供了新思路	相对静态。因为构建网络模型时主要基于的是系统内部各机构所存在的双边关系
宏观压力测试法	可以模拟极端事件对于金融机构系统稳定性的影响，具有较大的政策意义	忽略了金融体系的内部传染； 数据难以获得，所以通常只能由政府部门主导进行测试

通过梳理上述文献发现，目前国内外在测度系统性金融风险时，主要采取以下四种方法：尾部风险度量方法（包括CoVaR模型和期望损失法）、CCA、关注机构关联结构的网络分析法以及宏观压力测试法。不同的方法具有不同的优劣势，但是各种方法实际上并没有真正认识到金融系统性风险的多维性，我们需要在原有模型的基础上，引入新的技术和方法对其进行改进。所以，要想在系统性风险测度取得突破性进展，还要走很长一段路。

对我国的金融系统性风险的度量，我国学者重视的是度量方法的应用，他们基于我国系统性风险的特点，将引入的度量方法进行改进与融合，使其适合我国的金融市场。因为我国并没有经历金融危机，而且受到我国金融市场发展的限制，我国学者在对系统性风险进行度量时，更倾向于使用网络分析法、CCA等方法。吴康成、朱敏（2019）[61]指出，通过比较我国目前所采用的多种系统性风险测量方法，最合理、最全面的方法是综合指数法，主要原因在于：一是该方法对历史事件做出了最综合的评定，并没有具体要求已存事实是否发生或发生的程度；二是该方法主要关注的是各个指标之间的关联，而不只是分析某次金融危机发生的原因，并且可以预测金融系统性风险的爆发时间；三是该方法虽然结构简单，但是可以和多种方法混合使用。事实证明，目前相关监管部门以及权威的金融机构也建议使用这种方法作为度量金融系统性风险的主要依据。

综上所述，目前我国金融系统性风险的度量需要解决以下几个问题：第一，由于我国金融市场发展并不完善，各种陈旧的经济体制并没有完全消除，而且没有经历过金融危机，所以在采取度量方法与构建量化指标时，要根据我国市场的实际发展情况采取度量方法。第二，我国的公开数据种类过少，并且频率也不能满足很多模型的要求，数据的缺乏以及较短期限的数据都会遗漏某些对风险有重要影响的事件。第三，我国的金融机构与国外机构之间的联系并不紧密。使得现有研究较少涉及国内机构与国外机构之间的风险传染问题。

四、金融系统性风险的传导

系统性金融危机发生后，不仅会在系统内部传导，而且会向实体经济传导，同时来自实体经济的风险也会向金融机构传播从而引发金融系统性风险。所以当发生风险时，无论是金融系统还是实体经济都会受到影响，当积累到一定程度后，金融危机就会爆发。因此，理解系统性金融风险的传导机制至关重要。本文基于共词分析，对国内外传导机制进行了文献梳理。

（一）国外系统性金融风险传导

1. 货币危机理论

对系统性风险传导的研究，最具有代表性的就是三代货币理论。Krugman（1979）[62]提出了第一代货币危机理论，为之后的发展奠定了基础。Flood和Gaeber（1984）[63]则对其提出的模型进行了拓展，认为政府采取特定的政策虽然对维持内部均衡起到了一定作用，但同时导致了外部均衡丧失。这样不断累积下去会导致政府外汇的消耗，当达到临界点时，货币危机就会爆发。

第一代货币危机的理论假设偏离了实际。所以，以 Obstfeld（1994）[64] 为首的学者提出了第二代货币危机理论，即多重均衡—自我实现危机理论。它是指出当公众预期对政府产生不利影响时，投机者行为会使公众丧失信心，使得政府没有办法保证固定汇率制，危机就会发生。这一模型也被称为"内生政策模型"。Krugman（1996）[65] 虽然承认第二代理论具有突出贡献，但是他并不认同相关观点。他指出第一代危机理论中危机发生的时机是可以预测的，但是第二代模型中，危机则变得不可预测。同时，二代模型中指出政府可以就是否钉住汇率进行抉择，意味着存在一定的"中间地带"，但是并没有指出该地带有多宽。Boschi 和 Goenka（2012）[66] 则研究了投机者风险厌恶程度与系统性风险之间的关系，发现当投机者风险厌恶程度提高时，就会导致其他国家债务成本的增加，造成货币贬值的危险，进而引发金融危机。

前两代货币金融危机是从宏观角度分析传导机制的，第三代货币危机理论则站在微观角度进行研究。具体可以分为以下三种：第一种是基于道德风险的解释。Mckinnon 和 Pill（1996）[67] 指出信息不对称的情况会导致金融中介存在严重道德风险问题，会引发货币危机。第二种是将货币危机看作银行挤兑的一种副产品。最具代表性的是 Radelet 和 Sachs（2000）[68]，他们构建了银行挤兑模型，指出当每个投资人都认为其他人不会提供贷款时，恐慌蔓延使他们纷纷撤资，导致大量项目被迫中途变现，从而导致资产价格下降、本币贬值，危机实现自我实现。第三种是基于资产负债表进行微观解释。Krugman（1999）[69] 基于资产负债表指出，丧失投资信心会影响资本流向和影响汇率，然后通过资产负债表对实体经济造成冲击，引发危机。Furman 和 Stiglitz（1998）[70]、Solomon（2003）[71] 则基于流动性理论分析了传导机制。Dornbusch（1999）[72] 认为东南亚之所以爆发金融危机是由于微观企业的资产负债表发生了恶化。

Krugman（2003）[73] 注意到第一代模型到第三代模型基本上围绕的都是固定汇率制度下的问题研究。在他看来，关于风险的研究不能只局限于银行系统或者虚拟经济本身，将研究目标延伸至实体经济可能更有助于理解风险的传导。由此他提出了第四代货币危机模型。在该模型中，他关注的焦点不再是资产负债表的负债侧，而变为了资产侧。在此基础上，后续研究者将其扩展到了制度研究领域，最具代表性的是 Lindholm（2006）[74] 的危机预警模型和 Thurner（2012）[75] 的基于 Agent 的危机模型。

2. 基于金融市场的角度

基于金融市场研究传导机制时，首先需要量化风险指标。常用的方法有金融压力指数、基于 VaR 模型的指标以及早期预警指标。Balakrishnan 等（2009）[76] 构建了新兴市场国家的金融压力指数，以此来分析新兴市场与发达国家间的传导路径问题。他们发现，发达国家的金融压力主要通过银行借贷这一路径向新兴经济体传导。Cardarelli 等（2009）[77]则利用金融压力指数来研究金融周期对实体经济的影响。他们发现银行部门的风险通过向实体经济传导致经济更严重的衰退。Gray 等（2014）[78]基于 CCA 模型，利用爱尔兰数据分析了房地产市场由于贷款产生的风险如何向银行部门传导，以及银行部门的风险如何向实体经济和政府部门传导。

此外，还有学者基于金融市场间关联性与互动性的角度来研究传导机制。Bekaert（1997）[79]研究了证券市场的关联性，提出国际定价模型来研究金融风险的传导。Caramazzaz 等（2000）[80]通过分析不同阶段的金融危机，检验了系统性风险如何通过市场关联性进行传导。Caillault 等（2005）[81]通过比较债券与股票市场之间的风险传导得出结论，系统性风险从股票市场传至债券市场所造成的影响较大。IMF（2011）[82]从关联风险角度出发，从时间维度和横截面维度出发刻画了系统性风险的时间点分布的性质，以此来研究风险在金融市场之间的传导。

综上所述，金融市场相关性的提高以及资本流动性的增强都使得金融市场的发展趋势趋向一体化，由此系统性风险的传动也随之增强。学者们指出金融市场是各种子市场的集合，子市场之间的关联性与互动性会引发整个系统的风险。而要想更好地度量风险在不同子市场之间的传导，就需要确定好金融风险的量化指标。目前，现有研究在进行实证研究时，所选取的模型与实际之间存在着很大的差距，构建的指标也不够完善，同时由于数据的获取较难，导致模型的解释力还有待提高，这也是今后需要完善和提高的地方。

3. 基于网络模型的传导

随着互联网金融的迅速崛起，各个金融机构之间以及各金融市场之间的联系逐渐变得紧密起来。金融机构之间的业务往来虽然提供了便利，但也成为系统性风险提供了传导途径。单个机构倒闭后，风险会通过网络传导到其他机构，由此导致更多机构倒闭，造成系统性风险。

从网络模型的结构来看，系统性风险的传导可以分为三类，如表 2 所示。

表 2　国外基于网络模型的传导机制分类

类别	年份	作者	主要结论
同部门间传导（以银行为例）	2000	Allen 和 Gale[83]	做出了开创性的理论工作，利用银行间网络结构来描述银行金融系统性风险传导，得出结论：更加完全的市场，连接哪家都可以降低系统性金融风险
	2004	Boss 和 Elisnger[84]	最早利用网络模型对银行间系统性风险传染进行了实证研究，发现奥地利的银行呈现群落聚集结构

续表

类别	年份	作者	主要结论
同部门间传导（以银行为例）	2009	Iazzetta 和 Manna[85]	基于意大利市场数据研究了哪家银行位于网络中心以至于它的倒闭会导致大规模的风险传播
	2012	Krause 和 Giansante[86]	首先利用仿真模型构建了银行网络，通过模拟说明了网络结构对于系统风险的重要性
	2019	Haelim Anderson[87]	利用资产负债表和银行间存款数据研究了《国家银行法》如何改变网络结构
跨部门间传导	2008	May 等[88]	银行和其他金融机构之间构成的网络会传导并且放大任意一个机构所带来的风险
	2012	Billio[89]	利用主成分分析和格兰因果检验度量金融机构间的关联度，将金融机构分为四大类（对冲基金类、银行类、交易精神类、保险类），指出银行类与保险类是系统性风险的重要来源
	2013	Yang 和 Zhou[90]	基于 CDS 价差数据研究了 43 家最大的国际金融机构风险的传染效应，同时利用聚类分析、主成分分析等构建了金融机构间的网络
	2016	Hardle[91]	将线性 LASSO 变量应用于非线性，构建了风险关联网络，识别出系统重要性金融机构。由此得出结论：危机发生会增加金融机构间的关联性，且变量间的非线性关系在非金融稳定期会变得更加明显
在实体经济与金融部门之间传导	2009	Castren 和 Kavonius[92]	最先根据国家负债表，将宏观经济分为政府、国外、银行、保险、其他金融机构、非金融企业、居民等几大部门，然后构建了风险在各部门间传导的网络模型
	2010	Gatti 等[93]	构建了银行与其贷款企业间的随机网络。他们发现：企业净值与借贷利率存在交互作用，这一作用通过借贷关系可以改变随机网络结构，进而影响风险在网络间的传导路径
	2011	Gray Jobst[94]	运用 CCA 构建了网络模型。他们发现：部门间的风险联动机制的存在使得政府担保行为会放大风险产生的后果
	2014	Riccetti[95]	在 Gatti 研究的基础上，进一步得出结论：企业的顺周期性会使得系统性风险进行多轮传染，加大风险传染的力度

通过上述列举可以发现，国外基于网络模型研究金融系统性风险时，主要从两个角度出发：一是基于金融体系内部结构进行分析；二是考虑实体经济与金融体系之间的关系，考察实体部门对于系统性风险的反馈与强化机制。但是，尽管

相关研究文献已经十分丰富，但是仍然存在着不足：一是缺乏对传导机制的全面描绘。现有研究往往着重研究在银行部门之间的传导或者实体经济在传导中的影响，但是缺乏对于二者的结合。二是目前的研究大多数只是粗略地构建金融网络拓扑机构，缺乏对细节的刻画。

（二）国内系统性风险传导

1. 基于地方政府债务传导

地方政府债务是指地方政府未能在规定时间内偿还债务从而产生风险。我国学者从这一宏观层面研究了系统性金融风险。刘方涛（2011）[96]指出，隐性财政赤字会通过地方政府等机构或者政策传导这两个途径传至金融部门。李永（2013）[97]认为，地方政府债务所导致的风险传导路径主要包含内外两种传导机制。其中内部传导是指政府机构间的纵向传导和同级横向传导；外部传导则是指传导在地方政府与市场间进行。刘冰（2015）[98]将地方政府债务风险传导机制划分为四种：政府上下级传导、银行路径、实体经济路径以及资本市场路径。

还有一部分学者在影子银行的基础上探讨风险传导路径。朱海斌等（2013）[99]认为，影子银行不仅对地方政府债务存在风险溢出效应，而且二者均会加剧金融系统失衡。王永钦（2014）[100]认为，地方政府与信托公司合作的影子银行将其地方债务证券化，但是这种合作降低了金融体系的公开程度，有可能会爆发系统性风险。张平（2017）[101]认为，随着影子银行的不断创新，会加剧地方政府债务的隐性化。倘若缺乏监管的，影子银行就会引发系统性金融风险。

随着全国地方政府债务余额的不断提高，各界普遍开始关注政府债务规模的扩大问题。目前，我国学者普遍认为，地方政府债务主要依靠银行等机构进行风险传导。它主要通过削弱其资产质量形成违约风险，由此引发风险。但是这些观点并不足以形成一个全面完整的理论，明确地方政府债务风险如何传导还任重道远。

2. 跨市场传导

系统性风险还基于跨市场传染效应。李宗怡和李玉海（2005）[102]估计银行体系的风险传染后发现：同业拆借市场发生风险后，其溢出效应会跨市场影响其他金融机构。岳正坤和张勇（2014）[103]利用 VAR 模型研究了货币市场、股票市场以及债券市场之间的风险传导，得出结论：货币市场的波动经由债券市场更容易传至股市。周天芸等（2014）[104]基于 CoVaR 模型以及分位数回归分析并比较了银行、证券以及保险市场三个不同类别的金融机构的风险溢出水平，发现银行业是最稳定的。同时，金融机构间的风险溢出具有非对称性的显著特征。俞中等（2017）[105]利用 E－CoVaR 模型度量银行市场、债券市场、保险市场之间的风险传染强度。他们发现银行业的风险传染强度大于证券市场，二者又大于保险市场。杨扬和徐汇（2018）[106]指出，多层次资本市场在不断发展，经验规模由分业经营向混业经营渗透转变，由此他们基于静态、动态 CoVaR 模型研究了银行业、证券、保险等各子系统的传导机制，并在此基础上形成了一个量化的风险监测模型。

此外，我国金融市场的不断开放，国内学者开始研究国际间金融市场的系统性风险传导。龚朴和黄荣兵（2009）[107]利用 t - copula 模型测算了2008年金融危机对内地股市产生的影响。结果显示由次贷危机所引起的美国股市风险向内地市场传导时一般需要通过香港的市场。王永巧等（2011）[108]利用时变 coupla 模型研究了开放进程下中国大陆股市与美国、日本、英国股市间的风险传导问题。程棵等（2012）[109]以32个经济体为基础进行研究，时间跨越了2008年金融危机前后21个季度。由此得出结论：系统性风险的传导可以分为两个渠道：国际贸易途径以及金融资本途径。靳玉英和周兵（2013）[110]则运用金融压力指数测算了12个新兴市场国家的风险传染并得出了相关结论。

总之，中国市场在加入 WTO 后逐渐走向国际化，全球经济的联系也更加紧密，由此可预见一国的金融市场发生风险必定会影响全球金融，所以研究跨国市场之间的系统性风险传染也是很有必要的。

3. 基于网络模型的传导

同国外文献梳理一致，我国利用网络模型进行的风险传导机制研究，可以分为三类，如表3所示。

表3　国内基于网络模型的传导机制分类

类别	年份	作者	主要结论
同部门间传导（以银行为例）	2007	马君潞、范小云、曹元涛[111]	同业拆借市场的网络结构以中国银行为中心，如果商业银行倒闭，通过传导机制所引发的损失不会造成其余银行破产，但是如果诱导因素为中国银行的话，则可能造成整个系统崩溃
	2012	高国华、潘英丽[112]	研究银行市场双边传染风险，发现银行资本流动以及风险传导的中心环节是国有大型银行
	2013	邓晶、曹诗男[113]	银行体系间的流动性不足时，风险在紧密关联银行网络间会加速传染，此时只有减少银行间的关联性才能有效缓解这一问题
	2015	王晓枫[114]	主要关注网络结构对银行风险传导效应的影响。结果表明，随着银行数量的增加银行风险的传染效应会降低，并且最终趋于稳定

续表

类别	年份	作者	主要结论
跨部门间传导	2013	梁琪等[115]	利用复杂网络模型、Granger 因果检验构建中国风险传染效应，研究发现非银行金融机构间也存在风险传染
	2016	邓向荣[116]	
	2016	李政[117]	利用银行、债券和保险的股票市场价格，采用 Granger 因果检验构建了金融机构之间的网络，反映了我国金融机构总体关联性在持续上升，系统性风险在不断累积
	2018	胡宗义[118]	建立了一个互信息系数网络模型，发现金融机构与风险之间不只是单纯的单调关系
	2018	郝丹辉、刘超[119]	基于复杂网络，利用最小生成树分析了风险跨市场传导机制。结果表明，利用我国金融市场所刻画出的网络呈现小世界特征，进一步识别出风险跨市场传导可能存在的路径
	2020	杨子晖、陈里璇、陈雨恬[120]	构建非线性关联网络，研究全球 19 个国家的经济政策不确定性与系统性风险的关系，发现风险传染途径为"股票市场—经济政策不确定性—外汇市场"
在实体经济与金融部门之间传导	2012	宫晓琳[121]	基于家庭部门、企业部门、金融部门之间的联系，指出实体经济部门与金融部门间存在金融资产的多种关联关系，导致发生多轮传染
	2015	吕劲松[122]	个别企业发生风险，会通过担保链迅速向其他机构扩散。这会导致信贷风险最终扩散至整个金融领域，形成了系统性金融风险
	2017	荆思寒[123]	构建了银行—企业间的 Agent－Based 模型，以此来研究企业部门以及银行部门间风险传导的内生性演化规律
	2019	刘磊、刘健[124]	基于各部门的资产负债表改进宏观金融网络模型，指出实体经济部门的主要风险集中于非金融企业

国内学者利用网络分析法主要研究了以下问题：一是从网络整体结构出发研究机构之间以及与实体经济之间的传导机制；二是以网络节点为基础识别出重要性金融机构。但是，同国外研究一样，国内的相关研究也存在不少缺点。除上述描述外，最主要的缺陷在于缺乏基于中国现实的网络研究。许多研究都基于发达国家的金融市场，关于中国实际市场的网络研究文献较少。此外，很少有文献将央行考虑在内，很多文献认为金融风险的传导是迅速的，但央行决策较为缓慢，其对金融风险传导的影响是不可忽视的。

4. 总结

在研究系统性金融风险的传导时，由于各国的金融市场发展不同步且各具特点，也就产生了不同的研究理论。但是，目前国内外高度一致并且最常用的方法就是利用复杂网络进行分析。通过梳理国内外关于复杂网络的文献可以发现，目前该方法存在以下主要问题：

首先，不能只是粗糙地刻画整体金融网络结构，而应该基于节点聚类分布、图组件分布等细节来研究金融风险传导范围与强度。

其次，要具体地分析不同网络结构对传导的影响。目前，最常用的网络结构是规则网络与随机网络。随着复杂网络的发展，人们发现网络结构还包括桥型网络、小世界网络、无标度网络等，这些都应该纳入考虑范围。

最后，目前所构建的网络是非常基本的结构，与现实偏差较大，虽然这类模型得到的结果较为清晰，但是采用仿真模型可以得到与现实相近的模型，所以这也可以作为未来研究的一个趋势。

五、结论与展望

本文通过梳理国内外关于金融系统性风险的相关研究，对系统性金融风险的测度与传导基本上有了较全面的了解。为了进一步防范与化解金融系统性风险，学者们致力于研究如何度量金融系统性风险以及其传导机制。虽然研究成果较丰富，但是仍有需要完善的地方。对于度量系统性风险来说，目前每种测度方法都有一定的适用条件与使用范围；同时，学者们提出的研究方法并不能准确捕捉到系统性风险的复杂性与多维性，得出的结果与简单的指标测度结果差别不大。对于系统性风险的传导机制来说，国内外的研究对象多集中在银行间的同业传导，或者集中于两个金融子市场，基于三个或三个以上子市场的研究较少，对实体经济与金融部门之间的传导的研究更少。

相比于国外学者的研究成果，国内学者虽然取得了进展，但仍具有一定的滞后性。国内学者没有把过多精力放在研究新的度量方法与机制上，而是侧重于应用度量方法与传导机制。他们基于中国特有的金融特征，对国外已有研究方法进行了改进与融合。但是仍然存在不足，对此提出以下建议：

一是要设计针对我国金融系统性风险体系的测度方法。首先，我国并没有经历过金融危机，金融体系与国外相比也有很大的差异，所以缺乏很多危机时期的数据与指标，导致从国外引入的许多度量方法对我国金融体系并不适用，所以如何获得金融数据，设计符合中国系统性测度的方法是接下来需要研究的重点。其次，我国互联网金融发展迅速，但是其风险传染性高，市场并不完善，同时针对其设计的法律法规存在滞后性，而且针对这一块的测度研究较少。因此，构建基于互联网金融的基本特征的风险测度模型来评价其系统性风险。最后，随着我国开放程度的不断扩大，要着重研究国内外机构之间的传染度量问题。

二是针对我国系统性风险的传导研究。首先，研究不仅聚焦于一个或者两个金融市场，还要研究三个及三个以上子市场的影响，甚至是与实体经济之间的传导。其次，虽然我国目前的政府债务处于可控状态，但是地方政府债务问题日益严重。吴盼文等（2013）[125]、张平（2017）[101]着重研究了隐性债务给系统性风险带来的隐患。因此，基于政府债务的风险传导研究，防范隐性债务迅速扩张至金融体系也是研究的重点。最后，如何更好地刻画符合实际的网络模型来研究风险传导，以及采用哪些特征来刻画网络结构是今后研究者们需要考虑的重点。

参考文献

[1] FSB, BIS, IMF, Macroprudential Policy Tools and Frameworks［R］. Progress Report to G20, 2011.

[2] Kaufman, George G. Bank Failures, Systemic Risk, and Bank Regulation［J］. Cato Journal, 1996, 16 (1)：17 – 45.

[3] Schwarcz S. L. Markets, Systemic Risk, and the Subprime Mortgage Crisis［J］. Social Science Electronic Publishing, 2008 (2)：209 – 216.

[4] 巴曙松，左伟，朱元倩. 金融网络及传染对金融稳定的影响［J］. 财经问题研究, 2013 (2)：3 – 11.

[5] Minsky H. P. Stabilizing an Unstable Economy［M］. Yale：Yale University Press, 1986.

[6] 唐文进，苏帆. 极端金融事件对系统性风险的影响分析——以中国银行部门为例［J］. 经济研究, 2017, 52 (4)：1, 7 – 33.

[7] Adrian T. , M. Brunnermeier. CoVaR［D］. Princeton University Working Paper, 2011.

[8] Chen K. H. , K. Khashanah. Measuring Systemic Risk：Copula – CoVaR［D］. SSRN Working Paper, 2014.

[9] Qifa Xu. Mengting Li, Cuixia Jiang, Yaoyao He. Interconnectedness and Systemic Risk Network of Chinese Financial Institutions：A LASSO – CoVaR Approach［J］. Physica A：Statistical Mechanics and Its Applications, 2019 (4)：534.

[10] Adrian T. , Brunnermeier M. K. CoVaR［J］. American Economic Review, 2016, 106 (7)：1705 – 1741.

[11] Merton R. C. Theory of Rational Option Pricing［J］. The Bell Journal of Economics and Management Science, 1973, 4 (1)：141 – 183.

[12] Gray D. F. , Merton R. C. , Bodie Z. New Framework for Measuring and Managing Macro Financial Risk and Financial Stability［R］. NBER Working Paper, 2007.

[13] Gray D. F. , Jobst A. A. Systemic CCA – A Model Approach to Systemic Risk［R］.

Working Paper, 2010.

[14] Gray D. et al. Modeling Banking, Sovereign, and Macro Risk in a CCA Global VAR [R].
SSRN Working Paper, 2013.

[15] Gray D. Analyzing Real Estate, Financial Sector and Sovereign Risks and Economic Impact
[R]. Presented at the Macro Financial Modeling Group Meeting, 2014.

[16] Acharya V. et al. Measuring Systemic Risk [D]. New York University Paper, 2010.

[17] Idier J. G. Lame & J. S. Mesonnier. How Useful is the Marginal Expected Shortfall for the
Measurement of Systemic Exposure? A Practical Assessment [R]. ECB Working Paper, No. 1546,
2013.

[18] Acharya V. R. Engle, and M. Richardson. Capital Shortfall: A New Approach to Ranking
and Regulating Systemic Risks [J]. American Economic Review, 2012, 102 (3): 59 - 64.

[19] Brownlees C., R. Engle. Volatility, Correlation and Tails for Systemic Risk Measurement
[R]. NYU Working Paper, 2011.

[20] Benoit S. et al. A Theoretical and Empirical Comparison of Systemic Risk Measures [R].
LEO Working Paper, 2013.

[21] Hua Zhou, Wenjin Liu, Liang Wang. Systemic Risk of China's Financial System (2007 -
2018): A Comparison between CoVaR, MES and SRISK across Banks, Insurance and Securities Firms
[J]. The Chinese Economy, 2020, 53 (3): 221 - 245.

[22] Christian Brownlees, Robert F. Engle. SRISK: A Conditional Capital Shortfall Measure of
Systemic Risk [J]. Review of Financial Studies, 2017, 30 (1): 48 - 79.

[23] Allen F., Gale D. Financial Contagion [J]. Journal of Political Economy, 2000, 108
(1): 1 - 33.

[24] Upper C., A. Worms. Estimating Bilateral Exposures in the German Interbank Market: Is
There a Danger of Contagion [J]. European Economic Review, 2004, 48 (4): 827 - 849.

[25] Chan - Lau J., M. Espinosa, and J. Sole. On the Use of Network Analysis to Assess Sys-
temic Financal Linkages [R]. IMF Working Paper, 2009.

[26] IMF. Global Financial Stability Report: Responding to the Financial Crisis and Measuring
Systemic Risks [R]. IMF Working Paper, 2009.

[27] Upper C. Simulation Methods to Assess the Danger of Contagion in Interbank Market [J].
Journal of Financial Stability, 2011, 7 (3): 111 - 125.

[28] Glasserman P., H. P. Young. How Likely is Contagion in Financial Networks? [J]. Jour-
nal of Banking & Finance, 2015, 50 (1): 383 - 399.

[29] Cifuentes R., Ferrucci, G., H. Shin. Liquidity Risk and Contagion [J]. Journal of the
European Economic Association, 2005, 3 (2): 556 - 566.

[30] Chen C., Lyengar G., Monallemi C. C. Asset - based Contagion Models for Systemic Risk
[EB/OL]. http: //moallemi. com/ciamac/papers/asset - contagion - 2014. pdf.

[31] Duarte F., Eisenbach T. Fire - sale Spillovers and Systemic Risk [R]. Federal Reserve
Bank of New York Working Paper, 2015.

［32］Alfaro R., M. Drehmann. Macro Stress Tests and Crises：What Can We Learn？［R］. BIS Quarterly Review, 2009.

［33］Duffie D. Systemic Risk Exposures：A 10 – by – 10 – by – 10 Approach［R］. Stanford University Working Paper, 2011.

［34］Nicolás Gambetta, María Antonia García – Benau, Ana Zorio – Grima. Stress Test Impact and Bank Risk Profile：Evidence from Macro Stress Testing in Europe［J］. International Review of Economics and Finance, 2011（61）：347 – 354.

［35］Bisias D., M. Flood A. Lo, S. Valavanis. A Survey of Systemic Risk Analytic［R］. Office of Financial Research Working Paper, 2012.

［36］高国华，潘英丽. 银行系统性风险度量——基于动态 CoVaR 方法的分析［J］. 上海交通大学学报, 2011（12）：1753 – 1759.

［37］白雪梅，石大龙. 中国金融体系的系统性风险度量［J］. 国际金融研究, 2014（6）：75 – 85.

［38］曾裕峰，温湖炜，陈学彬. 股市互联、尾部风险传染与系统重要性市场——基于多元分位数回归模型的分析［J］. 国际金融研究, 2017（9）：86 – 96.

［39］戚逸康，袁圆，李连发. 我国房地产板块与整体股市的溢出效应以及风险相关性——来自实证分析的证据［J］. 上海经济研究, 2018（6）：58 – 67.

［40］张荧天，苏宏波，余卓桢. 我国各类影子银行对商业银行风险溢出效应研究——基于 GARCH – DCC – CoVaR 模型［J］. 西部皮革, 2019, 41（18）：81 – 82.

［41］夏海. 中美股市风险溢出效应研究［D］. 南京财经大学硕士学位论文, 2013.

［42］韩超，周兵. 基于时变 Copula – CoVaR 商业银行系统性金融风险溢出分析［J］. 西南师范大学学报（自然科学版）, 2019, 44（8）：72 – 77.

［43］叶永刚，宋凌峰. 宏观金融工程论纲［J］. 经济评论, 2007（1）：89 – 93.

［44］宫晓琳. 未定权益分析方法与中国宏观金融风险的测度分析［J］. 经济研究, 2012, 47（3）：76 – 87.

［45］宫晓琳. 宏观金融风险联动综合传染机制［J］. 金融研究, 2012（5）：56 – 69.

［46］巴曙松，居姗，朱元倩. SCCA 方法与系统性风险度量［J］. 金融监管研究, 2013（3）：1 – 12.

［47］袁金建，刘海龙. 基于时变波动率 CCA 方法的银行业系统性风险度量［J］. 系统管理学报, 2019, 28（6）：1085 – 1094.

［48］范小云，王道平，方意. 我国金融机构的系统性风险贡献测度与监管——基于边际风险贡献与杠杆率的研究［J］. 南开经济研究, 2011（4）：3 – 20.

［49］赵进文，韦文彬. 基于 MES 测度我国银行业系统性风险［J］. 金融监管研究, 2012（8）：28 – 40.

［50］刘莹. 基于 MES 测度的我国金融机构系统性风险研究［J］. 市场研究, 2019（10）：32 – 35.

［51］马君潞，范小云，曹元涛. 中国银行间市场双边传染的风险估测及其系统性特征分析［J］. 经济研究, 2007（1）：68 – 78, 142.

［52］周再清，谭盛中，王弦洲．我国银行间市场传染性的风险测试［J］．统计与决策，2008（16）：45－46.

［53］邓向荣，曹红．系统性风险、网络传染与金融机构系统重要性评估［J］．中央财经大学学报，2016（3）：52－60.

［54］胡宗义，黄岩渠，喻采平．网络相关性、结构与系统性金融风险的关系研究［J］．中国软科学，2018（1）：33－43.

［55］黄璟．金融稳定评估与中国银行业压力测试分析［J］．中国农业银行武汉培训学院学报，2004（3）：15－17.

［56］杨鹏．压力测试及其在金融监管中的应用［J］．上海金融，2005（1）：27－30.

［57］任宇航，孙孝坤，程功，夏恩君．信用风险压力测试方法与应用研究［J］．统计与决策，2007（14）：101－103.

［58］巴曙松，朱元倩．压力测试在银行风险管理中的应用［J］．经济学家，2010（2）：70－79.

［59］彭建刚，易昊，潘凌遥．基于行业相关性的银行业信用风险宏观压力测试研究［J］．中国管理科学，2015，23（4）：11－19.

［60］李伟．商业银行系统性金融风险压力测试模拟研究［J］．财经问题研究，2018（6）：58－65.

［61］吴康成，朱敏．中国系统性风险测度——基于中国金融体系的研究［J］．财会学习，2019（4）：156.

［62］Krugman P. A Model of Balance of Payments Crisis［J］. Journal of Money, Credit and Banking, 1979, 11（3）：311－325.

［63］Flood R. P., Garber P. M. Collapsing Exchange Rate Regime：Some Linear Example［J］. Journal of International Economics, 1984, 17（1/2）：1－13.

［64］Obstfeld M. The Logic of Currency Crises［R］. NBER Working Paper, No. 4640, 1994.

［65］Krugman, Paul, Are Currency Crises Self – Fulfilling?［J］. Nber Macroeconomics Annual, 1996（11）：345－378.

［66］Boschi M, Goenka A. Relative Risk Aversion and the Transmission of Financial Crises［J］. Journal of Economic Dynamics and Cotrol, 2012, 36（1）：85－99.

［67］McKinnon R., Pill H. Credible Liberalizations and International Capital Flows：The Overborrowing Syndrome［D］. Chicago University Papers, 1996.

［68］Radelet S., Sachs J. D. The Onset of the East Asian Financial Crisis［J］. Socialence Electronic Publishing, 2000, 47（6）：915－929.

［69］Krugman P. R. Balance Sheets, The Transfer Problem, and Financial Crises［J］. International Tax & Public Finance, 1999, 6（4）：459－472.

［70］Furaman J., Stiglitz J. E. Economic Crises：Evidence and Insights from East Asia［J］. Brooking Papers on Economic Acitivity, 1998（2）：1－135.

［71］Solomon R H. Anatomy of a Twin Crises［R］. Bank of Canada Working Paper,

No. 41, 2003.

［72］Dornbusch R. After Asia: New Directions for the International Financial System ［J］. Journal of Policy Modeling, 1999, 21（3）: 289 – 299.

［73］Krugman P. Crises: The Next Generation?［M］. Cambridge: Cambridge University Press, 2003: 15 – 33.

［74］Liu S., Lindholm C. K. Assessing Early Warning Signals of Currency Crises: A Fuzzy Clustering Approach ［J］. Finance and Management, 2006, 14（4）: 179 – 202.

［75］Stefan Thurner, J. Doyne Farmer, John Geanakoplos. Leverage Causes Fat Tails and Clustered Volatility ［J］. Quantitative Finance, 2012, 12（5）: 695 – 707.

［76］Balakrishnan R., Danninger S., Elekdag S., Tytell L. The Transmission of Financial Stress from Advanced to Emerging Economic ［R］. IMF Working Paper, 2009.

［77］Caradelli R., Selim E., Subir L. R. Financial Stress, Downloads, and Recoveries, Forthcoming ［R］. IMF Working Paper, 2009.

［78］Gray D. F. Analyzing Real Estate, Financial Sector, and Sovereign Risks and Economic Impact. Using Contingent Claims Analysis: Framework and Application to Ireland ［R］. Working Paper, 2014.

［79］Bekaert G., Harvey C. R. Emerging Equity Market Volatility ［J］. Journal of Financial Economics, 1997, 43（1）: 29 – 77.

［80］Caramazza F., Ricci L., Salgado R. Trade and Financial Contagion in Crises ［R］. IMF Working Paper, 2000.

［81］Caillault C., Guegan D. Empirical Estimation of Tail Dependence Copulas: Application to Asian Markets ［J］. Quantitative Finance, 2005, 5（5）: 489 – 501.

［82］IMF, BIS, FSB. Guidance to Assess the Systemic Importance of Financial Institutions, Markets and Instruments: Initial Considerations ［R］. Work Report, 2011.

［83］Allen F., Gale D. Financial Contagion ［J］. Journal of Political Economy, 2000（1）: 1.

［84］Boss M., Elsinger H., Summer M., et al. Network Topology of the Interbank Market ［J］. Quantitative Finance, 2004, 4（6）: 677 – 684.

［85］Manna M., Iazzetta C. The Topology of the Interbank Market: Developments in Italy Since 1990 ［J］. Economic Working Papers, 2009.

［86］Andreas Krause, Simone Giansante. Interbank Lending and the Spread of Bank Failures: A Network Model of Systemic Risk ［J］. Journal of Economic Behavior and Organization, 2012, 83（3）.

［87］Haelim Anderson, Mark Paddrik, Jessie Jiaxu Wang. Bank Networks and Systemic Risk: Evidence from the National Banking Acts ［J］. American Economic Review, 2019, 109（9）: 3125 – 3161.

［88］May R. M., Levin S. A., Sugihara G. Complex Systems: Ecology for Bankers ［J］. Nature, 2008, 451（7181）: 893 – 895.

［89］Billio M. , Getmansky M. , Lo A. W. , L. Pelizzon. Econometric Measures of Systemic Risk in the Finance and Insurance Sectors ［J］. Journal of Financial Economics, 2012, 104（3）: 535 – 559.

［90］Yang J. , Zhou Y. , Credit Risk Spillovers among Financial Institutions around the Global Credit Crisis: Firm – Level Evidence ［J］. Management Science, 2013, 59（10）: 2343 – 2359.

［91］Hardle W. K. , Wang W. , Yu L. Tenet: Tail – Event Driven Network Risk ［J］. Journal of Econometrics, 2016, 192（2）: 499 – 513.

［92］Castren O. , Kristian Kavonius. Balance Sheet Interlingkages and Macro Financial Networks ［R］. Working Paper, Tilburg University, 2009.

［93］Gatti et al. The Financial Accelerator in an Evolving Credit Network ［J］. Journal of Economic Dynamics & Control, 2010（34）: 627 – 1650.

［94］Gray D. , A. Jobst. New Directions in Financial Sector and Sovereign Risk Management ［J］. Journal of Investment Management, 2011, 8（1）: 23 – 38.

［95］Luca Riccetti, Leonardo Bargigli, Mauro Gallegati, Alberto Russo. Network Analysis and Calibration of the Leveraged Network – based Financial Accelerator ［J］. Journal of Economic Behavior and Organization, 2014（9）: 109 – 125.

［96］刘方涛. 政府财政行为对金融风险影响的分析及定位 ［J］. 改革与战略, 2011, 27（11）: 66 – 67, 93.

［97］李永. 我国地方政府债务风险传导机制研究 ［D］. 西南交通大学硕士学位论文, 2013.

［98］刘冰. 地方政府性债务风险传导路径与免疫机制 ［D］. 重庆理工大学硕士学位论文, 2015.

［99］朱海斌、吴向红、姜璐、李丽丽、Grace Ng, Lu Ting, Katherine Lei. 中国金融行业风险 ［J］. 金融发展评论, 2013（8）: 50 – 70.

［100］王永钦. 城市化过程中的地方政府融资 ［J］. 中国经济周刊, 2014（28）: 84 – 85.

［101］张平. 我国影子银行风险助推了地方政府债务风险吗? ——风险的传导机制及溢出效应 ［J］. 中央财经大学学报, 2017（4）: 3 – 13.

［102］李宗怡、李玉海. 我国银行同业拆借市场"传染"风险的实证研究 ［J］. 财贸研究, 2005（6）: 51 – 58.

［103］岳正坤、张勇. 货币市场、债券市场对沪深 300 指数溢出效应的实证研究 ［J］. 宏观经济研究, 2014（3）: 100 – 108, 135.

［104］周天芸、杨子晖、余洁宜. 机构关联、风险溢出与中国金融系统性风险 ［J］. 统计研究, 2014, 31（11）: 43 – 49.

［105］俞中、佟孟华、邢秉昆, 我国金融市场间风险传染与系统性风险溢出效应——基于银行、证券、保险市场的 E – CoVaR 模型分析 ［J］. 上海立信会计金融学院学报, 2017（5）: 5 – 14.

［106］杨扬、徐汇. 金融市场银、证、保系统性风险传导和溢出效应研究——基于静、动态 CoVaR 模型分析 ［J］. 区域金融研究, 2018（12）: 25 – 32.

［107］龚朴，黄荣兵．次贷危机对中国股市影响的实证分析——基于中美股市的联动性分析［J］．管理评论，2009，21（2）：21－32．

［108］王永巧，刘诗文．基于时变 Copula 的金融开放与风险传染［J］．系统工程理论与实践，2011，31（4）：778－784．

［109］程棵，陆凤彬，杨晓光．次贷危机传染渠道的空间计量［J］．系统工程理论与实践，2012，32（3）：483－494．

［110］靳玉英，周兵．新兴市场国家金融风险传染性研究［J］．国际金融研究，2013（5）：49－62．

［111］马君潞，范小云，曹元涛．中国银行间市场双边传染的风险估测及其系统性特征分析［J］．经济研究，2007（1）：68－78，142．

［112］高国华，潘英丽．基于资产负债表关联的银行系统性风险研究［J］．管理工程学报，2012，26（4）：162－168．

［113］邓晶，曹诗男，潘焕学，秦涛．基于银行间市场网络的系统性风险传染研究［J］．复杂系统与复杂性科学，2013，10（4）：76－85．

［114］王晓枫，廖凯亮，徐金池．复杂网络视角下银行同业间市场风险传染效应研究［J］．经济学动态，2015（3）：71－81．

［115］梁琪，李政，郝项超．我国系统重要性金融机构的识别与监管——基于系统性风险指数 SRISK 方法的分析［J］．金融研究，2013（9）：56－70．

［116］邓向荣，曹红．系统性风险、网络传染与金融机构系统重要性评估［J］．中央财经大学学报，2016（3）：52－60．

［117］李政，梁琪，涂晓枫．我国上市金融机构关联性研究——基于网络分析法［J］．金融研究，2016（8）：95－110．

［118］胡宗义，黄岩渠，喻采平．网络相关性、结构与系统性金融风险的关系研究［J］．中国软科学，2018（1）：33－43．

［119］刘超，郝丹辉，唐孝文，刘宸琦．基于复杂网络的金融风险跨市场传导机制研究——以金融危机时期（2007～2009 年）数据为例［J］．运筹与管理，2018，27（8）：155－161，181．

［120］杨子晖，陈里璇，陈雨恬．经济政策不确定性与系统性金融风险的跨市场传染——基于非线性网络关联的研究［J］．经济研究，2020，55（1）：65－81．

［121］宫晓琳．宏观金融风险联动综合传染机制［J］．金融研究，2012（5）：56－69．

［122］吕劲松．担保链贷款风险分析［J］．中国金融，2015（12）：23－25．

［123］荆思寒．银行部门与实体经济间的风险反馈效应——基于 Agent - Based Model 的研究［J］．东北财经大学学报，2017（6）：37－44．

［124］刘磊，刘健，郭晓旭．金融风险与风险传染——基于 CCA 方法的宏观金融网络分析［J］．金融监管研究，2019（9）：35－50．

［125］吴盼文，曹协和，肖毅，李兴发，鄢斗，卢孔标，郭凯，丁攀，徐璐，王守贞．我国政府性债务扩张对金融稳定的影响——基于隐性债务视角［J］．金融研究，2013（12）：57，59－71．

投资者情绪与股价崩盘风险的研究述评

蔡袁曼

摘要：股价崩盘是资本市场中较为极端的现象，给资本市场和投资者财富都造成了极大的负面冲击。不理性投资者的盲目乐观，逐渐使得股价攀升形成泡沫，导致股价崩盘风险增大。投资者情绪由于可以通过影响投资者的心理活动从而影响其投资决策，因此日益受到金融风险管理领域研究者的关注。本文通过回顾和梳理投资者情绪与股价崩盘风险的相关研究，在剖析投资者情绪形成机理的基础上，分别从行为金融及投资者两个视角，系统地阐述了二者之间的联系。此外，本文试图通过梳理投资者情绪对股价崩盘风险的作用机理，在总结现有研究成果的基础上，指出未来可以从投资者情绪波动及不同特征的公司股票价格崩盘风险等角度对二者的相关性进行研究。

关键词：投资者情绪；行为金融；股市泡沫；股价崩盘风险

一、引　言

股价崩盘也称股价暴跌，股价的暴涨暴跌严重干扰了资本市场的正常秩序，大大降低了市场资源的配置效率，严重时可能使经济和社会出现动荡。2015 年，我国 A 股在持续上涨后，短时间内市场出现剧烈波动，继而出现了约千只股票日内先涨停后跌停，甚至出现千股停牌等大起大落的态势；2018 年连续两次熔断后停牌，收盘时大盘暴跌 7%，这严重影响了我国经济。除此之外，与股价暴涨相比，股价崩盘的现象则更为明显（Baker – Wurgler, 2006）[1]。一方面，股价崩盘会使投资者的财富大幅缩水，使其收益惨淡，从而严重影响其投资积极性；另一方面，股价崩盘会影响投资者的信心，造成市场动荡，进而影响资本市场的健康发展。

而传统金融理论认为市场是有效的，即股票的价格走势可以准确、全面地反映上市公司当前和未来的价值，从而使二级市场的股票价格不出现偏误，但此理论无法解释资本市场的异质收益问题。随着行为金融学的不断发展，学者们开始引入投资者情绪因素解释股票的异质回报。对投资者情绪的研究最早出现在20世纪80年代初，不再束缚于传统的资本市场和经济模式的理论框架，并特别注重从人类的情感及行为的新视角去研究投资者自身的行为对资本市场的影响。行为金融学率先拓展了古典经济学的理性人假设，行为金融理论认为投资者的决策并不是完全理性的，而应是有限理性的。行为金融学理论表明，公司的股票价格除了由企业自身内在价值所决定，市场中投资者主体行为的影响也不容忽视。投资者进行投资和交易时并不是完全理性的，难免会受到自身情绪因素的影响。同时，投资者在不同市场进行套利时，在一定程度上会受到成本和卖空条件的限制，因此市场并非完全有效，即资产的价格所反映的信息不够全面。

通常情况下，个人投资者都会凭借感觉，利用自己所获得的市场信息进行交易，导致其在情绪波动下往往不会进行理性判断，随着市场行情变化还极有可能表现出对市场预期情绪的过度反应。在情绪乐观时，投资者对公司的正面消息往往具有更积极的反应甚至反应过度，却对负面消息具有更消极的反应甚至反应不足；情绪悲观时则正好相反（蒋玉梅和王明照，2010）[2]。股市行情较好时，投资者往往会对股票的内在价值大小视而不见，从而过度追涨，虽然投资者能在短期内获得较可观的收益，但却使股票价格严重偏离其内在价值。一旦股票价格向内在价值回归，会使投资者的投资收益在短时间内大幅下滑。此时，非理性投资者由于悲观情绪而引发的杀跌行为又会在股市中大肆传染，使投资者竞相抛股，进一步加剧了股价崩盘的风险。

鉴于此，本文试图通过回顾和梳理投资者情绪与股价崩盘风险的相关研究，在剖析投资者情绪形成机理的基础上，分别从行为金融及投资者两个视角，系统地阐述了二者之间的联系。此外，本文试图通过梳理投资者情绪对股价崩盘风险的作用机理，在总结现有研究成果的基础上，指出未来可以从投资者情绪波动及不同特征的公司股票价格崩盘风险等角度对二者的相关性进行研究。

二、投资者情绪的形成机理

投资者在进行投资决策时，会受到主观感觉和外部环境等因素的影响。个人投资者和机构投资者都无法依照传统金融理论那样完全理性地进行投资决策。投资者由于有心理账户、处置效应、损失厌恶等认知行为偏差和对已知框架的依赖，从而产生了决策偏差；再加上货币政策和信息等外部环境的变化，就形成了投资者情绪。

（一）投资决策偏差

行为经济学认为，投资者在进行决策时，往往依赖于自身的启发，或是思维受到已有理论框架的约束，因此呈现非理性化。根据行为金融的基础理论，本节将投资者决策偏差的成因大致归纳为心理账户、处置效应、损失厌恶及框架依赖四种情形。

（1）心理账户。人们一般会将资金习惯性归在不同的心理账户中，并对每个账户的用途及金额分配做出不同的决策（潘智勇，2006）[3]。但是投资者"心理账户"的形成往往会受到情绪等非理性因素的影响，进而造成决策结果存在偏差。潘智勇设计了一个关于意向性客户对投资理财产品的选择实验对此理论进行了证实。

（2）处置效应。当投资者同时持有盈利和亏损的股票时，投资者倾向于卖出盈利股票获得收益。同时，为了避免实际交易时的真实损失，投资者还会继续持有亏损股票。然而，投资者此时对股票涨跌趋势的分析是基于其回避损失的，因此可能有误。即处置效应实际上不利于投资者完全理性地分析资本市场，从而影响其投资决策。武佳薇等（2020）[4]使用个人投资者股票账户的交易数据进行了实证分析，对投资者情绪与投资者处置效应之间的负相关关系进行了证实。且受情绪影响，投资者处置效应在估值难度较大的股票中更弱。他们通过构建包含投资者非理性预期的决策模型，发现投资者的处置效应随其情绪的升高而减弱。

（3）损失厌恶。在面对同等数量的收益与损失时，投资者的偏好并不一致，损失更难被接受（何俊德和陈威，2004）[5]。一方面，大部分投资者在面临收益时是风险厌恶的，在面临亏损时是风险偏好的。如陈文博等（2019）[6]实证发现，我国股市投资者总体上表现出博彩偏好，但当投资者盈利时，会表现出对风险的厌恶情绪，不愿意承担买入或继续持有博彩类股票的风险。另一方面，与同等数量的收益相比，投资者更加厌恶损失，即同等价值所得的正效用要小于同等价值损失的负效用。这是因为当投资者手中持有亏损股票时认为"只要股票没有卖出，这笔投资就不是亏损"，这能够很好地解释投资者实验中的非理性选择行为，也证实了投资者的确存在非理性投资情绪，且情景描述不同，投资者的风险偏好情况也会随之发生变化。

（4）框架依赖。投资者在进行投资决策时存在着对已有背景或框架的依赖，在决策过程中，由于投资者倾向于关注问题的表达而忽略了问题本身，因此会使其决策行为发生偏差。Andreassen（1987）[7]研究发现，当投资者掌握了股票价格走势的相关信息时，其预期模式是恰巧相反的，即当股价连续上涨（或下跌）

时，投资者预测未来的股价会下跌（或上涨）。邱玉敏和李新路（2008）[8]沿着Andreassen的研究思路，检验了我国股市个体投资者是否受框架依赖认知偏差的影响。发现同样的信息经过不同的方式表达出来时，投资者买卖股票的行为竟存在显著的差异，从而对在投资者进行决策时存在"框架依赖效应"这一说法进行了验证。

（二）外部环境变化

一方面，中央银行实施货币政策，可以通过调节货币供应量影响市场总需求，从而使市场上的投资者产生异质投资情绪，进而影响资本市场；另一方面，投资者要对自己所获得的信息进行加工和分析后才能做出投资预期，但在加工和分析的过程中可能需要借助外力达到规避风险的目的，因此外部环境的变化是投资者情绪形成的又一重要原因。

（1）货币政策。在股票市场中，投资者的主要决策行为是买卖股票，大部分投资者都是基于自身对股票市场投资环境的认知水平而进行投资决策的。在对投资环境持乐观态度的情况下，投资者倾向于选择买入而不是卖出股票。投资者的决策行为离不开市场上资金的流动，而货币政策会直接影响资金流通量。因此，在构成股票市场投资环境的因素中，货币政策是投资者更容易察觉的重要因素（王玲玲和方志耕，2018）[9]。

由于我国股市需要政策支撑，是独特的"政策股市"；同时，投资者也因为不成熟的投资理念与心理而具有极强的"政策依赖性"（高庆浩等，2019）[10]。对于我国股市而言，一个重大政策的颁布会刺激到投资者的心理预期，随后投资者形成自己的主观判断，就会产生特定情景从而形成投资者情绪，导致个人的非理性投资行为。在"情绪传染"的作用下，这一情绪会在市场中迅速蔓延，并放大投资者的非理性行为，给资本市场带来极大影响。高庆浩等还发现，宽松的货币政策可以提升投资者的乐观情绪，紧缩的货币政策则会减弱投资者的乐观情绪。

（2）信息处理。对投资者来说，"信息"是一种稀缺资源，在不确定性条件下，投资者在决策时会充分利用所获信息。然而，投资者需要对信息进行收集、加工和判断，这难免要受到心理及情绪等各因素的影响。对于信息的加工和判断，需要大量的时间、精力或专业知识等等。因此，部分投资者为了获得较高收益，会借助第三方机构的帮助从而降低风险（张继海，2019）[11]。第三方机构的加入，加剧了投资者的决策偏差程度，导致投资者做出了非理性决策。

三、投资者情绪与股价崩盘风险的联系

（一）基于行为金融视角的股价崩盘风险形成机理

股价崩盘通常是指出于某种原因，公司股价在短时间内的大幅下跌现象。股价崩盘一般被定义为日内或数日累计跌幅超过 20%，股价崩盘风险表现为股价突然大幅下降的风险。由于古典经济学中的理性经济人假设并不符合股票市场的实际情况，理性均衡理论存在无法解释的各种"金融异象"。主要原因在于该理论没有考虑到投资者在实际决策时可能受到情感、外部环境等因素的影响，从而使得研究成果并不能很好地解释投资者情绪与股价崩盘风险的关系。

随着行为金融学的逐步发展，对股价崩盘风险形成机理的研究逐渐突破了理性均衡的框架，不理性投资者的过度乐观会加剧股价崩盘的风险，投资者行为是重要影响因素（Blanchard 和 Watson，1982）[12]。有学者进一步提出了投资者异质信念的分析框架，来解释股价崩盘如何形成。"异质信念假说"（Hong 和 Stein，2003）[13]认为，短期的市场环境无法体现悲观投资者的市场预期，一段时间后，当悲观情绪被释放，就会导致股价崩盘。他们假设投资者对于股票价值有着不同的认识并面临着卖空限制，即假定市场上有两种类型的投资者：较为悲观的看跌投资者和较为乐观的看涨投资者。前者因为卖空限制的原因，不能因此获得收益，而后者的最优选择是卖空。看涨投资者在看到部分坏消息后就开始抛售股票，此时由于看跌投资者看不到被隐藏的坏消息，因此变成了"支持性买家"。交易时，一旦隐藏的坏消息被披露，则会引发部分股价崩盘。此时看跌投资者若不买入，看涨投资者会主观地认为还有未暴露出来的坏消息，为获取更大利益则会进一步压低股价，从而吸引看跌投资者接盘，导致股价进一步崩盘。

我国股票市场投资者千差万别，在教育背景等多重作用下，更容易产生追涨杀跌、观望打压等多样化的市场情绪，从而引起股市震荡。当市场情绪差异巨大时，投资者个体和群体之间的更新信念差别愈发明显，这种信念差别集中表现为股价崩盘（张多蕾、张娆，2020）[14]。此外，相比个人投资者，机构投资者表现出更明显的"异质信念"，如郭晓冬等（2018）[15]发现，机构投资者由于处在网络最中心的位置，容易为了自身利益利用机构投资者网络的中心性掩盖坏消息；而其他机构投资者往往会为了获取更多收益、避免由交易过晚导致股价崩盘带来的巨大损失，会利用机构投资者网络揭露坏消息及时进行交易，从而引起股价崩盘。

（二）基于投资者视角的股价崩盘风险的成因

针对个股股价崩盘的成因，现有研究主要包括公司内、外部两方面。国内外学者关于公司内因的研究大多基于"信息隐藏假说"展开，主要有管理者的个人特征及其进行消息管理的动机。部分学者认为，公司坏消息的积累主要是由于公司的管理层出于个人薪酬、职业发展等因素的考虑从而对公司坏消息进行隐藏。同时，股东行为、上市公司信息质量等因素也会造成股价崩盘。

投资者是影响股价崩盘风险的重要外部因素，部分研究从投资者的异质信念角度展开。Hong 等（2003）[13] 最先对造成股价崩盘现象的非公开信息的不对称性和传染性等特点进行了合理的解释。通过对投资者的异质信念进行分析，Hong 等发现负面消息逐步积累和一次性释放导致股价发生崩盘的可能性较大；同时，在存在卖空限制的情况下，股票价格往往是先对正面信息较为敏感，做出的反应要早于对负面信息做出的反应，故而导致股价大幅震荡下跌。陈国进和张贻军（2009）[16] 沿用 Hong 等的框架，在当时市场禁止卖空的时代背景下，以投资者的异质信念模型为基础，利用去趋势换手率度量投资者异质信念，证实了投资者异质信念与股价崩盘风险的正相关关系。同时，他们也发现中国市场中的投资者异质信念越强，股价发生崩盘的可能性就越大。因为禁止卖空的时代背景使公司股票价格中包含了大量的乐观投资者预期，而悲观投资者的信息却暂时被隐藏，当这些累积的负面信息在股市下行时期集中释放时，就会造成股票市场的崩盘。熊家财（2015）[17] 通过研究在投资者信念不同的公司中审计行业专长与股价崩盘风险之间的关系，进一步证实了投资者异质信念会导致市场信息效率下降及股价崩盘风险增加。在此基础上，马勇等（2019）[18] 还发现，投资者异质信念是公司的影子银行业务加剧其股价崩盘风险的重要路径。

不同类型或不同偏好的投资者引起股价崩盘的可能性也不尽相同，一般情况下，稳定型投资者持股时股价较为平稳，而交易型投资者的持股增加却会加剧崩盘风险（An 等，2013）[19]。由于交易型投资者主要以短线投资为主，利用买卖差距来获取利润，因此投资情绪对交易决策有很大影响。刘圣尧等（2016）[20] 发现中国 A 股市场上的崩盘风险与预期收益率之间呈正相关，而投资者对于博彩股票或吉祥数字的偏好会显著影响这一正相关关系。李捷嵩和刘园（2019）[21] 进一步发现博彩型投资者是 A 股最大日收益率异象的重要原因，市场情绪高涨时期，博彩型的投资者会更容易冲动地买入股票。相比个人投资者，机构投资者更具有一定专业性，他们的存在对市场也有很大影响。机构投资者会加剧信息不对称的程度，从而增加股价崩盘风险（曹丰等，2015）[22]。与此同时，由于投资者的羊群效应会加剧资产价格波动，从而可能形成资产价格泡沫，严重影响股票市场的稳定性。相对于西方成熟的资本市场，我国资本市场中的投资者表现出更严重的"羊群行为"，因为与自己去搜寻消息或者确认消息真伪相比，投资者更愿意跟从其他投资者的决策，并且这一现象在我国机构投资者中更为明显（许年行等，2013）[23]。在此基础上，袁军（2020）[24]还发现，由于投资者的行为易被市场涨跌和媒体舆论左右，因此相比股价暴涨阶段，"羊群行为"更容易出现在股价暴跌阶段。然而，也有学者研究发现，机构投资者能够在一定程度上抑制股价崩盘发生，可能是因为机构投资者拥有较多股份，加强了其对公司的监管作用（高昊宇等，2017）[25]；也可能是因为机构投资者有能力和动机去监督管理层，发挥了其作为积极监督者的作用（张肖飞，2018）[26]。

（三）投资者情绪对股价崩盘风险的作用机理

投资者情绪是投资者在对自己资产的未来现金流和投资风险的预期的基础上形成的一种信念，投资者由于不一样的认知与主观判断，产生了有差异的个体观点。有研究从个体投资需求的角度出发，发现投资者的认知判断易被自身及环境因素干扰从而偏离理性，投资者情绪的波动通过影响其投机需求，进而影响其投资预期（Baker 和 Wurgler，2006）[1]。也有研究从代理问题的角度出发，发现投资者情绪的高涨，一方面会将过度自信的情绪传染给管理者，管理者加大投资支出，导致股价偏离基本价值程度增大，上市公司进行权益融资将会更加容易，管理者可控资金增多以及管理薪酬激励降低，从而降低管理者的努力程度；另一方面将会增大上市公司增发的市场反应，可能会引起大股东侵占小股东权益（童盼和王旭芳，2010）[27]。上述两种代理问题达到临界值时，很容易引起资本市场的强烈反应，股价发生崩盘。

行为经济学中的有限理性泡沫理论从微观行为角度证实了投资者情绪是导致资产泡沫的产生和持续存在的重要原因。其中，最著名的是 De Long 等（1990）[28]提出的噪声交易模型（DSSW 模型），该模型假设市场中同时存在完全理性的理性交易者和有限理性的噪声交易者，由于受到情绪等因素的影响，噪声交易者的投资行为会导致股价逐渐偏离其内在价值。与此同时，由于市场中存在套利限制，即使理性交易者进行套利，噪声交易者导致的资产误定价也不能在短期内被抵消。因此，投资者情绪是股价产生泡沫且持续存在的原因，股价崩盘风险也随之增大。在此基础上，曾燕等（2016）[29]构建了一个含有异质性投资者的动态情绪资产定价模型，研究证实了投资者情绪会通过影响市场信息的传递而对股价产生影响，且投资者情绪是影响股票收益率的重要因素。此外，投资者情绪会在一定程度上影响企业资产定价，且对股价的影响具有非对称性，乐观情绪从根本上导致了企业的错误定价（刘维奇和武翰章，2018）[30]。甚至非理性的投资情绪导致股票误定价，从而左右理性投资者的情绪，最终使公司股价偏离内在价值（邵芳和朱永香，2019）[31]。市场的卖空限制，使得投资者情绪的高涨造成股价被误定价的程度变大，更容易发生崩盘（Stambaugh 等，2015[32]；罗琦等，2020[33]）。

投资者情绪能通过影响市场资源分配效率或股票的收益与波动，间接引起股价崩盘。投资者持有资金越多，越可能在自身情绪的作用下进行过度投资，易使股价偏离内在价值；低落的情绪对过度投资有一定的抑制作用（葛永波等，2016）[34]。同时，投资者情绪会影响企业的投融资策略，可能会在一定程度上导致企业投资效率不足等问题（Baker 和 Wurgler，2007）[35]。胡昌生和池阳春（2013）[36]以 A 股市场为样本，分离出理性情绪和非理性情绪指标，发现当市场价值被高估时，相比理性投资者，非理性投资者的情绪在股票波动中起的作用更大，当市场价值被低估时，结论刚好相反。张宗新和王海亮（2013）[37]用多元回归模型和脉冲响应研究发现，投资者情绪与股票收益率显著正相关，与收益率的波动也具有显著的正相关关系，且投资者情绪高涨会增大股票收益的波动率。王春（2014）[38]以上市开放式股票型基金的资金净流入作为投资者情绪代理变量，运用 GARCH－M 模型研究了投资者情绪与股票市场收益和波动之间的关系，结果表明投资者情绪与股票市场收益和波动之间存在显著的正相关关系。李昊洋等（2017）[39]发现，投资者情绪的高涨及波动会导致股价崩盘风险增大，原因是投资者情绪的高涨增加了股价的同步性。同时，还有研究发现，市场操纵行为可能会导致投资情绪的高涨，从而形成股价泡沫，而投资者在之后情绪会有回落，从而诱发股价崩盘（李梦雨和李志辉，2019）[40]。

在当今的互联网信息背景下，投资者利用社交网络，自由地发表自己的投资观点，而那些投资收益较高的人更容易受到其他投资者的追捧甚至模仿。此类投资者会为了网络形象而隐瞒消极结果，甚至继续持有亏损股票，导致股价逐渐偏离真实价值。个人投资者在追捧、模仿其他投资决策时，加大了崩盘风险。有研究对这一现象进行了证实：微博投资者情绪与股票收益率呈显著正相关，情绪低落时收益率的下降则更加明显（原东良，2018）[41]。而微博上披露的正向信息和正向情绪很容易加剧投资者情绪，坏消息的暴露会导致投资者情绪的急剧波动，进而将事实扭曲夸大，引起更激烈的反应，从而加剧股价崩盘风险（黄宏斌等，2019）[42]。

四、投资者情绪与股价崩盘风险的度量与研究

（一）股价崩盘风险的度量方法

已有文献大部分以股票的收益率为基础，构建不同的指标模型来度量股价崩

盘风险。Chen 等 （2001）[43] 所提出的用市场调整后股票回报率的负偏度系数（NCSKEW）与股价上下阶段的波动性差异（DUVOL）这两个连续变量来度量股价崩盘风险，为研究股价崩盘现象奠定了基础，成为后来学者们在研究中普遍使用的方法。

在这两个指标中，股票的特质收益率被定义为股价中无法被市场解释即偏离市场价格的部分。NCSKEW 和 DUVOL 都以股票周收益率为基础计算而成，其中 NCSKEW 代表了股票的崩盘倾向，值越大，表示股票收益率越向左偏，意味着股价崩盘风险越大；由于管理层隐藏坏消息，特质收益率处于上升阶段的概率会大于处于下降阶段的概率，其分布呈非正态化。由于坏消息的集中披露，特质收益率下降的幅度将大于上升的幅度。因此，DUVOL 的值越大，代表股价崩盘风险也越大。在后来的研究中，为了剔除这两个指标中包含的市场波动因素，许年行等 （2013）[23] 在指标中加入了推前项和滞后项的市场收益，研究了受上市公司自身因素影响的股价崩盘风险，同时也解决了股价的同步性问题。

考虑到这两个指标只能用来度量股价崩盘风险的大小，无法说明某只股票是否在某段时间发生了股价崩盘。基于此，Hutton 等 （2009）[44] 提出一种新的度量指标（Crash）来定义股价崩盘。Crash 是一个虚拟变量，根据股票是否发生崩盘来给它赋值，当发生股价崩盘时取值为 1，否则为 0。该指标以股票特质收益率与其标准差数值的 3.09 倍之差作为临界点，若某股票的周特质收益率小于或等于该临界点，那么就认为该股票价格在这一年发生了崩盘。

（二）投资者情绪的度量方法

国内外学者对于投资者情绪的度量指标主要分为三种：直接指数、间接指数和挖掘互联网大数据后得到的指数。直接指数是指对投资者进行有关未来市场预期的直接性调查，如通过向投资者发放问卷或采访记录等形式，再将调查结果通过一定的计算方法得出，用来直接反映投资者情绪变化的指数。从国外的研究成果来看，目前常见直接指数有华尔街战略家情绪指数、投资者信心指数等。其中，投资者信心指数也在中国市场的研究中广泛应用。在国内市场比较权威的调查问卷数据主要有央视看盘数据、投资者信心指数。国内其他主观指标有好淡指数、巨潮"投资者信心指数"等。在后来的研究中，考虑到数据的可获得性，有学者提出可以用"消费者信心指数"来代替"投资者信心指数"。

但是，直接指数有不可忽视的弊端。在对投资者进行直接调查时，投资者很容易将部分真实的情绪隐藏，容易造成度量数据失真，进而导致研究结果的不可靠性。因此，学者们开始收集市场上真实的交易数据来度量投资者情绪，这类指数被称为间接指数，主要有涨跌比、封闭式基金折溢价率、IPO 相关数据、换手率等，市场换手率可以用交易量代替。

随着信息时代的到来，学者们开始挖掘互联网大数据，利用爬虫技术等方法从社交媒体中获取能反映投资者情绪的词组再进行分析，创新了新时代背景下投资者情绪的度量方法，提高了度量指标的精确度，因此也改善了投资者情绪对股票收益的预测能力。通常有三种网络数据来源：第一，新闻媒体。Tetlock 等（2007）[45]使用文本分析方法，分析了华尔街日报专栏中的日度文本信息，并将文本分类，最后利用主成分分析的方法将其合成情绪指数。潘雯（2019）[46]以我国四大证券报中关于整体股市的评论作为研究样本，构建了媒体报道和投资者情绪综合指标，厘清了我国媒体、投资者情绪与市场之间的关系。第二，主流搜索引擎。张谊浩等（2014）[47]和 Kim 等（2014）[48]分别从百度搜索量和雅虎上获取了文本信息，经过分类和分析后构造了投资者情绪指标。前一种方法发现该指数的预测能力比普通的投资者情绪指标更好。Nguyen 等（2015）[49]提取了来自雅虎财经留言板的信息，并使用机器学习算法构建了投资者情绪指数发现，其预测能力远远优于仅仅使用历史价格进行预测的结果。戴德宝等（2019）[50]利用网络股市论坛文本数据和股票交易数据构建了上证投资者情绪综合指数，发现能够提高股价走势预测的精确度。第三，众多股吧，如新浪股吧、东方财富股吧（孟雪井等，2016[51]；Ackert 等，2016[52]）。金秀等（2018）[53]率先采用贝叶斯分类算法对股吧信息进行分类，多维度构建了投资者情绪指标，发现相比以往研究中的指标，其在解释上证综指价格变动趋势上具有优势，且能显著预测股票下跌趋势中的极端收益。尹海员和吴兴颖（2019）[54]通过抓取上证指数股吧用户的实时发帖，分析并构建了投资者日内高频情绪指数，从更高频的视角发现股市中的情绪效应对盘中收益的预测更加显著。

（三）投资者情绪与股价崩盘风险的研究

Shiller（1989）[55]率先以 1987 年美国股市崩盘前后的投资者情绪调查数据为研究对象，对这一现象进行了研究。结果发现，投资者情绪在崩盘之前突然由过度乐观转变为过度悲观。然而，这并不能明确投资者情绪与股价崩盘的因果关系。此后，投资者情绪理论的不断发展，使得学者们对此有了新的观点，由 De Long 等提出的噪声交易模型表明，投资者的恐慌情绪是导致股价崩盘的主要原因，且当投资者的预期愈乐观，情绪愈高涨，就愈可能累积更多坏消息，从而引发崩盘。蒋致远等（2013）[56]使用 Logit 模型研究发现，投资者持有股票的时间越长，投资者情绪对于未来市场收益的影响会越显著，并且过度高涨的投资者情绪会大大增加股价于临界点崩盘的风险。冼学深（2013）[57]研究表明，与仅包含宏观信息的预警系统相比，加入投资者情绪指标后的股票危机预警系统的预测精度更高。此外，投资者情绪与股价崩盘风险不仅呈现正相关关系，且卖空约束、较低股价的基本信息和牛市状态也会显著增强这种关系（Yugang Yin 等，2015）[58]。

考虑到投资者情绪的不同特征可能会对股价崩盘风险造成不同的影响，因此学者们也开展了投资者的异质情绪与股价崩盘风险之间相关性的研究。王高义（2017）[59]研究了在市场和个股不同风险状态下投资者情绪对未来股价崩盘的影响，发现投资者情绪对股价崩盘风险有显著影响，且投资者由于面临的信息不对称、交易制度缺陷与市场交易状态带来的风险暴露而产生的异质情绪也会对未来的股价崩盘风险产生显著影响。秦利宾和武金存（2017）[60]从市场层面研究了投资者情绪与股价崩盘风险两者之间的关系，发现投资者情绪是股价崩盘风险的单向 Granger 原因，且投资者情绪会先于股价崩盘风险三期表现出来；投资者异质情绪对股价崩盘风险的影响具有非对称性。具体而言，乐观情绪的影响较为显著，而悲观情绪的影响不显著。刘桂荣等（2017）[61]发现二者虽然呈正相关关系，但是却得出了与秦利宾等不同的结论：投资者情绪的悲观变动比乐观变动对股价崩盘风险的影响更大。孙鲲鹏和肖星（2018）[62]用股吧发帖数据来衡量投资者情绪，发现投资者的发帖情绪越乐观，未来股价崩盘风险越高；同时，他们还使用帖子阅读量和跟帖评论量来衡量情绪传染程度，研究发现社交媒体等网络技术的发展会助长投资者情绪在股吧的传染，引起股价发生崩盘。除此之外，投资者情绪对不同特征的公司股价崩盘风险的影响也不完全相同，如赵汝为等（2019）[63]把中国市场划分成以中证100、中证200、中证500和中证1000指数成分股为代表的超大盘、大盘、中盘和小盘股，研究投资者情绪和股价崩盘风险之间的相关性，发现投资者情绪与超大盘股存在显著的正相关关系，但是与大盘股、中盘股和小盘股均不存在稳健的相关关系。

五、结论及展望

本文通过梳理投资者情绪的产生及作用机理，发现行为金融学的确对诸多金融异象具有更强的解释能力。目前，虽然对投资者情绪和股价崩盘风险的研究已经形成系列成果，但成果仍然较少且存在不足。在未来的研究中至少在以下几个方面可进一步拓展。

第一，投资者情绪指标的构建可以从方法和数据来源等方面进行完善。现有文献大部分侧重于使用封闭式基金折溢价率、换手率等市场层面的指标，并运用主成分分析法构建投资者情绪指标，但此类指标通常未能充分反映投资者在做出经济决策之前的情绪表现。因此，随着人们在日益增多的社交平台上的评论交流增加，对于利用挖掘互联网大数据的方法提取关键词，进一步反映投资者情绪指标的构建方法目前在研究中应用不多。可以利用爬虫技术等方法。通过对股吧、微博及雪球等平台进行挖掘，多维度构建投资者情绪指标，提高对投资者情绪的度量精确度。

第二，在指标的时间频率上可以进一步改进。目前关于投资者情绪指标的时间频率大多是月度数据，关于股价崩盘风险指标的时间频率大多是由周收益数据经过程序计算最终得到的年度数据，可以使用更加精确的高频数据，如日度或周度数据。此外，由于解释变量和被解释变量使用不同频率的数据，易导致在人为使用平均化等方法处理为同频数据过程中的数据失真，可以对能解决数据不同频问题的模型或方法进行进一步研究和应用，以便预测更加准确。

第三，关于投资者情绪与股价崩盘风险的研究内容可以进一步丰富。在目前仅有的关于投资者情绪与股价崩盘风险的研究中，学者们对投资者情绪的刻画主要是某一时间点的投资者情绪，而忽略了投资者情绪的波动也可以引致股价波动从而影响股价崩盘风险，目前缺乏该部分的研究。此外，我国的资本市场还不够成熟，上市公司还存在着组成结构、股权结构不合理等问题，因此未来可以针对投资者情绪与不同特征公司股票价格崩盘风险的相关性进行深入探讨，如可以从上市公司的规模、成立年限和所处行业等角度开展研究。同时，在贸易战、全球性疾病等特殊的国际背景下，投资者在特殊时期的投资情绪与股价崩盘之间的相关性也值得深入研究。

参考文献

［1］Baker M., Wurgler J. Investor Sentiment and the Cross – section of Stock Returns［J］. The Journal of Finance, 2006（4）：1645 – 1680.

［2］蒋玉梅，王明照. 投资者情绪、盈余公告与市场反应［J］. 管理科学，2010（3）：70 – 78.

［3］潘智勇. 非理性投资决策的管理学实验与分析［J］. 科技进步与对策，2006（9）：99 – 103.

［4］武佳薇，汪昌云，陈紫琳，Jie Michael Guo. 中国个人投资者处置效应研究——一个非理性信念的视角［J］. 金融研究，2020（2）：147 – 166.

［5］何俊德，陈威. 行为金融指导下的风险投资决策［J］. 科技进步与对策，2004（11）：118 – 120.

［6］陈文博，陈浪南，王升泉. 投资者的博彩行为研究——基于盈亏状态和投资者情绪的视角［J］. 中国管理科学，2019（2）：19 – 30.

［7］Andreassen Paul B. On the Social Psychology of the Stock Market：Aggregate Attributional Effects and the Regressiveness of Prediction［J］. Journal of Personality and Social Psycholoty, 1987,

53（3）.

[8] 邱玉敏，李新路. 投资者决策中的"框架依赖效应"[J]. 统计与决策，2008（23）：134－136.

[9] 王玲玲，方志耕. 中国股市投资者情绪对货币政策调整的动态响应研究[J]. 现代经济探讨，2018（2）：45－52.

[10] 高庆浩，田增瑞，常焙筌，赵袁军. 货币政策对企业 R&D 投资的影响研究——投资者情绪的中介效应与敏感性分析[J]. 预测，2019（6）：52－58.

[11] 张继海. 行为经济学视角下投资者情绪对股票价格的影响[J]. 社会科学战线，2019（12）：235－239.

[12] Blanchard O. J., Watson M. W. Bubbles, Rational Expectations and Financial Markets [R]. NBER Working Paper, 1982（7）.

[13] Hong H., Stein J. C. Differences of Opinion, Short－Sales Constraints, and Market Crashes [J]. The Review of Financial Studies, 2003, 16（2）：487－525.

[14] 张多蕾，张娆. 会计信息稳健性、投资者异质信念与股价崩盘风险[J]. 财经问题研究，2020（6）：66－74.

[15] 郭晓冬，柯艳蓉，吴晓晖. 坏消息的掩盖与揭露：机构投资者网络中心性与股价崩盘风险[J]. 经济管理，2018（4）：152－169.

[16] 陈国进，张贻军. 异质信念、卖空限制与我国股市的暴跌现象研究[J]. 金融研究，2009（4）：80－91.

[17] 熊家财. 审计行业专长与股价崩盘风险——基于信息不对称与异质信念视角的检验 [J]. 审计与经济研究，2015（6）：47－57.

[18] 马勇，王满，马影. 影子银行业务会增加股价崩盘风险吗[J]. 财贸研究，2019（11）：83－93.

[19] An H., Zhang T. Stock Price Synchronicity, Crash Risk, and Institutional Investors [J]. Journal of Corporate Finance, 2013, 21（1）：1－15.

[20] 刘圣尧，李怡宗，杨云红. 中国股市的崩盘系统性风险与投资者行为偏好[J]. 金融研究，2016（2）：55－70.

[21] 李捷嵩，刘园. 投资者关注与最大日收益率异象[J]. 济南大学学报，2019（3）：94－105，159.

[22] 曹丰，鲁冰，李争光等. 机构投资者降低了股价崩盘风险吗？[J]. 会计研究，2015（11）：55－61.

[23] 许年行，于上尧，伊志宏. 机构投资者羊群行为与股价崩盘风险[J]. 管理世界，2013（7）：31－43.

[24] 袁军. 中国 A 股市场羊群行为的实证分析[J]. 金融理论与实践，2020（2）：82－87.

[25] 高昊宇，杨晓光，叶彦艺. 机构投资者对暴涨暴跌的抑制作用：基于中国市场的实证 [J]. 金融研究，2017（2）：163－178.

[26] 张肖飞. 资产误定价、机构投资者与股价崩盘风险[J]. 经济经纬，2018（2）：

143 - 150.

［27］童盼，王旭芳. 公开增发市场反应与市场环境——基于投资者情绪的研究［J］. 中国会计评论，2010，8（1）：53 - 72.

［28］Bradford De Long, et al. Noise Trader Risk in Financial Markets［J］. Journal of Political Economy，1990，98（4）：703 - 738.

［29］曾燕，康俊卿，陈树敏. 基于异质性投资者的动态情绪资产定价［J］. 管理科学学报，2016，19（6）：87 - 97.

［30］刘维奇，武翰章. 投资者情绪会影响股票市场的误定价吗？——基于上证 A 股市场的实证研究［J］. 金融与经济，2018（3）：19 - 25.

［31］邵芳，朱永香. 非理性投资误导下股票定价对投资行为的影响——兼论多重因素的调节作用［J］. 财会通讯，2019（11）：8 - 12.

［32］Stambaugh R. F., Yu J, Yuan Y. Arbitrage Asymmetry and the Idiosyncratic Volatility Puzzle［J］. The Journal of Finance，2015，70（5）：1903 - 1948.

［33］罗琦，游学敏，吕纤. 基于网络数据挖掘的资产定价研究述评［J］. 管理学报，2020（1）：148 - 158.

［34］葛永波，张振勇，张璐. 投资者情绪、现金持有量与上市公司投资行为［J］. 宏观经济研究，2016（2）：106 - 112.

［35］Baker M., Wurgler J. Investor Sentiment in the Stock Market［J］. Journal of Economic Perspectives，2007，21（2）：129 - 151.

［36］胡昌生，池阳春. 异质信念与资产价格异常波动性［J］. 金融评论，2013（3）：55 - 125.

［37］张宗新，王海亮. 投资者情绪、主观信念调整与市场波动化［J］. 金融研究，2013（4）：142 - 155.

［38］王春. 投资者情绪对股票市场收益和波动的影响——基于开放式股票型基金资金净流入的实证研究［J］. 中国管理科学，2014（9）：49 - 56.

［39］李昊洋，程小可，郑立东. 投资者情绪对股价崩盘风险的影响研究［J］. 软科学，2017，31（7）：98 - 102.

［40］李梦雨，李志辉. 市场操纵与股价崩盘风险——基于投资者情绪的路径分析［J］. 国际金融研究，2019（4）：87 - 96.

［41］原东良. 投资者情绪与股票横截面收益——基于微博数据的实证研究［J］. 金融与经济，2018（7）：31 - 39.

［42］黄宏斌，牟韶红，李然. 上市公司自媒体信息披露与股价崩盘风险——信息效应抑或情绪效应？［J］. 财经论丛，2019（5）：53 - 63.

［43］Chen J., Hong H., Stein J. C. Forecasting Crashes：Trading Volume, Past Returns, and Conditional Skewness in Stock Prices［J］. Journal of Financial Economics，2001，61（3）：345 - 381.

［44］Hutton A. P., Marcus A. J., Tehranian H. Opaque Financial Reports, R^2, and Crash Risk［J］. Journal of Financial Economics，2009，94（1）：67 - 86.

［45］ Tetlock P. C. Giving Content to Investor Sentiment：The Role of Media in the Stock Market ［J］. Journal of Finance, 2007, 62 (3)：1139 – 1168.

［46］潘雯. 媒体报道对股票价格的影响研究 ［D］. 浙江财经大学硕士学位论文, 2019.

［47］张谊浩, 李元, 苏中锋, 张泽林. 网络搜索能预测股票市场吗？［J］. 金融研究, 2014 (2)：193 – 206.

［48］ Kim S. H., Kim D. Investor Sentiment from Internet Message Postings and the Predictability of Stock Returns ［J］. Journal of Economic Behavior & Organization, 2014, 107 (8)：708 – 729.

［49］ Nguyen T. H., Shirai K., Velcin J. Sentiment Analysis on Social Media for Stock Movement Prediction ［J］. Expert Systems with Applications, 2015, 42 (24)：3 – 11.

［50］戴德宝, 兰玉森, 范体军, 赵敏. 基于文本挖掘和机器学习的股指预测与决策研究 ［J］. 中国软科学, 2019 (4)：166 – 175.

［51］孟雪井, 孟祥兰, 胡杨洋. 基于文本挖掘和百度指数的投资者情绪指数研究 ［J］. 宏观经济研究, 2016 (1)：144 – 153.

［52］ Ackert L. F., Jiang L., Lee H. S., et al. Influential Investors in Online Stock Forums ［J］. International Review of Financial Analysis, 2016 (45)：39 – 46.

［53］金秀, 姜尚伟, 苑莹. 基于股吧信息的投资者情绪与极端收益的可预测性研究 ［J］.管理评论, 2018 (7)：16 – 25.

［54］尹海员, 吴兴颖. 投资者高频情绪对股票日内收益率的预测作用 ［J］. 中国工业经济, 2019 (8)：80 – 98.

［55］ Shiller R. J. Gomovements in Stock Prices and Gomovements in Dividends ［J］. Journal of Finance, 1989, 44 (3)：719 – 730.

［56］蒋致远, 吕海英, 朱名军. 投资者情绪与股市预报危机 ［J］. 投资研究, 2013, 32 (3)：139 – 153.

［57］冼学深. 投资者情绪与股市危机预测的 Logit 模型实证研究 ［J］. 技术与市场, 2013, 20 (5)：342 – 343.

［58］ Yugang Yin, Rongfu Tian. Investor Sentiment, Financial Report Quality and Stock Price Crash Risk：Role of Short – Sales Constraints ［J］. Emerging Markets Finance & Trade, 2015 (11)：493 – 510.

［59］王高义. 投资者情绪、风险状态与股价暴跌 ［J］. 投资研究, 2017 (9)：120 – 139.

［60］秦利宾, 武金存. 投资者情绪异质性能影响股价崩盘风险吗？［J］. 金融发展研究, 2017 (10)：76 – 82.

［61］刘桂荣, 颜梦雅, 金永红. 对投资者情绪与股市崩盘风险关系的检验 ［J］. 财会月刊, 2017 (5)：39 – 46.

［62］孙鲲鹏, 肖星. 互联网社交媒体对投资者情绪传染与股价崩盘风险的影响机制 ［J］.技术经济, 2018 (6)：93 – 102.

［63］赵汝为, 熊熊, 沈德华. 投资者情绪与股价崩盘风险：来自中国市场的经验证据 ［J］. 管理评论, 2019, 3 (3)：50 – 60.

互联网金融对成长型中小企业融资影响研究

——理论分析与文献评述

霍源源　赵丹莉

摘要：成长型中小企业为国家的就业、创新及税收做出了重大贡献，然而我国成长型中小企业的经济贡献与其在国民经济中的地位存在较大差距，并长期面临强势弱位的局面（白钦先、王伟，2010）[1]。与此同时，互联网金融蓬勃发展。互联网金融的发展一方面能够缓解借贷双方由于信息不对称导致的逆向选择及道德风险问题；另一方面提供了多种网上融资平台，增加了成长型中小企业金融服务的可得性，能够有效缓解成长型中小企业面临的融资约束。本文的研究有助于厘清互联网金融对成长型中小企业融资的影响，进而为互联网金融及成长型中小企业的进一步发展提供政策指导。

关键词：互联网金融；成长型中小企业；企业融资

一、成长型中小企业融资研究现状

中小企业融资问题由来已久，对融资理论的讨论十分丰富，从经典的 MM 理论到不对称信息条件下的信号传递理论，以及考虑企业资本结构的融资次序理论和基于企业生命周期的融资理论等，无不为后期中小企业融资实践及理论研究奠定了坚实的基础。

传统的成长型中小企业融资方式主要有内源融资和外部融资：内源融资即成长型中小企业运用内部积累的资金进行发展；外部融资主要包括银行贷款等正式融资渠道以及民间借贷等非正式渠道。在当前金融市场发展程度较低的情况下，成长型中小企业内部信息不透明，资金需求具有"时间紧、金额小、频率高"以及企业规模小、生产周期短的特点，使正规金融机构贷款成本高，因此企业融资受到正规金融机构的限制（宣烨，2005[2]；丛禹月，2016[3]）。学者从抵押担保物的创新角度研究了成长型中小企业银行信贷融资，研究发现在"担保换股权"融资模式（向华、杨招军，2017）[4]以及有利于分散风险的知识产权质押贷款的 ABS 模式下（齐岳等，2018）[5]，成长型中小企业的银行信贷融资约束现象会得到缓解。非正式金融的形式有民间自由借贷、私人钱庄、基金会、典当行等。与正规金融机构相比，非正规融资具有信息、交易成本及灵活性等方面的优势，使之能够有效搜集成长型中小企业的"软信息"，这种优势是非正式融资机构能够广泛存在的根本原因（林毅夫、孙希芳，2005）[6]，能够保证成长型中小企业获得更加长期稳定的融资来源，有助于风险信息的封闭以及风险的消化（罗丹阳、殷兴山，2006）[7]，从而更好地满足成长型中小企业的发展需求。随着互联网的发展，学者们探讨了互联网技术下成长型中小企业融资的新模式，互联网技术实现信息的共享共治，缓解信息不对称风险，能够提高成长型中小企业的融资效率（向华等，2017；齐岳等，2018；吴睿、邓金堂，2018[8]）。

成长型中小企业面临融资约束，学者们致力于从企业的自身特征以及外部宏观环境探讨融资约束的决定因素。研究重点关注融资主体企业特征对融资约束的缓解作用，如成长型中小企业的成立年限、规模、增长率、内部信息的透明度以及所有制形式是融资困境的内部原因。然而，更深的研究发现，对成长型中小企业最重要的约束不仅是融资（即债务和股权），而是融资（特别是股权融资）和专业知识的组合（Cressy et al.，1996[9]；李栋等，2017[10]），成长型中小企业的融资决策完全依赖于企业主的个人判断，融资主体的个人选择决定了企业融资的方式以及成本的大小，因此，管理者的知识水平也将对企业融资产生重大影响。

外部宏观环境方面，利率市场化程度低、信息不对称等是融资困境的主要原因（Wang Y.，2016[11]；Levy & B.，1993[12]；李栋等，2017）。利率控制是最常见的金融抑制形式之一，在限制最严格的情况下，政府通过法令规定了贷款和存款利率，或者设置一定的浮动空间使之具有约束性，当所有的上限、下限或区间都被取消时，利率被认为是完全自由化的。在中国，存贷款利率限制为金融抑制的最主要的表现（Enrica Detragiache et al.，2008）[13]，当政府部门放松对利率市场的管制时，能够促进利率的市场化水平，从而提高居民储蓄的积极性，为市场提供充足的资金，促进经济的发展（Hellma，1996）[14]，进而能够缓解成长型中小企业的融资约束现象。

从信号传递理论来看，信息不对称带来的道德风险和高监督成本导致了成长型中小企业严重的融资约束现象。如通过刻画股价崩盘风险来衡量企业的融资质量，发现商业信用、债务融资成本与股价崩盘风险显著正相关，银行借款与股价崩盘风险显著负相关，银行借款相对于商业信用是一种高质量的融资方式（万东灿，2019[15]；张伟斌、刘可，2012[16]），然而尽管实证研究证明了"中小银行优势假说"，即中小金融机构能更好地满足成长型中小企业的融资需求（刘畅等，2017）[17]，但成长型中小企业银行借款仍然受到多方面的限制。从银行角度来看，由于中小企业信息不透明，银行无法预测企业信贷质量，虽然抵押担保条件在一定程度上可以缓解由于信息不对称而导致的逆向选择，但是过分依赖抵押担保物反而不利于商业银行信贷风险的规避（霍源源、冯宗宪、柳春，2015）[18]。因此，银行会承担较大的信贷违约风险，导致银行违约率的发生。然而，违约率较高的银行可能会产生声誉成本，这可能会对其他更具竞争力的商业领域产生负面影响；另外，高违约率迫使银行增加损失准备金，同时提高资本金要求；当银行的利润小于其成本时，银行可能拒绝提供贷款（Calebe de Roure et al.，2016）[19]。从企业角度来看，成长型中小企业所面临的约束程度与自身规模相关，当企业不断发展壮大的时候，企业会从内部留存收益中获得进一步发展所需要的资金，不再需要银行的支持，来自外部的机构将不会对企业的发展有资金约束（Cressy R. & Olofsson C.，1997）[20]，并且当成长型中小企业能够获得权益资金时，内部资金约束会得到缓解（Carpenter R. E. & Petersen B. C.，2002）[21]。成长型中小企业无法获得足够的长期贷款，使其业务现代化，同时缺乏其他非银行融资来源，部分结果是，一些成长型中小企业利用非正式贷款来源为其活动提供资金。由于更多成长型中小企业的经营更加劳动密集，当其缺乏足够的信贷渠道时会对整体就业增长产生不利影响（Prasad & E. S.，2010）[22]，进而对国家整体经济发展产生影响。如图1所示。

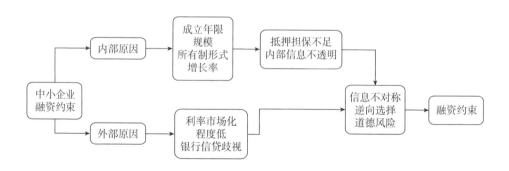

图1　中小企业融资约束路线

二、互联网金融的融资机制研究现状

互联网金融利用网络及信息技术，能够降低金融交易成本，弱化金融机构的中介职能，缓解金融市场中的金融抑制程度，冲击传统金融业在市场中的垄断地位，从而产生规模替代效应（Franklin，2002）[23]。互联网金融的发展使传统金融服务业三种重要的趋势加剧：价格透明、差别定价以及分销渠道的转型。价格透明度的提高能够增加竞争降低边际利率，信息技术的发展，使得银行和金融机构能够使用信用积分模型去评价借款公司，保证贷款的质量，实行差别定价，"互联网＋金融"[23]的使用能够分拆服务，促进去媒介化，推动分销渠道的转型发展（Allen F. et al.，2002）[24]。但是，郑联盛（2014）[25]认为互联网金融不是对传统金融的颠覆，实质上是一种思维的创新，通过互联网金融能够完善、优化传统金融服务，实现互联网金融对传统金融的互补。

随着大数据技术的发展，信息处理成为互联网金融与其他融资模式相比之下的一个强大优势（谢平、邹传伟，2012）[26]。一方面，互联网通过对信息的整合，能够形成具有价值的信息流资源，基于价值信息流，为处于融资需求"尾部"的成长型中小企业提供低成本的针对性融资方案，缓解其面临的融资约束，这体现了互联网金融的长尾效应，并且互联网金融具有"技术外溢性"，商业银行可以利用互联网金融的大数据及信息处理功能，有效评价贷款，降低监督成本（刘柳、屈小娥，2017）[27]，增加成长型中小企业贷款。如图2所示。另一方面，信息技术的发展使地理界限缩小、银行顾客通过电子技术提高搜寻和定位新的服务商的能力，银行业之间的竞争将会更加激烈，互联网金融将会加速金融深化的过程。互联网金融的信号传递效应，能够改变信息传递给投资者的方式以及投资者对信息的反应，降低提供金融服务的固定成本和边际成本，使得一些新的、小的企业能够挑战已有的金融服务提供商（Barber B. M. & Odean T.，2001）[28]，还可以促进信息的安全及透明度，增加金融服务的可得性，有效解决中小企业的融资难问题。传统上，信用记录有限的成长型中小企业无法获得外部融资，信用积分机制的产生使得评价成长型中小企业的信用情况变得低成本与高效，能够消除信贷过程中因代理人问题而产生的额外成本，使成长型中小企业有更多的机会取得低成本贷款（Furst et al.，2009）[29]，因此，互联网金融的发展一方面会减轻成长型中小企业面临的信贷约束；另一方面，电子商务技术带来的竞争会给基于关系型贷款的成长型中小企业带来损失，小银行倾向于给小企业提供贷款，并且当银企之间具有某种关系时，贷款利率一般较低（Allen F. et al.，2002），但是不断增加的竞争使得银行基于银企关系贷款给成长型中小企业的动力减弱（Rajan P. R. G.，1995）[30]，当银行将更多的资本投入自动借款过程时，投入关系型贷款的资本就会减少（Petersen et al.，1994）[31]，成长型中小企业将会面临更加严峻的资金约束。

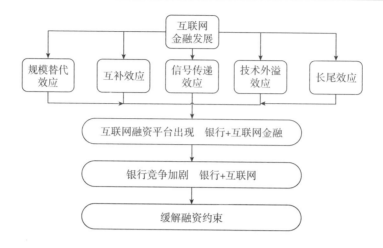

图 2　互联网金融融资机制路线

三、成长型中小企业的互联网融资现状

1. 融资现状概述

由于互联网的普及，电子商务、社交网络、网络媒体等新型业态相继出现，促使企业融资模式迅速变革（黄明刚，2016）[32]。主要的互联网融资模式，如电商融资平台、众筹融资、互联网银行等构成了成长型中小企业融资的差异化优势。

2. 互联网金融模式对成长型中小企业融资影响

（1）网络借贷。网络借贷是快速发展的一种互联网融资模式。社交网络信息的繁荣发展能够揭示关于借款人风险的软信息，因此能够弥补硬信息的不足（Freedman et al.，2008）[33]，网络借贷的发展则是充分利用了网络的信息优势。在社交网络方面，借款人的特征，包括人口特征、财务实力和提出请求前的努力程度，被认为是网络借贷融资成功的决定因素（Herzenstein et al.，2008）[34]。在网络借贷模式下，贷款投向决定权掌握在私人投资者手中，能够绕过银行实现小额存贷款直接匹配，因此金融机构的中介职能将不再被需要（Herzenstein et al.，2011；Morse et al.，2015[35]；Galloway et al.，2009[36]），进而形成一种新型的"网络直接融资市场"。网络借贷的兴起和发展弥补了商业银行向个人和小微企业放贷的不足，使得信贷风险较大的贷款者可以通过金融机构之外的途径取得贷款，拓宽了小微企业融资渠道，并结合互联网信息技术促进了金融市场的发展。

从网络借贷平台获得的贷款利率与风险高于传统的银行部门，网络借贷贷款量与银行贷款量之间呈负相关，即当网络借贷平台贷款数量增加时，银行部门的贷款量会下降，高风险的借款人倾向于用网络借贷平台贷款代替银行贷款，因为银行不愿意或无法补充市场的这一部分缺口，同时网络借贷平台贷款可以突破地理位置的限制（Spyridon Arvanitis，2019）[37]，因此网络借贷在全球范围内取得了相当大的成功，并且通过网络借贷平台提供信贷存在明显的增长趋势，相比之下，通过银行业信贷市场提供信贷呈现出下降趋势（Calebe de Roure et al.，2016）。但是，在网络借贷模式下，信息不对称问题可能会更加严重。网络借贷市场中的许多个人贷款者缺少金融经验，并且贷款体验是在一个匿名的在线环境中进行的（Klafft M.，2008）[38]，由于网络借贷平台的覆盖相当广泛并且注册人的条件相对宽松，会给平台带来一系列安全问题，一旦借款人不能及时偿还借款，会导致资金链条的断裂；网络借贷平台允许顾客下载借款人的私人信息，一旦信息被非法使用，将会给借款人带来巨大的损失。

（2）众筹。众筹是在互联网发展背景下，筹资方通过网络众筹平台或线下社区等途径，向大众投资者筹集资金的互联网融资新模式，投资者根据项目得到资金回报，筹资者通过线上、线下平台获得资金支持（刘志迎等，2016）[39]。众筹具有个性化、及时性、普遍性以及善于捕捉创新与创意等特征，能够有效改善成长型中小企业的融资环境（赵颖、蔡俊英，2016）[40]，还会获得一定的溢出效应，如能够提高众筹项目的知名度、扩大众筹项目的社会网络效应（刘志迎等，2016）。但是同时众筹项目的融资成功率较低，融资完成率具有集中分布的特点，实际投资回报时间具有承诺滞后特性，虽然众筹融资能够降低投资的空间因素限制，但众筹项目的发起范围与区域经济发展水平以及产业结构有关，呈现出显著的空间聚集现象（张成虎、李霖魁，2015）[41]。学者们研究了影响众筹项目成功率的因素，发现项目融资金额的增加与较低的成功概率和成功程度相关，项目持续时间增加了成功的机会，而成功的机会与每天投入的美元数量呈正相关（Alessandro Cordova，2015）[42]。同时众筹项目的成功率与众筹项目的展示方式、由文字形成的在线口碑效应、语言说服风格、个人网络、潜在的项目质量、地理位置等有关（Mollick E.，2014[43]；Pang & Lee，2008[44]；Rui & Liu，2013[45]；王伟等，2016[46]）。目前，众筹融资的发展仍处于探索阶段，运作过程中还有很多问题，如资金的使用缺乏一定的监管、众筹进行融资成功率较低、众筹项目投资人风险较高且项目结果具有不确定性（张英杰，2017）[47]，因此需要探索和创新如何激发投资者的热情、完善领投＋跟投运作机制、网络联保等，为成长型中小企业构建良好的融资路径（赵颖、蔡俊英，2016）。

（3）互联网银行。互联网理论研究源于20世纪90年代中期，全球首家网上银行——美国第一安全网络银行成立，它是电子信息技术应用于银行业的具体表现，允许消费者在线上获得信息类和交易类两方面的服务，广义上的互联网银行既可以是具有分支机构的大型银行，也可以是不设任何网点，纯网络运营的虚拟云端银行，并具有服务廉价省时、不受时空限制的特点，随着互联网的普及，强化了金融服务消费者的参与深度，促进诸多发展中国家普惠金融的发展。

互联网银行是指没有物理经营场所，依靠互联网技术发展起来的具备大数据运作、定制化服务、提供平台、创新金融工具的一种纯网络银行（任静、朱方明，2016[48]；罗玉辉、侯亚景，2016[49]）。互联网银行应用大数据技术改变了传统银行业的经营业态，是银行业发展史上的一次大的创新。目前，国内外学者主要从互联网银行的内涵、互联网银行的驱动机制以及互联网银行的效应三个方面进行研究（乔海曙、许可，2015）[50]。从驱动机制来看，普惠金融的发展、监管制度的不断完善、信息技术的应用推动了互联网银行的发展与普及，进而互联网银行的发展带来了颠覆效应、互补效应、规模效应和社会效应（乔海曙、许可，2015）。从银行角度来看，网络的使用能够显著地降低银行物理分支机构运营所花费的成本（Rupa Rege Nitsure，2003）[51]，互联网银行的出现，使人们不再去依靠银行的物理分支机构，人们可以利用具有线上服务的银行进行随时随地的交易。而银行业现存的分支机构成本被银行视为沉没成本，基于降低成本的需求，银行将互联网银行视为减少人力资本需求的一种手段，而不考虑新系统的实施需要聘用新的专业人员（特别是互联网专家）所花费的成本，因此互联网银行被看作银行分支机构的一种替代而非补充（Nicoletta Corrocher，2002）[52]。互联网银行运用大数据技术，具有管控风险的优势，能够通过动态分析对小微客户的信用进行评价，从而降低审贷放贷成本（汤敏，2016）[53]，具有显著降低交易成本以及传输费用的优势，因此能够改变商业银行的经营业务，并且互联网银行的发展使全球范围内的商业银行根据互联网银行提供的机会重新进行商业战略定位（Rupa Rege Nitsure，2003）。尽管互联网银行给顾客和银行带来了许多便利，但在一些方面加剧了传统银行的风险（Rupa Rege Nitsure，2003），应该加强对互联网银行发展的监管。

（4）传统商业银行的互联网金融。互联网金融使得传统银行的支付清算、资金流动、金融产品和市场格局发生变化。面对互联网金融的冲击，银行业的存款竞争加剧，信贷业务受到影响，并且互联网金融的第三方支付将影响银行业的服务渠道，加速金融脱媒，促使传统银行部门进行金融改革、提高服务水平（郑联盛，2014；郭晔、赵静，2017[54]；徐岚、徐青松，2014[55]；吕凯波、王晓荣，2017[56]；李炎琰，2013[57]）。从存款业务方面来看，银行业利率市场化程度低，互联网金融开发的理财产品利率较高，同时，互联网金融信息处理简单便捷，因此互联网能够与传统商业银行争抢存款来源，增加商业银行的运营成本，增大商业银行的破产风险（刘忠璐，2016）[58]；从贷款业务方面来看，互联网金融便捷了融资过程，但是由于银行业的贷款客户基本为大企业，资质好，容易从银行贷来资金，一般不会使用互联网金融进行融资，从互联网金融进行融资的一般是成长型中小企业，因此可以认为互联网金融是对传统金融的有益补充；而第三方支付的发展，对银行业通过收取佣金、手续费的中间业务带来了冲击（李佳，2015[59]），这种发展使银行的注意力更多地从营销和销售服务转向建立和管理客户关系（李栋等，2017）。

在互联网金融的冲击下，商业银行与互联网技术的结合进入加速阶段，商业银行尝试改变传统授信模式，开始利用互联网大数据缓解信息不对称状况，通过互联网平台降低企业授信成本，并利用互联网技术进行融资产品的创新开发，商业银行所提供的创新融资服务亦是成长型中小企业重要的融资渠道（刘柳、屈小娥，2017）。

四、互联网金融对中小企业成长影响研究现状

中小企业是经济增长的动力，然而市场不完善以及制度的缺陷阻碍了中小企业的成长。在许多发达国家和发展中国家，成长型中小企业是经济体中重要的组成部分，尽管跨国研究对成长型中小企业与经济发展之间的因果关系提出了质疑，但学者们基于现金—现金流敏感模型以及双边随机前沿模型研究发现（张伟斌，2012[60]；霍源源等，2015），在有着固定交易成本以及信息不对称的市场环境下，由于成长型中小企业内部信息不透明以及缺少足够的抵押担保物，虽然有更小贷款需求但是却面临着更高的交易和保险费用，从而面临更大的增长限制（Thorsten Beck & Asli Demirguc–Kunt，2006）[61]，获得更少正式外部融资渠道，导致了其对经济的增长贡献不足。成长型中小企业管理者认为的影响企业成长的五大障碍分别是"融资渠道""税率""竞争""电力"和"政治因素"，在这五大障碍中，"融资渠道"似乎是最大的障碍，其次是"竞争"（Moreira & David F.，2016）[62]，融资约束对中小企业增长产生了显著的负面影响，并且不受信贷约束的企业比受信贷约束的企业增长更快（Babajide Fowowe，2017）[63]。

为了改变成长型中小企业面临的长期融资不足、融资约束的现状，学者们致力于探讨在传统融资模式下的中小企业融资创新研究。研究重点关注融资主体进行形式上的重构以获得创新形式，如企业通过构建信用共同体或融资集合体进行形式上的重构以获得资金支持（邹高峰等，2013）[64]，以及融资主体之间存在地

理、产业或经济行为的关联所获得的创新形式，如企业的产业集聚融资和供应链金融融资等（张伟斌等，2012）。

但是，传统融资模式的创新并没有从根本上解决信息不对称、逆向选择及道德风险规避问题，而互联网技术的发展使得借助互联网金融运用大数据、云计算技术解决中小企业面临的融资约束问题成为可能。

互联网金融具有规模替代效应、"长尾"效应、技术外溢效应及信号传递效应等，不同的效应影响传统金融机构的发展以及成长型中小企业在不同的融资模式之间进行的选择，学者们利用断点最小二乘法实证检验发现互联网金融能够改善社会融资结构，从而缓解成长型中小企业所面临的融资约束现状，促进中小企业的成长（刘柳、屈小娥，2017）。学者们探讨了不同效应下互联网金融对缓解成长型中小企业融资约束的内在机制。一方面，互联网金融利用网络及信息技术，能够降低金融交易成本，弱化金融机构的中介职能，缓解金融市场中的金融抑制程度，冲击传统金融业在市场中的垄断地位，从而产生替代效应（Franklin，2002），由于传统上信用记录有限的成长型中小企业无法获得外部融资，信用积分机制的产生使评价成长型中小企业的信用情况变得低成本与高效，能够消除信贷过程中因代理人问题而产生的额外成本，使成长型中小企业有更多的机会取得低成本贷款（Furst et al.，2009），即互联网金融发挥了信号传递效应。另一方面，根据"长尾"理论，长尾末端的需求量虽然较小但是不为零，仍具有延展性，互联网技术可以帮助银行对"长尾"小微企业的贷款需求进行甄别（王馨，2015）[65]。并且互联网金融的大数据及信息处理功能，能帮助有效评价贷款，降低监督成本（刘柳、屈小娥，2017），增加成长型中小企业贷款促进金融资源的合理配置。因此，互联网金融的发展减轻了成长型中小企业面临的信贷约束。

参考文献

[1] 白钦先，王伟. 科学认识政策性金融制度 [J]. 财贸经济，2010 (8)：5 - 12，136.

[2] 宣烨. 我国民营中小企业为什么偏好非正规金融融资 [J]. 经济纵横，2005 (2)：54 - 57.

[3] 丛禹月. 中小企业融资模式择优的评价方法 [J]. 统计与决策，2016 (15)：180 - 182.

[4] 向华，杨招军. 新型融资模式下中小企业投融资分析 [J]. 中国管理科学，2017，25 (4)：18 - 25.

[5] 齐岳，廖科智，刘欣，冯筱璐. 创新创业背景下科技型中小企业融资模式研究——基于知识产权质押贷款 ABS 模式的探讨 [J]. 科技管理研究，2018，38 (18)：127 - 132.

[6] 林毅夫，孙希芳. 信息、非正规金融与中小企业融资 [J]. 经济研究，2005 (7)：35 - 44.

［7］罗丹阳，殷兴山．民营中小企业非正规融资研究［J］．金融研究，2006（4）：142 - 150.

［8］吴睿，邓金堂．互联网 + 供应链金融：中小企业融资新思路［J］．企业经济，2018，37（2）：108 - 114.

［9］Cressy, Robert C. Bertil Gandemo and Christer Olofsson, Financing of SMEs：A Comparative Perspective, Edited by Robert C. Cressy, Bertil Gandemo and Christer Olofsson［R］. NUTEK, Stockholm, Sweden, 1996.

［10］李栋，梁银鹤，董志勇，戴赜．利率市场化条件下我国中小企业融资问题分析［J］．上海金融，2017（12）：10 - 17.

［11］Wang Y. What Are the Biggest Obstacles to Growth of SMEs in Developing Countries? — An Empirical Evidence from an Enterprise Survey［J］. Borsa Istanbul Review, 2016, 16（3）：167 - 176.

［12］Levy B. Obstacles to Developing Indigenous Small and Medium En - terprises：An Empirical Assessment［J］. The World Bank Economic Review, 1993, 7（1）：65 - 83.

［13］Enrica Detragiache, Abdul Abiad, Thierry Tressel. A New Database of Financial Reforms［R］. IMF Working Papers, International Monetary Fund, 2008.

［14］Hellman. Financial Restraint：Toward a New Paradigm［M］. New York：Oxford University Press, 1996.

［15］万东灿．中小企业融资质量与市值波动：基于股价崩盘风险的视角［J］．当代财经，2019（2）：132 - 141.

［16］张伟斌，刘可．供应链金融发展能降低中小企业融资约束吗？——基于中小上市公司的实证分析［J］．经济科学，2012（3）：108 - 118.

［17］刘畅，刘冲，马光荣．中小金融机构与中小企业贷款［J］．经济研究，2017，52（8）：65 - 77.

［18］霍源源，冯宗宪，柳春．抵押担保条件对小微企业贷款利率影响效应分析——基于双边随机前沿模型的实证研究［J］．金融研究，2015（9）：112 - 127.

［19］Calebe de Roure, Loriana Pelizzon, Paolo Tasca. How does P2P Lending fit into the Consumer Credit Market?［J］. Discussion Paper, Deutsche Bundesbank, 2016.

［20］Cressy R., Olofsson C. European SME Financing：An Overview［J］. Small Business Economics, 1997, 9（2）：87 - 96.

［21］Carpenter R. E., Petersen B. C. Is the Growth of Small Firms Constrained by Internal Finance?［J］. Review of Economics and Statistics, 2002, 84（2）：298 - 309.

［22］Prasad E. S. Financial Sector Regulation and Reforms in Emerging Markets：An Overview［R］. National Bureau of Economic Research, 2010.

［23］Franklin A. E - Finance：An Introduction［J］. Journal of Finance Services Research, 2002（22）：5 - 27.

［24］Allen F., Mcandrews J., Strahan P. E - Finance：An Introduction［J］. Journal of Financial Services Research, 2002, 22（1 - 2）：5 - 27.

［25］郑联盛. 中国互联网金融：模式、影响、本质与风险［J］. 国际经济评论，2014，5（6）：103 – 118.

［26］谢平，刘海二. ITC、移动支付与电子货币［J］. 金融研究，2013（10）.

［27］刘柳，屈小娥. 互联网金融改善了社会融资结构吗？——基于企业融资选择模型［J］. 财经论丛，2017（3）：38 – 48.

［28］Barber B. M. , Odean T. The Internet and the Investor［J］. Journal of Economic Perspectives, 2001, 15（1）：41 – 54.

［29］Furst, Karen, Lang, et al. Internet Banking in the U. S. : Landscape, Prospects, Industry Implications［J］. Social Science Electronic Publishing, 2009（2）：45 – 52.

［30］Rajan P. R. G. The Effect of Credit Market Competition on Lending Relationships［J］. The Quarterly Journal of Economics, 1995, 110（2）：407 – 443.

［31］Petersen M. A. , Rajan, R. G. The Benefits of Firm – creditor Relationships：Evidence from Small Business Data［J］. Journal of Finance, 1994（49）：3 – 37.

［32］黄明刚. 互联网金融与中小企业融资模式创新研究［D］. 中央财经大学博士学位论文，2016.

［33］Freedman S. , Jin G. Z. Do Social Networks Solve Information Problems for Peer – to – peer Lending? ［R］. Working Paper, the Krannert School, Purdue University, 2008.

［34］Herzenstein M. , Andrews R. L. , Dholakia U. M. and Lyandres E. Thedemocratization of Personal Consumer Loans? Determinants of Success in Online Peer – to – peer Lending Communities［R］. Working Paper, SSRN, 2008. Available at ＜ ssrn. com/abstract = 1147856 ＞.

［35］Morse A. Peer – to – peer Crowdfunding：Information and the Potential for Disruptionin Consumer Lending［R］. NBER Working Papers, 2015.

［36］Galloway I. Peer – to – peer Lending and Community Development Finance［R］. Technical Report, 2009.

［37］Spyridon Arvanitis. P2P Lending Review, Analysis and Overview of Lendoit Blockchain Platform［J］. International Journal of Open Information Technologies ISSN：2019, 2（7）：23 – 81.

［38］Klafft M. Online Peer – to – peer Lending：A Lenders' Perspective［R］. Working Paper, SSRN, 2008.

［39］刘志迎，石磊，马朝良，武帅. 众筹融资绩效影响因素研究——基于文献综述的视角［J］. 科学学与科学技术管理，2016，37（11）：117 – 127.

［40］赵颖，蔡俊英. 高科技中小企业众筹融资模式探究［J］. 科技管理研究，2016，36（15）：122 – 127.

［41］张成虎，李霖魁. 中国互联网金融众筹模式运行特征研究［J］. 中国科技论坛，2015（7）：28 – 33，44.

［42］Alessandro Cordova, Johanna Dolci, Gianfranco Gianfrate. The Determinants of Crowdfunding Success：Evidence from Technology Projects［J］. Procedia Social and Behavioral Sciences, 2015（181）：115 – 124.

［43］Mollick E. The Dynamics of Crowdfunding：An Exploratory Study，Journal of Business Venturing，2014（29）：1 – 16.

［44］Pang B.，Lee L. Opinion Mining and Sentiment Analysis［J］. Foundations and Trends in Information Retrieval，2008，2（1 – 2）：1 – 135.

［45］Rui H.，Liu Y. and Whinston A. Whose and What Chatter Matters？［J］. The Effect of Tweets on Movie Sales，Decision Support Systems，2013，55（4）：863 – 870.

［46］王伟，陈伟，祝效国，王洪伟. 众筹融资成功率与语言风格的说服性——基于 Kickstarter 的实证研究［J］. 管理世界，2016（5）：81 – 98.

［47］张英杰. 科技型中小企业互联网众筹融资现状及对策——基于浙江省的实证分析 ［J］. 中国科技论坛，2017（1）：82 – 87.

［48］任静，朱方明. 互联网银行的破坏性创新及其对传统银行的挑战［J］. 现代经济探讨，2016（3）：10 – 14.

［49］罗玉辉，侯亚景. 我国互联网银行发展战略及政策监管——基于微众银行和网商银行的案例分析［J］. 现代经济探讨，2016（7）：42 – 46.

［50］乔海曙，许可. 互联网银行理论研究的最新进展［J］. 金融论坛，2015，20（6）：71 – 80.

［51］Rupa Rege Nitsure. E – banking：Challenges and Opportunities［J］. Economic and Political Weekly，2003（38）：51 – 52.

［52］Nicoletta Corrocher. Does Internet Banking Substitute Traditional Banking？Empirical Evidence from Italy［R］. KITeS Working Papers 134，KITeS，Centre for Knowledge，Internationalization and Technology Studies，Universita Bocconi，Milano，Italy，Revised Jul 2002.

［53］汤敏. 互联网银行与普惠金融发展［J］. 中国金融，2016（14）：9 – 11.

［54］徐岚，徐青松. 从美国经验看"互联网金融"对于国内传统银行业的冲击［J］. 上海经济研究，2014（7）：97 – 101.

［55］郭晔，赵静. 存款竞争、影子银行与银行系统风险——基于中国上市银行微观数据的实证研究［J］. 金融研究，2017（6）：81 – 94.

［56］吕凯波，王晓荣. 颠覆抑或补充：互联网金融发展对中国金融业的影响［J］. 经济体制改革，2017（4）：145 – 150.

［57］李炎琰. 商业银行将因互联网金融而再生［N］. 上海证券报，2013 – 11 – 29（A03）.

［58］刘忠璐. 互联网金融对商业银行风险承担的影响研究［J］. 财贸经济，2016（4）：71 – 85，115.

［59］李佳. 互联网金融对传统银行业的冲击与融合——基于功能观的讨论［J］. 云南财经大学学报，2015，31（1）：125 – 130.

［60］张伟斌，刘可. 供应链金融发展能降低中小企业融资约束吗？——基于中小上市公司的实证分析［J］. 经济科学，2012（3）：108 – 118.

［61］Thorsten Beck，Asli Demirguc – Kunt. Small and Medium – Size Enterprises：Access to Finance as a Growth Constraint［J］. Journal of Banking & Finance，2006（30）：31 – 43.

［62］Moreira, David F. The Microeconomic Impact on Growth of SMEs When the Access to Finance Widens：Evidence from Internet & High – tech Industry ［J］. Procedia – Social and Behavioral Sciences, 2016 （22）：278 – 287.

［63］Babajide. Fowowe, Access to Finance and Firm Performance：Evidence from African Countries ［J］. Review of Development Finance, 2017 （18）：106.

［64］邹高峰，张维，熊熊. 基于信用共同体的中小企业融资创新 ［J］. 中国软科学，2013 （1）：135.

［65］王馨. 互联网金融助解 "长尾" 小微企业融资难问题研究 ［J］. 金融研究，2015 （9）：128 – 139.

科技金融对工业效率的影响
研究文献综述

李淑娟　习　敏

摘要：科技金融为科技创新和技术进步提供坚实的资金支持，进而促进工业效率提升。国内外学者从理论和实证两方面分析了科技与金融对工业效率的影响并取得了较大的进展，但目前对该方面的研究缺乏系统性的梳理。因此，本文首先介绍了国内外对科技金融内涵界定，其次从不同角度对科技金融影响工业效率的相关文献归纳阐述，最后提出在未来的研究中应重点关注以下几个方面：①积极将科技金融纳入对工业效率影响的研究框架中；②充分考虑科技金融与工业效率之间的非线性关系和空间溢出效应的影响。

关键词：科技金融；工业；全要素生产率

一、引　言

改革开放以来，工业发展在推动中国经济由高速增长阶段转向高质量发展阶段的进程中起到了不可忽视的作用。根据《中国工业发展研究报告》（2019）发布的数据，1952~2018 年，我国工业增加值从 120 亿元增加到 305160 亿元，增长了 970.6 倍（按照不变价格计算），年均增长达 11.0%，成就斐然。但面对环境资源约束增强、生产成本增加、发展方式制约和出口投资增速减缓日益复杂的内外部环境，工业增长动能不足、生产效率不高等问题越加明显。因此，增强工业创新能力、促进生产效率提升就将成为工业进一步发展的重要突破点。工业发展离不开科学技术创新，而技术创新又是促进工业效率提升的强劲动力。科技创新不论是在初期的研发还是在后期的成果转化和产业化阶段，均需要金融给予针对性和持续性的资本支持，因此，发展科技金融就成了必然选择。

科技金融作为科技创新活动和金融资源配置形成的相互融合的产物，能够提供规模化的资金以支持企业的科技创新和技术进步，降低工业生产的成本、创造产品差异化等优势、激发企业创新动力，为工业效率提升起到引领和促进作用。

2006 年发布的《国家中长期科学和技术发展规划纲要（2006－2020 年）》，率先提出了要将科技与金融相融合。2010 年科技部出台了《促进科技和金融结合试点实施方案》，正式启动了科技金融工作。2012 年中共中央《关于深化科技体制改革加快国家创新体系建设的意见》指出，要拓展和完善金融对科技的服务方式和服务途径。2014 年科技部关于《关于大力推进体制机制创新扎实做好科技金融服务的意见》提出要全面推进科技金融工作，引导各种资本积极投入科技创新创业进程。2016 年《"十三五"国家科技创新规划》指出要进一步完善科技与金融融合机制，建设国家科技金融创新中心，创建科技金融生态体系。随着国内科技金融体系的不断完善，科技金融对促进工业发展和效率提升的相关问题也引起了众多学者的关注。为此，探讨科技金融如何能有效地整合金融资源，以促进金融生产要素加速流动，更好地服务科技创新，推动产业结构调整，以加快工业产业提质增效步伐，就成为一个值得深入研究的问题。

　　鉴于此，本文回顾了国内外科技金融对工业效率影响的相关研究。首先对科技金融内涵进行了归纳阐述；其次分别从科技金融对科技创新以及科技创新对工业效率两个方面探讨科技金融对工业效率的影响；最后对未来的研究方法进行了讨论，以期为进一步的研究提供参考。

二、科技金融的内涵

　　梳理国内外有关科技金融内涵的研究文献发现，学者们更多的研究集中于科技与金融之间的关系。一方面分析以银行为代表的金融系统对科技创新的影响。Gurley（1960）[1]认为，以银行为代表的金融系统能够对经济发展和科技创新起到促进作用。Herrera 和 Minetti（2007）[2]研究发现与银行保持长期信贷关系的企业，一般会对新技术的研发保持有更高的积极性。这是因为银行会根据自身的信息优势综合判断企业和项目的前景，对筛选出的有发展潜力的企业进行投资，对企业研发和创新产生激励作用，并最终起到支持科技创新的作用（King and Levine，1993；Muriel et al.，2009）[3-4]。Perez（2002）[5]在《技术革命和金融资本》一书中指出，当技术革命不断向上发展繁荣时，金融资本快速地进入市场，与技术创新相融合，以获得更多由技术创新产生的利润，同时，金融资本的快速增长也进一步促进了技术创新的繁荣。另一方面则分析了金融创新对科技创新的影响。Leleux（2007）[6]考察了金融与科技创新之间的关系，指出科技创新需求的存在会激发金融创新，同时也能为金融创新提供技术支持，而金融工具的创新又能对科技创新起到反向促进作用。Peneder（2008）[7]从知识所具有的非竞争性和非排他性角度出发，得出加大金融创新力度能够更有效地支持科技创新的结论。Kubra 和 Nihan（2016）[8]利用土耳其 100 家通信技术公司的数据，实证分析发现金融创新对高新技术产业有显著的促进作用。

科技与金融最早是作为两个词出现的，它们的首次融合是在 1992 年召开的中国南宁科技金融促进会上。尽管科技金融在这些年里已经被人们广泛熟知和应用，但对科技金融本质和其内涵的探讨，在学术界仍未统一。通过梳理和总结相关文献发现，学者们从不同的角度对科技金融的内涵做了界定。从金融对科技的支持作用角度来看，科技金融是利用一系列的金融机构、金融政策和金融工具，引导和促进银行业、证券业、保险业金融机构资金和创业风险投资等各类金融资本流向科技创新领域，从而为科技开发和科技成果产业化发展提供资金支持和金融服务的融资行为的总和（赵昌文等，2009；胡苏迪、蒋伏心，2012；韩军强，2019）[9-11]。从科技与金融的互动关系来看，在金融资本不断注入科技产业的同时，科学技术也将变成一种创造财富的工具，体现为同质化的金融资本经过科学技术异质化配置，最终获得高收益和高盈利。此时，科技金融不仅是金融对科技单方面的支持作用，也表现出了科学技术的发展能够促进金融资本有机提高的作用（房汉廷，2010；段世德、徐璇，2011）[12-13]。

结合前人对科技金融的概念界定，本文认为科技金融属于产业金融的范畴，是科技产业和金融产业在不断创新和发展中相互融合所得到的产物，是政府、金融机构和社会中介机构等资金供给主体为科技初期研发、中途测试和后期成果转化阶段提供资金融通活动的总和。

由上述定义可知，科技金融的资金供给来源主要包括政府科技金融支持和市场科技金融支持。其中，政府科技金融支持主要包含政府在科学研究与技术开发方面的财政预算，以及针对高新技术等高科技行业的税收优惠政策。市场科技金融支持指的是银行和非银行类金融机构等作为科技金融发展主体为科技产业提供资金支撑的过程。其中，银行贷款作为我国现阶段科技产业发展过程的主要资金供给方，能够通过发放科技贷款等形式为科技创新提供资金支撑和相关的金融服务。但当市场上的科技企业因商业信用、发展前景等问题不能满足银行贷款的要求时，券商、创投企业和其他非银行类金融机构就会涌现出来，及时为它们解决资金困难。如创业风险投资就是非银行类金融机构主体为科技创新提供的最关键的科技金融支持方式，创业风险投资能够将高风险和高收益相匹配，在为各类科技型企业提供融资，承担风险、提供企业增值服务的同时，促进了科技创新，并推动了科技成果转化。除此之外，社会中介机构能够在金融支持资金供给方和科技创新资金需求方建立起沟通的桥梁，提供资金对接服务，缓解信息不对称的问题，使企业能更加高效地获得相应的创新资金，最终促进科技产业的整体提升。

需要指出的是，时下非常热门的"金融科技"一词与本文探讨的科技金融看似非常相像，但二者之间还是存在明显差异的。科技金融注重以金融资源和金融发展推动科技创新和科技产业发展，表现的是金融对科技的支持。而金融科技的侧重点则在于新兴技术对金融市场以及金融服务业务在技术应用、产品服务和业务模式等方面产生的影响上（金融稳定理事会，2016）。金融科技是以科技赋能金融，并运用现代各种前沿科技手段革新传统金融产品、经营模式和业务流程等，达到推动金融发展提质增效的目的。

三、科技金融对工业效率的影响研究

通过对现有文献的梳理和研究，发现学者们鲜少分析科技金融对工业效率的直接影响，而是从科技金融对科技创新的影响和科技创新对工业效率的影响两个路径探讨科技金融对工业效率的影响。

（一）科技金融对科技创新的影响

1. 国外学者研究

基于对科技金融的理解，本文认为科技金融的主要目的是金融（包含传统金融）利用金融工具、金融制度等一切可利用的金融资源来促进科技创新。国外虽没有科技金融这个概念，但通过阅读文献发现，学者们从金融市场和金融机构等角度分析了两者之间的关系。Schumpeter（1912）[14] 在其代表作《经济发展理论》中，最早指出当新的生产条件和生产要素相组合时就会产生创新，并指出具备较全功能的商业银行会甄别、筛选出能够进行创新，且能将创新成果转化为能销售的商业化产品的企业家进行资助，以促进技术创新。Saint Paul（1992）[15] 认为，金融市场多元化投资可有效管理科技创新风险，缓解银行"惜贷"困境。Vasilescu 和 Popa（2011）[16] 指出，银行和风险投资在促进科技创新方面均起到了重要作用。银行贷款能有效降低企业研发活动时固定资产投入的现金敏感度，从而使银行业的发展能够显著影响企业的创新活动（Benfratello et al.，2005）[17]。Amore 等（2013）[18] 利用专利指标衡量公司的创新绩效，发现州际银行业的放松管制刺激了企业创新，且进一步得到银行的地域多元化会影响银行对企业放贷的风险承担意愿，从而成为影响决定科技创新关键因素。Ang（2011）[19] 提出金融机构对金融机构自身的改革力度可以促进企业提高技术创新能力。Chowdhury 和 Maung（2012）[20] 考察资本市场成熟度和企业创新之间的关系，发现成熟的资本市场对企业的技术创新有显著的正向影响。Po‐Susan Hus 等（2014）[21] 基于一个包括 32 个国家的大型数据集，研究发现在 5% 的显著性水平下，对股票市场、信贷市场提供外部融资会增加创新产出的数量。

2. 国内学者研究

（1）科技金融影响科技创新的机理研究。一方面，科学高效的科技金融体系能够在资金供给上满足科技创新最基本的需求，进而提高科技创新活动的数量和质量。陈迅和陈军（2009）[22]指出，现代金融业为科技创新和科技进步创造资本动力，能够促进科技的进一步发展，同时，科技进步能为金融创新提供知识准备和技术基础，给金融的服务技术手段带来革命性的变化，可提高金融服务的效率，使科技与金融实现了有机融合。许爱萍（2015）[23]概括得出科技金融以风险投资、银行贷款等资金助推具有发展潜力的科技创新活动，且随着资金投入的不断增大，企业的科技创新活动会越加频繁，科技创新绩效也将进一步提升。企业在市场中的竞争力加大，从而获得更多的科技金融支持。另一方面，科技金融能为科技创新活动提供分散风险、信息处理和竞争激励等作用，进而提升科技创新进程。孙伍琴和朱顺林（2008）[24]认为，金融通过资本供给、风险管理、信息处理、激励和约束等作用对技术创新起到促进作用。除此之外，还能从公司治理和便利交换两个途径发挥作用（徐建军，2010）[25]。有效的科技金融体系能够满足科技创新在研发、成果转化和产业化等阶段不断放大的资金需求，能够发挥事前筛选和事后监督的管理机制，保证资金的配置与使用效果，从而提升区域科技创新的效率和质量（徐玉莲等，2011）[26]。

（2）不同类型科技金融对科技创新的影响。科技金融是一个综合性的概念，现有的研究主要从风险投资和资本市场、公共科技金融和市场科技金融以及科技金融综合发展探讨科技金融对科技创新的影响。

1）基于风险投资和资本市场的角度研究科技金融对科技创新的影响。建立完善的风险投资机制和多层次资本市场体系，提高直接融资比重，能够为科技创新提供更充足的资金保障。技术创新本身就具有高风险的特征，使银行贷款不能成为其主要的资金来源，而风险投资恰好能够适应这一特点，从而在众多的融资方式中脱颖而出，成为技术创新资金来源的首选融资方式（朱孝忠，2008）[27]。风险投资和科技资本市场均能够对技术创新起到显著的促进作用（张景安，2009；徐玉莲、王宏起，2012）[28-29]。李瑞晶等（2017）[30]基于 2005～2015 年中小板、创业板 127 家上市公司面板数据，检验得出财政科技投入和创业风险投资比银行贷款、资本市场对中小企业创新的促进作用更为显著。但当风险资本退出渠道受阻以及投资机构缺乏长远的投资行为时，风险投资市场就会存在高度波动性：当风险投资市场高涨时，风险资本供大于求，造成资源浪费；而在风险资本市场低迷阶段，风险资金供小于求，导致一些创新项目无法获得资金被迫退出市场，造成技术创新市场萎缩，从而不利于技术创新（赵雅薇，2012）[31]。邓俊荣和龙蓉蓉（2013）[32]利用 1994～2008 年数据，并基于二元线性回归分析风险投资对技术创新的影响，研究得出我国技术创新主要由研发投入创造而来，研发投入对技术创新的影响系数显著为正，风险投资不利于技术创新，并指出可能的原因是中国风险投资行业发展较发达国家相比还不够成熟，对高新技术企业的帮助非常有限。曹文芳（2018）[33]实证分析得出湖北省 17 个地市中，科技金融发展程度较为靠前的武汉、鄂州、孝感和襄阳四个城市的创投风险资本对科技创新有较强的促进作用，而其余地域均没有显著影响。综上，风险投资能够为技术创新提供资本支撑，促进科技创新，但我国风险资本市场发展较晚，市场体系尚不成熟。学者们根据不同的研究数据、研究方法得到的风险投资对技术创新的影响也可能表现出抑制作用。

2）从政府科技金融和市场科技金融角度研究科技金融对科技创新的影响。梳理文献发现，根据科技创新活动资金来源的不同，学者们将科技金融划分为公共科技金融和市场科技金融，不同的资金支持主体对科技创新的作用效果也不尽相同。朱欢（2010）[34]基于我国 31 个省 2000～2007 年的数据，从金融市场结构的角度，运用个体固定效应模型研究了信贷市场以及证券市场对科技创新的影响，结果表明二者均对科技创新有促进作用。芦锋和韩尚容（2015）[35]将科技创新过程分别划分为技术孵化、成果转化和高新技术产业化三个阶段，分析得到市场科技金融在第一阶段和第三阶段对科技创新均具有明显的促进作用，但政府投入对第一阶段对科技创新有抑制作用，对第三阶段的影响则不显著。张玉喜和赵丽丽（2015）[36]利用 2004～2012 年中国省际面板数据研究发现，政府科技投入和社会资本对科技创新在短期内有显著的正向影响，且这种影响存在明显的地区异质性。戚湧和郭逸（2018）[37]以江苏省为例，实证分析得出江苏省的公共科技金融对科技创新发展的影响作用显著，市场科技金融对科技创新的影响作用还待增强。常亮和罗剑朝（2019）[38]选取陕西省 237 家企业数据，并利用 Tobit 模型探讨不同来源科技投入对科技创新的影响机理，结果表明：资本市场科技投入和政府财政科技投入能显著促进科技创新效率提升，而金融机构科技投入科技创新效率的提升表现出了抑制作用。韩景旺和陈小荣（2020）[39]基于河北省 2010～2018 年面板数据，采用 SVAR 模型，从动态角度研究科技金融与科技创新的双向互动关系，发现资本市场投入、商业银行贷款和政府财政科技投入对科技创新能够显著促进科技创新，同时，科技创新也对这三者有显著的正向作用。

3）构建科技金融指数研究科技金融的综合发展对科技创新的影响。为了能更全面地反映科技金融的发展程度，学者们构建科技金融综合指数进一步探究科技金融对科技创新的影响。曹颢等（2011）[40]综合考虑科技与金融的融合发展，利用2001~2008年相关数据，分别从科技金融经费、资源、贷款和产出四个角度构建科技金融分指数，并在此基础上构建科技金融发展指数。杜江等 (2017)[41]基于2011~2013年省际面板数据，构建科技金融综合指标，实证分析表明科技金融对科技创新的影响存在明显的空间溢出效应。郑磊和张伟科 (2018)[42]利用2005~2015年省级面板数据，通过门槛回归发现科技金融对科技创新之间存在"U"形关系，即当区域经济发展水平较低时，科技金融不利于科技创新，而当经济发展水平较高时，则表现出明显的促进作用。刘金全等 (2019)[43]以北京市为例，采用TVP-VAR模型，研究发现科技金融对科技创新的作用效果在短期和长期中方向相反。张芷若和谷国锋 (2019)[44]基于中国30个省（市、区）2004~2016年的面板数据，分析科技金融与科技创新之间的耦合协调关系，结果显示：科技金融与科技创新系统耦合协调度之间存在集聚分布特征，其中，处于高—高集聚模式和低—低集聚模式的省市数量最多，表明科技金融与科技创新的耦合协调发展水平在空间上呈日益明显的两级集聚趋势，且两极差距逐渐扩大。

（二）科技创新对工业效率的影响

科技创新和技术进步是提高工业效率的主要动力。涂正革和肖耿 (2005)[45]根据1995~2002年企业数据估算得出，我国工业行业生产率呈逐年上升的态势，其中，促进工业全要素生产率提升的最主要动力是前沿技术进步。王争等 (2006)[46]利用省际面板数据研究中国地区工业转型过程中生产绩效的动态表现，分析得出自1988年以来我国各地区的工业TFP在总体上表现出了不断上升的态势，并且增长率也稳中上升。在对TFP增长率进行进一步分解后指出，各地区工业TFP增长的首要动力是技术进步速度的不断提高。与此同时，技术效率和配置效率的持续恶化（尤其是东北和西部地区的工业部门）严重阻碍了工业TFP的增长趋势。张腾和刘阳 (2019)[47]指出，金融机构为企业的科技创新活动提供资金支持，使企业能够有充足的资金实现企业自身的优化升级，同时，企业为获得科技金融企业的资金支撑，会积极学习新技术、引进高端人才，并不断改善组织、运营和管理模式等，努力提升自身在市场中的竞争力，从而在整体上促进工业效率的提升。白俊红和王林东 (2016)[48]实证分析得到增加对工业企业的科技资助，有利于提高工业产业的创新积极性，降低生产成本，从而提升工业全要素生产率。张薇薇和高帅雄 (2018)[49]指出，金融与科技的加速融合促进了工业效率的提升，且这种促进作用主要是通过扶持工业创新，发展网络经济和优化资源配置所实现的。

四、结论与展望

梳理科技金融对工业效率的相关研究发现，目前相关研究主要围绕科技金融对科技创新以及科技创新对工业效率的影响，并已经形成了系列成果。但随着互联网技术和金融的创新发展，科技与金融的融合度越来越高，科技金融作为科技与金融有机融合的产物，其对实体经济的影响研究正在逐步受到重视。鉴于此，本文认为在未来的研究中至少在以下两方面还可进一步拓展：第一，科技金融相较于传统金融能更好地服务于科技创新，从而促进实体经济发展。现有文献主要关注于科技金融对科技创新以及科技创新对工业效率的影响，鲜少有文章将科技金融和工业效率纳入同一研究框架，直接分析科技金融对工业效率的影响，而工业作为实体经济的重要组成部分，是我国经济发展的重要支柱力量，因此，在进一步的研究中，应加强对科技金融对工业效率影响的直接研究，分析总结科技金融对工业效率的影响机制，以期为工业效率提升创造更加有利的条件。第二，在实证方法研究上，一方面现有文献在研究科技金融与工业效率之间的关系时，多采用线性回归，而对二者之间的非线性关系研究较少，在今后的研究中，可考虑科技金融二次项或选取相关的门槛变量使用门槛回归等方法，分析科技金融在不同的发展阶段对工业效率的影响。另一方面大多数研究忽视了经济变量的空间特征，对地理区位间空间依赖型和空间相关性等因素的重视程度不足，使相关的研究结论缺乏应有的解释力和说服力。为此，在未来的研究中，可构建空间权重矩阵，应用空间计量模型实证分析科技金融对工业效率的空间外溢影响，弥补现有研究的不足。

参考文献

[1] Gurley J. G. , Shaw E. S. Money in a Theory of Finance [M] . Washington DC: The Brookings Institution, 1960: 13 – 18.

[2] Herrera A. M. , Minetti R. Informed Finance and Technological Change: Evidence from Credit Relationships [J] . Journal of Financial Economics, 2007, 83 (1): 223 – 269.

[3] King R. G. , Levine R. Finance, Entrepreneurship and Growth: Theory and Evidence [J] . Journal of Monetary Economics, 1993, 32 (3): 513 – 542.

[4] MuRiel Cal – Cont Grandness. , SOPHIE Pommet. Venture Capital Syndication and the Financing of Innovation: Financial Expertise Motives [J] . Economics Letters, 2010 (106): 75 – 77.

[5] Carlota Perez. Technological Revolutions and Techno – economic Paradigms [J] . Cambridge Journal of Economics, 2002 (20): 185 – 202.

［6］Leleux, Surlemon B. , Public V. Ersus Pivate Vr Enture Capital：Seedingor Cowding or Ut ［J］. Journal of Business Enturing, 2007, 18（1）：81－104.

［7］Peneder M. The Problem of Private Under－investment in Innovation：A Policy Mind Map ［J］. Technovation, 2008, 28（8）：530.

［8］Kubra S. , Nihan Y. Constraints to Open Innovation in Science and Technology Parks ［J］. Procedia－Social and Behavioral Sciences, 2016, 133（1）：25－38.

［9］赵昌文, 陈春发, 唐英凯. 科技金融［M］. 北京：科学出版社, 2009.

［10］胡苏迪, 蒋伏心. 科技金融理论研究的进展及其政策含义［J］. 科技与经济, 2012（3）：65－69.

［11］韩军强. 科技金融发展能够提高中国经济增长质量吗？——基于空间杜宾模型的实证研究［J］. 科技管理研究, 2019, 39（14）：42－47.

［12］房汉廷. 关于科技金融理论、实践与政策的思考［J］. 中国科技论坛, 2010（11）：7－12, 25.

［13］段世德, 徐璇. 科技金融支撑战略性新兴产业发展研究［J］. 科技进步与对策, 2011, 28（14）：66－69.

［14］韩军强. 科技金融发展能够提高中国经济增长质量吗？——基于空间杜宾模型的实证研究［J］. 科技管理研究, 2019, 39（14）：42－47.

［15］Schumpeter. The Theory of Economy Development ［M］. Cambridge, MA：Harvard University Press, 1912.

［16］Saint－Paul G. Technological Choice, Financial Markets and Economic Development ［J］. European Economic Review, 1992（14）：763－781.

［17］Laura Giurca Vasilescu, Ana Popa. Venture Capital Funding－Path to Growth and Innovation Firms ［EB/OL］. http：//www. utgjiu. ro/revista/ec/pdf/2011 – 01/17 _ LAURA _ GIURCA _ VASILESCU. pdf.

［18］Amore M. D. , Schneider C. , Zaldokas A. Credit Supply and Corporate Innovation ［J］. Journal of Financial Economics, 2013, 109（3）：835－855.

［19］Ang J. B. Research, Technological Change and Financial Liberalization in South Korea ［J］. Journal of Macroeconomics, 2010, 32（1）：457－468.

［20］Chowdhury R. , Maung M. Financial Market Development and the Effectiveness of R&D Investment：Evidence from Developed and Emerging Countries ［J］. Research in International Business and Finance, 2012, 26（2）：258－272.

［21］Hus Po－Susan, Tan Xian, Au An. Finance Development and Innovation：Cross－country Evidence ［J］. Journal of Financial Economics, 2014（112）：116－135.

［22］陈迅, 陈军. 科技进步与金融创新的互动关系研究［J］. 科技管理研究, 2009, 29（12）：55－57.

［23］孙伍琴, 朱顺林. 金融发展促进技术创新的效率研究——基于 Malmuquist 指数的分析［J］. 统计研究, 2008（3）：46－50.

［24］徐建军. 金融系统促进技术创新的作用机理与动态效应［J］. 商业研究, 2010

（9）：98 – 104.

［25］徐玉莲，王玉冬，林艳．区域科技创新与科技金融耦合协调度评价研究［J］．科学学与科学技术管理，2011，32（12）：116 – 122.

［26］许爱萍．京津冀科技创新协同发展背景下的科技金融支持研究［J］．当代经济管理，2015，37（9）：69 – 72.

［27］朱孝忠．风险投资对技术创新的作用研究综述［J］．金融理论与实践，2008（3）：102 – 106.

［28］张景安．风险投资与中小企业技术创新研究［M］．北京：科学出版社，2009.

［29］朱欢．我国金融发展对企业技术创新作用效果的实证分析［J］．科技管理研究，2010，30（14）：26 – 30.

［30］徐玉莲，王宏起．科技金融对技术创新的支持作用：基于 Bootstrap 方法的实证分析［J］．科技进步与对策，2012，29（3）：1 – 4.

［31］赵稚薇．科技金融对技术创新的作用效率研究［J］．金融经济，2012（20）：67 – 69.

［32］邓俊荣，龙蓉蓉．中国风险投资对技术创新作用的实证研究［J］．技术经济与管理研究，2013（6）：49 – 52.

［33］曹文芳．科技金融支持科技创新的实证检验［J］．统计与决策，2018，34（13）：160 – 163.

［34］李瑞晶，李媛媛，金浩．区域科技金融投入与中小企业创新能力研究——来自中小板和创业板 127 家上市公司数据的经验证据［J］．技术经济与管理研究，2017（2）：124 – 128.

［35］芦锋，韩尚容．我国科技金融对科技创新的影响研究——基于面板模型的分析［J］．中国软科学，2015（6）：139 – 147.

［36］张玉喜，赵丽丽．中国科技金融投入对科技创新的作用效果——基于静态和动态面板数据模型的实证研究［J］．科学学研究，2015，33（2）：177 – 184，214.

［37］戚湧，郭逸．江苏科技金融与科技创新互动发展研究［J］．科技进步与对策，2018，35（1）：41 – 49.

［38］常亮，罗剑朝．科技金融投入差异对科技创新效率的影响研究——基于陕西省 237 家企业的经验考察［J］．西安财经学院学报，2019，32（2）：52 – 60.

［39］韩景旺，陈小荣．河北省科技金融与科技创新互动发展关系的实证研究［J］．河北经贸大学学报，2020，41（3）：72 – 81.

［40］曹颢，尤建新，卢锐，陈海洋．我国科技金融发展指数实证研究［J］．中国管理科学，2011，19（3）：134 – 140.

［41］杜江，张伟科，范锦玲，韩科振．科技金融对科技创新影响的空间效应分析［J］．软科学，2017，31（4）：19 – 22，36.

［42］郑磊，张伟科．科技金融对科技创新的非线性影响——一种 U 型关系［J］．软科学，2018，32（7）：16 – 20.

［43］刘金全，艾昕，钟莹．北京市银行业科技金融业务支持科技创新的研究——基于

TVP - VAR 模型的实证检验［J］. 科技管理研究, 2019, 39 (17): 135 - 144.

　　［44］张芷若, 谷国锋. 科技金融与科技创新耦合协调度的空间格局分析［J］. 经济地理, 2019, 39 (4): 50 - 58.

　　［45］涂正革, 肖耿. 中国的工业生产力革命——用随机前沿生产模型对中国大中型工业企业全要素生产率增长的分解及分析［J］. 经济研究, 2005 (3): 4 - 15.

　　［46］王争, 郑京海, 史晋川. 中国地区工业生产绩效: 结构差异、制度冲击及动态表现［J］. 经济研究, 2006 (11): 48 - 59, 71.

　　［47］芦锋, 韩尚容. 我国科技金融对科技创新的影响研究——基于面板模型的分析［J］. 中国软科学, 2015 (6): 139 - 147.

　　［48］白俊红, 王林东. 政府科技资助与中国工业企业全要素生产率——基于空间计量模型的研究［J］. 中国经济问题, 2016 (3): 3 - 16.

　　［49］张薇薇, 高帅雄. 金融发展支撑工业效率提升——理论、方法、过程文献研究综述［J］. 工业技术经济, 2018, 37 (11): 128 - 135.

企业模式与组织创新

关于网络异质性与企业合作创新
绩效的研究述评

赵　玉

摘要： 随着全球化的市场经济发展和日新月异的科技创新进步，企业逐渐打破自身边界主动寻求与外界的合作。自熊彼特创立创新理论以来，目前已有大量研究对合作创新绩效的影响因素进行了探讨。企业参与合作创新，则合作网络的特征差异性也会对合作创新效果产生极大的影响，网络异质性对企业合作创新绩效的影响一直是国内外学者们关注的热点问题之一。本文通过梳理目前国内外专家学者关于网络异质性对合作创新绩效影响的发展和实证文献，旨在明晰这一研究领域的发展过程和结论，为进一步的研究提供有益的思路。

关键词： 合作创新；企业网络；网络异质性；社会网络理论；创新绩效

一、引　言

近年来，随着技术的不断发展，科技创新已经在企业竞争力中处于举足轻重的地位，企业主体之间不再是单纯的竞争关系，合作创新对企业的意义越加重要。一方面，合作创新能够有效降低企业的研发成本和研发风险，加快企业新产品和新服务的创新，提高核心竞争力；另一方面，合作创新能够促进知识资源在不同主体、地域间的传播，通过技术溢出促进产业进步，提高资源利用效果，避免资源浪费。创新的长期性和风险性使得企业主动在外部环境中寻求创新合作伙伴，逐渐形成企业网络。这些企业网络将全球变成一个相互联结、共同进步的生态系统。企业合作创新绩效是学者们广泛关注的话题。当前，已有很多研究从不同因素出发探索了对企业合作创新绩效的影响。而企业合作伙伴之间的资源、领域等方面的差异性，对企业创新发展同样带来十分重要的影响。因此，研究网络异质性对企业合作创新绩效的影响具有显著的理论意义和实践意义。

通过梳理相关文献，总结网络异质性对企业合作创新绩效的影响有两个方面：一方面，企业在异质性的网络关系中可以提高合作经验、提高知识的获取和吸收能力，进而有利于产生新领域中的合作开发和利用活动（Grant，1996）[1]。另一方面，企业网络异质性有助于企业寻找到优势互补、目标一致、文化相容的合作伙伴，组建一支相互信任、联系密切的合作团队，从而避免冲突对立影响到合作效果（Ahuja，2000[2]；Vanhaverbeke 等，2006[3]）。目前，关于网络异质性对企业创新绩效的影响研究已经产生了丰富的成果。但对相关研究的理论基础、影响机制还未有清晰的介绍，对相关研究也缺乏深入梳理。因此，本文通过梳理目前国内外专家学者关于网络异质性和合作创新的发展和实证文献，旨在明晰这一研究领域的发展过程和结论，既可以为进一步的研究提供有益的思路，还可以结合当前经济发展形势做进一步研究工作。

二、相关概念介绍

（一）合作创新

合作创新的实质是一种契约关系，是指企业与合作伙伴（企业、高校、科研机构）之间为了实现共同的研发目标而形成的合作模式。合作创新的主体是多元化的，企业不仅可以和处于供应链上下游的企业合作，也可以与竞争者、高校、科研机构等组织合作（傅家骥，1998）[4]。近年来，跨机构的研发合作在数量和规模上均呈强劲增长态势。企业参与合作创新已经是经济发展的必然趋势，对企业微观层面、产业中观层面以及国家宏观层面都带来积极影响（杨连盛，2014）[5]。首先，通过参与合作创新，知识资源在企业之间相互传播并最终被企业所吸收，从而影响创新绩效（程璐等，2011[6]；田红云等，2017[7]）。合作创新过程中的知识共享是知识溢出效应造成的结果（Freeman，1991）[8]，杨齐（2011）[9]认为隐性知识的传递是合作创新的本质。其次，由于研发工作具有周期长、风险性高的特征，企业需要投入大量成本进行创新，合作创新可以有效减少研发时间和降低企业自身创新风险和创新成本（Dwyer，2013）[10]。

合作创新也在理论和实践上受到广泛关注。熊彼特（1942）是最早关注创新理论的学者，他关注了规模效应和制度化创新对创新的促进作用。然而，随着创新工作的复杂化，中小企业在规模和资源方面无法和大企业比较，且大企业独立创新的风险很高，使研发创新工作受到阻碍。因此，合作创新的思想逐渐替代了之前的独自创新。国内关于合作创新的研究起步较晚，罗炜和唐元虎（2001）[11]将创新组织的模式分为自主创新、基于产权合作协议以及基于非产权合作协议的创新组织。企业网络就是基于非产权合作协议建立的一种较为松散的组织模式。

许箫迪和王子龙（2005）[12]认为，企业合作联盟既包括企业与其上下游企业、客户之间建立的纵向联盟，还包括企业与其他行业组织之间建立的横向联盟。现有文献从多角度出发研究企业间合作创新绩效的影响因素，包括知识共享（Powell，2004[13]；李志强等，2017[14]）、信任（Huang 等，2013[15]；李擎，2016[16]；潘健平等，2019[17]）、网络关系（Li Dan 等，2018[18]；岳鹄等，2018[19]）、知识吸收能力（郭淑芬等，2017）[20]、专项投资（AiHua Wu 等，2017）[21]、用户参与（刘静岩等，2020）[22]等方面。

（二）网络异质性

随着时代的发展和竞争的加剧，企业创新更加复杂化，所需资源更加丰富，然而企业自身所拥有的有限资源常常不足以支持企业进行创新活动，从而企业与外部利益相关者，包括同行业者、同地域者、供应商、客户、行业协会或者地域性协会以及科研机构等形成正式或非正式合作，从而形成企业网络（Hanna 等，2002）[23]。异质性是研究企业绩效不可忽略的重要因素。当前研究异质性对企业绩效影响作用的文献大多关注企业内部异质性，包括高管异质性、员工异质性等。但在合作创新背景下，企业与合作伙伴之间组成的合作联盟受到更多的关注，合作联盟之间也会存在异质性，并且异质性的合作联盟为合作创新提供了更多创造性思路（Leeuw 等，2014[24]；Marhold 等，2017[25]）。Reagans 和 McEvily（2003）[26]最早提出网络异质性的概念，是不同主体之间组成的跨组织边界的联结形式。网络中各参与主体的自身特点、地域差异以及拥有的知识、技术等资源的差异共同导致不同的企业网络之间存在差异性，即网络异质性。

战略联盟是企业获得竞争优势和价值创造的重要来源，Ireland（2002）[27]从交易成本理论、资源基础理论、社会网络理论系统研究了战略联盟的管理问题。吴贵生等（2000）[28]是国内较早研究企业网络的学者，随后，多位学者证实企业网络的发展过程是知识资源传播和共享的过程（涂振洲和顾新，2013）[29]。和征等（2020）[30]认为，企业网络是企业之间自发形成的正式或者非正式网络，信任和道德约束促进了网络形成与稳定。企业网络由一家核心企业主导，其他企业嵌入其中，形成以松散型、嵌入型为特点的创新网络。周杰（2017）[31]指出，企业由最初的双边合作逐渐演化成多边合作和联盟组合的形式，合作伙伴间关系也相应地从合作关系变成竞争与合作并存，因此影响合作创新绩效的因素更加复杂，要更加注重合作联盟的管理。他从三个维度讨论了对合作创新的影响因素，从企业层面来看，探讨了企业资源、伙伴特征对合作创新绩效的影响；从企业间层面来看，研究了信任程度、沟通程度的影响；从联盟整体层面来看，研究了联盟规模和网络多元性对创新绩效的影响。

三、不同理论视角和网络特征下的研究

（一）不同理论视角下的研究

1. 基于资源基础理论视角

资源基础理论假设企业拥有不同的资源，企业的价值由他们所掌握的资源产生，企业资源的异质性决定了企业竞争力的差异，并且企业拥有的资源难以流动和复制，且这些独特的资源是企业保持持久竞争力的优势（Barney，2009）[32]。资源基础观认为，企业是否选择加入合作网络是从资源需求以及资产资本化两方面考量的（马文聪等，2018）[33]。Lee 等（2015）[34]认为，基于资源基础理论的战略联盟强调价值最大化而非成本最小化。

多位学者基于资源基础理论研究企业的战略管理，互补性资源是形成企业网络的重要因素。企业把网络当作自身获取竞争优势的战略选择工具，企业网络是企业获取资源的新路径，加入企业网络使企业可以选择从内部或者外部获取资源（郭树民，2009）[35]。Eisenhardt（1996）[36]认为，竞争力不足的企业加入企业网络的动机是获取外部资源，避免被市场挤压；竞争力强的大型企业加入企业网络的动机是分享资源，提高市场影响力。Gnyawali（2001）[37]发现，由单家企业领导的企业网络具有协调性优势，能够提高资源收集和利用效率，在竞争环境中居于主导地位。一些学者还基于资源基础理论研究了网络能力对绩效的影响，网络能力是指企业对合作网络的管理能力，通过网络管理能够更有效地发挥优势、避免冲突，增强企业合作创新绩效（Ritter 等，2004）[38]。

合作创新实质上是知识的创新，而网络异质性是知识异质性的一种来源，正好可以为网络中的主体带来多样化的知识资源，从而促进创新绩效（Hagedoorn，1993）[39]。基于有限资源理论，企业网络能够为企业提供多样性、互补性知识，同时，不同特征的合作伙伴交流过程中，有助于新思想和新技术的创新（Sampson，2007[40]；Wuyts 等，2014[41]），更有助于提升企业创新绩效（Jiang 等，2010）[42]。María（2007）[43]指出，企业网络异质性可以帮助企业提高知识获取能力，摆脱不利的企业经营环境。Phelps 和 Paris（2010）[44]研究了企业联盟网络的结构和组成对企业探索性创新的影响，对电信设备制造商的调查表明，企业联盟伙伴的技术多样性增加了其探索性创新。但是企业处理知识的能力比较有限，企业无法吸收与自身技术差别较大的知识（Luo 等，2010）[45]。Oerlemans 等（2013）[46]指出，技术多样性水平应该保持在一个合理的区间，当技术差异十分显著，会增加合作伙伴之间的沟通成本和机会主义行为。创新的产生通常是由许多角色不同的参与者共同努力的结果。Tortoriello 等（2015）[47]一方面研究了网络异质性对组织中知识的创造、传播和使用的影响，网络主体的多样性知识为企业跨界学习、整合提供了机会；另一方面还研究了网络位置和知识多样性之间的相互作用，认为企业在网络结构中的位置与该企业可用的知识多样性相对应的程度有所不同。王昌林（2018）[48]分析了创新网络与企业技术创新的动态演进过程，在技术创新的不同阶段，知识积累和创造的作用越发明显。

还有学者基于网络嵌入视角进行研究。张旭锐等（2015）[49]认为，单一的社会网络是由同质性较高的合作伙伴构成的，因此不利于创业企业的创新发展，当企业嵌入异质性较高的企业网络中时，有助于企业提高资源利用效率。在技术创新过程中，突破式创新和渐进式创新并存（朱福林等，2020）[50]。向阳等（2015）[51]发现，组织和文化的异质性可能导致知识资源得不到有效的运用，因此企业需要对创新网络中的知识流动进行有效治理。李国强等（2019）[52]以企业所处合作网络的网络密度、网络稳定性、网络中心性、网络中介性、网络异质性等结构特征为切入点，研究了企业的渐进式创新和突破式创新，结果表明网络密度与网络异质性是企业实现突破式创新的核心条件。企业创新网络对企业发展的重要意义已经无须赘述，但还有学者从知识治理角度出发，认为企业如何对丰富的知识资源进行有效的整合使用，也是影响企业创新绩效的关键因素（苏州，2018）[53]。

2. 基于交易成本理论视角

交易成本理论丰富了网络异质性与企业合作创新领域的研究（吴小节等，2019）[54]。交易成本理论提出降低生产和交易成本是企业的目标，因此企业为了降低成本选择与企业外部的组织建立关系网络，此外，企业网络中知识共享的高效率也是形成战略联盟的因素之一。基于交易成本理论，战略联盟可以降低企业间交易成本和独立创新的高风险性。该理论提出合作创新是介于企业层面和市场层面之间的一种经济结构，合作创新的主体之间进行着跨边界活动（吕冲冲等，2019）[55]。

有关企业研究的文献大多都是基于企业或者市场层面的研究，但 Thorelli（1986）[56]提出交易成本理论为组织研究提供了另一种研究视角——企业网络。还有学者从交易成本理论出发，指出企业网络作为一种商业生态系统降低了企业间的信息不对称，提高了信息流动效率。企业的关系网络如果不随着经济环境变动而发生改变，则会对企业绩效产生不利影响，因此企业必须积极寻求变革，与互补性组织建立关系网络（Goerzen，2007）[57]。同时，企业会更多地与其技术关联性强的企业或组织合作，合作联盟的稳定性受到组织协同作用影响，合作伙伴之间需保持权利对等（Panico 等，2017）[58]。

关于网络异质性对企业合作创新绩效的具体影响，学者们大多从伙伴异质性（陈海峰等，2019）[59]、地域差异（曹霞等，2016[60]；杨博旭等，2019[61]）、文化差异（刘敦虎等，2010[62]）、关系强度（李明星等，2020[63]）、知识势差（王月平，2010[64]；廖名岩等，2018[65]）和网络管理（刘兰剑等，2008[66]）等方面进行讨论。Corsaro 等（2015）[67]将合作伙伴异质性划分为目标距离、知识距离、能力距离、观念距离、关系距离和文化距离六个维度。王海军（2015）[68]将合作伙伴分为五类资源，分别是产业链企业、学研机构、科研机构、创新平台资源和其他资源，研究表明企业与学研机构、科研机构的合作程度还需进一步加强。还有学者运用交易成本理论分析了企业网络中存在的机会主义行为。合作联盟要尽量避免企业"搭便车"等机会主义行为，从而避免资源浪费和损失（Paswan 等，2017[69]；张华等，2019[70]）。高孟立（2017）[71]认为，企业网络需要有效的契约治理和关系治理来约束企业的机会主义行为。Zhi Cao 等（2015）[72]认为，契约、信任和关系规范三者共同提高组织成员满意度和关系绩效，并共同减少机会主义。

综上所述，现有研究运用交易成本理论可以解释企业网络产生的原因和必要性，但同时存在一些缺陷。首先，交易成本理论忽略了企业网络的连续性和过程性，没有体现企业网络持续合作的特征；其次，企业网络的目标是合作主体之间的价值最大化，交易成本理论考虑的单一成本最小化显然不符合企业网络的多主体特征。

3. 基于社会网络理论视角

英国学者布朗（Brown）在 20 世纪 30 年代提出社会网络理论，社会网络是网络主体间通过一系列社会关系构成的稳定系统（王夏洁等，2007）[73]。企业作为一个经济主体是构成社会网络的关键节点。在技术多样化、创新复杂化的网络背景下，企业只有与外界合作创新才能获得发展动力（储节旺，2016）[74]。当前，合作联盟之间的竞争已经逐渐成为市场竞争的主力军，与此同时，企业面临的市场环境从竞争性外部环境变为竞争加合作的外部环境（Bengtsson 等，2000[75]；万幼清等，2014[76]）。

社会网络理论中的两种思想——强弱联结思想、结构洞思想为企业网络研究提供了新的视角，产生了极大的促进作用。首先，社会网络中的强弱联结思想帮助强势企业和弱势企业都得到充分的资源或者发展动力，对提高企业绩效产生积极的作用（Granovetter，1973[77]；Eisingerich 等，2010[78]）。杨慧军等（2016）[79]研究了企业与供应商、研究机构等之间的联结强度调节效应，分别探讨了强联结和弱联结条件下企业的搜寻战略对创新绩效的影响。Michelfelder（2013）[80]研究了强弱联结会给组织带来积极的互动效应，而不是单纯的累加效应。强弱关系在创新创造中具有不同的优势和劣势，其中，弱联结可以为联结双方提供有用而非冗余的信息，有利于知识资源的转移；强联结双方由于关系更加稳定因此会降低知识转移成本，促进组织协同（Wang 等，2014）[81]。

对社会网络理论的进一步研究发现，Burt（1992）在《结构洞：竞争的社会结构》一书中指出，社会网络存在结构洞，即企业网络中存在的有利位置。结构洞思想可以简单的理解为在三家企业之间，一家企业同时联结了其他两家企业，在其他两家企业之间没有直接联系时，同时与这两家企业相关联的企业就占据了网络中结构洞的位置，该企业可以利用双方不对称的信息，通过信息操纵将潜在的信息优势转化为企业的利益。因此，结构洞可以促进企业知识技术资源的获得，也成为企业寻找合作伙伴的动力（高俊光等，2017）[82]。当企业网络中企业越靠近核心位置，其拥有的结构洞数量就越多，核心企业得到的资源和信息就越多（Zaheer 和 Bell，2005）[83]。李昕等（2020）[84]探讨了企业参与股权式或契约式技术创新联盟模式对企业创新绩效的影响，将结构洞作为中介变量，发现创新联盟对企业创新绩效的提升作用在一定程度上源于企业所占据结构洞的丰富程度。结构洞可以促进企业之间的信任和合作，加快知识共享速度，并有效减少合作过程中的风险程度（Stam 等，2008）[85]。

网络异质性还会影响成员间的信任程度。成员之间相互信任可以极大地促进沟通效果，进而影响合作绩效（Robson 等，2008[86]；孙永波等，2020[87]）。Burt 等（2018）[88]认为，信任会随着关系周围的网络封闭度的增加而增加。网络异质性越能增加企业知识搜寻的广度，越有利于企业找到适合的合作伙伴与知识源。合作创新已经是现代企业广泛选择的一种组织形式，也是经济社会发展的必然趋势，但国内企业目前的合作创新绩效水平并不一致。吴慧等（2017）[89]研究发现，合作伙伴匹配程度是造成产学研合作创新绩效不一致的原因。陈思颖等（2014）[90]发现，在不确定性较高的环境下，相互信任可以增加成员交流频率和合作意愿。

（二）对不同网络特征的研究

1. 对产学研合作组织的研究

企业创新目前存在能力不足、科技资源分布集中等问题，国内外学者近年来也开始重视企业与高校、科研机构合作的产学研合作研究（Mora-Valentin 等，2004[91]；Edward 等，2010[92]），尤其是对于国内企业而言，产学研合作创新是促进企业发展的重要途径。Patthareeya 等（2012）[93]对产学研合作中知识转移有效性进行了衡量；李夏楠和倪旭东（2012）[94]从知识异质性和团队异质性两个维度研究合作伙伴异质性；马文聪等（2018）[95]从目标协同性、文化相容性和创新资源/能力互补性三个维度展开研究，结论表明与合作绩效之间均存在正相关性；方炜等（2017）[96]对产学研合作主体间关系展开研究，探索了网络演化的动力因素，旨在提高产学研合作的治理效果，促进产学研项目的成功开展。

2. 对创业团队的研究

胡望斌和张玉利（2014）[97]关注了创业团队异质性与创业绩效之间的理论研究，在缺乏组织制度约束的条件下，团队特征是影响企业绩效的重要因素，将创业团队异质性分为社会性和功能性两个维度探讨对创业绩效的影响。

（三） 对其他影响因素的研究

网络异质性与企业创新绩效的关系还受到其他因素的影响，已有研究除了关注网络异质性对企业合作创新绩效的直接影响以外，加入了环境和组织层面的因素，对这一影响机制的中间过程进行研究。

国内外学者考虑诸如网络密度、设计驱动型创新、企业家特征等变量对网络异质性与企业创新绩效的关系的影响。常红锦和仵永恒（2013）[98]的研究发现网络密度对网络异质性对企业创新绩效的影响有正向的调节作用。徐蕾和倪嘉君（2019）[99]将设计驱动型创新作为中介变量，将网络异质性分为知识异质性和伙伴异质性两个维度来探讨网络异质性、设计驱动型创新、合作创新绩效三者之间的作用机制。陈关聚等（2020）[100]探讨了合作伙伴的互动强度对组织异质性与合作创新绩效关系的调节效应，从目标异质性、文化异质性和管理自主权异质性三个维度衡量组织异质性，研究发现互动频率和互动质量对目标异质性与合作创新绩效关系具有显著负向调节作用。连远强等（2017）[101]将组织异质性分为资源异质性、能力异质性和生态位异质性三个维度，引入网络耦合性作为中介变量，研究发现资源异质性可以提高网络耦合性，从而促进企业创新绩效，另外两个维度对网络耦合性的影响并不显著。

影响合作创新绩效的因素一方面来自网络内部各参与主体的特征、地域差异等，另一方面来自制度环境等外部条件。政府参与是影响企业创新活动最不可忽视的外部因素，因此，一些学者也研究了政府参与对企业合作创新效果的影响（Guo等，2016[102]；白俊红等，2015[103]）。周江华等（2018）[104]研究了政府参与对产学研合作与企业国际化创新关系的影响，对政府参与的测度方法是将企业直接参与政府科研项目数量作为政府直接资助，将政府在企业内部设立技术中心数量作为政府间接资助。

四、述 评

通过整理相关文献，支持网络异质性对企业合作创新绩效产生正向影响的文献占绝大多数。资源基础理论、社会网络理论和交易成本理论被学者们广泛认可，共同构成了研究的知识基础。早期影响研究大多聚焦于网络异质性对创新绩效的直接影响，并且把企业规模作为最重要的控制变量。之后的研究不仅丰富了网络异质性的含义、维度，还丰富了研究的理论视角，同时加入了更多的变量，如对企业网络特征从伙伴异质性、地理距离、文化差异等维度进行研究。合作创新也从企业间合作发展到产学研合作创新、区域合作创新等领域，但现有国内外研究仍然存在一些不足和局限性。

在理论研究方面，综观目前的研究，大多数学者运用单一的理论，如资源基础理论、交易成本理论和社会网络理论来研究网络异质性对企业合作创新绩效的影响，但是企业网络研究并没有形成统一的理论研究框架。因此，未来的研究应该注重多学科交叉研究和对实际问题的分析。

在研究内容方面，现有研究大多数立足于研究网络异质性对企业创新绩效的直接影响，对作用机制中的中间过程研究较少。无论是企业间合作创新还是产学研合作创新都要求合作伙伴的异质性，但其侧重点略有不同，企业间合作更加重视合作伙伴的自身特点和区域因素，而产学研合作更加关注伙伴的文化等方面差异。当前研究主要认为网络异质性通过促进成员间知识共享和交流互动从而提高其合作创新绩效，本文认为目前对中间过程的研究仍然比较缺乏，未来的研究可以考虑动态性的环境对网络异质性的影响。

在研究方法和变量测量方面，目前国内外学者关于网络异质性对企业合作创新绩效的定性研究居多，定量研究较少。并且在网络异质性和合作创新绩效的指标选择方面缺乏统一的研究框架，受学者主观判断影响较大，如网络异质性的构成要素大多是按照学者的主观意愿选择的，无法充分保证研究结论的一般性。尽管目前众多企业已经意识到企业网络的必要性，但是缺乏实际运用和理论实践。伙伴匹配性是构建企业网络最主要的考量，但是由于合作主体特征、地域差异、制度差异等因素限制，如何找到最合适的合作伙伴是亟须解决的现实问题。

五、研究展望

未来的研究可以在网络异质性和企业创新绩效作用机制中，加入其他调节变量比如政府参与度，有助于企业和政府从不同方面促进企业、产业的创新发展，从而推动市场经济的增长；也可以对企业行为起到监督作用。或者考虑不同的企业类型进行专门研究；根据各地域的不同展开区域创新研究工作。另外，目前的研究注重企业层面的研究，未来可以加入高管网络等个人网络来研究个人网络与企业网络的交互作用。新兴经济体网络研究、创业网络以及网络动态性研究，也是未来的研究重点。近年来，也有学者开始关注企业网络和网络特征对企业绩效可能带来的负向作用，黄嘉文（2019）[105]认为企业网络一方面会降低网络内部企业的创新动力，另一方面对网络外部企业产生不公平性。未来可以进一步对负向作用展开研究，以期探索一个更加适合合作创新开展的网络机制。在研究方法上也可以多进行动态化研究。

以上通过多篇文献对网络异质性和合作创新绩效的影响进行了探讨，但仍然存在一些局限。文章通过关键词索引法对国内外重点文献进行了梳理，但未能将全部相关文献进行全面的分析，可能遗漏了较为新颖但关注度较低的研究议题。网络异质性对合作绩效的影响研究目前已经取得了丰硕的成果，但未来研究可以进一步扩展相关理论、从多因素视角分析问题。

参考文献

［1］Grant R. M. Prospering in Dynamically – Competitive Environments：Organizational Capability as Knowledge Integration ［J］. Organization Science，1996，7（4）：375 – 387.

［2］Gautam Ahuja. Collaboration Networks，Structural Holes，and Innovation：A Longitudinal Study. 2000，45（3）：425 – 455.

［3］Vanhaverbeke W. P. M.，Beerkens B. E.，Duysters G. M. Explorative and Exploitative Learning Strategies in Technology – Based Alliance Networks ［J］. Academy of Management Annual Meeting Proceedings，2006，2006（1）：11 – 16.

［4］付家骥. 技术创新学 ［M］. 北京：清华大学出版社，1998.

［5］杨连盛，朱英明，吕慧君，张鑫，陈宥蓁，王奇珍，季书涵. 企业间合作创新对创新绩效影响研究综述 ［J］. 南京理工大学学报（社会科学版），2014，27（1）：7 – 16.

［6］程璐，程鹏，孙立荣. 企业间合作创新演化博弈研究 ［J］. 经济问题，2012（11）：57 – 60.

［7］田红云，贾瑞，刘艺玲. 网络嵌入性与企业绩效关系文献综述——基于元分析的方法 ［J］. 商业研究，2017（5）：129 – 136.

［8］Freeman C. Networks of Innovators：A Synthesis of Research Issues ［J］. Research Policy，1991，20（5）：499 – 514.

［9］杨齐. 合作创新研究现状与未来研究取向探析 ［J］. 科技进步与对策，2011（21）：151 – 154.

［10］Dwyer E. S. R. An Examination of Organizational Factors Influencing New Product Success in Internal and Alliance – Based Processes［J］．Journal of Marketing，2013，64（1）：31 – 49.

［11］罗炜，唐元虎．企业合作创新的组织模式及其选择［J］．科学学研究，2001（4）：103 – 108.

［12］许箫迪，王子龙．基于战略联盟的企业协同创新模型研究［J］．科学管理研究，2005（6）：12 – 15.

［13］Powell O. S. W. Knowledge Networks as Channels and Conduits：The Effects of Spillovers in the Boston Biotechnology Community［J］．Organization Science，2004，15（1）：5 – 21.

［14］李志强，李政，王建秀．创新网络内企业合作博弈研究——知识共享的角度［J］．科技管理研究，2017，37（13）：16 – 23.

［15］Huang Y.，Wilkinson I. F. The Dynamics and Evolution of Trust in Business Relationships［J］．Industrial Marketing Management，2013，42（3）：455 – 465.

［16］李擘．高管团队成员社会关系、联盟伙伴间信任与创新能力的关系［J］．中国科技论坛，2016（4）：114 – 120.

［17］潘健平，潘越，马奕涵．以"合"为贵？合作文化与企业创新［J］．金融研究，2019（1）：148 – 167.

［18］Li Dan，Yang Jianjun. Relationship Status，Trust，Innovation Mode and Cooperative Innovation Performance［J］．Science Research Management，2018，39（6）：103 – 111.

［19］岳鹄，朱怀念，张光宇，刘怡新．网络关系、合作伙伴差异性对开放式创新绩效的交互影响研究［J］．管理学报，2018，15（7）：1018 – 1024.

［20］郭淑芬，郭金花，李晓琪．合作创新质量、知识吸收能力与企业创新绩效——基于太原高新区科技型中小企业的实证研究［J］．南京工业大学学报（社会科学版），2017，16（3）：89 – 99.

［21］Wu A. H.，Wang Z.，Chen S. Impact of Specific Investments，Governance Mechanisms and Behaviors on the Performance of Cooperative Innovation Projects［J］．International Journal of Project Management，2017，35（3）：504 – 515.

［22］刘静岩，王玉，林莉．开放式创新社区中用户参与创新对企业社区创新绩效的影响——社会网络视角［J］．科技进步与对策，2020，37（6）：128 – 136.

［23］Victoria Hanna，Kathryn Walsh. Small Firm Networks：A Successful Approach to Innovation？［J］．R&D Management，2002，32（3）．

［24］Tim de Leeuw，Boris Lokshin，Geert Duysters. Returns to Alliance Portfolio Diversity：The Relative Effects of Partner Diversity on Firm's Innovative Performance and Productivity［J］．Journal of Business Research，2014，67（9）：1839 – 1849.

［25］Klaus Marhold，Marco Jinhwan Kim，Jina Kang. The Effects of Alliance Portfolio Diversity on Innovation Performance：A Study of Partner and Alliance Characteristics in the Bio – Pharmaceutical Industry［J］．International Journal of Innovation Management，2017，21（1）．

［26］Argote L.，Mcevily B.，Reagans R. Managing Knowledge in Organizations：An Integrative Framework and Review of Emerging Themes［J］．Management Science，2003，49（4）：571 – 582.

［27］Ireland R. D. Alliance Management as a Source of Competitive Advantage ［J］. Journal of Management，2002，28（3）：413－446.

［28］吴贵生，李纪珍，孙议政. 技术创新网络和技术外包［J］. 科研管理，2000（4）：33－43.

［29］涂振洲，顾新. 基于知识流动的产学研协同创新过程研究［J］. 科学学研究，2013（9）：1381－1390.

［30］和征，张志钊，李勃. 企业创新网络研究述评与展望［J］. 商业经济研究，2020（3）：117－119.

［31］周杰. 核心企业联盟能力与多边联盟合作创新：一个研究框架［J］. 科技进步与对策，2017，34（3）：104－109.

［32］Barney J. B. Firm Resources and Sustained Competitive Advantage ［J］. Journal of Management，2009，17（1）：3－10.

［33］马文聪，叶阳平，徐梦丹，朱桂龙. "两情相悦"还是"门当户对"：产学研合作伙伴匹配性及其对知识共享和合作绩效的影响机制［J］. 南开管理评论，2018，21（6）：95－106.

［34］Cheng－Yu Lee，Ming－Chao Wang，Yen－Chih Huang. The Double－Edged Sword of Technological Diversity in R&D Alliances：Network Position and Learning Speed as Moderators ［J］. European Management Journal，2015，33（6）：450－461.

［35］郭树民，刘文杰. 企业网络研究综述［J］. 当代经济管理，2009，31（8）：9－14.

［36］Eisenhardt K.，Schoonhoven C. Resource－Based View of Strategic Alliance Formation：Strategic and Social Effects in Entrepreneurial Firms ［J］. Organization Science，1996，7（2）：136－150.

［37］Gnyawali，Devi R. Madhavan，Ravindranath. Cooperative Networks and Competitive Dynamics：A Structural Embeddedness Perspective ［J］. Academy of Management Review，2001，26（3）：431－445.

［38］Ritter T.，Gemunden H. G. The Impact of a Company's Business Strategy on Its Technological Competence，Network Competence and Innovation Success ［J］. Journal of Business Research，2004，57（5）：548－556.

［39］Hagedoorn J. Understanding the Rationale of Strategic Technology Partnering：Interorganizational Modes of Cooperation and Sectoral Differences ［J］. Strategic Management Journal，1993，14（5）：371－385.

［40］Sampson R. C. R&D Alliances and Firm Performance：The Impact of Technological Diversity and Alliance Organization on Innovation ［J］. Academy of Management Journal，2007，50（2）：364－386.

［41］Wuyts S.，Dutta S. Benefiting From Alliance Portfolio Diversity：The Role of Past Internal Knowledge Creation Strategy ［J］. Journal of Management，2014，40（6）：1653－1674.

［42］Jiang R. J.，Tao Q. T.，Santoro M. D. Alliance Portfolio Diversity and Firm Performance ［J］. Strategic Management Journal，2010，31（10）：1136－1144.

［43］María Jesús Nieto，Lluis Santamaría．The Importance of Diverse Collaborative Networks for the Novelty of Product Innovation ［J］．Technovation，2007，27（6 – 7）：367 – 377．

［44］Yang H. Y.，Phelps C.，Steensma H. K. Learning From What Others Have Learned From You：The Effects of Knowledge Spillovers on Originating Firms ［J］．Academy of Management Journal，2010，53（2）：371 – 389．

［45］Luo X.，Deng L. Do Birds of a Feather Flock Higher? The Effects of Partner Similarity on Innovation in Strategic Alliances in Knowledge – Intensive Industries ［J］．Journal of Management Studies，2010，46（6）：1005 – 1030．

［46］Oerlemans L. A. G.，Knoben J.，Pretorius M. W. Alliance Portfolio Diversity，Radical and Incremental Innovation：The Moderating Role of Technology Management ［J］．Technovation，2013，33（6 – 7）：234 – 246．

［47］Tortoriello M.，Mcevily . B，Krackhardt D. Being a Catalyst of Innovation：The Role of Knowledge Diversity and Network Closure ［J］．Organization Science，2015，26（2）：423 – 438．

［48］王昌林．创新网络与企业技术创新动态能力的协同演进——基于系统动力学的分析［J］．科技管理研究，2018，38（21）：1 – 10．

［49］张旭锐，张颖颖，李勃．网络异质性、外部知识整合与探索式创新绩效——基于陕西省孵化企业的实证分析 ［J］．科学决策，2015（11）：51 – 65．

［50］朱福林，黄艳．网络强度、组织冗余与创新模式——对 200 家样本企业问卷调研数据的实证检验 ［J］．科技进步与对策，2020，37（3）：106 – 114．

［51］向阳，曹勇．企业创新网络知识治理与知识转移：基于战略性新兴产业的实证研究［J］．管理评论，2015，27（9）：48 – 58．

［52］李国强，孙遇春，胡文安．嵌入式合作网络要素如何影响企业双元创新？——基于fsQCA 方法的比较研究 ［J］．科学学与科学技术管理，2019，40（12）：70 – 83．

［53］苏州．知识管理视角下产学研合作创新冲突分析与治理对策 ［J］．科技进步与对策，2018，35（24）：64 – 70．

［54］吴小节，杨尔璞，汪秀琼．交易成本理论在企业战略管理研究中的应用述评 ［J］．华东经济管理，2019，33（6）：155 – 166．

［55］吕冲冲，杨建君，张峰．不同理论视角下组织间合作创新的对比分析 ［J］．西安交通大学学报（社会科学版），2019，39（2）：51 – 58．

［56］Thorelli H. B. Network：Between Markets and Hierarchies ［J］．Strategic Management Journal，1986，7（1）：37 – 51．

［57］Anthony Goerzen. Alliance Networks and Firm Performance：The Impact of Repeated Partnerships ［J］．Strategic Management Journal，2007，28（5）：487 – 509．

［58］Panico C. Strategic Interaction in Alliances ［J］．Strategic Management Journal，2017，38（8）：1646 – 1667．

［59］陈海峰，辛冲，李琳，吴怡雯．合作创新网络的异质性要素识别研究 ［J］．技术经济，2019，38（9）：1 – 7，15．

［60］曹霞，宋琪．产学合作网络中企业关系势能与自主创新绩效——基于地理边界拓展

的调节作用［J］. 科学学研究，2016，34（7）：1065 - 1075.

［61］杨博旭，王玉荣，李兴光. 多维邻近与合作创新［J］. 科学学研究，2019，37（1）：154 - 164.

［62］刘敦虎，陈谦明，高燕妮，吴绍波. 知识联盟组织之间的文化冲突及其协同管理研究［J］. 科技进步与对策，2010，27（7）：136 - 139.

［63］李明星，苏佳璐，胡成. 产学研合作中企业网络位置与关系强度对技术创新绩效的影响［J］. 科技进步与对策，2020，37（14）：118 - 124.

［64］王月平. 知识联盟 R&D 投入与绩效的关系——基于知识势差视角的研究［J］. 科技进步与对策，2010，27（9）：133 - 137.

［65］廖名岩，曹兴. 协同创新企业知识势差与知识转移的影响因素［J］. 系统工程，2018，36（8）：51 - 60.

［66］刘兰剑，党兴华，李莉. 网络环境下跨组织合作创新的宏观界面管理［J］. 科技进步与对策，2008（5）：1 - 3.

［67］Corsaro D., Cantu C. Actors' Heterogeneity and the Context of Interaction in Affecting Innovation Networks［J］. The Journal of Business & Industrial Marketing，2015，30（3 - 4）：246 - 258.

［68］王海军. 面向开放式协同创新的合作伙伴能力评价研究［J］. 科学学研究，2017，35（11）：1726 - 1736.

［69］Audhesh K. Paswan, Tanawat Hirunyawipada, Pramod Iyer. Opportunism, Governance Structure and Relational Norms：An Interactive Perspective［J］. Journal of Business Research，2017（77）：131 - 139.

［70］张华，顾新，王涛. 开放式创新的机会主义风险及其治理机制［J］. 科学管理研究，2019，37（5）：15 - 22.

［71］高孟立. 合作创新中机会主义行为的相互性及治理机制研究［J］. 科学学研究，2017，35（9）：1422 - 1433.

［72］Zhi Cao, Fabrice Lumineau. Revisiting the Interplay between Contractual and Relational Governance：A Qualitative and Meta - Analytic Investigation［J］. Journal of Operations Management，2015（33 - 34）：15 - 42.

［73］王夏洁，刘红丽. 基于社会网络理论的知识链分析［J］. 情报杂志，2007（2）：18 - 21.

［74］储节旺，吴川徽. 社会化网络与开放式创新能力关系研究述评［J］. 图书情报工作，2016，60（15）：126 - 133.

［75］Bengtsson M., Kock S. "Coopetition" in Business Networks to Cooperate and Compete Simultaneously［J］. Industrial Marketing Management，2000，29（5）：411 - 426.

［76］万幼清，王云云. 产业集群协同创新的企业竞合关系研究［J］. 管理世界，2014（8）：175 - 176.

［77］Granovetter M. S. The Strength of Weak Ties［J］. American Journal of Sociology，1973，78（6）：1360 - 1380.

［78］Eisingerich A. B., Bell S. J., Tracey P. How Can Clusters Sustain Performance? The Role of Network Strength, Network Openness, and Environmental Uncertainty ［J］. Research Policy, 2010, 39 (2): 239 – 253.

［79］杨慧军, 杨建君. 外部搜寻、联结强度、吸收能力与创新绩效的关系 ［J］. 管理科学, 2016, 29 (3): 24 – 37.

［80］Michelfelder I., Kratzer J. Why and How Combining Strong and Weak Ties within a Single Interorganizational R&D Collaboration Outperforms Other Collaboration Structures ［J］. Journal of Product Innovation Management, 2013, 30 (6): 1159 – 1177.

［81］Wang C., Rodan S., Fruin M., et al. Knowledge Networks, Collaboration Networks, and Exploratory Innovation ［J］. The Academy of Management Journal, 2014, 57 (2): 484 – 514.

［82］高俊光, 孙雪薇, 赵诗雨, 杜垚. 企业开放式创新合作策略: 文献综述 ［J］. 技术经济, 2017, 36 (3): 34 – 45, 97.

［83］Zaheer A., Bell G. G. Benefiting from Network Position: Firm Capabilities, Structural Holes, and Performance ［J］. Strategic Management Journal, 2005, 26 (9): 809 – 825.

［84］李昕, 杨皎平. 联盟选择如何影响企业创新绩效——结构洞的中介作用 ［J］. 科技进步与对策, 2020, 37 (15): 80 – 88.

［85］Wouter Stam, Tom Flfring. Entrepreneurial Orientation and New Venture Performance: The Moderating Role of Intra and Extraindustry Social Capital ［J］. Academy of Management Journal, 2008, 51 (1): 97 – 111.

［86］Robson M. J., Katsikeas C. S., Bello D. C. Drivers and Performance Outcomes of Trust in International Strategic Alliances: The Role of Organizational Complexity ［J］. Informs, 2008, 19 (4): 647 – 665.

［87］孙永波, 刘竟言. 网络嵌入与企业合作创新绩效——联盟信任的中介效应 ［J］. 科技管理研究, 2020, 40 (12): 187 – 196.

［88］Burt R. S., Bian Y., Opper S. More or Less Guanxi: Trust is 60% Network Context, 10% Individual Difference ［J］. Social Networks, 2018 (54): 12 – 25.

［89］吴慧, 顾晓敏. 产学研合作创新绩效的社会网络分析 ［J］. 科学学研究, 2017, 35 (10): 1578 – 1586.

［90］陈思颖, 顾新, 王涛. 企业创新网络组织间相互信任的影响因素分析 ［J］. 中国科技论坛, 2014 (5): 16 – 19, 26.

［91］Eva M Mora – Valentin, Angeles Montoro – Sanchez, Luis A Guerras – Martin. Determining Factors in the Success of R&D Cooperative Agreements between Firms and Research Organizations ［J］. Research Policy, 2004, 33 (1): 17 – 40.

［92］Edward M. Bergman. Knowledge Links between European Universities and Firms: A Review, 2010, 89 (2): 311 – 333.

［93］Lakpetch P., Lorsuwannarat T. Knowledge Transfer Effectiveness of University – Industry Alliances ［J］. International Journal of Organizational Analysis, 2012, 20 (2): 128 – 186.

［94］李夏楠, 倪旭东. 基于团队知识异质性结构的知识整合研究 ［J］. 科技进步与对

策，2012，29（17）：132－137.

［95］马文聪，叶阳平，徐梦丹，朱桂龙．"两情相悦"还是"门当户对"：产学研合作伙伴匹配性及其对知识共享和合作绩效的影响机制［J］．南开管理评论，2018，21（6）：95－106.

［96］方炜，牛婷婷．产学研项目利益相关方关系网络演化动力研究［J］．科学学研究，2017，35（5）：746－753.

［97］胡望斌，张玉利，杨俊．同质性还是异质性：创业导向对技术创业团队与新企业绩效关系的调节作用研究［J］．管理世界，2014（6）：92－109，187－188.

［98］常红锦，仵永恒．网络异质性、网络密度与企业创新绩效——基于知识资源视角［J］．财经论丛，2013（6）：85－90.

［99］徐蕾，倪嘉君．网络异质性如何提升创新绩效？——基于设计驱动型创新解析视角的实证研究［J］．科学学研究，2019，37（7）：1334－1344.

［100］陈关聚，张慧．创新网络中组织异质性、互动强度与合作创新绩效的关系［J］．中国科技论坛，2020（2）：28－35.

［101］连远强，刘俊伏．成员异质性、网络耦合性与产业创新网络绩效［J］．宏观经济研究，2017（9）：128－136，163.

［102］Guo D.，Guo Y.，Jiang K. Government－Subsidized R&D and Firm Innovation：Evidence from China［J］．Research Policy，2016，45（6）：1129－1144.

［103］白俊红，卞元超．政府支持是否促进了产学研协同创新［J］．统计研究，2015，32（11）：43－50.

［104］周江华，李纪珍，李碧清等．合作与企业国际化创新：政府参与的调节作用［J］．科研管理，2018，39（5）：46－55.

［105］黄嘉文．企业社会网络总是有用吗？——一个文献综述［J］．科研管理，2019，40（9）：57－64.

工作重塑研究热点及趋势

——基于 CiteSpace 的可视化分析

刘　彦　刘　辉

摘要：为准确认识重塑的热点及演化趋势，本文以 Web of Science 核心集数据库中工作重塑相关文献为基础，运用 CiteSpace 5.0 软件对代表性学者、合作机构、发文国家等进行梳理，分析工作重塑基本现状；通过文献突现及共被引分析，识别工作重塑的三大研究热点为量表开发、实证研究、纵向研究方法的应用；结合突现词分析，厘清工作重塑的演化脉络。结果发现，工作重塑研究虽然取得了一定成效，但仍存在量表测量维度有待统一、工作重塑"黑暗面"研究较少、纵向研究不成熟、组织层面研究有待拓展等问题。基于此，提出未来研究应拓展量表开发尤其是基于本土文化进行探究、丰富工作重塑"黑暗面"影响，进一步拓展纵向研究方法以及关注团队重塑与协作重塑等建议。

关键词：工作重塑；可视化分析；知识图谱

一、引　言

随着全球经济和技术的发展，工作场所的不确定性和复杂性日益增加，劳动力的多样性也随之增加。在这样的背景下，组织的工作设计适合所有员工的工作是困难且不切实际的（Adam，2009）[1]。因此，学者们提出，设计灵活的工作十分重要，在这种工作中，员工可以主动地改变他们的任务和角色（Adam，2009）[1]。员工为塑造和改变工作而采取的主动行为被称为工作重塑（Dutton，2001[2]；Tims，2012[3]；Tims，2010[4]）。工作重塑这一概念越来越被视为工作设计理论的一大进步，它强调自下而上、由员工发起的工作重新设计，不同于传统自上而下的工作设计（Grant，2010[5]；Hornung，2010[6]）。

在工作重塑的概念方面，主要有两种视角：第一种是 Wrzesniewski 和 Dutton（2001）[2]的观点，他们将其定义为"个体在工作任务或工作关系所做的行为和认知改变"，他们认为员工从任务、关系、认知三个方面重塑工作。第二种来自工作设计理论，Tims（2012）[3]基于工作需求—资源理论（Bakker，2007）[7]，将工作重塑定义为"员工为平衡工作需求和工作资源与个人能力和需求而可能做出的改变"。这两种观点是目前工作重塑研究领域的主导观点。

在近20年的研究中，国外工作重塑已经取得了较为丰富的研究，综述类论文（Jae Young，2018[8]；Fangfang，2019[9]）对目前工作重塑研究成果进行了总结。国内也有学者从定性的角度对国内外工作重塑研究成果进行了总结（刘颖等，2018[10]；王颖等，2019[11]；王桢，2020[12]）。然而，这些论文仍局限于人工总结的方法，基于文献计量的研究较为少见。文献计量分析有助于探索相关研究领域的内在联系，科学探寻研究热点及前沿，描绘演化脉络，揭示研究趋势。因此，本文运用可视化软件CiteSpace 5.0对国外所搜集的文献进行分析，从定性与定量相结合的角度进行归纳，识别当前工作重塑的基本现状、研究热点及演化趋势并提出未来研究方向。

二、研究方法与数据来源

（一）研究方法

本文基于文献计量法、借助CiteSpace软件对工作重塑的研究进行定量分析。文献计量分析可以通过学科研究文献的内在关系，如共被引关系和共词关系等，描绘学科文献研究主题和学科发展现状，揭示学科的基础知识、研究热点与发展趋势。因此，本文运用CiteSpace软件对工作重塑相关文献进行文献计量分析，通过文献共被引及关键词聚类等，帮助国内学者深入洞察概念内涵，熟悉工作重塑研究现状，梳理工作重塑研究主题的演化趋势，把握研究热点，识别未来研究的方向。

（二）数据来源

因国内研究工作重塑起步较晚，文献较少，故本文将外文数据库Web of Science核心期刊集作为数据来源。工作重塑于2001年才被首次定义，故收集文献数据时设置年度范围为2001年至2020年3月；并以"job crafting"为主题进行检索。然后，对检索结果进行初步阅读，去除一些与工作重塑主题相关性较弱的文献，最终得到536篇与工作重塑紧密相关的文献，在此基础上进行文献计量分析。

三、工作重塑研究现状

（一）工作重塑研究时空分布解析

1. 发文量

由图1可知，从文献数据来看，国外关于工作重塑的研究始于2001年，工作重塑首次提出后并没有引起较多学者关注，直到2010年后发文量才稳步增加，近5年发文量增加趋势较为明显，2018～2019年更是呈爆发式增长，发文量达到121篇。因2020年数据不全，所以未纳入分析范围，但在搜集数据时笔者发现，截至2020年3月，工作重塑文献数量已有30篇，按照此发展趋势可以推断2020年工作重塑相关研究发文量或再创新高。在工作重塑近20年的发展过程中，前10年发展较慢，2010年以来发展较为稳定并且尚未到达发展峰值。

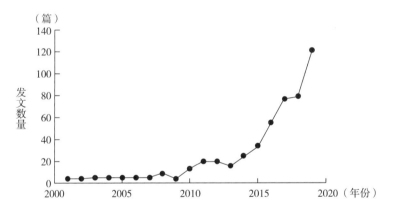

图1 发文量年度分布

2. 作者合作分析

通过发文作者统计可以分析工作重塑研究领域的代表性作者及核心力量。本文运用CiteSpace 5.0 R1软件，选取出现频次大于1的作者生成合作网络知识图谱（见图2），其中不同节点代表不同作者，作者发文量的多少由节点大小体现；另外，若作者之间有合作关系，则两者之间有连线。发文量最多的是Bakker，其次是Demerouti、Tims、Desks，发文量5篇以上的作者还有Hakanen、Petrou、Hur WM、Peeters MCW和Schaufeli WB，这些都是工作重塑研究领域的代表性作者。另外，图谱中不同作者之间代表合作关系的连线颜色深浅不同，连线粗细表示作者联系的紧密程度。如图2所示，工作重塑研究领域核心作者具有相对稳定的团队，在部分网络中，有些学者担任了"纽带"的角色，如Bakker、Demerouti、Desks和Tims等。其中，最大的研究圈以Bakker为中心，其所在研究圈涵盖了其余三个。

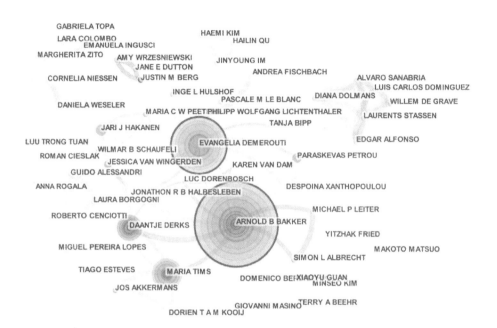

图2　主要作者合作网络

（二）工作重塑主要研究内容及基础文献

目前，工作重塑相关研究可以归纳为三个方面：工作重塑的测量、工作重塑的预测因素、工作重塑的结果变量。

1. 工作重塑的测量

关于工作重塑的量表开发，目前一些学者对其进行了探究，但测量维度有待统一。例如，Tims（2012）[3]将工作重塑定义为员工为实现或优化个人（工作）目标而在自己的工作需求和工作资源上做出的自我改变，其开发并验证了一个量表，从增加社会性工作资源、增加结构性工作资源、增加挑战性工作需求、减少阻碍性工作需求四个维度来衡量工作重塑。在日本的一项研究中，工作重塑五因子模型被验证，其中减少阻碍性需求包含了减少情感需求与减少认知需求两个因子（Eguchi，2016）[13]。Nielsen和Abildgaard（2012）[14]开发了从增加社会性工作需求与增加定量需求维度测量工作重塑的量表，但没有被广泛使用。Petrou 等（2012）[15]在 Tims 基础上对其工作重塑量表做出一定改进，将量表删减为追求资源、追求挑战、减少需求三个维度，并进行因子分析，验证了三因素模型。除此之外，Demerouti（2018）[16]、Bakker 等（2017）[17]也对工作重塑的测量进行了探究。国内学者王忠等（2019）[18]基于扎根理论，从任务、认知、能力、与领导及组织关系、与领导及客户关系五个维度开发了衡量知识性员工工作重塑的量表，该量表共包含 22 个测量项，具有较高的信效度。此外，齐亚静等（2016）[19]编制了针对中小学教师的工作重塑量表。目前，国内关于工作重塑量表较少，工作重塑相关研究多是基于国外量表进行的。

2. 工作重塑的预测因素

工作重塑的预测因素大体可以分为个人与组织两个层面。在个人层面，什么样的人更趋向于进行工作重塑，目前对这一问题的解决虽然没有明确的答案，但大量研究者对此进行了探究。具体可以归纳为以下几点：①主动性人格。Bakker（2012）[20]探讨了主动性人格在预测工作投入和工作绩效中的作用，其研究结果表明具有主动性人格的员工更有可能进行工作重塑。Rudolph 等（2017）[21]的研究也证实，工作重塑与主动性人格密切相关。②个人动机取向。除了主动性人格特质，个人动机取向对工作重塑也具有预测作用，Wrzesniewski 和 Dutton（2001）[2]从对工作的掌控、自我印象管理、人际交往三个方面探讨了人们进行工作重塑的动机。③调节焦点。调节焦点理论表明，个人焦点分为促进型和预防型，拥有促进焦点的人更关注自身成长，更容易在工作中做出改变（Tanja，2015）[22]。Brenninkmeijer 和 Hekkert Koning（2015）[23]、Bindl Uta 等（2019）[24]的研究也表明，高促进焦点的个体更容易增加工作资源和挑战性需求，高防御焦点的个体倾向于减少阻碍性需求，由此可以得出，对于不同的个体可以依据其调节焦点的类型推断其可能采取的工作重塑类型。④职业价值取向。职业价值取向与工作重塑具有较强的相关关系，工作可以给员工实现个人价值的平台，所以员工有必要通过工作重塑来提高自己。Leana（2009）[25]的研究表明，高成长需求的员工更需要对工作做出改变，通过工作重塑来满足自己的需要。⑤权力感知。当员工的组织支持感较高时，权力感通过灵活性对工作重塑产生积极的影响（Raymond，2019）[26]。

在组织层面，工作重塑的预测因素主要包括：①职级。职级也是工作重塑的重要影响因素。Berg 等（2010）[27]的实证研究表明不同职级的员工在工作重塑中面临的挑战是不同的，相对于低职级员工，高职级的员工在工作重塑中会受到更多限制。②领导风格。Ahearne 等（2005）[28]指出，在员工进行工作重塑时，管理者扮演着十分重要的角色，即组织情境层面领导力会对员工工作重塑产生影响。例如，田启涛（2018）[29]的研究结果表明，服务型领导可以激发员工进行工作重塑的内在动机，从而促进员工的工作重塑行为。此外，Esteves（2017）[30]、Thun 和 Bakker（2018）[31]、Kimes 等（2018）[32]还验证了授权型领导与工作重塑之间的关系。Thun 和 Bakker（2018）[31]的研究结果表明，授权型领导与工作重塑4个维度中的3个（增加结构性工作资源、增加社会工作资源、增加挑战性工作需求）呈正相关；但与减少阻碍性需求不存在相关关系。国内学者王弘钰（2018）[33]则验证了教练型领导对工作重塑的影响。近几年，真诚领导（Tuan，2020）[34]与工作重塑之间的关系也引起了重视。③工作环境。Petrou（2012）[15]、Parker 等（2010）[35]探讨了环境因素对员工工作重塑的影响。Petrou 的研究表明，在工作压力与自治性较高的环境中，员工会更多地寻求工作资源。此外，高承诺的人力资源管理，包括广泛的培训、授权和决策参与等，已被证明对工作重塑有积极的关系（2018）[36]。④工作特性。工作的独立性、相互依赖性（Scott，2020）[37]、任务复杂性和挑战性对工作重塑也有影响。Wrzesniewski 与 Dutton（2001）[2]指出当个体的工作任务相互独立时，员工更容易对工作做出调整以达到积极的结果，当员工的工作之间依赖性强时则不易做出改变。Cullinane 等（2017）[38]指出，当员工在其一般角色中具有高边界控制和低任务相互依存性时，日常技能利用与工作重塑之间的正向关系更强。Leana（2009）[25]探讨了合作工作重塑，其研究也表明，任务的相互依赖性越高，员工进行工作重塑的机会越少。此外，任务的复杂性和挑战性都会影响员工的工作重塑（Berg，2010）[27]。⑤人力资源灵活性。Tuan 研究了人力资源灵活性对工作重塑的影响，其研究结果表明，人力资源灵活性通过知识共享与个体和团队工作重塑之间呈正相关（Scott，2020）[39]。

3. 工作重塑的结果变量

工作重塑对个体和组织都有影响。工作重塑对个体的影响可以归纳为以下几点：①提高工作意义感。Wrzesniewski 和 Dutton（2001）[2]在给出工作重塑的定义时就指出，员工通过工作重塑，将会以另一种方式体验工作，这或许会提升员工的工作意义感；Tims（2016）[40]还验证了工作重塑和人—工作匹配、工作意义感之间的关系，研究表明，员工可以优化他们与工作的适合度，提高工作意义感。国内学者尹奎也验证了工作重塑对工作意义的积极作用（尹奎、刘娜，2016[41]；尹奎等，2019[42]）。②增强员工幸福感。Tims（2013）[43]基于工作需求—资源模型，通过纵向研究考察了员工是否可以通过调整工作需求和资源来影响自己的幸福感，指出工作重塑可以对员工的幸福感产生积极的影响。Slemp 等（2014）[44]、吕旭宁（2017）[45]的研究也证实了这一点。③工作投入。Tims（2012）[3]的研究表明，工作重塑中增加资源和挑战性需求对工作投入有积极的影响。另外，具有创造力的个体能够发现问题并利用新方案解决问题，促进个体与组织的发展。根据自我决定理论（Ryan，2000）[46]，员工有获得胜任、自主与关系的需求，满足这些需求的工作能够调动员工内部动机，提高工作投入。事实上，来自研究的证据表明，工作重塑与更高的工作投入和更低的倦怠有关（Kuijpers，2020）[47]。尹奎等（2017）[48]综合工作要求—资源模型、自我决定理论，验证了工作重塑三维度对工作投入的串联中介作用。值得注意的是，Bakker（2019）[49]的最新研究表明，日常工作重塑对日常工作投入既有积极的影响，也有消极的影响。④提高工作绩效。工作重塑给员工提供了提升创造力的有利条件（刘云硕等，2019）[50]，国内学者辛迅（2018）[51]的研究表明员工工作重塑对创造性绩效具有积极作用。⑤提高工作满意度。研究表明，工作重塑一般能带来较高的工作满意度（Cheng 等，2016[52]；Slemp 等，2015[53]）。另外，Brickson（2011）[54]以自己的成长经历阐述了工作重塑技巧在提升工作满意度方面的重要作用。⑥有利于个人职业发展。工作重塑有利于个人的职业生涯发展，因为员工能够通过增加学习机会来开发他们的个人资源，或者将已经存在的资源转化为其他有价值的资产（Kira，2017）[55]。已有实证研究表明，工作重塑可以预测一个人的职业能力（Akkermans，2017）[56]、心理授权（Makoto，2019）[57]及晋升（Cenciotti，2017）[58]。此外，工作重塑还有利于缓解工作中的一些消极因素，如工作倦怠（Cheng，2018）[59]、工作厌倦（Harju，2018）[60]等。

对于组织而言，工作重塑也能带来诸多积极的影响：①降低离职率。有研究证实，工作重塑与离职率呈负相关（Rofcanin，2016）[61]。Esteves 等（2016）[62]通过对189对护士和助理的配对样本调查研究发现，增加挑战性工作需求与离职倾向呈负相关。②组织承诺。Cheng 等（2016）[52]通过研究与旅游业相关的工作重塑和工作结果之间的联系发现，工作重塑对组织承诺具有积极的影响。Wang 等（2018）[63]假设工作重塑与组织承诺呈正相关并通过研究分析验证了这一假设。③提高组织绩效。扩展型关系重塑增强了人—工作的匹配度，这类工作重塑往往能带来更高的任务和情境绩效（Yasin，2018）[64]。有研究表明，工作重塑还能增加员工的组织公民行为，从而提高组织绩效（Shusha，2014）[65]。④增强老年员工的工作动力。Lichtenthaler 等（2016）[66]的研究表明，以晋升为中心的工作重塑有利于增强达到退休年龄的员工继续工作的动力。值得注意的是，Tims 等（2010）[4]的研究证实，当员工工作重塑的目的与组织目标不一致时，工作重塑可能会产生消极的影响。由此可见，工作重塑对组织来说并不总是有利的。

4. 工作重塑基础文献

普遍被学者接受和较高引用频次的文献，能够反映该研究领域的基础知识。

通过对工作重塑文献被引分析，可得到工作重塑研究的基础文献，如表1所示。

表1 工作重塑基础文献（被引频次 Top11）

频次	作者	题目	出版年份
164	Tims M.	Development and validation of the job crafting scale	2012
114	Petrou P.	Crafting a job on a daily basis：Contextual correlates and the link to work engagement	2012
98	Bakker A. B.	Proactive personality and job performance：The role of job crafting and work engagement	2012
87	Tims M.	The impact of job crafting on job demands，job resources，and well－being	2013
69	Tims M.	Job crafting：Towards a new model of individual job redesign	2010
63	Berg J. M.	Perceiving and responding to challenges in job crafting at different ranks：When proactivity requires adaptivity	2010
52	Leana C.	Work process and quality of care in early childhood education：The role of job crafting	2009
50	Tims M.	Job crafting at the team and individual level implications for work engagement and performance	2013
42	Tims M.	Job crafting and its relationships with person－job fit and meaningfulness：A three－wave study	2016
41	Demerouti	Design your own job through job crafting	2014
40	Tims M.	Daliy job crafting and the self－efficacy－performance relationship	2014

表1中研究基础文献主要集中在2010～2013年，且为工作重塑的研究开展奠定了基础知识，基础文献对工作重塑的基本概念内涵、维度、影响因素、形成机制和价值作用进行了详细的分析，促进了相关研究的实证验证，得到了学者的广泛认可。具体研究成果如 Tims（2010）[4] 认为工作重塑是一种主动性行为，是员工根据自己的知识、技能、能力及需求喜好而主动对工作需求和工作资源水平进行调整以适应工作的行为，基于工作需求资源模型，Tims 将工作重塑为三个维度：增加工作资源、增加工作要求、降低工作要求。2012年，Tims 等（2012）[3] 又进一步丰富了工作重塑理论，将工作重塑细分为四个维度。

此外，与个人工作重塑不同，合作工作重塑是指组织中员工对工作进行重新安排，优化彼此的工作。Leana（2009）[25] 发现协作工作重塑往往能带来更高的绩效、工作满意度和组织承诺；Tims 等（2013）[67] 探讨团队中的工作重塑，研究结果表明，团队工作重塑与个人工作重塑一样，与提高团队中的忠诚度和团队绩效相关，这项研究表明工作重塑也可以运用到团队工作中，给团队带来有利的影响。

四、工作重塑研究热点及趋势

（一）工作重塑研究热点：文献突现分析及共被引分析

1. 文献突现分析

突现文献对于相关研究具有重要作用，突现文献的研究领域能够反映当前研究热点。根据工作重塑的文献共被引知识图谱得到工作重塑的突现文献，如表2所示。

表2　工作重塑突现性文献

作者	出版年份	突现强度	开始年份	结束年份	图示
Ghitulescu B.	2006	4.62	2009	2013	
Bakker A. B.	2007	11.54	2010	2015	
Lyons P.	2008	9.71	2010	2015	
Grant A. M.	2009	6.25	2010	2015	
Bakker A. B.	2007	5.74	2010	2015	
Berg J. M.	2010	5.56	2010	2016	
Grant A. M.	2008	4.58	2010	2016	
Hakanen J. J.	2008	5.13	2011	2016	
Xanthopoulou	2009	4.67	2011	2014	
Bakker A. B.	2008	4.67	2011	2014	
Bakker A. B.	2011	3.95	2011	2014	
Bakker A. B.	2008	3.44	2011	2015	
Halbesleben	2008	3.44	2011	2015	
Hakanen J. J.	2005	3.18	2011	2012	
Salanova M.	2005	3.18	2011	2012	
Leana C.	2009	10.75	2012	2017	
Schaufeli W. B.	2006	5.75	2012	2014	

续表

作者	出版年份	突现强度	开始年份	结束年份	图示
Berg J. M.	2008	4.68	2012	2016	
Podsakoff N. P.	2007	4.12	2012	2015	
Halbesleben	2010	3.0	2012	2015	
Tims Maria	2010	4.68	2013	2017	
Van den Heuvel	2012	3.3	2013	2015	
Christian M. S.	2011	3.89	2014	2016	
Tims M.	2016	3.18	2017	2018	
Niessen C.	2016	3.93	2018	2020	

表2显示，有1篇文献的突现时间尚未结束，表明工作重塑研究正处于热点研究阶段，该突现文献对当前工作重塑研究的指导作用较高。Niessen（2016）[68]的这篇文献主要是对工作重塑前因及工作重塑模型的验证，研究结果表明，积极自我管理需求与工作经验的需求预测了工作重塑，此外，当自我效能感高时，人际关系需求与工作重塑相关。此外，Bakker（2012）[3]、Tims（2010）[4]、Leana（2009）[25]、Berg（2010）[27]、Lyons（2008）[69]、Gran（2009）[70]、Bakker（2007）[71]、Hakanen（2008）[72]、Grant（2008）[73]、Bakker（2008）[74]、Halbesleben（2008）[75]的研究成果持续突现时间达四年以上，具有较高的学术价值。

突现文献的研究主题包括工作重塑的基础概念、理论模型的发展（Lyons，2008[69]；Bakker，2011[76]）和与工作重塑相关的一些研究变量，包括工作意义感（Tims）[3]、主动性行为（Bakker，2008）[74]、工作投入（Lichtenthaler，2018）[77]等。具体研究内容显示了当前学者普遍认可的工作重塑的工作需求—资源视角，对Tims（2012）[3]提出的工作需求—资源理论较为推崇，较为认可Tims提出的工作重塑的四维度；认为工作重塑与工作投入之间联系较强，值得进一步研究。此外，工作重塑有助于提高人与工作匹配，工作意义感也得到了验证（Halbesleben，2008）[75]。

2. 文献共被引分析

引用突现文献的文献是研究的前沿文献，前沿文献能够帮助学者精确识别研究热点。基于工作重塑研究文献的共被引关系得到中心度较高的工作重塑前沿文献，如表3所示。

表3 工作重塑前沿文献

序号	中心度	作者	年份	题目
1	0.56	Tims	2012	Development and validation of the job crafting scale
2	0.52	Ohly	2010	Diary studies in organizational research: An introduction and some practical recommendations
3	0.39	Schaufeli	2006	The measurement of work engagement with a short questionnaire – across – national study
4	0.31	Xanthopoulou	2009	Work engagement and financial returns: A diary study on the role of job and personal resources
5	0.27	Berg	2010	Perceiving and responding to challenges in job crafting at different ranks: When proactivity requires adaptivity
6	0.24	Hakanen	2008	Positive gain spirals at work: From job resources to work engagement, personal initiative and work – unit innovativeness
7	0.22	Nielsen	2012	The importance of employee participation and perceptions of changes in procedures in a teamworking intervention
8	0.22	Petrou	2015	Trait – level and week – level regulatory focus as a motivation to craft a job
9	0.21	Demerouti	2015	Productive and counterproductive job crafting: A daily diary study
10	0.19	Xanthopoulou	2009	Reciprocal relationships between job resources, personal resources, and work engagement
11	0.17	Petrou	2012	Crafting a job on a daily basis: Contextual correlates and the link to work engagement
12	0.16	Fritz	2009	Antecedents of day – level proactive behavior: A look at job stressors and positive affect during the workday
13	0.16	Xanthopoulou	2008	Working in the sky: A diary study on work engagement among flight attendants
14	0.14	Bakker	2012	Proactive personality and job performance: The role of job crafting and work engagement
15	0.14	Tims	2015	Job crafting and job performance: A longitudinal study
16	0.13	Wrzesniewski	2003	Interpersonal sensemaking and the meaning of work
17	0.12	Bakker	2011	An evidence – based model of work engagement
18	0.12	Schaufeli	2009	How changes in job demands and resources predict burnout, work engagement, and sickness absenteeism

续表

序号	中心度	作者	年份	题目
19	0.11	Demerouti	2015	Job crafting and extra – role behavior：The role of work engagement and flourishing
20	0.11	Vogt	2016	The consequences of job crafting：A three – wave study
21	0.11	Tims	2015	Examining job crafting from an interpersonal perspective：Is employee job crafting related to the well – being of colleagues？
22	0.1	Rudolph	2017	Job crafting：A meta – analysis of relationships with individual differences，job characteristics，and work outcomes

表3前沿文献可以归纳为三个研究热点。

第一，工作重塑的量表开发。从表3可以看出，关于工作重塑的测量仍然是研究热点。学者对此进行了探究，比如Tims（2012）[3]基于工作需求—资源角度开发了一个从四个维度衡量工作重塑的量表；Petrou等（2012）[15]则简化了Tims的量表，构建了工作重塑的三因素模型（增加资源、增加挑战、减少需求）；Nielsen（2012）[14]则编制了蓝领工人工作重塑量表。但上述研究均是针对具体领域或地域开发的量表，测量维度有待统一，发展更具普适性的工作重塑测量问卷还需要更多学者的研究。随着学者对工作重塑概念认识的不断加深，对其主观的问卷定性测量成为当前工作重塑的研究热点。

第二，工作重塑预测因素及影响后果的实证研究。工作重塑被认为对个人及组织都会产生影响，为了探讨其中的具体影响及影响机制，学者对其进行了实证研究。从表3可以看出，工作重塑与工作投入之间的关系引起了学者们的关注。Tims（2013）[67]的研究表明，员工可以通过工作塑造来提高自己的工作投入度和工作绩效。此外，Vogt、Demerouti也对工作重塑与工作投入之间的关系进行了探讨。

第三，纵向研究方法的兴起。采用横截面数据在验证变量间关系时存在一定局限性，因此一些学者已经开始探索采用纵向研究方法进行研究。日记研究就是其中的一种，Petrou（2012）[15]通过对研究对象进行5天的日记调查发现，员工工作重塑是一种日常行为，与每日工作投入呈正相关。Demerouti和Tims在其研究中也采用了纵向研究的方法。

（二）工作重塑研究趋势：关键词共现、突现分析及时区图

1. 关键词聚类分析

共词聚类分析能够得到研究文献关键词的演化关系，帮助学者识别研究前沿，梳理研究发展趋势。利用 CiteSpace 软件可得工作重塑的共词聚类知识图谱，如图 3 所示。

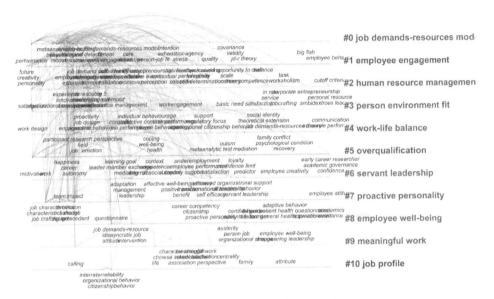

图 3　工作重塑的共词聚类知识图谱

从图 3 中可以得到，工作重塑的共词聚类结果将研究文献的关键词划分成 11 个大类，聚类#4、聚类#8、聚类#9、聚类#10 的研究持续性较差，不是当前的研究热点；聚类#2 说明工作重塑主要集中于人力资源管理领域，是人力资源管理领域当前较为重要的一个研究主题；聚类#5 说明目前工作上存在的一种资质过度的现象，表明当前工作中岗位所需技能与人的不匹配现象是普遍的；而聚类#0、聚类#1、聚类#3、聚类#6、聚类#7 持续性较好，反映当前研究的前沿主题和研究趋势。为更清楚地展现工作重塑关键词各重要聚类具体内容，将聚类#0、聚类#1、聚类#3、聚类#6、聚类#7 下的主要关键词列于表 4 中。

表 4　工作重塑关键词聚类具体信息

聚类标签	聚类名称	主要关键词
#0	工作要求资源模型	模型、工作要求资源模型、人与工作匹配
#1	工作投入	自我决定理论、感知重塑机会、职业竞争力、工作狂倾向
#3	人境适配	工作设计、积极主动性、工作绩效、角色外绩效
#6	服务型领导	领导力、情感幸福感、组织支持感、公民行为、员工态度
#7	主动性人格	特质模型、挑战、主动性人格、适应性行为

结合图3和表4，对重要聚类的具体内容进行如下分析：

聚类#0（工作要求资源模型）研究关键词主要从模型、工作要求资源模型、人与工作匹配逐渐演化到工作要求资源理论。这一聚类主要显示目前工作重塑定量研究主要是在基于资源的视角下进行的，它将工作重塑解释为通过管理工作资源和需求来恢复人与工作匹配的行为（Bruning，2018）[78]。工作要求资源理论最早是由Tims等（2010）[4]提出的，该理论强调为了平衡工作需求与工作资源，员工可能对工作做出改变，通过需求资源重塑，达到人与工作的匹配。员工主动对工作进行改变时，需要调动资源、平衡需求，从工作需求与工作资源对员工的工作重塑进行衡量，是符合实际的，未来研究也可尝试从这方面进行。

聚类#1（工作投入）研究关键词从自我决定理论、感知重塑机会、职业竞争力逐渐演化到工作狂倾向。这一聚类主要探讨了工作重塑与工作投入。基于自我决定理论，当个人主动选择进行工作重塑时，员工能更容易感知到重塑机会，对工作更加投入，在工作的过程中不断提高自己的职业竞争力，而工作投入能进一步促进工作重塑，这是一个有利的循环过程，最终有些员工会表现出工作狂的倾向。Tims等（2012）[3]的研究表明，工作重塑中增加资源和挑战性需求对工作投入有积极的影响。与工作投入类似、工作狂倾向包括对工作的专注感，它与促进重塑有积极的关系，此外，Zeigen等（2018）[79]利用自我调节理论发现，通过自我观察和自我目标设定，工作投入与促进重塑呈正相关。

聚类#3（人境适配）研究关键词包括工作设计、积极主动性、工作绩效、角色外绩效。这一聚类主要显示了工作重塑在促进人与环境匹配方面的作用。个人积极主动地对自己的工作进行设计即工作重塑，而工作重塑有助于提高人与环境的匹配度，进一步提高员工的工作绩效包括角色外绩效。Cable等（2002）[80]在Kristof的二元模型基础上创建的三元模型是目前被广为接受的人与环境匹配模型。人与环境匹配理论认为，人与环境不匹配时容易产生压力，而工作压力是近年来讨论较热的一个话题，提高人与环境匹配度，有利于降低工作压力。因此，在工作重塑的未来研究中，继续推进工作重塑和人与环境匹配之间的关系探索，对缓解员工工作压力是十分重要的。

聚类#6（服务型领导）研究关键词包括领导力、情感幸福感、组织支持感、公民行为、员工态度。这一聚类显示在服务型领导的领导下，员工更易表现出工作重塑的倾向。服务型领导最早由格林里夫提出，其主要表现为，领导优先满足下属的需求，自身的需求次之（Dierendonck，2011）[81]。服务型领导将支持和帮助员工成长发展看作是自己的责任（Ehrhart，2007）[82]，他们通过影响员工的能力、对未来的美好期待以及激发员工积极的情绪状态激励员工进行工作重塑。服务型领导善于授权和领导，利用自己的知识帮助员工成长（Walumbwa，

2010)[83]，在这样的领导下，员工情感幸福感更高。另外，服务型领导有远见、为员工未来作规划并且通过沟通使员工认同（Spears，2010）[84]，激发他们的自主性和潜能，使员工有缘由进行工作重塑，以积极的态度应对工作，表现出更多的组织公民行为。服务型领导风格善于授权，关心员工，容错范围大，这样氛围下的员工会更积极地进行工作重塑，未来研究应更注重研究服务型领导对工作重塑产生影响的机制，并将其应用于实际工作情境中。

聚类#7（主动性人格）研究关键词包括特质模型、挑战、主动性人格、适应性行为。这一聚类主要显示了主动性人格特质在预测工作重塑方面发挥的作用。人格特质是学者在研究工作重塑个人预测因素方面重点关注的内容，研究表明，拥有主动性人格特质的员工喜欢挑战，倾向于对工作做出主动性改变即工作重塑，从而更适应工作。工作重塑具有过程适应性，是一个持续不断的过程（Berg，2010）[85]。目前，关于主动性人格与工作重塑的关系主要是基于横截面数据验证的，但这种数据验证因果关系具有一定的局限性，未来采用追踪研究将是一个重要手段，明确主动性人格与工作重塑的影响机制，对于组织在相应岗位挑选人才具有借鉴意义。

2. 关键词突现

为了解工作重塑近几年的研究趋势，本文运用 CiteSpace V5.5R1 对 2001～2019 年（因 2020 年文献数据只有 3 个月，故文献只选取到 2019 年）工作重塑文献关键词进行突现词探测。由表 5 可知，近三年工作重塑文献关键词组织变革、结构方程模型、主动性人格突现出来，突现时间从 2017 年开始且尚未结束，大致可以反映目前工作重塑的研究热点。近年来，内外部环境引起的变化，要求企业进行变革。而在这一过程中，工作重塑作为一种有效的工具引起了组织的重视。与个人重塑相比，企业更关注组织层面的工作重塑，如团队重塑或协作重塑。此外，什么样的员工更可能倾向于进行工作重塑，人格特质如主动性人格受到了关注。结构方程模型关键词则体现了现阶段工作重塑领域学者倾向于工作重塑的实证研究，工作重塑相关研究已经进入了深入发展阶段。

表 5　排名前 14 的突现词

突现词	年份	强度	开始年份	结束年份	图示
model	2001	3.8474	2010	2014	
resource	2001	2.0637	2010	2012	
organization	2001	2.5248	2010	2014	
work	2001	3.2154	2010	2013	

续表

突现词	年份	强度	开始年份	结束年份	图示
burnout	2001	2.1663	2010	2013	
employee engagement	2001	4.5138	2011	2015	
demands resources model	2001	2.3238	2012	2013	
proactive behavior	2001	2.301	2012	2014	
design	2001	1.9518	2013	2014	
person – job fit	2001	2.3166	2013	2014	
self efficacy	2001	5.5764	2016	2017	
structural equation modeling	2001	1.9689	2017	2019	
organizational change	2001	2.0136	2017	2019	
proactive personality	2001	2.2176	2017	2019	

3. 关键词时区图

利用 CiteSpace V5.5 R1 绘制工作重塑关键词时区图，如图 4 所示，考察工作重塑研究主题在不同时段的变化，结合文献数量分布图可以大概分为三个演化阶段。第一阶段：探索期（2001～2009 年）。这一阶段，工作重塑概念被首次提出，工作重塑研究开始，但研究文献极少，主要是工作重塑的初步探索，工作重塑还处于萌芽期，故没有关键词被提取出来。第二阶段：成长期（2010～2015年）。在这一时期内，可以看到工作重塑、工作投入、工作倦怠、工作满意度、工作需求资源模型等关键词被提出。这一阶段是工作重塑的理论发展阶段，研究主要集中于从员工视角对员工个体工作重塑行为模型的构建。在这一阶段，学者对工作重塑概念进行了进一步的界定，并提出工作重塑对个人有积极影响，如提高员工的工作投入、工作幸福感、降低工作中的倦怠感等。第三阶段：快速发展期（2016 年至今）。这一阶段出现了变革型领导、组织承诺、焦点调节、员工创造力、资源保存理论、人与组织匹配等新的主题。与第二阶段的关系密切，并且随着研究的不断深入，学者更倾向于对员工工作重塑的内在动机（如调节焦点）及组织层面的影响因素（如领导力）等进行探讨。员工的工作重塑不能脱离组织而独立存在，因此组织层面工作重塑影响因素以及组织层面团队重塑和协作重塑近几年受到越来越多的关注。目前看来，相关研究仍在增长，并且越来越深入，对工作重塑的认识也越来越全面。

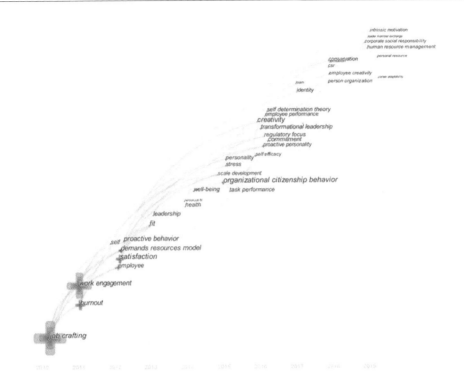

图4　关键词共现时区图

五、总　结

工作重塑是近年来的一个研究热点，本文以知识图谱理论为基础，对 Web of Science 核心合集上的工作重塑相关文献进行共被引聚类分析、共词聚类分析、关键词突现及时区图绘制工作重塑相关文献的知识图谱，并就研究基本现状、研究热点、演化趋势三个方面进行了详细分析，得出如下结论：

首先，从研究基本情况来看，工作重塑的研究起步较晚，但发展较快，并取得了相对丰富的研究成果。参与工作重塑研究的学者与机构较多，且以 Bakker、Demerouti、Tims 和 Derks 四位学者为主导形成学术合作圈。但值得注意的是，虽然形成了较为紧密的四大学术圈，但还是有大量较小研究圈存在，未来应继续拓展学者合作网络，加强学科与研究主题交流，整合平台资源，进一步提升学科规模和学科影响力。

其次，从研究热点来看，目前工作重塑研究主要集中于工作重塑量表开发、实证研究、纵向研究方法三个方面。在量表开发方面，目前学者开发的量表多是关于具体情境及具体职业的针对性问卷开发，其余学者多是在 Tims 开发的量表上进行研究的，但学者对工作重塑的减少阻碍性工作需求这一维度存在争议，有些学者认为应该去掉这一维度，测量维度有待统一，未来研究应继续开发工作重塑量表，尤其是基于本土文化开发量表。在实证研究方面，个人特质、情绪智力、员工核心自我评价、领导方式（如变革型领导、服务型领导、授权型领导）、工作情境（如人境适配度、工作特性）等引起了学者的广泛关注。目前，研究多关注个人工作重塑和工作重塑的积极影响，但已有研究发现工作重塑有时也会带来消极影响。因此，未来研究应拓展工作重塑的"黑暗面"影响。在纵向研究方面，因横截面数据在预测变量之间的因果关系时存在一定局限性，目前已有部分学者尝试将纵向研究运用于工作重塑领域。开展纵向研究，不仅有利于因果关系的验证，还有助于调查工作随时间变化的影响，未来应拓展纵向研究在工作重塑相关研究中的应用。

最后，从演化趋势来看，工作重塑已经从萌芽期、成长期过渡到了快速发展阶段。萌芽期注重工作重塑理论的积累，成长期注重工作重塑与员工工作行为变量之间关系的探索，随着研究的不断深入，快速发展阶段开始将工作重塑置于工作环境中进行研究，探讨组织层面工作重塑的影响因素，并探索员工重塑工作的深层次动机。未来应注重工作重塑团队层面影响因素的探索以及对团队重塑及协作重塑相关研究的拓展。

本文通过对工作重塑相关文献的计量分析，识别了工作重塑研究的现状、热点和趋势，有利于学者深入理解工作重塑的概念内涵，也为未来相关研究的开展提供了方向。

参考文献

［1］Adam M. , Grant, et al. Redesigning Work Design Theories: The Rise of Relational and Proactive Perspectives ［J］. Academy of Management Annals, 2009（3）: 317 – 375.

［2］Dutton W. J. E. Crafting a Job: Revisioning Employees as Active Crafters of Their Work ［J］. The Academy of Management Review, 2001, 26（2）: 179 – 201.

［3］Tims M. , Bakker A. B. , Derks D. Development and Validation of the Job Crafting Scale ［J］. Journal of Vocational Behavior, 2012, 80（1）: 173 – 186.

［4］Tims M. , Bakker A. B. Job Crafting: Towards a New Model of Individual Job Redesign ［J］. SA Journal of Industrial Psychology, 2010, 36（2）: 1 – 9.

［5］Grant A. M. , Fried Y. , Parker S. K. & Frese M. Putting Job Design in Context: Introduction to the Special Issue ［J］. Journal of Organizational Behavior, 2010（31）: 145 – 157.

［6］Hornung S. , Rousseau D. M. , Glaser J. , Angerer P. & Weigl M. Beyond Top – down and Bottom – up Work Redesign: Customizing Job Content through Idiosyncratic Deals. ［J］. Journal of Organizational Behavior, 2010（31）: 187 – 215.

［7］Bakker A. B. , Demerouti E. The Job Demands – Resources Model：State of the Art［J］. Journal of Managerial Psychology, 2007, 22（3）：309 – 328.

［8］Jae Young Lee, Yunsoo Lee. Job Crafting and Performance：Literature Review and Implications for Human Resource Development［J］. Human Resource Development Review, 2018, 17（3）：277 – 313.

［9］Fangfang Zhang, Sharon K. Parker. Reorienting Job Crafting Research：A Hierarchical Structure of Job Crafting Concepts and Integrative Review［J］. Journal of Organizational Behavior, 2019, 40（2）：126 – 146.

［10］刘颖，徐森，杨忠. 工作重塑：理论脉络、研究进展与本土化展望［J］. 江海学刊, 2018（6）：88 – 94, 254.

［11］王颖，江新会，田思雨. 团队如何自组织和自适应？——团队工作重塑的概念、测量、前因与后果［J］. 中国人力资源开发, 2019, 36（6）：62 – 78.

［12］王桢. 团队工作重塑的形成与影响机制［J］. 心理科学进展, 2020, 28（3）：390 – 404.

［13］Eguchi H. , Shimazu A. , Bakker A. B. , et al. Validation of the Japanese Version of the Job Crafting Scale［J］. Journal of Occupational Health, 2016, 58（3）：231 – 240.

［14］Nielsen K. , Abildgaard J. S. The Development and Validation of a Job Crafting Measure for Use with Blue Collar Workers［J］. Work and Stress, 2012, 26（4）：365 – 384.

［15］Petrou P. , Demerouti E. , Peeters M. C. W. , et al. Crafting a Job on a Daily Basis：Contextual Correlates and the Link to Work Engagement［J］. Journal of Organizational Behavior, 2012, 33（8）：1120 – 1141.

［16］Demerouti E. , Peeters M. C. Transmission of Reduction – Oriented Crafting among Colleagues：A Diary Study on the Moderating Role of Working Conditions［J］. Journal of Occupational and Organizational Psychology, 2018（91）：209 – 234.

［17］Bakker Arnold B. , Demerouti Evangelia. Job Demands Resources Theory：Taking Stock and Looking Forward［J］. Journal of Occupational Health Psychology, 2017, 22（3）：273 – 285.

［18］王忠，陈晗，黄倩倩. 知识型员工工作重塑量表开发研究［J］. 科技进步与对策, 2019, 36（2）：118 – 125.

［19］齐亚静，伍新春. 中小学教师工作重塑问卷的编制［J］. 心理与行为研究, 2016, 14（4）：501 – 506.

［20］Bakker A. B. , Tims M. , Derks D. Proactive Personality and Job Performance：The Role of Job Crafting and Work Engagement［J］. Human Relations, 2012, 65（10）：1359 – 1378.

［21］Rudolph C. W. , Katz I. M. , Lavigne K. N. & Zacher H. Job Crafting：A Meta – analysis of Relationships with Individual Differences, Job Characteristics, and Work Outcomes［J］. Journal of Vocational Behavior, 2017（102）：112 – 138.

［22］Tanja B. , Evangelia D. Which Employees Craft Their Jobs and How Basic Dimensions of Personality and Employees' Job Crafting Behaviour［J］. Journal of Occupational and Organizational Psychology, 2015, 88（4）.

［23］Brenninkmeijer V. , Hekkert - Koning M. To Craft or not to Craft ：The Relationships between Regulatory Focus, Job Crafting and Work Outcomes ［J］. Career Development International, 2015, 20 （2）：147 - 162.

［24］Bindl Uta K. , Unsworth Kerrie L. , Gibson Cristina B. , Stride Christopher B. Job Crafting Revisited：Implications of an Extended Framework for Active Changes at Work. ［J］. The Journal of Applied Psychology, 2019, 104 （5）：604 - 628.

［25］Leana C. , Appelbaum E. , Shevchuk I. Work Process and Quality of Care in Early Childhood Education：The Role of Job Crafting ［J］. Academy of Management Journal, 2009, 52 （6）：1169 - 1192.

［26］Raymond L. , Xiaowan J. M. T. Powered to Craft? The Roles of Flexibility and Perceived Organizational Support ［J］. Journal of Business Research, 2019 （104）：61 - 68.

［27］Berg J. M. , Wrzesniewski A. , Dutton J. E. , et al. Perceiving and Responding to Challenges in Job Crafting at Different Ranks：When Proactivity Requires Adaptivity ［J］. Journal of Organizational Behavior, 2010, 31 （2 - 3）：158 - 186.

［28］Ahearne M. , Mathieu J. , Rapp A. To Empower or not to Empower Your Sales Force? An Empirical Examination of the Influence of Leadership Empowerment Behavior on Customer Satisfaction and Performance ［J］. Journal of Applied Psychology, 2005, 90 （5）：945 - 955.

［29］田启涛. 服务型领导唤起员工工作重塑热情机制研究 ［J］. 软科学, 2018, 32 （6）：70 - 73.

［30］Esteves T. , Lopes M. P. Leading to Crafting：The Relation between Leadership Perception and Nurses' Job Crafting ［J］. Western Journal of Nursing Research, 2017, 39 （6）：763 - 783.

［31］Thun S. , Bakker A. B. Empowering Leadership and Job Crafting：The Role of Employee Optimism ［J］. Stress and Health, 2018, 34 （4）：573 - 581.

［32］Kim M. , Beehr T. A. Can Empowering Leaders Affect Subordinates' Well - being and Careers Because They Encourage Subordinates' Job Crafting Behaviors? ［J］. Journal of Leadership and Organizational Studies, 2018, 25 （2）：184 - 196.

［33］王弘钰, 崔智淞. 教练型领导如何促进员工工作重塑？——一个多层次被调节的中介模型 ［J］. 江苏社会科学, 2018 （2）：61 - 71.

［34］Tuan T. L. Linking Authentic Leadership to Salespeople's Service Performance：The Roles of Job Crafting and Human Resource Flexibility ［J］. Industrial Marketing Management, 2020 （84）：89 - 104.

［35］Parker S. K. , Bindl U. K. & Strauss K. Making Things Happen：A Model of Proactive Motivation ［J］. Journal of Management, 2010, 36 （4）：827 - 856.

［36］Jeroen M. , Anna B. N. , Jan D. L. How Employees' Proactivity Translates High-mitment HRM Systems into Work Engagement：The Mediating Role of Job Crafting ［J］. The International Journal of Human Resource Management, 2018 （6）：1 - 26.

［37］Scott B. Dust, Maria Tims. Job Crafting Via Decreasing Hindrance Demands：The Motivating Role of Interdependence Misfit and the Facilitating Role of Autonomy ［J］. Applied Psychologyan

International Review – Psychologie Appliquee – revue Internationale，2020，69（3）：881 – 912.

［38］Cullinane S. J.，Bosak J.，Flood P. C. & Demerouti E. Job Crafting for Lean Engagement：The Interplay of Day and Job – level Characteristics［J］. European Journal of Work and Organizational Psychology，2017，26（4）：541 – 554.

［39］Luu Trong Tuan. HR Flexibility and Job Crafting in Public Organizations：The Roles of Knowledge Sharing and Public Service Motivation［J］. Group & Organization Management，2019，44（3）：549 – 577.

［40］Times M.，Derks D.，Bakker A. B. Job Crafting and its Relationships with Person – job Fit and Meaningfulness：A Three – wave study［J］. Journal of Vocational Behavior，2016（92）：44 – 53.

［41］尹奎，刘娜. 工作重塑、工作意义与任务复杂性、任务互依性的调节作用［J］. 商业研究，2016（11）：112 – 116.

［42］尹奎，张凯丽，李秀凤. 工作重塑对工作意义的影响：团队任务绩效、领导 – 成员交换关系差异化的作用［J］. 管理评论，2019，31（3）：143 – 153.

［43］Tims M.，Bakker A. B.，Derks D. The Impact of Job Crafting on Job Demands，Job Resources，and Well – Being［J］. Journal of Occupational Health Psychology，2013，18（2）：230 – 240.

［44］Slemp G. R. and Vella – Brodrick D. A. Optimiaing Employee Mental Health：The Relationship between Intrinsic Need Satisfaction，Job Crafting，and Employee Wellbeing［J］. Journal of Happiness Studies，2014，15（4）：957 – 977.

［45］吕旭宁，白新文. 工作重塑对科研机构知识产权人员工作投入、满意度和工作绩效的影响［J］. 科学管理研究，2017，35（2）：77 – 80.

［46］Ryan R. M.，Deci E. L. Self – determination Theory and the Facilitation of Intrinsic Motivation，Social Development，and Well – being［J］. American Psychologist，2000，55（1）：68 – 78.

［47］Kuijpers E.，Kooij D，van Woerkom M. Align Your Job with Yourself：The Relationship between a Job Crafting Intervention and Work Engagement，and the Role of Workload［J］. Journal of Occupational Health Psychology，2020，25（1）：1 – 16.

［48］尹奎，孙建敏，陈乐妮. 基于串联中介模型的认知重塑对工作投入的影响研究［J］. 管理学报，2017，14（4）：528 – 536.

［49］Bakker A. B.，Oerlemans W. Daily Job Crafting and Momentary Work Engagement：A Self – determination and Self – regulation Perspective［J］. Journal of Vocational Behavior，2019（112）：417 – 430.

［50］刘云硕，叶龙，郭名. 中国情境下工作重塑对员工创造力的影响研究［J］. 软科学，2019，33（5）：87 – 91.

［51］辛迅，苗仁涛. 工作重塑对员工创造性绩效的影响——一个有调节的双中介模型［J］. 经济管理，2018，40（5）：108 – 122.

［52］Cheng J. C.，Chen C. Y.，Teng H. Y. & Yen C. H. Tour Leaders' Job Crafting and

Job Outcomes: The Moderating Role of Perceived Organizational Support [J] . Tourism Management Perspectives, 2016 (20): 19 – 29.

[53] Slemp G. R. , Kern M. L. , Vella – Brodrick D. A. Workplace Well – being: The Role of Job Crafting and Autonomy Support [J] . Psychology of Well – being, 2015, 5 (1): 1 – 17.

[54] Brickson S. Confessions of a Job Crafter: How We Can Increase the Passion within and the Impact of Our Profession [J] . Journal of Management Inquiry, 2011, 20 (2): 197 – 201.

[55] Kira M. , van Eijnatten F. M. & Balkin D. B. Crafting Sustainable Work: Development of Personal Resources [J] . Journal of Organizational Change Management, 2010, 23 (5): 616 – 632.

[56] Akkermans J. , Tims M. Crafting Your Career: How Career Competencies Relate to Career Success Via Job Crafting [J] . Applied Psychology, 2017, 66 (1): 168 – 195.

[57] Makoto M. Personal Growth Initiative as a Predictor of Psychological Empowerment: The Mediating Role of Job Crafting [J] . Human Resource Development Quarterly, 2019, 30 (3): 343 – 360.

[58] Cenciotti R. , Alessandri G. & Borgogni L. Psychological Capital and Career Success Over Time: The Mediating Role of Job Crafting [J] . Journal of Leadership and Organizational Studies, 2017, 24 (3): 372 – 384.

[59] Cheng J. C. , Yi O. Y. Hotel Employee Job Crafting, Burnout, and Satisfaction: The Moderating Role of Perceived Organizational Support [J] . International Journal of Hospitality Management, 2018 (72): 78 – 85.

[60] Harju L. K. , Schaufeli W. B. , Hakanen J. J. A Multilevel Study on Servant Leadership, Job Boredom and Job Crafting [J] . Journal of Managerial Psychology, 2018, 33 (1): 2 – 14.

[61] Rofcanin Y. , Berber A. , Koch S. & Sevinc L. Job Crafting and Ideals: A Study Testing the Nomological Network of Proactive Behaviors [J] . The International Journal of Human Resource Management, 2016, 27 (22): 2695 – 2726.

[62] Esteves T. , Lopes M. P. Crafting a Calling: The Mediating Role of Calling between Challenging Job Demands and Turnover Intention [J] . Journal of Career Development, 2016, 44 (1): 1221.

[63] Hai – Jiang Wang, Demerouti E. , Blanc P. L. , et al. Crafting a Job in "tough times": When being Proactive is Positively Related to Work Attachment [J] . Journal of Occupational and Organizational Psychology, 2018, 91 (3): 569 – 590.

[64] Yasin R. , Bakker A. B. , Aykut B. , et al. Relational Job Crafting: Exploring the Role of Employee Motives with A Weekly Diary Study [J] . Human Relations, 2018 (6) .

[65] Shusha A. The Effects of Job Crafting on Organizational Citizenship Behavior: Evidence from Egyptian Medical Centers [J] . International Business Research, 2014, 7 (6): 140 – 149.

[66] Lichtenthaler P. W. , Fischbach A Job Crafting and Motivation to Continue Working beyond Retirement Age [J] . Career Development International, 2016, 21 (5): 477 – 497.

[67] Tims M. , Bakker A. B. , Derks D. , et al. Job Crafting at the Team and Individual Level:

Implications for Work Engagement and Performance [J]. Group & Organization Management, 2013, 38 (4): 427 – 454.

[68] Niessen C., Weseler D., Kostova P. When and Why do Individuals Craft Their Jobs? The Role of Individual Motivation and Work Characteristics for Job Crafting [J]. Human Relations, 2016, 69 (6): 1287 – 1313.

[69] Lyons P. The Crafting of Jobs and Individual Differences [J]. Journal of Business and Psychology, 2008, 23 (1 – 2): 25 – 36.

[70] Grant A. M., Parker S. K. Redesigning Work Design Theories: The Rise of Relational and Proactive Perspectives [J]. The Academy of Management Annals, 2009, 3 (1): 317 – 375.

[71] Bakker A. B., Hakanen J. J., Demerouti E., et al. Job Resources Boost Work Engagement, Particularly When Job Demands are High [J]. Journal of Educational Psychology, 2007, 99 (2): 274 – 284.

[72] Hakanen J. J., Perhoniemi R., Toppinen – Tanner S. Positive Gain Spirals at Work: From Job Resources to Work Engagement, Personal Initiative and Work Unit Innovativeness [J]. Journal of Vocational Behavior, 2008, 73 (1): 78 – 91.

[73] Grant A. M., Ashford S. J. The Dynamics of Proactivity at Work [J]. Research in Organizational Behavior, 2008 (28): 1 – 34.

[74] Bakker A. B., Schaufeli W. B., Leiter M. P., et al. Work Engagement: An Emerging Concept in Occupational Health Psychology [J]. Work & Stress, 2008, 22 (3): 187 – 200.

[75] Halbesleben J. R. B., Wheeler A. R. The Relative Roles of Engagement and Embeddedness in Predicting Job Performance and Intention to Leave [J]. Work & Stress, 2008, 22 (3): 242 – 256.

[76] Bakker A. B., Albrecht S. L., Leiter M. P. Key Questions Regarding Work Engagement [J]. European Journal of Work and Organizational Psychology, 2011, 20 (1): 4 – 28.

[77] Lichtenthaler P. W., Fischbach A. A Meta – analysis on Promotion and Prevention Focused Job Crafting [J]. European Journal of Work and Organizational Psychology, 2018 (7): 1 – 21.

[78] Bruning P. F., Campion M. A. A Role – resource Approach – avoidance Model of Job Crafting: A Multimethod Integration and Extension of Job Crafting Theory [J]. Academy of Management Journal, 2018 (61): 499 – 522.

[79] Zeijen M. E. L., Peeters M. C. W., Hakanen J. J. Workaholism Versus Work Engagement and Job Crafting: What is the Role of Self – management Strategies? [J]. Human Resource Management Journal, 2018, 28 (2): 357 – 373.

[80] Cable D. M., Derue D. S. The Convergent and Discriminant Validity of Subjective Fit Perceptions [J]. Journal of Applied Psychology, 2002, 87 (5): 875 – 884.

[81] Dierendonck V. D. Servant Leadership: A Review and Synthesis [J]. Journal of Management, 2011, 37 (4): 1228 – 1261.

[82] Ehrhart M. G. Leadership and Procedural Justice Climate as Antecedents of Unit – Level

Organizational Citizenship Behavior ［J］. Personnel Psychology, 2007, 57 (1): 61 –94.

［83］ Walumbwa F. O. , Hartnell C. A. , Oke A. Servant Leadership, Procedural Justice Climate, Service Climate, Employee Attitudes, and Organizational Citizenship Behavior: A Cross Level Investigation ［J］. The Journal of Applied Psychology, 2010, 95 (3): 517 –529.

［84］ Spears L. C. On Character and Servant Leadership: Ten Characteristics of Effective, Caring Leaders ［J］. The Journal of Virtues & Leadership, 2010, 1 (1): 25 –30.

［85］ Berg J. M. , Grant A. M. , Johnson V. When Callings Are Calling: Crafting Work and Leisure in Pursuit of Unanswered Occupational Callings ［J］. Organization Science, 2010, 21 (5): 973 –994.

文化认同对消费者购买行为的影响

——基于心理契约视角的研究综述

王子章

摘要：本综述主要内容包括文化认同、心理契约、消费者购买行为，以及三者之间的内在影响和关系。分析文化认同所产生的对消费者购买行为的作用与心理契约可能发挥的影响。从理论、实证分析两方面梳理了研究现状和国内外学者的研究成果，在结合国内实际情况的基础上，认为文化认同能够帮助企业找到适合自己品牌形象和产品定位的目标群体，企业应对文化认同对于消费者购买行为产生的影响进行战略思考，而心理契约通过影响消费者的价值判断，是将个人心理感知上升为群体感知的关键。本文认为文化认同是通过心理契约的建立，从而影响消费者的购买决策和过程。

关键词：文化认同；心理契约；消费者购买行为

一、引　言

在当下的移动互联时代，各种营销方式层出不穷，传统的市场营销效果不尽如人意，文化认同在市场营销过程中越来越重要。本研究试图探索消费者购买行为如何被文化认同影响，及心理契约在过程中发挥的作用。

文章第二部分从文化认同本身的研究现状出发，回顾了国内外学术界对其理论上的研究进展，包括理论观点和概念界定。第三部分对心理契约相关文献进行了梳理，罗列了心理契约在不同学科中的理论内涵；概括了目前存在的不同流派的心理契约维度内容，这一问题的研究观点分歧在于不同学者认为心理契约维度内容应为三维或二维，并总结了心理契约在营销学中的现有研究；第四部分回顾了消费者购买行为理论和相关研究，包括消费者购买行为影响因素、消费者购买行为过程理论及其模型等，并回顾了文化认同对消费者购买影响的相关研究。

本文对于国内外学者的研究成果分别从理论和实证分析等方面进行了梳理和归纳，从而提出了后续的研究方向，探究文化认同对消费者购买行为的重要影响，以及心理契约在其中发挥的作用，创新企业营销方式，将重点放在文化认同和心理契约的影响上。

<h1 style="text-align:center">二、关于文化认同的研究综述</h1>

（一）国外文化认同的研究现状

文化认同是个人接受特定范围内成员广泛共享的一系列信仰和行为程度的反映（Jensen，2003），突出同文化和历史之间的联系。相比之下，国家认同反映了个人对所在国家归属感的强度（Verlegh，2007），它的定义也侧重于文化内涵，建立在一个国家的边界内，包括宗教、历史、风俗习惯和社会结构（Keillor et al.，1996）。因此，文化认同是指将文化遗产融入个人的自我概念，并不等同于国家认同（Mackie & Smith，1998）。在社会认同理论中，个体常常在文化认同影响下，夸大和支持其文化的优势和特殊（Mackie & Smith，1998）。个体成员的文化认同水平存在差异，而由此而来的评价偏差也会对成员自身产生影响（Tajfel，1978），这是在个体层面上衡量文化认同的一种建构。另一方面，文化身份也可以看作是一种区别于其他文化的、包含特殊意义的文化集合（Keillor et al.，1996）。这种定义从文化视角出发，在进行跨文化对比、研究处于社会经济转型时期国家发展以及不同宗教族裔群体的不同文化属性时经常涉及（Steenkamp & Geyskens，2006）。由此可见，文化认同的概念界定仍旧是不统一的，文化认同可以在个人、群体、社会等层面进行衡量。

（二）国内文化认同的研究现状

文化认同是指人与人之间或个人与群体之间对共同文化的确认（崔新建，2004）。它是指个人对群体文化的认可、支持程度，具体而言是个人自身的认识、立场和行为文化与群体成员的认识、立场和行为相同、相近或保持一致的程度（郑雪、王磊，2005）。从个人角度出发，文化认同能够使个人对群体认同感得到提升，避免群体中出现认同危机（Kroger，2007；曹辉、张妙青，2010）。从群体角度出发，在全球化中文化冲突环境的背景下，文化认同有助于保持民族文化的独立自主性，在文化交流过程中不被同化或淘汰（冯向辉，2007）。文化认同、民族认同都包含在群体认同中（邓志文，2005）。以上研究都强调文化认同是其他认同的基础。人口统计学变量对文化认同也有着不可忽视的影响，其中年龄这个变量是最重要、最关键的一个，个人的文化认同水平会随着年龄增长而提高

（董莉、李庆安、林崇德，2014）。其次是个体认知，其内涵是个人的身份整合能力。在多文化身份认同研究中，能够更好地对信息进行完善分类的是认识复杂度较高的个体（例如对信息进行区分、整合），其偏好进行抽象性思考，但在描述过程中较为宽泛，代表性不强（Dierdorff & Rubin，2007）。最后是氛围和环境，包括文化、社会因素。人们是否能够对一种文化产生认可，从根本上取决于文化本身的吸引力和生命力。

三、关于心理契约理论的研究综述

（一）心理契约理论内涵

根据相关的经济学理论，合同可以定义为：在特定的交易过程中，双方用来谈判和达成交易的具有约束力的工具。心理契约本质上与契约的概念相同。因此，在交易完成的过程中，只要双方对交易保持一定的倾向，心理契约就一定是他们判断的标准和依据。

1. 组织行为学中的心理契约

从20世纪60年代起，国外学术界开始研究心理契约，对其实际应用和实践价值进行探究。这一时期，心理契约相关的概念研究仍然在心理学范畴内进行。结合了组织行为的心理契约研究显示，公司在劳动雇佣合同中提供的超额福利并不会遭到员工排斥，在公司能够继续为员工提供此种福利的条件下，员工的工作态度、积极性都会得到较大提升，工作效率也会上升（Argyri，1960），这一结论在当时引起了许多研究者的兴趣。心理契约可以称为一种尚未写好的特殊契约。这是一个共识，交易双方从未提及，而只存在于他们的心中（Levenson，1963）。进入21世纪后，在组织行为理论的系统支持下，心理契约的研究已经相当成熟和深入。心理契约可以从六个方面来理解，其存在的基础是交易双方（Rousseau，2003）。心理契约能够维护企业的有效组织和运转，一般情况下会因为员工感知的影响而发生变化（冯伟，2005）。

2. 营销中的心理契约

随着心理契约相关研究持续深入，心理契约被发现受到诸多变量影响，已经出现了一些市场营销领域的研究。学术界提出了心理契约广泛存在于消费者心中的观点，在市场营销学中，心理契约是重要的组成部分（Roehling，1997）。基于B2C的模式，研究者对消费者心理契约发生的偏差和这一问题对交易双方的影响作用进行了深入观察，认为这正是交易双方获得共赢的基础，然后交易合同就变成了关系合同（Eddleston，2002）。心理契约是研究性服务业顾客忠诚完整性的重要影响变量，并对所提出假设的稳定性进行了检验（罗海成，2005）。在一些现实营销环境中，公司承诺是否被消费者信任和认知通过心理契约展示出来。在这一过程中，学者给出了不同的定义：心理契约是消费者形成的潜意识情绪和态度，通常在交易发生中或交易完成后由消费者单方面形成（万英红，2013）。并且，根据在互联网取得的信息，消费者也形成对应的认识，缔结心理契约。在网络上形成的消费者认识可能会成为消费者对商家抱有特别依赖的原因，这是双方之间的心理契约的确定（Pavlou，2005）。总之，在这项研究中，心理契约应该归于营销范畴。心理契约的定义就是与消费者和企业相比产生的隐藏在内心深处的特别认知和理解，且在某种程度上偏向于履行责任。心理契约的概念发生了很大的变化。它的定义来源于相互信任、履行承诺等。

（二）心理契约维度

目前的心理契约研究基本上分为三维和二维两种类型。早期关注心理学概念的学者提出，心理契约有自己的特点和个性（Parks & Rousseau，1993）。然而，之后的实证研究证明，组织和工作人员的义务的确可以分为两类（Robinson，1994），此研究还提出了关系和交易这一对关键因素。此种分类方式主要来自经济契约理论。交易行为是契约存在的关键属性，而交易过程能够顺利完成的理由主要是心理契约的存在。契约包含了交易和关系的两个重要特征（Macneil，1978）。合同的发展历程可以被大概分成三个阶段。第一阶段是关系合同，第二阶段是新古典合同，第三阶段是古典合同。相较而言关系合同是更重要的。心理契约所包含的二个维度就是在此基础上的。用二维度对心理契约进行划分的模式包括关系型心理契约和交易型心理契约。这两个部分的内容存在些许区别，这些区别反映在清晰度、范畴、稳定性、时间排序、焦点等方面。

另外，心理契约可以分成三个维度。与二维研究不同的是，三维研究包含全然不同的因素。目前最受学术界推崇的划分方法是团队成员、关系和交易的三维度划分。此外，也可以三维度将心理契约进行划分。与二维度下的研究不同，三维度研究中包含完全不同的要素。目前，学术界最为认可的划分方式是团队成员、关系和交易三个维度。

学者们基于不同的文化背景，通过研究分析三个维度的关系，得出了团队因素是影响心理契约的关键特征的结论（Lee，1999），它与传统的缔约方式（Rousseau，1996）完全不同。有学者在结合了国内现实情况后，用发展、人际和规范将心理契约三个维度划分（李媛，2002）。此外，心理契约维度的划分有多种方法。例如，四维模型认为心理契约包括四类：波动性、稳定性、关系性和交易性（Robinson，1995）。有研究通过对159名员工进行问卷调查得出结论，心理契约可以从工作支持、稳定性、外部环境和内部环境四个维度进行划分（于申，2007）。有学者以保险业从业人员为研究对象，指出这些群体的心理契约存在差异，主要分为发展义务、沟通能力、标准和交易（马天文，2015）。由以上讨论可以看出，契约双方互相的认识和期待会随着外部环境和文化氛围的变化而改变。目前，学术界仍以二维划分标准作为主流研究规范，已形成了比较成熟的规模分析系统，研究广度、深度也在三维分割方式之上，所以这项研究主要从二维的角度开始，将心理契约两个主要内容的关系和心理契约的交易作为研究主线。

（三）心理契约在营销学中的研究现状

伴随着市场营销的快速发展和心理契约理论的融合，市场营销中心理契约研究的视角可以概括为以下三个方面：

首先，研究消费者心理契约的违反。导致消费者违约的重要根源包括理解错误、主观违反承诺和客观不履行承诺。建立了心理契约违背原因的分析模型（Robinson & Morrison，1997）。后来，学者们对模型进行了完善，构建了差异模型（Feldman & Turnley，1999）。心理契约的产生和改变，来源于消费者对过去经历和活动的深刻印象（高阳，2008）。交易能够发生的重要前提之一是关系，而交易属性是关系能够实现的基础。消费者对企业形象与产品的优良认知和期望可以通过更好的服务来弥补（王志增，2015）。低质量、低水平的服务会对消费者产生不可改变的消极心理，进而导致消费者产生主观心理契约违背（赵欣，2012），而解决心理契约违背问题的关键在于事前进行合理有效的互动沟通（梁文玲，2014）。

其次，研究心理契约对个人购买决策行为的影响。在个人购买行为中，无论心理契约是关系型还是交易型，都会对个人购买产生正向影响，使消费者个人产生依赖意识，增加重复购买情况（于健，2011）。关于品牌心理契约的一些研究证实，可以用品牌概念、关系和交易三个部分对其进行分割。一旦出现心理契约违背的情况，必将给个体信任和购买忠诚带来影响（周海丽，2013）。在购买行为中，忠诚可以通过给消费者带来额外的好处来增强。如果消费者在心理上感受到风险，忠诚度也会下降（王俊峰，2017）。有学者在实践中研究了个人心理变化的影响问题，发现其对消费者的体验产生了负面影响（冯丹丹，2010）。

最后，研究购买者个人心理契约内容的主要方面。基于营销学的研究特点，心理契约的出现与个人主体关系密切。因此在现实的研究过程中，会针对不同的研究对象使用有差异的方法和模式，而标准的不同导致了研究结论的不一致。消费者心理契约的内容在一定程度上取决于测量尺度。有学者对城市摩托修理行业做了研究和分析，开发了相关的量表工具（罗海成，2005）。一些学者专注于研究品牌之间的关系，考量影响个人的多个因素，如价格、情绪、环境、服务等（You Soldier，2007）。有学者以美容行业为研究对象，对心理契约的影响因素采用相同的分类模型（侯健，2012）。其他学者关注旅游消费行业，从企业和消费者的角度探讨心理契约，并编制了一个量表来衡量影响因素（张明，2011）。总的来说，个人心理契约研究目前存在测量方式、研究方法和视角的差异，会产生不同的结论。在多种因素影响下，目前的学术研究还不是一个系统，还有空缺的方面（彭磊，2010）。综上，本文通过参考前人的研究成果，从关系型、交易型两个维度对心理契约进行划分。在对测量量表进行优化处理的同时，研究购买者个人与企业间的心理契约。

四、关于消费者购买行为理论的研究综述

（一）消费者个人购买行为的影响因素研究现状

关于消费者个人的购买行为，主要是研究为了满足日常需要，进行购买决策时的心理变化。实际中，能够影响购买者行为的因素有很多，各个因素之间有着密不可分的联系。对生产方来说，影响购买者行为的主要原因包括无法控制的因素和可控制的因素。对于购买者来说，它可以分为外部因素和内部因素。早期研究中学者通过构筑调查模型，实证研究了刺激、反应二者之间的对应关系。构建这个模型的重要目的之一，就是帮助研究购买者行为的根本原因和变化倾向。实验表明，对购买者行为产生影响的重要因素有外部输入、刺激、内部因素、外部因素等（Howard，1969）。

利用贝尔提出的品牌形象模型，一些学者对酒类行业进行了特别研究，对影响购买者行为的因素做了详细分析。结果表明，对消费者购买行为产生重要影响的是产品样式和企业形象。有鉴于此，企业要通过维护形象、重视企业文化建构、注重产品质量提升、加强技术开发等提高营销水平，不断完善和优化自身的营销体系构建工作（刘扬州，2011）。

有学者对实体店店面形象和网络购物行为发生之间关系进行了研究，通过实证分析证明了在网络环境下，实体店的店面形象对购买者个人行为会产生非常大的影响。优良的线下实体店店面形象会帮助购买者在心理上形成信赖和期望的认知，能够促进线上销量的增加和营销渠道的拓展（吴红刚，2013）。还有学者对快时尚服装品牌进行研究说明，品牌形象、产品和服务质量以及企业声誉是影响

购买者行为的主要因素。其中品牌形象所产生的影响最小，企业声誉的影响最大。该研究还基于购买者自身立场进行研究，发现其受教育程度、年龄因素和性别因素实际上没有关联（张淑文，2016）。还有学者发现，在购买过程中，个人的认识和决定直接受实体店消费综合体验的影响，两种影响是相辅相成的（李文静、王勇，2016）。

文化氛围和个人情况是影响购买者决策行为的两个原因。其中文化氛围由社会阶级、群体价值观、交际团体和周围环境等构成，个人情况包括生活习惯、自我价值观、情感、动机、立场、认知等（Hawkins，2003）。同时从主观、客观两个方面来认识购买者的个人行为也得到了证实，更具体地说，就是物质和心理的双重影响。而对于商家企业而言，心理因素、个人情况、社会环境、文化氛围等影响购买者行为的因素是无法进行改变和控制的。而这其中，文化因素对购买者行为的影响是可以持续很长时间的，但也更加深入（Philip Kotler，2000）。同时，企业的营销市场模式也是一个关键因素（LG - Schiffman，2006）。消费者购买行为的影响因素还可以从内外部环境两个方面进行分析，其中消费环境、社会群体和文化氛围是外部因素，而内部因素包括立场、出身、社会习惯、性格特点、态度感知等（G. Vani & M. Ganesh Babu，2013）。有学者对连锁超市进行了详细研究，通过实地考察总结了一系列可以规范的对购买者心理契约的影响因素（Rajesh Verma & Mithilesh Pandey，2015）。综上所述，国外对消费者购买行为的研究经历了很长一段时间。目前，我国的研究基本上借鉴了国外的研究成果，但也有许多方面的创新，为以后的研究过程和实践探索提供了借鉴。

（二）文化认同与消费者购买行为的研究现状

文化认同与消费的关系可以说是后现代主义的主要特征。人们会根据欲望消费，而不是按需求消费。国内外关于文化认同作为前因对消费者行为影响的实证研究相对较少。有学者整理了前人的研究并指出，文化认同的内容包括身份认同、价值认同和生活方式认同，其认同过程有两种方式：一种是寻找身份，这反映了母国文化的再生产，也表达了一种对家的渴望；另一种是异国情调的寻找，反映了一种想摆脱自己文化的束缚，尝试不同的价值观，希望有一种不同的生活方式（黄集村、刘宗琦，2005）。苏勇、李志娜（2008）基于韩流趋势的背景，建立了国外文化认同对国内产品购买意愿的模型，并研究了文化认同、国外产品评价、消费者民族中心主义四个变量与国外产品购买意向之间的关系。

由此可见，基于消费者视角，文化认同对品牌选择和消费者购买行为的影响尚处于待检验状态。

五、文献评述

从现有研究情况可以看出，一些重叠出现在了现有的购买者行为、心理契约和文化认同研究之中。关于购买者行为、心理契约和文化认同的研究内容很多，但比较零散。在移动互联时代，文化认同出现了新的变化情况，迅速发展，已经成为传统营销方式的有力补充，文化产业的研究内容也非常丰富。广泛来看，作为研究消费者的购买行为和态度认识的变化的出发点，通过文化认同对购买者行为决策和认识态度的研究将形成闭环。在以前的研究中，主要使用信赖、顾客价值、认知有用性、认知风险等作为中间变量。关于文化认同的研究仍然局限于消费者的价值观。因为研究对象的一体性，所以研究角度不够深入。在社会现实和历史条件背景下，文化认同会影响社会认知所形成的价值观，而在营销中运用文化认同的影响是不一样的。文化身份研究应超越特定的个人或购买者群体，关注的焦点也不应被研究对象的满意度或主观认知、立场所限制。作为重要的信息来源，文化认同必须得到深化。

作为不成文契约而被熟知的心理契约，是从特定的社会集团或者特定的消费者的认识和识别开始的，这和研究购买者行为是一样的且两者互相影响。在文化身份信息的普及和影响下，心理契约也在发生变化，这与文化认同本身是相反的。在新的时期，心理契约的内涵也在不断变化。购买者的心理认识在心理契约的影响下发生变化，形成了特定的规律。关于心理契约的研究，就是购买者感知价值和态度变化研究的深入和继续，心理契约正成为消费者对未来价值认识的重要测试和判断基准。根据最近的研究结果，心理契约的特征可以概括为具体性、变动性、不确定性。

在不同的时间和空间，心理契约会被赋予完全不同的内容。但就分类标准而言，把心理契约分为关系型和交易型两个维度得到了学术界的充分认可。在接下来的研究中，心理契约也会这样分类，并在此基础上，通过建立相关模型，深入探讨文化认同对消费者购买行为的影响以及心理契约在其中的作用。

参考文献

[1] 王海忠，赵平. 基于消费者民族中心主义倾向的市场细分研究 [J]. 管理世界，2004（5）：88 - 96，156.

[2] 庄贵军，周南，周连喜. 国货意识、品牌特性与消费者本土品牌偏好——一个跨行业产品的实证检验 [J]. 管理世界，2006（7）：85 - 94，114，172.

[3] Aaker J., Benet - Martinez and Garolera J. Consumption Symbols as Carriers of Culture: A

Study of Japanese and Spanish Brand Personality Constructs ［J］. Journal of Personality and Social Psychology, 2001, 81 （3）: 492 – 508.

［4］ Arnett J. The Psychology of Globalization ［J］. American Psychologist, 2002, 57 （10）: 774 – 783.

［5］ Cleveland M., Laroche M. and Papadopoulos N. Cosmopolitanism, Consumer Ethnocentrism and Materialism: An Eight – Country Study of Antecedents and Outcomes ［J］. Journal of International Marketing, 2009, 17 （1）: 116 – 146.

［6］ Clark T. International Marketing and National Character: A Review and Proposal for an Integrative Theory ［J］. Journal of Marketing, 1990, 54 （4）: 66 – 79.

［7］ Eckhardt G. M. and Houston M. J. Cultural Paradoxes Reflected in Brand Meaning: McDonalds's in Shanghai, China ［J］. Journal of International Marketing, 2001, 10 （2）: 68 – 82.

［8］ He J., Wang C. L. Cultural Identity and Consumer Ethnocentrism Impacts on Preference and Purchase of Domestic Versus Import Brands: An Empirical Study in China ［J］. Journal of Business Research, 2015, 68 （6）: 1225 – 1233.

［9］ Jameson. Reconceptualizing Cultural Identity and Its Role in Intercultural Business Communication ［J］. Journal of Business Communication, 2007, 44 （3）: 199 – 235.

［10］ Jensen. Coming of Age in a Multicultural World: Globalization and Adolescent Cultural Identity Formation ［J］. Applied Developmental Science, 2003, 7 （3）: 188 – 195.

［11］ Keillor B. D., Hult G. T. M., Erffmeyer R. C. and Babakus E. NATID: The Development and Application of a National Identity Measure for Use in International Marketing ［J］. Journal of International Marketing, 1996, 4 （2）: 57 – 73.

［12］ Kenny D. A., LaVoie L. Separating Individual and Group Effects ［J］. Journal of Personality and Social Psychology, 1985 （48）: 339 – 348.

［13］ 魏峰, 李燚, 张文贤. 国内外心理契约研究的新进展 ［J］. 管理科学学报, 2005 （5）: 86 – 93.

［14］ Roehling M. V. The Origins and Early Development of the Psychological Contract Construct ［J］. Journal of Management History, 1997, 3 （2）: 204 – 217.

［15］ Eddleston K. A., Kidder D. L., Litzky B. E. Who's the Boss? Contending with Competing Expectations from Customers and Management ［J］. The Academy of Management Executives, 2002, 16 （4）: 85 – 95.

［16］ 罗海成, 范秀成. 基于心理契约的关系营销机制: 服务业实证研究 ［J］. 南开管理评论, 2005 （6）: 48 – 55.

［17］ 万映红, 岳英, 胡万平. 基于映像理论视角的顾客心理契约中商家"责任"认知机理研究 ［J］. 管理学报, 2013, 10 （1）: 110 – 116.

［18］ Pavlou P. A., Gefen D. Psychological Contract Violation in Online Market Places: Antecedents, Consequences, and Moderating Role ［J］. Information Systems Research, 2005, 16 （4）: 372 – 399.

［19］ 李原. 员工心理契约的结构及相关因素研究 ［D］. 首都师范大学硕士学位论

文，2002.

［20］Robinson S. L.，Kraatz M. S.，Rousseau D. M. Changing Obligations and the Psychological Contract：A Longitudinal Study［J］. Academy of Management Journal，1994，37（1）：137 – 152.

［21］余琛. 心理契约履行和组织公民行为之间的关系研究［J］. 心理科学，2007（2）：458 – 461.

［22］Morrison E. W.，Robinson S. L. When Employees Feel Betrayed：A Model of How Psychological Contract Violation Develops［J］. Academy of Management Review，1997（22）：226 – 256.

［23］Turnley W. H.，Feldman D. C. A Discrepancy Model of Psychological Contract Violations［J］. Human Resource Management Review，1999（9）：367 – 386.

［24］高扬. 网上购物心理契约违背与信任关系研究［D］. 大连理工大学硕士学位论文，2008.

［25］赵鑫. 顾客心理契约违背作用机理及影响因素分析［D］. 东北大学硕士学位论文，2012.

［26］梁文玲，刘燕. 心理契约违背对饭店顾客忠诚的影响——服务补救策略的调节效应［J］. 旅游学刊，2014，29（2）：55 – 65.

［27］喻建良，李岳，倪剑. 基于心理契约的网络消费者重复购买意向实证研究［J］. 财经理论与实践，2011，32（1）：96 – 100.

［28］罗海成. 营销情境中的心理契约及其测量［J］. 商业经济与管理，2005（6）：37 – 41，47.

［29］游士兵，黄静，熊巍. 品牌关系中消费者心理契约的感知与测度［J］. 经济管理，2007（22）：30 – 35.

［30］侯健. 顾客心理契约与口碑之间关系的实证研究［D］. 吉林大学硕士学位论文，2012.

［31］Darren R. Hawkins. From the Hands of Hostile Gods［M］. Silver Lake：Silver Lake Publishing，2003（12）.

［32］Philip Kotler. Marketing Management：Millennium Edition［J］. International Edition，2000（1）.

［33］L. G. Schiffman，L. L. Kanuk. Consumer behavior［J］. Consumer Behavior，2006（19）：1121 – 1139.

［34］M. Ganesh Babu，G. Vani，Dr N. Panchanatham. A Review Study on Factors Influencing the Buying Decision of Branded Biscuits［J］. IJEMR，2013（12）：2249 – 2585.

［35］Rajesh Verma. Factors Influencing the Buying Behavior of Consumers towards Organized Retail Stores in Jalandhar，Punjab［J］. IUP Journal of Marketing Management，2015（2）.

［36］Beerli A. and J. D. Martin. Factors Influencing Destination Image［J］. Annals of Tourism Research，2004，31（3）：657 – 681.

［37］Gupta S.，J. Pirsch. The Company – Cause – Customer Fit Decision in Cause – Related Marketing［J］. Journal of Consumer Marketing，2006，23（6）：314 – 326.

［38］Hoeffler S.，K. L. Keller. Building Brand Equity through Corporate Societal Marketing

〔J〕. Journal of Public Policy & Marketing, 2002, 21（1）: 78 – 89.

〔39〕 Speed R., P. Thompson. Determinants of Sports Sponsorship Response〔J〕. Journal of the Academy of Marketing Science, 2000, 28（2）: 226 – 238.

〔40〕 Nowak. Toward Effective Use of Cause – related Marketing Alliances〔J〕. Journal of Product & Brand Management, 2000, 9（7）: 472 – 484.

〔41〕 Meno S., B. E. Kahn. Corporate Sponsorships of Philanthropic Activities: When Do They Impact Perception of Sponsor Brand〔J〕. Journal of Consumer Psychology, 2003, 13（3）: 316 – 327.

〔42〕 Lafferty R. E. Goldsmith. Cause – Brand Alliances: Does the Cause Help the Brand or Does the Brand Help the Cause〔J〕. Journal of Business Research, 2005, 58（4）: 423 – 429.

〔43〕 Webb D. J., L. A. Mohr. A Typology of Consumer Responses to Cause – related Marketing: From Skeptics to Socially Concerned〔J〕. Journal of Public Policy & Marketing, 1998, 17（2）: 226 – 238.

〔44〕 Lafferty R. E. Goldsmith, G. T. M. Hult. The Impact of the Alliance on the Partners: A Look at Cause – brand Alliances〔J〕. Psychology and Marketing, 2004, 21（7）: 509 – 531.

〔45〕 Gupta S., J. Pirsch. The Company – Cause – Customer Fit Decision in Cause – Related Marketing〔J〕. Journal of Consumer Marketing, 2006, 23（6）: 314 – 326.

〔46〕 Hogg M. A., D. Abrams. Social Motivation, Self – esteem and Social Identity〔M〕. New York: Harvester Wheatsheaf, 1990.

〔47〕 Tajfel H. Social Identity. Intergroup Behavior〔J〕. Social Science Information, 1974, 13（2）: 65 – 93.

〔48〕 Menon S., B. E. Kahn. Corporate Sponsorships of Philanthropic Activities When Do They Impact Perception of Sponsor Rand?〔J〕. Journal of Consumer Psychology, 2003, 13（3）: 316 – 327.

〔49〕 Lichtenstein D. R., Drum Wright, B. M. Braig. The Effect of Corporate Social Responsibility on Customer Donations to Corporate – supported Nonprofits〔J〕. Journal of Marketing, 2004, 68（4）: 16 – 32.

〔50〕 黄敏学，冯小亮，谢亭亭. 消费者态度的新认知：二元化的矛盾态度〔J〕. 心理科学进展, 2010, 18（6）: 987 – 996.

〔51〕 Ajzen I. The Theory of Planned Behavior〔J〕. Organizational Behavior and Human Decision Processes, 2007（6）: 179 – 211.

〔52〕 Sonja E. Forward. The Theory of Planned Behaviour: The Role of Descriptive Norms and Past Behavior in the Prediction of Drivers' Intentions to Violate〔J〕. Transportation Research Part, 2009（6）.

〔53〕 青平，李崇光. 消费者计划行为理论及其在市场营销中的应用〔J〕. 理论月刊, 2005（2）: 78 – 80.

〔54〕 Soyeon Shim, Mary Ann Eastlick, Sheny L. Intentions Model: The Role of Patricia Warrington: An Online to Search〔J〕. Journal of Retailing, 2016（77）: 397 – 416.

［55］Sussmans W. , Siegal W. Informational Influence in Organizations：An Integrated Approach to Know Ledge Adoption ［J］. Information Systems Research, 2003, 14 (1)：47 – 65.

［56］Berry L. The Components of Department Store Image：A Theoretical and Empirical Analysis ［J］. Journal of Retailing, 1969, 14 (3)：21 – 40.

［57］Moise Daniel, Georgescu Bogdan, Zgura Daniel. The Use of Event Marketing Management Strategies ［J］. Procedia – Social and Behavioral Sciences, 2012 (46)：5409 – 5413.

［58］唐翌. 层级、态度和心理契约——基于一个中国企业的实证研究 ［J］. 南开管理评论, 2004 (6)：73 – 78.

［59］郑秀芝，邱乐志. 消费者参与、服务质量与心理契约关系研究 ［J］. 商业经济研究, 2018 (18)：62 – 65.

［60］贾薇，张明立，李东. 顾客参与的心理契约对顾客价值创造的影响 ［J］. 管理工程学报, 2010, 24 (4)：13, 20 – 28.

［61］赵建彬，景奉杰，余樱. 品牌社群顾客间互动、心理契约与忠诚关系研究 ［J］. 经济经纬, 2015, 32 (3)：96 – 101.

［62］伍满霞. 心理契约对旅游网站顾客忠诚的作用机理研究 ［D］. 山东大学硕士学位论文, 2016.

［63］胡昇平. 基于心理契约的消费者重复购买意向影响因素实证分析 ［J］. 长春理工大学学报 （社会科学版）, 2015, 28 (4)：90 – 96.

［64］Michael R. Solomon. 消费者行为学 （第 8 版） ［M］. 卢泰宏，杨晓燕译. 北京：中国人民大学出版社, 2009.

［65］Gordon Waitt. Social Impacts of the Sydney Olympics ［J］. Annals of Tourism Research, 2003 (1)：194 – 215.

［66］Assael H. 消费者行为和营销策略 ［M］. 北京：机械工业出版社, 2000.

［67］Chen Z. , Dubinsky A. J. A Conceptual Model of Perceived Customer Value In Ecommerce：A Preliminary Investigation ［J］. Psychology & Marketing, 2003, 20 (4)：323 – 347.

［68］Lee B. Korea's Destination Image from by the 2002 World Cup ［J］. Annals of Tourism Research, 2005, 32 (4)：839 – 858.

［69］Cheung C. M. K. , Rabjohn N. The Impact of Electronic Word – of – mouth：The Adoption of Online in Customer Communities ［J］. Internet Research, 2008, 18 (3)：229 – 247.

公司治理

年报文本信息可读性研究评述与展望

李媛媛

摘要： 近年来，国内外学者研究会计实证问题时文本信息质量逐渐受到重视，许多学者开始致力于借助计算机深度学习方法来解决会计与财务问题，并取得了很多有实践意义的研究成果。文本信息披露作为年报质量的一个重要指标，可为投资者利用所有可用信息来决定投资价值时提供重要参考以高效率分配资源。本文首先阐述了年报文本信息可读性的定义及测量方法；其次从不同层面出发，总结分析了影响年报文本信息的因素及文本可读性对资本市场的作用效果，在此基础上，本文提出了一个未来研究的框架，分别从基础和创新两个方向来展望国内研究，旨在为提高我国年报质量规范投资市场带来新的思考和方向。

关键词： 年报信息披露；可读性；文本分析

一、引　言

资本市场运行的有效性对于现代社会组织生产经营活动至关重要。在传统的金融领域研究中，研究者关注到对投资者的投资决定有建设性意义的、使用公开的年度财务报告的真实性，并使用可利用的定量数据来研究影响企业相关金融活动的因素。提高信息披露真实有效性对外部信息使用者的作用和价值不言而喻，根据 Shannon 的信息论，信息被信息发布者编码处理后将通过信息传递媒介传递给接收者，接收者再将信息解码以了解企业的经营业绩。信息在产生和传递过程中会受到诸多因素的干扰，因此能否给外界利益相关者传达可靠、安全的公司内部信息显得尤为重要。随着计算机分析技术逐渐被各界学者掌握运用，文本型数据受到青睐，但大多数研究者并未深入挖掘文本信息的价值，仅从定性角度解读。计算机语言分析、自然语言处理、信息检索的文本挖掘技术的迅猛发展给研究者分析计量文本数据提供了帮助，学者们针对其产生过程和经济后果的研究有了突破性的进展。现在大多数研究者会使用人工智能程序来挖掘公司的年报文件或相关披露来实现对大样本公司的语句进行分析和提取，然后再进行信息的编译和构建模型变量来解决关于文本信息无法计量的问题，基于此项技术来分析众多的财务问题。

市场对公司筹资、经营和投资活动绩效的评价体系逐渐多元化，形式上简单的数字信息已经无法满足利益相关者对公司三大活动的信息需求。相比而言使文本信息的信息含量提高对于市场上各方主体的行为活动有更多指导性的意义。首先，文本语句信息在公司各种信息披露的文件报告里的占比更高，其次，文本信息能向受众传达结构化会计数据无法表述和解释的内容，如管理者可以利用语调传达模糊或错误的信息来配合自利动机，Huang（2014）开创性地把管理者操纵文本信息定义为语调管理，发现语调能在一定程度上反映高管的行为动机，其与应计项目盈余管理显著正相关；而竞争、风险、前瞻性等信息能体现公司各方面的情况。

对文本信息披露可读性的研究有两方面的意义：对于投资者来说，由于文本信息通常包括管理者对企业未来发展的展望，所以通过研究公司披露的对公司经营状况的描述，可以帮助投资者利用自身知识和经验判断公司价值，既有助于修正股票定价，也有助于其根据未知新信息中的内容调整自己的先验判断，使投资决策接近帕累托最优；对于监管者来说，通过挖掘文本信息，可以提供给证监会思路以规范年报的文本描述，进一步明确用语的简洁性和可被理解性。本文首先从阐述年报文本信息的内涵入手，在广泛梳理总结提炼国内外文献的基础上归纳了目前比较主流的关于可读性的特征和测量方法；其次从不同结构和层次上分析影响年报文本信息可读性的因素及文本可读性对资本市场的影响；最后进一步探讨未来我国在文本挖掘上可继续深入的方向以推进后续研究。

二、年报文本信息可读性与文本分析方法

（一）年报文本信息可读性的内涵

可读性（Readability）来源于传播学，是指文本可被读者阅读和理解的程度与性质，信息的有效性体现在信息能被使用者接受和理解。信息在不同受众间传递时会受到内外部很多因素的影响，如不同的发出者对信息的编译水平、传递过程中信息失效的多少和使用信息的人在解读信息时个体的差异等。作为信息的源头，发出者如何编码信息首先决定了使用者正确解读信息的程度，对信息的可参考性产生的影响最大。因此，为了提升信息的传递效率，首先就要提升信息编码的质量以实现有效互动，年报可读性就反映了信息编码的质量。

一方面，表达的方式、语句的长短和词语的复杂程度都会影响到使用者对信息破译时的难度，另一方面，年报的编排一般由具有专业知识背景的管理层进行安排，本身就具有一定的专业难度，需要使用者对其进行学习和分析。

（二）年报文本信息可读性的测量方法

目前，没有一个统一认证的衡量指标，学界对于可读性的测量方法各有优劣，主要分为公式法和非公式法。公式法能较客观地衡量文本理解的难易程度且随着大数据技术的发展使计算机算法操作更为简便，因此被广泛使用。具有代表性的包括 Li（2008）[1] 在研究中使用的 Fog 指数和 Flesch 指数，这些指数在构建时都涉及了词语数、句子数及字母数等要素。Fog 指数用文本中所运用词语的复杂性和句子的长度来衡量年报可读性。具体公式为：

Readability Level = 0.4 × （wps + 100 × dwr）

其中，wps 为平均句子单词数，dwr 为复杂单词的比例。

Fog 指数用来衡量读者的受教育水平要达到多高的层次才能读懂一篇文章。指数越低，可读性越高，读者越容易看懂。

Flesch = 206.835 － （1.015 × ASL） － 84.6 × ASW

其中，ASL 为句子平均长度（单词数量除以句子数量），ASW 为单词平均音节数（单词音节数除以单词总数）。我国学者任宏达（2018）[2] 通过财务报告的篇幅、平均每页所占内存大小及句中所用的连词、代词的个数，句子的长度来衡量年报可读性。

使用公式计算的最大好处是可以从数值上直观地表现出可读性的好坏，更便于分析和讨论，但是一份年报的内容能被使用者正确理解才是它的最大价值，因此衡量标准最终都要以这个作用为目标。王克敏（2018）[3] 在研究管理层自利与年报文本可读性的关系时提出了可以从统计会计术语使用的密度来衡量，因为大多数的投资者都不具备专业的学术背景，因此如果专业术语使用过多的话对于他们而言理解起来就更困难，这个方法对于在中文环境下分析有关问题有广泛的适用性。但国外学者 Loughran（2014）[4] 觉得这种方法并不科学，一方面，年报中某些被认定为专业术语的词汇对于财报阅读者而言都是很常见的词语，如 "company"；另一方面，年报中的专业术语对某些财报使用者来说并无明显影响，如分析师。因此他认为文件大小对数这个标准更为科学，首先，文件大小客观性强不受其他人专业知识的影响。其次，他经过实证检验发现这个标准对于解释影响企业价值和分析师的预测准度等都更有优势。

三、文本信息可读性的影响因素研究

财务报告是沟通公司内部和外部市场的桥梁，理论上来讲，其应该要能让投资者获取和有效解读公司过往经营情况以及未来发展前景的具有一定数量和质量的会计信息（Courtis，1986）[5]。实际上，公司在披露信息时往往扭曲真实信息，使投资者难以找到有用的信息，由于目前监管规则并不适用与文本信息，这就给管理层以语言的多样性和灵活性对外界隐瞒自己公司的业绩不佳提供了绝佳的机会（Bloomfield，2002）[6-7]。大众在收到信息时，又对相同的信息会有不同的解释，即在接受信息时存在认知选择性。目前，对于可读性操纵的研究大致包括"改善"化操纵降低难度和"模糊"化操纵增加难度两个方向。改善举措可以使报告更通俗易懂，给市场传递出积极信号；而模糊行为则会让投资者"雾里看花"，反映出了操纵者的机会主义行为，这也是目前主要的研究方向。

（一）公司特征

公司特征与会计文本的特征紧密相连。比如，当公司各项经营、投资和筹资活动复杂多变时，其文本内容也更灵活。因此，信息的复杂度在一定程度上依赖于公司业务的复杂性（Loughran 和 McDonald，2014），而且文本内容往往是包含公司经营业绩、面临的外部市场复杂度和法律风险等变量的函数。

一开始局限于使用英文语言编辑的股市，Li（2008）[1]以美国股市为样本分析了公司绩效如何受年报可读性的影响，Li（2008）[8]发现财务报告的可读性水平与公司业绩呈正相关关系。Bloomfield（2008）[7]随后也得出了相同的结论，他进一步丰富了对管理层操纵可读性的解释，一种解释是基于印象管理理论，人们总是习惯于把自己的成就归因于内部因素，而把失败归为外部因素。经理人员为了保住薪酬和职位倾向于将公司业绩不佳归因于外部因素，比如国家行业政策方针的变化和竞争环境的变化等，甚至会使用一些手段将语言变得晦涩难懂，如运用转折词和修辞以及大量的专业术语，投资者难以快速了解关于公司经营的真实情况，达到了掩盖问题的目的。另一种解释是当公司业绩不佳时，管理层基于会计稳健性的要求要对情况进行详细地解释说明，这可能会使得年报内容冗杂。而大部分学者则认为第一种解释更符合理性人的假设。随后 Li（2010）[8]认为，这些研究结果只是基于英文语言环境的分析，并不具有代表性，而汉语文化的博大精深更是强调语言的运用，因此针对中文的文本分析很有必要。管理层在自利动机的驱使下的年报文本信息披露策略，结果表明，当公司业绩较差时，其文本信息更难解读。

但也有学者提出了相反的看法，认为可读性与上市公司业绩负相关。管理层会在公司业绩较好的时候提供更冗长的年报使文本质量下降，他们以代理理论和信号传递理论为支撑，其中代理理论认为当企业经营不善时，投资者可能会用脚投票抛售企业的股票，不利于公司价值增值。因此，管理者会自愿披露有关信息表明自己的能力，增加投资者的信心，这些信息包括面临的投资机会与法律风险等前瞻性信息以及企业积极履行社会责任和致力于环境保护的信息（李明辉等，2001）[9]；反之，在业绩不佳的情况下，他们往往会选择隐瞒信息，尽量不披露或者策略性地少披露相关信息。Merkley（2014）[10]指出，当公司面临外部监督严格时，公司会增加对某些信息的披露来降低信息不对称。

（二）管理者决策行为

管理者为掩盖企业经营绩效的坏消息，分散投资者的注意力而模糊投资者对企业真实情况的看法进行的可读性操纵是出于模糊动机，旨在隐藏企业较差的业绩表现，为自己谋求更多的薪酬、在职消费或者其他收益。已有研究表明，管理层的自利动机是影响年报文本信息可读性的一个被广泛提及的因素（杨丹等，2018）[11]。由于两权分离而带来委托代理问题，当投资者向企业注入资金后便成为外部利益相关者，因此其收益与企业是否盈利息息相关，但是由于其无法参与企业的决策经营活动或者无法在管理中掌握核心地位，而无法有效监督内部人，因此管理人员为了保持自己的职位和声誉有可能会悄无声息地对盈余管理活动进行掩盖，这类企业往往在语言的运用上更加复杂。Li（2012）[12]研究表明，管理层在企业年报的 MD&A（管理层讨论与分析）部分除了可以表明自己的经营态度，也可以在一定范围内合理化自己的行为。Lo（2017）[13]则发现，那些达到或刚刚超过零收益基准的公司会有更复杂的 MD&A 报告，那些为了管理收益的公司会通过混淆视听使财务报告更加难以理解。他们会为了提供一个合理化的解释而改变各种财务指标的衡量方式。叶勇等（2018）[14]之前的研究结果认为公司业绩与年报可读性呈正向关系主要是因为管理者为了混淆阅读者的理解而人为操纵盈余管理和进行了财务重述，而财务重述又与盈余管理之间有着很强的关联。

（三）其他因素

影响年报可读性的其他因素里，大致分成外部因素和内部因素。而由于企业是披露年报信息的主体，因此内部因素起着主要作用，虽然我国的股权体系得到了不断规范，但仍然存在信息披露质量不高的问题，而这主要是公司治理机制方面存在的不合理性所造成的。李清（2012）[15]在研究公司内部年报可读性的影响因素时发现，董事会治理机制对年报可读性呈正面影响。即当一个企业的董事会规模达到一定程度时，管理过程中存在的疏漏会得到填补，由于知识或能力不足导致做出错误决策的概率会降低，董事会成员之间会形成监督与牵制，因此操纵年报可读性的行为有所约束。而独立董事占比的高低对年报可读性的影响作用更大，作为熟悉公司业务情况且具备丰富专业知识与经验的独立董事会更容易看出年报中的问题，使董事会与经理之间的串通更加艰难。企业有负债时，债权人会加大监督力度，管理层会适当提高年报可读性以降低企业融资成本，同时使债权人可以从年报中取得更完善、更准确的信息来对公司情况做出判断。孙文章（2019）[16]研究发现，董事会秘书作为连接公司外部利益相关者与公司内部的桥梁，对信息披露有重要影响，通过实证研究证实了董事会秘书的声誉对年报可读性的积极作用，且从外部法律保护和董事会秘书晋升机会角度检验了作用机制。

管理者出于一定动机会去影响或控制会计文本信息的披露，如考虑到自身薪酬保障和职位安全以及资本市场等因素。目前，研究主要从两种假说入手推导如何影响管理者行为，包括"信息供给"和"信息模糊"假说，第一种假说认为，信息披露的质量越高，公司的代理成本会越低，对利益相关主体越有利。因此，管理者会主动或被动地提高文本信息披露的真实性，有效补充数据信息。公司会在承担更大法律风险的时候提高文本信息的含量，这是通过管理者会倾向性地编辑更多有警示作用的语句来达到的（Bonsall 等，2013）[17]。第二种假说认为，管理者可以通过操纵年报可读性以混淆投资者，复杂的披露信息能降低市场的反应速度以及延缓业绩下滑纳入股价的时间。

王玮（2016）[18]研究发现，授予管理层的股权越多，公司会计信息的质量就越好，因此可以作为评价会计信息质量的一个考量因素。逯东等（2020）[19]发现，当上市公司控股股东控制权转移风险增大时，其会策略性地操纵信息披露降低年报文本信息可读性。Muslu 等（2014）[20]发现，年报文本信息在一定程度上也会受到市场环境的影响。

四、年报文本可读性对资本市场的影响研究

关于年报文本可读性对资本市场的影响研究一般建立在有效市场假说以及代理理论的基础上，通过研究年报文本是否能更多地披露更有效的信息，可以缓解公司内部人和外部利益相关者之间的信息不对称，促进资本市场平稳健康发展。

文本可读性首先会引起资本市场的反应。如 Loughran 和 Mc Donald（2014）认为，年报的可读性代表相关会计信息沟通的有效性，当企业投资财务文本可读

性更强时，将会更容易得到投资者的青睐。他们将年报篇幅作为年报可读性的衡量标准，发现年报的篇幅越长，股票异常收益波动越明显，就能够提供和市场价值有关的信息。Dempsey 等（2012）[21]通过研究企业年报的可读性与市场超额收益之间的关系，发现二者之间显著正相关。Hwang 和 Kim（2017）[22]发现，企业财务报告的可读性直接影响到其在资本市场的交易价格，当报告文本可读性较差时，交易价格远远低于其账面价值。财务报告文本可读性每增加一个标准差，公司价值就能整整增加1%。Kristian 等（2018）[23]对企业年报可读性采取了一种新的算法，使用一种计算机程序来解析报告文本的难易程度而非通过人工理解。他们发现，文本可读性越高时，市场反应速度也越快，除了对资本市场反应速度有影响，财务报告文本可读性还会对投资者产生显著影响。Bonsall（2017）[24]及Ertugrul（2017）[25]等研究表明，当公司的年报文本信息可读性较低时，投资者所掌握的信息相比于公司经营者来说效率更低，其会要求更高的风险溢价。如 Tan（2014）[26]发现当可读性较低时，以正面语言进行的披露会导致经验不足的投资者产生较高的收益判断，而经验丰富的投资者会产生较低的收益判断。中小投资者对信息披露的可读性更加敏感，当文本可读性越强，并对投资者来说是好消息时，投资者对公司价值的判断就会更积极；反之亦然（Rennekamp，2012）[27]。Tan 等（2015）[28]通过实证研究发现，在公司基准业绩预告不一致时，可读性高的话，投资者能获取到更为简洁易懂、有效的信息，降低投资者的解读成本，有利于投资者对公司业绩的理解以及判断。Hwang 和 Kim（2017）的研究表明，当年报可读性降低一个标准差的时候，公司价值将下降1%，当个人投资者的占比更大时，这种影响将会更加明显。Asay 等（2016）[29]对文本可读性进行了进一步的研究，发现当公司所披露的信息可读性较低时，投资者将会寻求更多的外部信息。

五、结论与未来研究展望

年报文本信息是报表数据的一个补充说明和验证，从长期发展来看对企业有深刻的信息意义。计算机技术将文本信息的可读性可视化、数据化，从而使研究者可以对其进行更加深入、准确的分析。本文将国内外关于此类问题的研究成果进行归纳和整理，然后在此基础上提出存在的不足：①关于文本分析的方法多参考国外学者的做法，而英文文本的词汇与语法规则与中文文本有明显差异，对国内学者来说，应该更注重建立中文文本分析方法，从而使开展会计文本研究有更适合的基础。②通过研究年报文本可读性来推理管理者动机的研究思路并不是无懈可击的，因为公司文本信息的披露过程可能是在多方共同作用下完成的，管理者并不能独自完成信息披露。③潜在的内生性是年报文本研究中所面临的难题。目前研究主要是关于相关关系的实证，而对于内生性的研究比较少。比如，Li（2008）[1]发现年报可读性可能受到公司经营业绩的影响，但是由于两者之间可能存在较强的内生性，导致相反情况下可能会产生同样的结果。④除了现有研究中对年报可读性影响较大的因素，其他要素也会影响可读性，如分析师的评估、经济形势与国家政策等，在后续的研究中可以综合考虑多方因素对年报可读性的影响。

由上所述，本文提出对年报可读性研究的未来展望。如图 1 所示，未来研究可以分为两个方面：基本性研究与创新性研究。

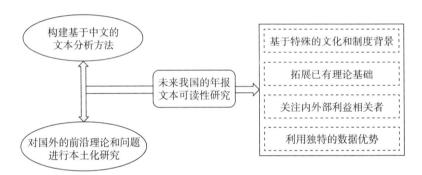

图1　未来我国年报文本可读性研究框架

（一）基础性研究

首先，应该系统建立中文会计语言体系，对于中文年报文本语言的分析起到指导和统领性作用，目前大多数分析方法都是借鉴英文文本分析法，这在进行中文文本语言分析时有很多不便之处，因此建立中文文本分析体系是日后进行会计文本研究至关重要的前提条件。目前，可以通过编制中文会计字典或者通过挖掘计算机深度学习技术来实现。后者虽然不会过多依赖语言，但依然需要建立相关语法体系，如何改进机器学习方法使之适应年报可读性研究分析是亟待解决的问题。

目前，针对年报可读性的基础性研究是将国外的研究成果及结论直接用于中国本土化的分析及论证。这不仅是创新型研究的起点，也能在一定程度上证明年报文本的可读性对财务报表的重要影响。现有研究主要集中在年报文本可读性与管理者动机、企业盈余管理的相关关系，以及可读性对市场反应、投资者和分析师评估行为的影响。

（二）创新性研究

基于中国的文化背景进行研究。我国是处于转型发展中的新兴市场，因此立足于自身特殊的制度背景为前提进行研究尤为重要。由于我国存在较为明显的股权集中现象，控股股东可能出于自利行为损害小股东的利益。第一类和第二类代理问题的存在，使管理者扮演着个人利益代表者与控股股东利益代表者的双重身份。管理者披露年报文本信息时可能会受到信息不对称、不透明的影响，而分散且缺乏机构的投资者结构会对市场的反应速度产生影响。除此之外，我国对于投资者的法律保护在不同地区有很大的差异性，在法律监管不严的地区，管理者操纵年报信息的动机更强、空间更大，因此对可读性的影响更大。

拓展已有的理论基础。目前，研究主要基于委托—代理理论、信息不对称理论以及有效市场理论，但是市场不会达到完全有效的理想状态，投资者也不会完全理性。在将来的研究中，行为金融理论很可能成为研究年报可读性的新的理论基石。要做到拓展，首先可以搜集网络数据，依据大数据及云计算构建指标，然后以诸如行为金融理论等进行分析研究股价崩盘等基本问题。其次还可以构建心理特质指标（如过度自信等），研究其与年报文本信息之间的关系。

关注内外部利益相关者。目前，大多数研究主要调查了高管（即首席执行官和首席财务官）特征是否有助于财务报告质量，而忽略了公司全体员工的特征是否与财务报告结果相关联，而尽管首席财务官最终对公司财务报告的质量负责，但全体员工不仅参与会计信息的编制，而且通过提供原始内部文件或报告，在财务报告中发挥间接作用，这些文件或报告构成了高管报告选择的基础（Call 等，2016）[30]。所以，未来可关注公司全体员工的特征对年报文本可读性的影响机制，以全面提高年报质量。

利用独特的数据优势。在某些领域我们具有数据优越性，如分析师的个人信息，关于他们的姓名、从业经历、学历背景等信息的披露相比国外而言更详细健全，未来研究可拓展到更多有关分析师特质与文本可读性之间的关系。

参考文献

［1］ Feng Li. Annual Report Readability, Current Earnings, and Earnings Persistence ［J］. Journal of Accounting and Economics，2008，45（2）.

［2］任宏达，王琨 . 社会关系与企业信息披露质量——基于中国上市公司年报的文本分析［J］. 南开管理评论，2018，21（5）：128 – 138.

［3］王克敏，王华杰，李栋栋，戴杏云 . 年报文本信息复杂性与管理者自利——来自中国上市公司的证据［J］. 管理世界，2018，34（12）：120 – 132，194.

［4］Tim Loughran，Bill Mcdonald. Measuring Readability in Financial Disclosures ［J］. The

Journal of Finance，2014，69（4）．

［5］ J. K. Courtis. An Investigation into Annual Report Readability and Corporate Risk – Return Relationships ［J］. Accounting and Business Research，1986，16（64）：285 – 294.

［6］ Robert Bloomfield. The "Incomplete Revelation Hypothesis" and Financial Reporting ［J］. Accounting Horizons 1 September，2002，16（3）：233 – 243.

［7］ Robert Bloomfield. Discussion of Annual Report Readability，Current Earnings，and Earnings Persistence ［J］. Journal of Accounting and Economics，2008，45（2）：248 – 252.

［8］ Feng Li. The Information Content of Forward – Looking Statements in Corporate Filings—A Naïve Bayesian Machine Learning Approach ［J］. Journal of Accounting Research，2010，48（5）．

［9］ 李明辉. 试论自愿性信息披露 ［J］. 财经论丛（浙江财经学院学报），2001（4）：70 – 75.

［10］ Merkley K. J. Narrative Disclosure and Earnings Performance：Evidence from R&D Disclosures ［J］. Accounting Review，2014，89（2）：725 – 757.

［11］ 杨丹，黄丹，黄莉. 会计信息形式质量研究——基于通信视角的解构 ［J］. 会计研究，2018（9）：3 – 10.

［12］ Feng Li. Discussion of Analyzing Speech to Detect Financial Misreporting ［J］. Journal of Accounting Research，2012，50（2）．

［13］ Kin Lo，Felipe Ramos，Rafael Rogo. Earnings Management and Annual Report Readability ［J］. Journal of Accounting and Economics，2017，63（1）．

［14］ 叶勇，王涵. 盈余管理对企业年度报告可读性的影响研究 ［J］. 四川理工学院学报（社会科学版），2018，33（6）：52 – 63.

［15］ 李清. 上市公司"管理层讨论与分析"可读性影响因素的研究 ［D］. 中南大学硕士学位论文，2012.

［16］ 孙文章. 董事会秘书声誉与信息披露可读性——基于沪深 A 股公司年报文本挖掘的证据 ［J］. 经济管理，2019，41（7）：136 – 153.

［17］ Bonsall S. B.，Bozanic Z.，Fischer P. E. The Informativeness of Disclosure Tone ［J］. Social Science Electronic Publishing，2010（6）．

［18］ 王玮. 管理层持股对公司透明度影响的实证研究 ［D］. 兰州财经大学硕士学位论文，2016.

［19］ 逯东，宋昕倍，龚祎. 控股股东股权质押与年报文本信息可读性 ［J］. 财贸研究，2020，31（5）：77 – 96.

［20］ Muslu V.，Radhakrishnan S.，Subramanyam K. R.，et al. Forward Looking MD&A Disclosures and the Information Environment ［J］. Management Science，2015，61（5）：931 – 948.

［21］ Dempsey S. J.，Harrison D. M.，Luchtenberg K. F.，et al. Financial Opacity and Firm Performance：The Readability of REIT Annual Reports ［J］. Real Estate Finan Econ，2012（45）：450 – 470.

［22］ Byoung – Hyoun Hwang，Hugh Hoikwang Kim. It Pays to Write Well ［J］. Journal of Financial Economics，2017，124（2）．

［23］ Allee, Kristian D. , M. D. Deangelis and J. R. Moon. Disclosure Scriptability ［J］. Journal of Accounting Research, 2018 (4).

［24］ Samuel B. Bonsall, Brian P. Miller. The Impact of Narrative Disclosure Readability on Bond Ratings and the Cost of Debt ［J］. Review of Accounting Studies, 2017, 22 (2).

［25］ Ertugrul, Mine, Lei. Annual Report Readability, Tone Ambiguity, and the Cost of Borrowing ［J］. Journal of Financial & Quantitative Analysis, 2017 (4).

［26］ Tan H. T. , Ying Wang E. and Zhou B. When the Use of Positive Language Backfires: The Joint Effect of Tone, Readability, and Investor Sophistication on Earnings Judgments ［J］. Journal of Accounting Research, 2014 (52): 273 – 302.

［27］ Rennekamp K. Processing Fluency and Investors' Reactions to Disclosure Readability ［J］. Journal of Accounting Research, 2012, 50 (5): 1319 – 1354.

［28］ Tan H. T. , Wang E. Y. , Zhou B. How Does Readability Influence Investors' Judgments? Consistency of Benchmark Performance Matters ［J］. The Accounting Review, 2015, 90 (1): 371 – 393.

［29］ Asay H. S. , Elliott W. B. , Rennekamp K. Disclosure Readability and the Sensitivity of Investors' Valuation Judgments to Outside Information ［J］. The Accounting Review, 2017, 92 (4): 1 – 25.

［30］ Andrew C. Call, John L. Campbell, Dan S. Dhaliwal, James R. Moon. Employee Quality and Financial Reporting Outcomes ［J］. Journal of Accounting and Economics, 2017, 64 (1).

双边匹配理论及其在审计市场的
应用研究综述

庞　笛

摘要： 随着双边匹配理论的兴起和发展，一些学者将这一理论运用在审计市场，分析在何种状态下可以达到审计师与客户的偏好处于均衡状态，从而进一步提高审计市场的资源整合效率。说明双边匹配作为审计研究领域中一个值得关注的新方向，有效拓展了解决审计实际决策问题的渠道。本文对双边匹配相关研究进行了归纳总结，与以往综述的不同之处在于：①梳理了双边匹配理论的基本框架与发展脉络；②从贴合审计市场的角度对双边匹配的现实意义进行分析，提炼其对审计市场的影响及未来研究方向。

关键词： 双边匹配；审计市场；客户关系

一、引　言

匹配贯穿于人的一生，无处不在。为有效解决生活中遇到的匹配问题，1962年 Gale 和 Shapley[1] 率先对婚姻中的匹配问题进行了研究，将匹配解释为一种互相选择的双方特质之间的相容性，即充分考虑了双方选择过程中各自的偏好排序以及匹配后双方会达成一个稳定匹配的状态，奠定了双边市场以及双边匹配理论的基础。此后，Roth[2] 通过解释"双边"的定义进一步提出了何为"双边匹配"[3]，并据此提出了实现匹配的算法[4]。此后，这一算法被率先应用在人岗匹配[5-6]、学生择校入学[7] 及器官移植匹配[8] 等各个场景中。

在双边匹配获得广泛学者关注后，学者们在已有研究方法的基础上进行了算法扩展[9-11]，并将其运用在电子商务[12-13]、金融[14] 等多个市场，从而解决现实存在的双边匹配决策问题。通过对市场上的双方偏好进行分析，有利于在解决内生性问题的同时更加贴近一些之前无法解释的现实情况，为提高市场效率提供新的视角。

在审计市场方面，由于审计市场上的双方一旦互相选择将会签订长期合同，这意味着双方合作后，匹配对象调整的速度较慢，匹配双方会长期合作甚至很少有变更。如何使双方形成有效匹配是当前审计市场面临的一个核心问题。同时，学者们逐渐认识到，与以往将审计师定义为一种商品，仅考虑企业偏好选择的研究不同，审计双方的匹配应该是双方偏好排序下的共同结果，这种匹配情况与婚配市场类似。将审计双方置于双边匹配模型中进行分析，在充分考虑客户关系的同时也更加贴近黏性的审计市场，即将审计师与客户的匹配放在匹配市场而非商品市场环境中，对双方选择过程进行充分分析。

本文将从双边匹配的视角出发，回顾和梳理双边匹配理论，并在此基础上重点对该理论在审计领域的运用现状进行研究。目的在于从贴合实际审计市场的角度分析双方关系，为双边匹配在审计市场的未来研究方向提出建议，促进审计市场的有效发展。

二、为什么需要双边匹配

Sorensen[15]依据 Gale 和 Shapley 提出的一对多大学录取模型，提出风投市场上每个投资者都可以与多家上市公司匹配，而每家上市公司只能与一个投资者匹配。这一概念也适用于进行财务与金融活动其他领域的现实情况，如审计市场也存在一家会计师事务所对多个上市公司进行审计，而一个上市公司只选择一个会计师事务所进行审计的情况。即这类市场并非如商品市场一样，仅以价格决定谁得到什么，市场双方均有其交易需求，会根据自身偏好特征进行双方选择[16]。与以前研究的某一单变量影响因素对双方的经济后果影响不同，双边匹配考虑了双方多个特征及偏好，更贴合于现实市场情况。

同时，双边匹配模型考虑了未观察到的一些变量也会对排序进行影响，缓解了单特征变量的回归情况下，在匹配过程中产生的内生性问题。闫振晨等（2015）[17]通过双边匹配模型消除内生性问题后，验证了声誉管理对高管职业的影响。在并购市场方面，Park（2013）[18]研究了并购方和并购目标双方的激励机制，发现虽然企业并购的关键动因之一是希望获得足够的规模来吸引投资者，但一些并购是由效率而非股东价值最大化的目标驱动的。此后，Xia[19]通过双边匹配模型来对 CEO 和企业之间的匹配过程进行建模，从而量化激励薪酬对企业价值的激励和选择效应的相对重要性。这种结构化的方法考虑了双方匹配中未被观察到的变量，为匹配后经济后果的外源性变化提供了分析途径。

从审计市场的角度来看，客户在对会计师事务所进行选择的过程中会充分考虑审计费用、行业专长、地域、审计质量、事务所规模、事务所轮换、事务所的社会资本等多方面的偏好特征[20-23]。其倾向于选择能够认同企业会计处理或改善审计意见的会计事务所，这类事务所更能轻易满足客户的需求[24]。同时，Brown 等认为审计市场的匹配是在审计双方均有其自身偏好及特征的条件下，双方相互选择的最终状态，即双方的匹配并非客户一方所决定的[25]。双边匹配这一理论与这种由审计双方共同决定，使双方均能获得满足其偏好和需求的匹配者的现实情况完美吻合。

三、什么是双边匹配

双边匹配的经典案例是 Gale 和 Shapley 研究的婚配市场中男女双方的选择和学生与学校间的高考择校问题。Roth[2] 针对这些案例在 *Two - sided matching* 一书中对"双边"及"双边匹配"进行了界定，并在 Shapley 的理论基础上，通过稳定匹配这一概念来解决择校等现实选择问题。同时，Roth 提出的市场设计实践理论，为公平条件下，双方匹配能够提高市场效率做出了巨大贡献，因此，双边匹配理论在 2012 年获得了诺贝尔经济学奖。

具体来说，假设市场参与者相互分类但需要通过双方匹配来实现市场运行。市场中的一方可以向任何匹配方发出邀请，并在这一设定条件下进行偏好排序。匹配方在收到邀约后，也可对发出邀请的一方进行评估排序，选择理想的匹配对象，同时拒绝其他邀约者。当邀请被拒绝时，该方可向偏好下的二级匹配对象发出邀请，直到形成稳定匹配，即当两者相互选择后认为现有匹配可接受且不愿再次变更可认为匹配对最优且稳定。

这一匹配模式被一些学者看成是一种类聚匹配，除了在典型一对一匹配的婚姻市场和一对多匹配的择校问题上，Kremer（1993）[26]也在工人间的多对多匹配问题上指出，技能较高的工人间相互匹配。这种双方在共性上匹配，从而形成正相关关系的方式被称为正向类聚匹配。如 Fernando 等（2005）[27]在正向类聚匹配的模型基础上，建立了 IPO 环境下公司与承销商匹配决策的双边匹配模型，与Titman 和 Trueman（1986）[28]所描述的单边信号模型形成对比。他们的模型预测，由于双方的偏好，高质量的公司会与高质量的承销商进行匹配。但也有一些学者研究发现，当一方与另一方发生冲突时，如人们熟悉的"异性相吸"一词所描述的那样，负向的类聚匹配就会发生。如 Antón（2015）[29]通过模型推导得出借贷市场上存在负向选型匹配，即具有更高监管动机的贷款人与信息更不透明的借款人形成伙伴关系。此后，他提出通过将低担保的企业家分配给高能力的投资者可以最好地缓解激励问题[30]。

四、双边匹配的类型

依据市场参与双方主体的数量不同，现有双边匹配理论可被分为三种类型应用在不同匹配决策问题中。当参与双方数量均为一时，通过一对一双边匹配理论进行分析；当参与一方有多个，而另一方仅有一个时，通常通过多对一双边匹配理论进行分析；当参与双方均为多个时，通过多对多双边匹配理论进行分析。

（一）一对一双边匹配

一对一双边匹配的基础研究是婚姻中男女双方的选择匹配问题。该模型主要构成因素有：①存在有限且不相交的双方集合，其中通常 $M = \{m_1, m_2, m_3, m_4, \cdots, m_n\}$ 代表男性，$W = \{w_1, w_2, w_3, w_4, \cdots, w_n\}$ 代表女性。②市场一方参与者对另一方参与者具有完全且严格的偏好排序，同时，这一排序具有可传递性。即假设对于男性 m_1 而言，其最偏好与女性 w_2 婚配，再其次是 w_1，以此类推，可表示为：$p(m_1) = (w_2, w_1, \cdots, m_1, \cdots)$。其中，排在 m_1 之前的女性表示男性 m_1 倾向于匹配的女性。③匹配是从并集 $M \cup W$ 到它本身的一种一对一的二阶对应关系。μ 表示最终匹配结果，$\forall w \in W$，$m \in M$，$\mu(w) = m \Leftrightarrow \mu(m) = w$，且若 $\mu(w) \neq w$ 则 $\mu(w) \in M$，若 $\mu(m) \neq m$ 则 $\mu(m) \in W$。即参与者要么与另一方的某个参与者相匹配，要么不形成匹配。④双边匹配的基本假设是双方参与者可以在公平环境下自主做出选择。即所有人处在一个信息完备的环境中，每个参与者都知道其他参与者的真实偏好排序清单。

此后，一对一双边匹配也常用于解决劳动力市场的人岗匹配[31]、企业与高管间的选择匹配[19]、并购市场[32]以及企业家与风险投资家之间的相互匹配问题。如 Fu H. 和 Yang J.[33] 通过一对一双边匹配，研究了风险资本市场中风险资本家与企业家之间双边道德风险的议价能力分配和稳定匹配。得出在同行中具有相似地位的企业家和风险投资者更有可能相匹配。

（二）一对多双边匹配

一对多双边匹配是一对一双边匹配的进一步拓展和延伸。以一对多大学录取模型为例，其依赖于两两稳定匹配的概念，假定学校愿意与任何条件的学生进行匹配，并在这一设定条件下进行排序，最后双方互相选择进行配对。具体来说，该模型与婚姻匹配模型基本一致，均存在两个有限但不相交的集合，代表学校的集合 $C = \{c_1, c_2, c_3, c_4, \cdots, c_n\}$ 和代表学生的集合 $S = \{s_1, s_2, s_3, s_4, \cdots,$

s_n。但不同的是，大学录取模型中大学对学生的偏好排序有两种情况，一种是大学对学生个人有偏好排序，而另一种是大学对学生集合有偏好排序。对学生集合的偏好是指当大学倾向于与某个学生集合 S' 相匹配时，当且仅当 S' 是这所大学可以接受的学生集合且人数在学校招生限额之内，$S' \cup \{s\} > cS'$。且如果有两个不在 S' 中的可接受的学生 s_1 和 s_2，则当且仅当 $s_1 > s_2$ 时有 $S' \cup \{s_1\} > cS' \cup \{s_2\}$。这一匹配模式下，由于学生存在集合，大学不一定实现最优偏好选择，但当所有学生能够依据自身真实偏好进行选择时，可能存在学生层面的最优稳定匹配。

这一类型的匹配模型提出后，广泛地用于各个现实场景之中，如电子商务中的供需匹配[34]、实习生与医院的人岗匹配[35] 以及信贷市场中的匹配[36] 等。在 Sorensen 提出风险投资市场中一对多双边匹配模型后，这一模型被广泛应用于资本市场中，如 Honoré 等研究了初创企业与多个相关行业经验的员工相匹配，而每个员工只能选择一家企业的情况下，新员工的收入取决于他们以前的收入、先前的行业经验和人口统计特征（如性别和种族）[37,38]。

（三）多对多双边匹配

自 1982 年，Kelso 和 Crawford[5] 对"替代性"进行进一步完善，引入代理人偏好假设并为多对多双边匹配理论打下基础之后，多对多双边匹配的研究方向转向"匹配结果是否稳定"。2004 年，Sotomayor[39] 证明，当匹配双方的偏好具有敏感性时，通过机制可以实现稳定匹配。我国学者张振华等（2008）[12] 也将 G－S 算法和 H－R 算法进一步推演为"p－k"多对多双边匹配，在解决稳定匹配问题的同时，运用于电子中介市场解决现实问题。

相较于一对一双边匹配及一对多双边匹配，多对多双边匹配的理论较为零散，加之学者需利用高深的数学工具对这一领域进行系统性的研究，即数学上计算的复杂性较高，之前的文献研究较少。但随着计算技术手段的提升，由于多对多双边匹配更符合一些重要的市场的特征，例如在校老师可能会有多份兼职工作等。通过多对多双边匹配来分析现实情况也逐渐受到人们关注。例如，在私募市场中，Gao[40]（2019）通过对私募股权投资者与公司的多对多匹配分析得出，在控制私募股权公司的年龄情况下，公司对私募股权投资者的私有企业的业绩（即总资产收益率）比按市场价值衡量的规模更为看重。

五、何以实现双边匹配

根据一对多大学入学模型，Shapley 依据 Nash 非合作博弈均衡理论，在多种匹配算法权衡下，选择用 G－S 算法来保证稳定匹配的实现。此后，Roth 针对一对多双边匹配进一步提出 H－R 算法。这一切实可行的思路为美国医学院毕业生与实习医院及人－组织匹配决策问题的解决做出了贡献[41]。这一算法至今仍在为美国的劳动力市场选择和匹配问题提供解决方案。

此后，在理论模型推演及算法构建方面，我国学者乐琦依据前景理论为带有主体期望值的相同无差异区间型多指标匹配问题提出新的解决方案[42]。此后，其对不确定心理行为下的双边匹配进行了进一步的模型扩展与研究[43]。Chen[44]等则基于经济博弈的视角研究对模型进行进一步扩展。Kim（2018）[45]则将视角从之前的静态双边匹配转向动态的重复匹配下，分析重复排序如何与匹配效率相互作用。

而在运用基于双边匹配理论来定量分析市场双方主体的具体匹配时，通常需要使用计量方法对模型进行求解来验证假设。在分析匹配双方的偏好特征相关性方面，Li[46]通过普通最小二乘法（OLS）回归的方式分析了 CEO 与企业匹配过程中特征的相关性，得出更有效率的 CEO 应该管理规模更大、更安全的公司这一正向类聚匹配结论。这一方法也同样证实了风险市场[47]、承销商市场[46]以及劳动力市场[48]中存在的正向类聚匹配。

但线性回归对于双方的具体偏好排序分析具有局限性，而马尔科夫链蒙特卡罗模拟可以在控制排序的同时，模拟出市场上潜在匹配对的经济后果。因此，自 Sorensen 采用此方法对风投市场进行研究之后，大量学者采用这一计量方法对市场上的双边匹配进行实证研究，如 Olson[49]通过贝叶斯估计研究了 CEO 任期与企业绩效间的关系，Wang 等（2019）[50]利用贝叶斯估计的方法对全能银行贷款与公司创新之间的关系进行了分析。

另一常见的方法为 Fox 提出的最大得分估计器[51]，其利用匹配均衡隐含的关于匹配值的不等式，选择任何在平衡中匹配的两对交换搭档。平衡条件要求交换后原始匹配值的总和大于或等于新匹配值的总和。估计器使满足的不等式的数量最大化。Chen 利用这一算法分别对贷款市场[52]及初创企业市场[53]中双方的关系进行了研究，就初创企业市场而言，最大得分估计器的实证结果表明，在某种程度上，创业加速器可以弥补创始人的过往经验所带来的差距，但对于总体上的性别差异而言并没有太大的作用。此后，Pasquini[54]利用最大得分估计器分析得到，初创企业与投资者间的网络距离可能会缓解匹配摩擦方面的作用。

除此之外，也有不少学者通过其他计量方法来模拟现实市场中双边匹配的情况。如 Uetake[55]采用矩不等式估计器对并购市场的双方进行研究，文章发现当现有银行的资产规模较小且潜在进入者的资产规模较大且总部彼此靠近时，协同作用会更大。Chaigneau[56]、Akkus[57]通过 Heckman 两阶段模型的思想对公司与

CEO 之间的匹配以及承销商市场上双方关系进行了深入研究。Matveyev[58] 在研究企业与外部董事间的匹配影响因素时，采用了模拟矩法。

六、双边匹配在审计市场的应用

人们通常处在一个关系型社会之中，即在一个"熟人"社会中，社会网对人们交往和企业间交易的过程起着重要的作用。在审计市场中，也存在紧密的审计师与客户的关系有利于会计师事务所留住客户的情况[59]。同时，董沛武（2018）[60]与陈娇娇（2019）[61]均发现审计关系的错配会对审计费用及审计质量产生影响。这些文献为审计师与客户关系对审计市场经济后果的影响重要性提供了强有力的证据。

由于审计关系的建立是由事务所与客户双方共同选择形成的。当审计双方的变异性较大时，事务所与客户能通过相互选择与偏好的匹配对象建立关系[62]。相反，当双方性格特征不匹配时，可能会导致双方无法建立良好的互动而对审计证据收集形成阻碍（Rahim S.，Ahmad H. 等，2020）[63]。同时，面对陈冬华提出的审计市场存在的自选择问题[64]，越来越多的文献发现通过双边匹配的方法可以对这一问题进行有效解决。如 Bills（2010）[65] 率先依据选型匹配理论发现，质量相同的审计师与公司倾向于相互匹配，即双方匹配存在一种正相关关系。

此后，Ken Li 和 MF McNichols（2018）[66]通过双边匹配的方法控制了双方匹配过程中的排序影响，发现四大会计师事务所对审计质量有正向影响并且其客户的重述概率要低得多。Jonathan Cook 等则从经纪交易商的不当行为以及声誉方面分析了其对审计市场中审计师与经纪交易商的双边匹配产生的影响[67,68]。

我国利用双边匹配理论对审计市场双方关系的研究较少，从匹配双方特征相关性来看，王杏芬（2015）[69]依据双边匹配理论提出，国外综合实力强的会计师事务所通常与规模大、业绩好的客户相匹配；而在我国，双方规模存在一定程度的匹配，但业绩匹配并不显著。在匹配度的衡量方面，现有文献采用了 Brown 的匹配度衡量方法，即通过管理层分析与讨论等文本披露内容相似性来替代双方匹配度的高低。这也从侧面强调了审计师自身偏好与能力以及客户自身偏好需求一定的情况下，审计师满足客户偏好的能力和程度[25]。如酒莉莉等（2018）[70]利用这一匹配度衡量方法，发现审计双方的匹配度与审计师变更以及审计费用之存在负相关。通过双边匹配的思想对审计市场双方的匹配情况进行分析还有待进一步探究。

七、结论与启示

通过对双边匹配理论的梳理和回顾可以发现，双边匹配为解决现实市场的匹配问题及之前研究中出现的内生性问题提供了有效解决途径。依据国内外现有的大量研究分析，学者们通过博弈论、集合论和拓扑学等多种方法对不同专业领域与研究视角进一步扩展。对于现实中的许多具体匹配问题而言，双边匹配理论有利于优化市场的匹配效率，简化双方选择的过程，具有丰富的现实意义。

从审计市场的角度来看，利用双边匹配理论深入探索审计师与客户的匹配过程将是有待进一步研究的一个富有成果的领域，其市场需求和供给均呈现独特性，且审计双方需通过相互挑选最终根据双方偏好达到均衡。除此之外，当下审计市场，不论出于自愿还是法律强制，更换审计师的现象越来越普遍，甚至老牌的公司也是如此。通过双边匹配对双方选择进行预先分析，有利于降低更换成本，提高双方合作后的审计质量。但针对现存审计领域的双边匹配文献来看，还有以下方面可以作为未来开展研究的方向：

1. 拓宽审计市场中双边匹配决策现实问题的深度

虽然审计市场中大量现实匹配问题已经得到了学者们的关注，但目前有关双边匹配理论与方法的研究还处于较为零散与有限的状态，有待进一步的系统梳理和分类。具体来说，审计领域中相关的双边匹配问题还需要进一步提炼分析与总结。关于审计市场中双边匹配问题的研究可以在加强深度方面进行开展。首先，已有学者的研究大多是对匹配双方特征的相关性及双方匹配的影响因素进行研究，可以考虑对双边匹配后的经济后果开展进一步深入研究，如双边匹配对审计质量的影响，观察其与仅分析审计费用、规模等单个影响因素的离散选择模型的不同之处。其次，国内外学者已对双边匹配的理论、模型及算法等多方面进行了较为扎实的前期工作，在对现有文献深入理解的基础上，今后可以考虑通过马尔科夫链蒙特卡洛模拟、最大得分估计器等新的研究算法将之前的研究问题深入分析。

2. 双边匹配问题类型的扩展

通过文献梳理可以发现，当前学者大多通过一对多双边匹配的视角对审计市场的双方进行分析。由于审计市场也存在多名审计师对多家企业进行审计的现实情况，通过多对多双边匹配对双方关系进行分析更具合理性。同时，现有研究大多依据静态匹配的环境下对匹配主体进行研究的，即审计师与企业双方只考虑一次匹配的情况，且匹配过程中不存在扰动或变动信息。在对已有的文献归纳和借鉴后，学者们可进一步对静态匹配问题的模型等进行拓展，并同时关注动态匹配问题扩展的相关研究，如考虑扰动信息、随机信息的动态匹配问题等[71]，研究审计市场上当客户声誉等变动时匹配及经济后果的变化。而这一方向也将成为未来研究进展中的前沿和重难点问题。

3. 对不断贴近现实不同场景下双边匹配决策问题

双边匹配决策方法的形成通常需要考虑匹配双方的不同特征及偏好，同时，不同主体给出的各种形式和类别的信息也是解决现实问题不可缺失的一环。采用适当的信息处理方式来拟合匹配双方偏好的情况尤为重要。根据现有模型的扩展，学者们已经将不确定性心理行为、随机信息等加入扩展模型之中，在复杂情形下对审计市场的双边匹配进行研究更加贴合现实存在的匹配决策问题，这意味着通过复杂情况下的双边匹配研究更有利于不断贴近现实中不同场景下的决策问题，更具有重要的理论意义和现实意义，引入不同情境下的双边匹配决策分析方法是未来的趋势与研究重点。

参考文献

［1］ D. Gale, L. S. Shapley. College Admissions and the Stability of Marriage ［J］. The American Mathematical Monthly, 1962, 69（1）: 9 – 15.

［2］ Roth Alvin E. Common and Conflicting Interests in Two – sided Matching Markets ［J］. North – Holland, 1985, 27（1）.

［3］ Roth A. E., Sotomayor M. Two – sided Matching ［J］. Handbook of Game Theory with Economic Applications, 1992（1）: 485 – 541.

［4］ Roth A. E. A Natural Experiment in the Organization of Entry – level Labor Markets: Regional Markets for New Physicians and Surgeons in the United Kingdom ［J］. The American Economic Review, 1991, 81（3）.

［5］ Kelso Jr A. S., Crawford V. P. Job Matching, Coalition Formation, and Gross Substitutes ［J］. Econometrica: Journal of the Econometric Society, 1982（2）: 1483 – 1504.

［6］ Lin H. T. A Job Placement Intervention Using Fuzzy Approach for Two – way Choice ［J］. Expert Systems with Application, 2009, 36（2）: 2543 – 2553.

［7］ The Application of the Stable Marriage Assignment to University Admissions ［J］. Operational Research Quarterly（1970 – 1977）, 1970, 21（4）.

［8］ Alvin E. Roth, Tayfun Sönmez, M. Utku ünver. Pairwise Kidney Exchange ［J］. Journal of Economic Theory, 2005, 125（2）.

［9］ 李铭洋, 樊治平. 考虑双方主体心理行为的稳定双边匹配方法 ［J］. 系统工程理论与实践, 2014, 34（10）: 2591 – 2599.

［10］ 乐琦. 直觉模糊环境下考虑匹配意愿的双边匹配决策 ［J］. 中国管理科学, 2017, 25（6）: 161 – 168.

［11］林杨，王应明. 基于异质多属性偏好的博弈双边匹配决策［J］. 统计与决策，2020 （10）：162 – 166.

［12］张振华，贾淑娟，曲衍国. 基于稳定匹配的电子中介匹配研究［J］. 控制与决策，2008，23（4）：388 – 391.

［13］俞裕兰，杨靛青. 跨境电商平台感知匹配者心理行为的跨境电商供求双边匹配推荐模型［J］. 长春理工大学学报（社会科学版），2019，32（6）：101 – 107.

［14］刘烨，蒋毅，方立兵. 投行政治联系与民营 IPO 盈余质量为何正相关——基于双边匹配的理论和证据［J］. 南大商学评论，2013，10（3）：45 – 60.

［15］Sørensen M. How Smart is Smart Money? A Two – sided Matching Model of Venture Capital ［J］. The Journal of Finance, 2007, 62 (6): 2725 – 2762.

［16］Roth A. E. Who Gets What and Why: The New Economics of Matchmaking and Market Design ［M］. Houghton: Houghton Mifflin Harcourt, 2015.

［17］Chen Y. , Rui H. , Whinston A. B. Does Self – promotion on Social Media Boost Career? Evidence from the Market for Executives ［C］. Workshop on E – Business. Springer, Cham, 2015: 83 – 96.

［18］Park M. Understanding Merger Incentives and Outcomes in the US Mutual Fund industry ［J］. Journal of Banking & Finance, 2013, 37 (11): 4368 – 4380.

［19］Xia S. Selection Versus Incentives in Incentive Pay: Evidence from a Matching Model ［J］. Available at SSRN 3190685, 2018.

［20］Knechel W. R. , Niemi L. , Sundgren S. Determinants of Auditor Choice: Evidence from a Small Client Market ［J］. International Journal of Auditing, 2008, 12 (1): 65 – 88.

［21］Lennox C. S. , Park C. W. Audit Firm Appointments, Audit Firm Alumni, and Audit Committee Independence ［J］. Contemporary Accounting Research, 2007, 24 (1): 235 – 258.

［22］He X. , Pittman J. A. , Rui O. M. , et al. Do Social Ties between External Auditors and Audit Committee Members Affect Audit Quality? ［J］. The Accounting Review, 2017, 92 (5): 61 – 87.

［23］Guan Y. , Su L. N. , Wu D. , et al. Do School Ties between Auditors and Client Executives Influence Audit Outcomes? ［J］. Journal of Accounting and Economics, 2016, 61 (2 – 3): 506 – 525.

［24］Bamber E. M. , Iyer V. M. Auditors' Identification with Their Clients and Its Effect on Auditors' Objectivity ［J］. Auditing: A Journal of Practice & Theory, 2007, 26 (2): 1 – 24.

［25］Brown, Stephen V. , Knechel W. Robert. Auditor Client Compatibility and Audit Firm Selection ［J］. Journal of Accounting Research, 2016, 54 (3): 725 – 775.

［26］Kremer M. The O – ring Theory of Economic Development ［J］. The Quarterly Journal of Economics, 1993, 108 (3): 551 – 575.

［27］Fernando C. S. , Gatchev V. A. , Spindt P. A. Wanna Dance? How Firms and Underwriters Choose Each Other ［J］. The Journal of Finance, 2005, 60 (5): 2437 – 2469.

［28］Titman S. , Trueman B. Information Quality and the Valuation of New Issues ［J］. Journal of Accounting and Economics, 1986, 8 (2): 159 – 172.

［29］Antón A. , Dam K. Monitoring and Advising：A Two – sided Matching Model of Investor Activism ［R］. Working Paper, 2015.

［30］Antón A. , Dam K. A Two – sided Matching Model of Monitored Finance ［J］. Economica, 2020, 87（345）：132 – 157.

［31］汪定伟. 电子中介的多目标交易匹配问题及其优化方法 ［J］. 信息系统学报，2007 （1）：102 – 109.

［32］Uetake K. , Watanabe Y. Entry by Merger：Estimates from a Two – sided Matching Model with Externalities ［R］. Available at SSRN 2188581, 2019.

［33］Fu H. , Yang J. , An Y. Made for Each Other：Perfect Matching in Venture Capital Markets ［J］. Journal of Banking & Finance, 2019（100）：346 – 358.

［34］Marijn Janssen, Alexander Verbraeck. Comparing the Strengths and Weaknesses of Internet – based Matching Mechanisms for the Transport Market ［J］. Transportation Research Part E, 2006, 44（3）.

［35］Chung – Piaw Teo, Jay Sethuraman, Wee – Peng Tan. Gale – Shapley Stable Marriage Problem Revisited：Strategic Issues and Applications（Extended Abstract）［C］. International Conference on Integer Programming & Combinatorial Optimization. Springer Berlin Heidelberg, 1999.

［36］张继军. 小银行对中小企业信贷支持匹配性研究 ［J］. 金融理论与教学，2011 （6）：56 – 58.

［37］Florence Honoré, Ganco M. Entrepreneurial Teams' Acquisition of Talent：Evidence from Technology Manufacturing Industries Using a Two – sided Approach ［J］. Strategic Management Journal, 2020（2）.

［38］Roth A. E. Stability and Polarization of Interests in Job Matching ［J］. Econometrica：Journal of the Econometric Society, 1984（4）：47 – 57.

［39］Sotomayor M. Implementation in the Many – to – many Matching Market ［J］. Games and Economic Behavior, 2004, 46（1）：199 – 212.

［40］Gao L. Value Creation in Private Equity – Sponsored Leveraged Buyouts：Estimating a Many – to – Many Matching Game ［R］. Available at SSRN 2383049, 2019.

［41］Roth A. E. On the Allocation of Residents to Rural Hospitals：A General Property of Two – sided Matching Markets ［J］. Econometrica：Journal of the Econometric Society, 1986（6）：425 – 427.

［42］乐琦. 基于前景理论的相同无差异区间型多指标匹配决策方法 ［J］. 系统科学与数学，2013, 33（12）：1447 – 1455.

［43］乐琦. 不确定心理行为下的双边匹配 ［J］. 系统工程，2016, 34（5）：55 – 59.

［44］Chen W. C. , Kao Y. C. Simultaneous Screening and College Admissions ［J］. Economics Letters, 2014, 122（2）：296 – 298.

［45］Kim E. The Market for Reputation：Repeated Matching and Career Concerns ［D］. Workshop at Hitotsubashi University, 2018.

［46］Li F. , Ueda M. Who Should Manage Which Firm? Two – sided Matching in the Market for

Top Executives［J］. SSRN Electronic Journal，2004（6）.

［47］阮拥英. 基于双边匹配理论的创投机构与创业企业投融资匹配研究［D］. 重庆大学硕士学位论文，2016.

［48］Pan Y. The Determinants and Impact of Executive – firm Matches［J］. Management Science，2017，63（1）：185 – 200.

［49］Olson C. A. CEO – Firm Match Quality and Firm Performance［J］. Ssm Electronic Journal，2015（8）.

［50］Wang H.，Yin D.，Zhang X. T.，et al. Whom you Borrow from Matters：Universal Banks and Firm Innovation［J］. Managerial Finance，2019，45（8）：1001 – 1019.

［51］Fox J. T. Estimating Matching Games with Transfers［J］. Quantitative Economics，2018，9（1）：1 – 38.

［52］Chen J.，Song K. Two – sided Matching in the Loan Market［J］. International Journal of Industrial Organization，2013，31（2）：145 – 152.

［53］Chen C. Can Business Accelerators Level the Playing Field for First – time Founders and Female Entrepreneurs？［R］. Available at SSRN 3277691，2019.

［54］Pasquini R. A.，Robiolo G.，Sarria Allende V. Matching in Entrepreneurial Finance Networks［J］. Venture Capital，2019，21（2 – 3）：195 – 221.

［55］Uetake K.，Watanabe Y. Entry by Merger：Estimates from a Two – sided Matching Model with Externalities［R］. Available at SSRN 2188581，2019.

［56］Chaigneau P.，Sahuguet N. The Effect of Monitoring on CEO Compensation in a Matching Equilibrium［C］. Paris December 2011 Finance Meeting EUROFIDAI – AFFI，2016.

［57］Akkus O.，Cookson J. A.，Hortaçsu A. Assortative Matching and Reputation in the Market for First Issues［J］. Management Science，2020（7）.

［58］Matveyev E. How do Firms and Directors Choose Each Other？Evidence from a Two – sided Matching Model of the Director Labor Market［J］. SSRN Electronic Journal，2013（8）.

［59］薛爽，叶飞腾，洪韵. 会计师 – 客户关系与事务所变更［J］. 会计研究，2013（9）：78 – 83.

［60］董沛武，程璐，乔凯. 客户关系是否影响审计收费与审计质量［J］. 管理世界，2018，34（8）：143 – 153.

［61］陈娇娇，方红星. 审计关系错配、盈余质量与整合审计收费［J］. 审计与经济研究，2019，34（1）：24 – 32.

［62］DeFond M. L. The Association between Changes in Client Firm Agency Costs and Auditor Switching［J］. Auditing，1992，11（1）：16.

［63］Rahim S.，Ahmad H.，Nurwakia N.，et al. The Influence of Audit Staff Quality and Client Type on Audit Evidence Collection with Communication Type as Moderation［J］. Journal of Accounting and Strategic Finance，2020，3（1）：103 – 117.

［64］陈冬华，周春泉. 自选择问题对审计收费的影响——来自中国上市公司的经验证据［J］. 财经研究，2006（3）：44 – 55.

［65］ Bills J. L. , Jensen L. Auditor – Client Pairing: A Positive Assortative Matching Market ［J］. Journal of Accounting Research, 2010, 13 （1）: 1 – 38.

［66］ Li K. , McNichols M. F. , Raghunandan A. A Two – sided Matching Model of the Audit Market for IPO Firms ［R］. Available at SSRN 3117828, 2018.

［67］ Cook J. , Johnstone K. M. , Kowaleski Z. , et al. Seeking Misconduct ［R］. Working Paper, 2018.

［68］ Cook J. , Kowaleski Z. T. , Minnis M. , et al. Auditors are Known by the Companies they Keep ［J］. Journal of Accounting and Economics, 2020 （10）: 13 – 14.

［69］ 王杏芬. 审计市场格局：低价竞争抑或品牌竞争——基于匹配理论的实证检验 ［J］. 山西财经大学学报, 2015, 37 （6）: 113 – 124.

［70］ 酒莉莉, 刘媛媛. 审计师 – 客户匹配度、审计师变更与审计费用 ［J］. 审计研究, 2018 （2）: 64 – 71.

［71］ Alvin E. Roth, John H. Vande Vate. Incentives in Two – sided Matching with Random Stable Mechanisms ［J］. Economic Theory, 1991, 1 （1）: 31 – 44.

双边匹配理论及其在资本
市场中的应用研究

吴雪勤　李媛媛

摘要：双边匹配的目的在于考虑双方主体的偏好，通过合理匹配方法配置稀缺资源。随着双边匹配理论的兴起与完善，这一理论逐渐被应用在各个市场中，包括资本市场。如何合理配置资本市场中两个互不相交的参与主体，提高资本市场运行效率是研究的重点问题。本文重点关注资本市场相关研究中的双边匹配，从文献梳理和双边匹配模型分析入手，梳理了风险投资、企业并购、高管与企业等方面的双边匹配研究现状，旨在系统性认识双边匹配对市场各方排序和分类等行为的影响，并提出四个未来研究过程中能够考虑的方向，为资本市场建立起稳定的运行机制，提高市场效率带来新的理解和参考。

关键词：双边匹配；风险投资；企业并购；高管选聘

一、引　言

配对在经济学中被解释为我们如何从生活中得到既是我们选择的，同时也是对方选择的事物，在这个配对市场上，价格不是唯一的决定因素[1]。双边匹配的目的在于考虑双方主体的偏好，通过合理匹配方法配置稀缺资源。在现实生活中，匹配涉及多个群体的方方面面，如医院肾源与患者的匹配问题、银行与企业的信贷匹配问题、企业高管的选拔与聘用问题等。

随着双边匹配理论的兴起与完善，这一理论逐渐被应用在各个市场中，包括资本市场。学者们开始考虑资本双边市场中参与双方是否匹配的问题，并试图理清资本市场双方稳定合作的内在机理，优化匹配使得该市场的效率更高。双边市场的提出，一方面，捕获了合作双方的工作互补性——资本市场双方的完美匹配取决于为执行和促进二者发展和成长而持续做出的共同努力，阐述了在竞争性市场中交易双方互相选择的原则，相较于单边市场的研究，更贴近于现实中的资本市场；另一方面，双边匹配能够更好地解释资本市场双方的选择偏好，在这个市场上，价格并非唯一的决定因素。但是，学界对双边匹配理论在资本市场中的应用的认识还有待进一步深入，与其相关的重大理论问题还需要进一步探讨。如何正确认识双边匹配理论的思想？目前国内外文献对于双边匹配理论在资本市场中的研究处于怎样的状态？如何更好地刻画资本市场中的双边选择，提高资本市场的运行效率？这些问题值得深入探讨。

本文重点关注资本市场相关研究中的双边匹配，梳理双边匹配理论在资本市场中的前沿文献，针对上述问题展开综述，从双边匹配历史、概念、模型以及双边匹配在企业并购、风险投资以及高管选聘等市场的应用研究进行归纳总结，并进一步探讨资本市场中双边匹配研究的未来方向，为建立稳定的运行机制，提高资本市场运行效率带来新的理解和参考。

二、双边匹配理论的历史、概念及意义

（一）双边匹配理论的历史

匹配理论是新发展起来的经济学理论的一支，最初学者们探讨的匹配问题是婚姻市场中的男女匹配以及高考后学生志愿填报与学校录用问题（David Gale and Lolyd Shaplev，1962）[2]。此后，关于双边市场的匹配，学者们聚焦于算法完善以及领域应用等方面，取得了丰富成果。Roth（1985）[3]通过分析现实案例，阐述了双边匹配的概念。他将双边匹配定义为存在于一个市场中的互不相交的双方参与者，即通过双边代理人各自的"敏感性偏好清单"进行匹配，使得匹配后更有效率。随着研究的深入，学者们进一步发现，双边匹配模型具有独立的意义，有助于我们对其他具有排序和影响力市场的了解（Sørensen，2007）[4]，例如劳动力市场雇主与雇员的匹配（张成，2010[5]；Chaigneau，2018[6]；Chang and Hong，2019[7]）、借贷市场借款人与贷款人的匹配（J. Chen and K. Song，2013）[8]、公司合并收购者与目标的匹配市场（Minjung Park，2013；Akkus et al.，2016；Kennedy et al.，2002；Perez - Saiz，2015）[9-12]等。

随着双边匹配理论的应用与发展，学者们开始关注到资本市场中风险投资者与初创企业之间的匹配问题、企业如何选拔聘用管理者的匹配问题以及企业如何选择并购对象、如何选择战略联盟等一系列问题。资本市场作为多边市场，市场需求和供给均呈现独特性，资本市场中两个互不相交的参与主体的合理匹配能够使得双方都尽可能达到满意的结果，有利于从根本上提高资本市场活动效率，对资本市场各方的发展具有重要意义。Roth（1990）[13]在 Shaplev（1962）的理论

基础上，提出当双边参与者的匹配是稳定匹配时，市场机制的运行是有效的。因此，对于资本市场中的匹配问题，学者们不断探讨研究的便是如何通过市场机制设计，使市场双方的匹配稳定而有效。

（二）双边匹配的概念与意义

1. 双边匹配思想

双边匹配的目的在于考虑双方主体的偏好，通过合理匹配方法配置稀缺资源。在一个双边市场中，配对双方会根据自己的偏好，经过一系列的选择，形成相对应的、稳定的匹配集合（康广地、张帅，2018）[14]。由于市场上存在异质性、摩擦性和信息不完全性，市场交易各方不具有同质性，并且获取信息是有成本的，为达成有效配对，必然会消耗资源。异质性体现在市场交易双方的偏好与质量上，市场交易双方都必须决定：接受当前可选择，或是等待未来更佳（Pissarides et al.，2000）[15]。匹配函数给出交易过程中异质性主体的一种交易技术，体现市场双方资源投入的结果。双边匹配理论一般假定一个关于几个变量的一般性匹配函数，并施加一些常规性约束。

Sørensen 以风险投资资本市场为例，指出公司往往更愿意接受更好的风投公司的融资，这些风投公司有更多可行的投资可供选择，往往也更愿意选择更有价值的公司进行投资。在经典的回归框架中，当分类导致有经验的投资者在数据中没有观察到的多个维度上表现更好的公司投资时，投资者的经验就会变得内生。在这样的市场中，用于研究显性偏好的传统离散选择模型存在偏见，使得结果偏离（Mindruta et al.，2016[16]；Pan Y.，2017[17]）。但基于双边匹配模型的结构模型能够利用市场上其他代理人的特征来识别匹配结果，且此时其他代理人特征为外生变量，并不会影响到匹配后的匹配对的匹配绩效。

在双边匹配基础模型中，考虑存在一个双边市场，其参与双方互不相交，交易方分别为 I（$i \in I$）和 J（$j \in J$）。参与 I 方中有三个参与者，i = A，B，C；参与 J 方中也有三个参与者，j = 1，2，3。每个参与者（I 方）都有一个单一的特征，其特征是可排序的，设参与者 A、B 和 C 的特征分别为 $X_A = 1$，$X_B = 2$，$X_C = 3$。每个 J 方参与者也均有一个单一的特征，假设三家 J 方参与者的特征分别为 $X_1 = 1$，$X_2 = 2$，$X_3 = 3$。则在该交易市场上，有九个潜在的匹配，决策方程决定了匹配结果。

V_{ij} 是匹配结果（匹配值），X_i 和 X_j 是供给者和需求者的特征。表 1 显示了匹配情况。对角线上的匹配是观察到的匹配，而非对角线上的匹配是反事实匹配。表中数字为观察到的匹配的匹配值，这些匹配值由匹配对的特征确定。

表1　匹配决策情况

	$X_1 = 1$	$X_2 = 2$	$X_3 = 3$
$X_A = 1$	10	NA	NA
$X_B = 2$	NA	20	NA
$X_C = 3$	NA	NA	30

质量越高的参与者（I方）越愿意与质量越高的参与者（J方）相匹配，相似地，质量越高的参与者（J方）也越愿意与质量越高的参与者（I方）相匹配。例如，参与者C和参与者3的匹配值为30，可表示为 $V_{3C} \equiv f(X_3, X_C)$，参与者C和参与者3均不想偏离当前匹配。当参与者B想偏离匹配对 $f(X_2, X_B)$ 与参与者3匹配时，参与者3并不愿意偏离，因为 $V_{3C} > V_{3B}$，这便形成了稳定匹配，并且，由此可见，市场中匹配对的匹配决策不仅取决于他们的特征，而且还取决于市场上其他代理人的特征。

匹配决策阶段完成后则进入匹配绩效阶段，结果方程确定所有可能匹配对的匹配绩效，其中，ij为匹配的匹配对，Y_{ij} 为匹配绩效，Y_{ij} 受 V_{ij} 结果的影响，但却不受ij特征的内生影响，即进一步解决了研究中的内生性问题。

2. 双边匹配模型类型

在双边匹配理论模型的研究中，学者们由合作博弈论中的静态均衡模型，即大学招生模型（Gale and Shapley，1962）发展出其模型的变体及各相关模型。Roth和Sotomayor（1990）对该模型及其相关模型的性质进行了广泛的分析。双边匹配是一个双边决策过程，取决于双方代理人的偏好。从市场参与双方的合作匹配方式可以分为一对一匹配模型、一对多匹配模型、多对多匹配模型等。从双边匹配模型性质出发，更有可转让效用匹配模型（TU）以及不可转让效用匹配模型（NTU）等不同类型。表2列出了不同学者对双边匹配理论模型的拓展与应用[18-26]。

表2　双边匹配模型类型与应用

类型	学者	应用
一对一匹配模型	Gale、Shapley（1962） Kosuke Uetake 等（2019）	婚姻的双边匹配 企业并购
一对多匹配模型	Gale、Shapley（1962） Geweke 等（2003） Teo 等（2001） 李坤明（2010） Agarwal（2015）	学生与学校的双边匹配 实习生与医院的双边匹配 高考招生的双边匹配

续表

类型	学者	应用
多对多匹配模型	Egor Matveyev（2013）	董事与公司的匹配
可转让效用匹配模型（TU）	Shuo Xia（2018） Hui Fu 等（2019） Yihui Pan（2017）	首席执行官与企业的双边匹配
不可转让效用匹配模型（NTU）	Chuan Chen（2019） Uetake、Watanabe（2012）	加速器市场的匹配 患者与医生的匹配

三、双边匹配在资本市场中的应用研究

当前有关双边匹配在资本市场中的研究主要集中于对企业并购、风险投资以及高管与企业的双边匹配。

（一）风险投资中的双边匹配应用

在资本市场中，风险投资活动即为典型的双边匹配活动，风险投资者与初创企业家之间互相选择，风险投资者对初创企业家的一次投资行为即表达为一次匹配的达成。现有文献主要针对风险投资商与企业家选型匹配中考虑的特征与偏好进行了深入的探究，发现当风险投资商与企业家根据各自偏好达到完美匹配时，风险投资的效率能够得到提高：企业上市的可能性更大，风险投资商所获收益在满意值域内。学者们将风投市场中的投融资描述为一个在企业家和资本家之间寻找和匹配的过程。大多数关于风险投资与企业家之间关系的研究集中在风险投资对已获得融资的创业公司的影响，包括筛选、分类、监控、影响、排序等（Barry et al.，1990[27]；Kaplan and Stromberg，2001[28]；Sørensen，2007；Fu et al.，2019）。

Sørensen（2007）使用来自美国两个州的样本，在参与双方偏好一致的假设下利用双边匹配模型识别区分了影响力和排序的影响效应，发现由更有经验的风投提供资金的公司更有可能上市。这既来自更有经验的风投的直接影响，也来自市场的分类，这导致有经验的风投投资于更好的公司。Angela Cipollone 和 Paolo E. Giordani（2019）[29]收集了 23 个经合组织国家和中国 2007～2015 年风险资本市场的数据，提出了一个创业创新模型，指出一个成功的创业项目是企业家和资本家寻找和匹配过程的结果，研究结果证实了创业资本的需求和供给之间存在显著的互补性，从而表明存在较厚的市场外部性。Hui Fu（2018）等利用来自中国风险资本市场的大量样本，从经验上分析异质企业家与风险投资家之间的最优议价能力分配以及两者之间的行为决策。Pasquini（2019）[30]等利用加州创业金融环境中的大量联系网络，估计了一个匹配模型，引入网络距离作为未来匹配价值的关键决定因素。Ebbers 等（2012）[31]发现，创始成员筹集投资资本的能力受到他们的声誉类型（市场、专家和同行声誉）与投资者—市场、专家和同行选择者类型之间的匹配的影响，新企业创始成员的市场声誉与他们从市场选择者那里获得的投资规模之间存在最强的正向影响。Fernando 等（2015）[32]使用双边匹配方法对承销商选择的内生性进行建模，为基于承销商声誉的价格和服务差异化提供了有力的证据，解释了股票承销商投资于声誉建设的原因。Laura Abrardi 等（2019）[33]通过双边匹配理论模型和实证分析，研究了独立风险投资（IVCs）和政府风险投资（GVC）之间的行为决策，发现全球风险投资公司似乎比独立投资公司更倾向于放弃低回报的风险投资，但同时，它们也更愿意采用这些风险投资。

我国学者运用双边匹配方法探究风险投资市场机制的研究虽然较国外稍晚，但也取得了较丰富的研究成果。相较于国外研究，我国学者主要关注如何在管理决策过程中充分考虑匹配主体双方的满意度，形成匹配双方主体稳定的搭配组合，构建合理的匹配方法，使匹配主体双方满意度达到最大化。陈希和樊治平（2010）[34]考虑风投与初创企业之间的匹配优化设计，通过建立双方的互评指标，测试双方满意度，运用基于公理设计的匹配决策分析方法求得匹配结果。刘烨等（2013）[35]通过估计企业和承销商的双边匹配模型揭示了承销商选择决策与企业盈余管理动机的配对结果，帮助监管当局把握复杂隐蔽的 IPO 盈余管理过程进而采取有针对性的措施。万树平和李登峰（2014）[36]分析不同类型的风险投资者与初创企业之间的不同匹配特点，将二者的匹配过程构建成为双向的多指标的互评过程，给出了一种多指标双边匹配决策方法，为研究风险投资市场下的双边匹配给出指导建议。吴凤平等（2016）[37]在互联网金融背景下，基于前景理论，考虑了风险投资者与初创企业的匹配问题，在基本匹配模型中添加双方匹配时的心理期望值，进一步优化了双边匹配模型，并以实例分析验证了模型的可行性。李祎雯等（2017）[38]基于匹配经济学视角考察创业投资市场的运行机制及其股权交易的形成机理，并通过有序多分类 Logit 模型实证检验了创业项目股权投融资匹配的决定因素，结果发现正规投资者主要根据创业融资者的标准信息禀赋（正规化程度）来判断其经营能力和信誉，进而两者发生股权交易，形成投融资匹配。

（二）企业并购中的双边匹配应用

并购是企业进入新市场的一种方式，企业出于追求资本最大增值的动机，以及源于竞争压力等因素，往往会考虑企业并购决策。理想的收购目标往往能够促进企业并购决策，如果找不到合适的并购目标，则可以选择不进入市场。因此，研究企业并购中的双边匹配具有重大意义。利用双边匹配进行企业并购选择，提高了并购双方的满意度，提升了并购市场的并购效率。当前，双边匹配在企业并购中的应用研究较少，也较为零散。

Akkus 等 （2016） 与 Park （2013） 分别研究了银行和共同基金的合并。K. H. Kennedy 等 （2002） 通过分析并购选择与并购者和目标行业之间的产业匹配关系，分析了影响并购选择的几个替代变量。Perez – Saiz （2015） 使用美国水泥行业数据估算三阶段博弈，考虑企业的合并决策。Lei Gao （2019） 估计了一种双向的多对多匹配模型，研究私募股权投资者通过杠杆收购来收购公开交易的公司，并研究其中的价值创造[39]。Igami 和 Uetake （2019） 考虑了一种带有投资的动态兼并博弈，在这种博弈中，公司可以收购目标公司或进行投资以提高效率，发现严格的合并政策将会导致更多的退出[40]。Kosuke Uetake 等 （2019） 通过使用商业银行的数据估计了一个具有外部性的双边匹配模型探究美国商业银行业的进入和兼并决策，研究企业合并后的竞争问题，发现通过合并进入的门槛明显较低，较小的潜在进入者和较大的现有进入者之间存在更大的协同效应。

（三） 高管选聘研究中的双边匹配应用

高管与企业双方的相互选择决定了高管是否在企业中工作，高管与企业的一致偏好是双方考虑是否进行匹配的关键因素，现有文献对高管和企业双边匹配的研究主要在薪酬的激励选择作用、匹配绩效、企业选拔与留任的决定因素等方面。高管与企业的相互匹配选择能够使得企业选拔留任更具合理性。

Yihui Pan （2017） 运用竞争匹配模型，对高管与企业匹配的收益进行了实证研究，发现高类型企业从给定的管理技能中享有更高的边际生产率，高类型企业（更大、更多样化、研究密集型） 比低类型企业更适合高类型管理者率。Pierre Chaigneau 和 Nicolas Sahuguet （2018） 考虑最优契约标准模型中匹配的新维度，发现具有更强监控能力的公司雇用了能力更不确定的首席执行官，为首席执行官的薪酬政策提供了新的解释。Egor Matveyev （2013） 开发并估计了一个双向匹配模型，识别外部董事并指定公司偏好，研究发现董事的选择是由他们扩大专业网络的愿望所驱动的，公司选择董事来最大程度地提高其董事会之间的联系。贾建峰等 （2015）[41]基于权变理论，聚焦企业的不同战略导向和高管的多维度特征之间的匹配，并检验了不同的匹配对企业绩效的影响。Briana Chang 和 Harrison Hong （2019） 使用匹配模型，研究了选择与人才对公司价值的影响，表明人才（或代理异质性） 相对于选择 （或公司异质性） 的重要性是通过不同薪酬等级的代理人的工资增长除以其公司产出变化来衡量的。

四、结　语

（一）贡献

本文主要综述了学者们关于资本市场双边行为决策的研究，通过文献回顾与综述可以发现，现有关于双边匹配理论的研究主要从两方面展开。一方面，学者们概括性地介绍了双边匹配的起源发展过程以及在各个领域的不同应用；另一方面，学者们以不同的视角考虑双边匹配的优化问题，在匹配算法上提出了不同见解，为如何在双边市场上获得稳定匹配结果做出了贡献。但目前鲜有学者从双边匹配理论视角出发对资本市场的研究现状进行全面综述和深入研究。本文旨在概述双边匹配的历史、概念及意义，并就双边匹配在资本市场中的研究现状从风投市场、企业并购市场、高管选聘市场三个方面展开综述，重新认识双边匹配理论在资本市场中的研究价值。

第一，利用双边匹配理论研究资本市场中的双边选择及其经济后果为解释和预测复杂的真实经济系统的行为提供了途径。现有文献研究支持了"资本市场中很多的双边交易并非是商品市场，而是典型的双边匹配市场"的论证。资本市场中的很多相互选择并不是价高者得，交易市场中参与人的身份是固定的，参与双方往往是界限分明的。例如，更多时候，企业家在选择风投时并不是选择投资金额最高的投资者，而是选择与自身发展更适配的投资者。因此，在这种意义上，通过结构化的匹配方法，即制度设计研究资本市场中一些复杂的双边交易更加合理。

第二，通过构建双边匹配理论体系解释参与人行为与可能结果之间互动的规则展示了经济学和运筹学交叉学科的应用与发展，嵌入了个体激励与市场行为之间的密切联系。无论市场是集中的还是分散的，市场对参与人的激励都会对市场最终结果施加限制。当前文献对资本市场中的双边匹配问题进行研究强有力地支持了设计资本市场相互工作制度的重要性。

第三，传统的离散选择模型从市场竞争中抽象出来，并假设每个代理人总是可以选择他的最佳选择。然而，在现实中，许多交易参与者可能不得不承认次优选择，因为他们偏爱的对象的第一选择并非自己，从而导致模型估计有偏差。另外，资本市场交易中多个维度的考量可能并不体现在可观测的数据之中。例如，对于创业公司而言，创业公司的经营和财务历史很短，很少有系统的、可观察到的信息，而风险投资家则强调无形的素质，当投资者投资于数据中未观察到的多个维度更好的公司时，误差项与可观察到的特征正相关，则对观察到的特征进行简单回归的估计系数可能会具有偏差。学者们通常使用工具变量来克服这种内生性偏差，但多数决策很难找到这样的工具。在资本市场的匹配过程中，投资者的投资决策取决于市场中其他代理商的特征。同时，投资的结果与其他投资者的特征无关，为外源性变量。因此，运用双边匹配理论研究资本市场在实证方面更具科学性。

（二）局限与未来方向

毋庸置疑，双边匹配理论尚处于发展过程中，还存在一些局限，有待进一步丰富理论并指导实践。本文结合国内研究现状，认为未来研究过程中能够考虑以下四个方向：第一，丰富和完善双边匹配理论以及其在资本市场的系统性研究。当前研究涉及资本市场的各方面匹配问题，但研究深度和广度均有待扩展，双边匹配理论的系统性和丰富性还有待后来者展开探索。第二，基于动态匹配过程开展研究。关于双边匹配理论在资本市场中的应用研究，多数考虑的都是静态模型，假设市场双方之间的关系仅持续一段时期，尚无法展现不同时期匹配决策的转变与效果，未来仍需要就不同时期匹配决策的不同进行效果分析。构建多阶段动态匹配理论框架对深化对资本市场交易双方行为的理解很有必要。第三，强化双边匹配理论应用的内在机制研究。虽然已有研究证明了合理匹配可能带来的绩效以及竞争等各方面的积极作用，但其内在机制为何，这种机制如何发生等问题仍值得未来研究加以关注。第四，高度结构化的匹配模型对参与人的偏好做出了较强的假设，进而研究了参与人是如何彼此形成匹配的，目前文献在研究具体市场问题时鲜少对偏好做假设，但是仍解释了稳定结果的大量结构，其中更有一些进行了稳定结果的比较，未来可以考虑对这两类研究进行结合。

参考文献

［1］埃尔文·E. 罗斯，傅帅雄. 共享经济：市场设计及其应用［M］. 北京：机械工业出版社，2016：15 – 16.

［2］Gale, Shapley. College Admissions and the Stability of Marriage［J］. American Mathematical Monthly, 1962, 69（1）：9 – 15.

［3］Roth A. E. Common and Conflicting Interests in Two – sided Matching Markets［J］. European Economic Review, 1985, 27（1）：75 – 96.

［4］M. Sørensen. How Smart is Smart Money? A Two – sided Matching Model of Venture Capital［J］. The Journal of Finance, 2007（8）：2725 – 2762.

［5］张成. 双边匹配理论及其在我国大学应届毕业生劳动力市场的应用［D］. 华南理工

大学硕士学位论文，2010.

[6] P. Chaigneau, N. Sahuguet. The Effect of Monitoring on CEO Compensation in a Matching Equilibrium [J]. Journal of Financial and Quantitative Analysis, 2018（4）：1-43.

[7] B. Chang, H. Hong. Selection Versus Talent Effects on Firm Value [J]. Journal of Financial Economics, 2019（5）.

[8] J. Chen, K. Song. Two - sided Matching in the Loan Market [J]. International Journal of Industrial Organization, 2013（5）：145-152.

[9] Minjung Park. Understanding Merger Incentives and Outcomes in the US Mutual Fund Industry [J]. Journal of Banking & Finance, 2013（6）：4368-4380.

[10] Akkus O., J. A. Cookson, A. Hortacsu. The Determinants of Bank Mergers: A Revealed Preference Analysis [J]. Management Science, 2016, 62（8）：2241-2258.

[11] K. H. Kennedy, G. T. Payne, C. J. Whitehead. Matching Industries between Target and Acquirer in Hightech Mergers and Acquisitions [J]. Technology Analysis & Strategic Management, 2002, 14（2）：149-162.

[12] Perez - Saiz, H. Building New Plants or Entering by Acquisition? Firm Heterogeneity and Entry Barriers in the U. S. Cement Industry [J]. The Rand Journal of Economics, 2015, 46（3）：625-649.

[13] Roth, Alvin, Marilda Sotomayor. Two - sided Matching: A Study in Game - theoretic Modeling and Analysis [M]. Cambridge: Cambridge University Press, 1990：54-77.

[14] 康广地，张帅. 双边匹配决策理论历史嬗变及国内外应用研究 [J]. 中国集体经济，2018（31）：102-103.

[15] Pissarides, Christopher A. Equilibrium Unemployment Theory [J]. Mit Press Books, 2000, 1（233）.

[16] D. Mindruta, M. Moeen and R. Agarwal. 2016. A Two - sided Matching Approach for Partner Selection and Accessing Complementarities in Partners' Attributes in Interfirm Alliances [J]. Strategic Management Journal, 2016（37）：206-231.

[17] Pan Y. The Determinants and Impact of Executive - Firm Matches [J]. Management Science, 2017（63）：2278.

[18] Kosuke Uetake, Yale University, Yasutora Watanabe, University of Tokyo. Entry by Merger: Estimates from a Two - Sided Matching Model with Externalities [EB/OL]. https：//ssrn. com/abstract = 2188581.

[19] Geweke, John, Gautam Gowrisankaran, Robert Town. Bayesian Inference for Hospital Quality in a Selection Model [J]. Econometrica, 2003（71）：1215-1239.

[20] Teo C. P., Sethuraman J., Tan W. P. Gale - Shapley Stable Marriage Problem Revisited: Issues and Applications [J]. Management Seienee, 2001, 47（9）：1252-1267.

[21] 李坤明. 基于双边匹配理论的中国高考录取机制研究 [D]. 华南理工大学硕士学位论文，2010.

[22] E. Matveyev. How Do Firms and Directors Choose Each Other? Evidence from a Two - sided

Matching Model of the Director Labor Market [J] . SSRN Electronic Journal, 2013 (9) .

[23] S. Xia. Selection Versus Incentives in Incentive Pay: Evidence from a Matching Model [R] . Available at SSRN 3190685, 2018.

[24] H. Fu, J. Yang, Y. An. Made for Each Other: Perfect Matching in Venture Capital Markets [J] . Journal of Banking & Finance, 2019 (6): 346 – 358.

[25] C. Chen. Can Business Accelerators Level the Playing Field for First – time Founders and Female Entrepreneurs? [R] . Available at SSRN 3277691, 2019.

[26] K. Uetake, Y. Watanabe. A Note on Estimation of Two – sided Matching Models [J] . Economics Letters, 2012, 116 (3): 535 – 537.

[27] Barry C. B. , Muscarella C. J. , Peavy J. W. , Vetsuypens M. R. The Role of Venture Capital in the Creation of Public Companies: Evidence from the Going – Public Process [J] . Financ Econ, 1990, 27 (2): 447 – 471.

[28] Kaplan S. N. , Stromberg P. Venture Capitalists as Principals: Contracting, Screening, and Monitoring [J] . Am. Econ. Rev, 2001, 91 (2): 426 – 430.

[29] A Cipollone, P. E. Giordani. Market Frictions in Entrepreneurial Innovation: Theory and Evidence [J] . Journal of Economic Behavior & Organization, 2019 (6): 297 – 331.

[30] R. A. Pasquini, G. Robiolo, V. Sarria Allende. Matching in Entrepreneurial Finance Networks [R] . Venture Capital, 2019.

[31] J. J. Ebbers, N. M. Wijnberg. Nascent Ventures Competing for Start – up Capital: Matching Reputations and Investors Science Direct [J] . Journal of Business Venturing, 2012, 27 (3): 372 – 384.

[32] C. S. Fernando, V. A. Gatchev, A. D. Mayc, W. L. Megginson. Prestige without Purpose? Reputation, Differentiation, and Pricing in US Equity Underwriting [J] . Journal of Corporate Finance, 2015 (32): 41 – 63.

[33] Laura Abrardi, Annalisa Croce, Elisa Ughetto. The Dynamics of Switching between Governmental and Independent Venture Capitalists: Theory and Evidence [J] . Small Bus Econ, 2019 (53): 165 – 188.

[34] 陈希, 樊治平. 基于公理设计的风险投资商与风险企业双边匹配 [J] . 系统工程, 2010, 28 (6): 9 – 16.

[35] 刘烨, 方立兵, 蒋毅. IPO 盈余管理动机与承销商选择决策的互动关系及监管启示——基于双边匹配模型的研究 [J] . 上海金融, 2013 (8): 65 – 69, 118.

[36] 万树平, 李登峰. 具有不同类型信息的风险投资商与投资企业多指标双边匹配决策方法 [J] . 中国管理科学, 2014, 22 (2): 40 – 47.

[37] 吴凤平, 朱玮, 程铁军. 互联网金融背景下风险投资双边匹配选择问题研究 [J] . 科技进步与对策, 2016, 33 (4): 25 – 30.

[38] 李炜雯, 张兵, 刘鑫. 匹配经济学视角下创业投资市场股权投融资匹配分析 [J] . 江苏社会科学, 2017 (2): 56 – 65.

[39] L. Gao. Value Creation in Private Equity – Sponsored Leveraged Buyouts: Estimating a

Many – to – Many Matching Game［R］. Available at SSRN 2383049，2019.

　　［40］Igami M. ，K. Uetake（forthcoming）. Mergers，Innovation，and Entry – Exit Dynamics：Consolidation of the Hard Disk Drive Industry，1996 – 2016［J］. Review of Economic Studies，2019（5）.

　　［41］贾建锋，唐贵瑶，李俊鹏，王文娟，单翔. 高管胜任特征与战略导向的匹配对企业绩效的影响［J］. 管理世界，2015（2）：120 – 132.

后　记

教育是国之大计、党之大计。习近平总书记强调，要坚持把优先发展教育事业作为推动党和国家各项事业发展的重要先手棋，突出教育的基础性、先导性、全局性地位和作用。研究生教育作为教育重要的内容，在培养创新人才、提高创新能力、服务经济社会发展、推进国家治理体系和治理能力现代化方面具有重要作用。

陕西师范大学国际商学院高度重视研究生教育，紧密围绕习近平总书记"为党和国家事业发展培养造就大批德才兼备的高层次人才"的需求，按照学校研究生人才培养目标，结合经管类研究生实际，制定了学院研究生质量阶梯培养体系，对研究生学术研究实行从入学到毕业全过程引导和管理的方式，制定研究生在学期间完成科研成果的基本要求，以促进学科学位与研究生教育的全面、协调、可持续发展。在这一体系下，学院结合人才培养目标和学院文化内涵，制定了研究生"羽翼成才计划"项目，以立项方式鼓励支持研究生深入开展科学研究，提升学术素养和综合能力。同时，学院每学年定期举办"学思论坛"和"学海拾贝"文献综述大赛。目前两个项目均举办了三届，共收到600多份学生的科研作品。通过盲审、现场答辩、网络投票等方式对作品进行评审，对获奖作品进行表彰，并将优秀作品集结成册，出版了三期论文集。

本书在编写过程中，精心遴选了我院研究生"羽翼成才计划"项目的优秀论文，并经学院专业教师指导修改，最终形成本册书籍。感谢学院对研究生学术活动的全方位支持，感谢学院团委、研究生会对研究生学术活动的精心组织和积极推进，感谢评委老师对参评作品的专业评审和悉心指导。希望本书的出版进一步营造我学院崇尚学术、投身科研的良好氛围。

未来，本书将在前述组稿方式的同时，接受来自国内外学者的自由投稿。内容上仍将延续传统，结集经济与管理领域的经典文献及最新的学术思想。欢迎赐稿！

本书编委会
2020 年 9 月